Winkler

Abiturtraining Betriebswirtschaftslehre

für das Berufskolleg – Berufliches Gymnasium

NRW 2019

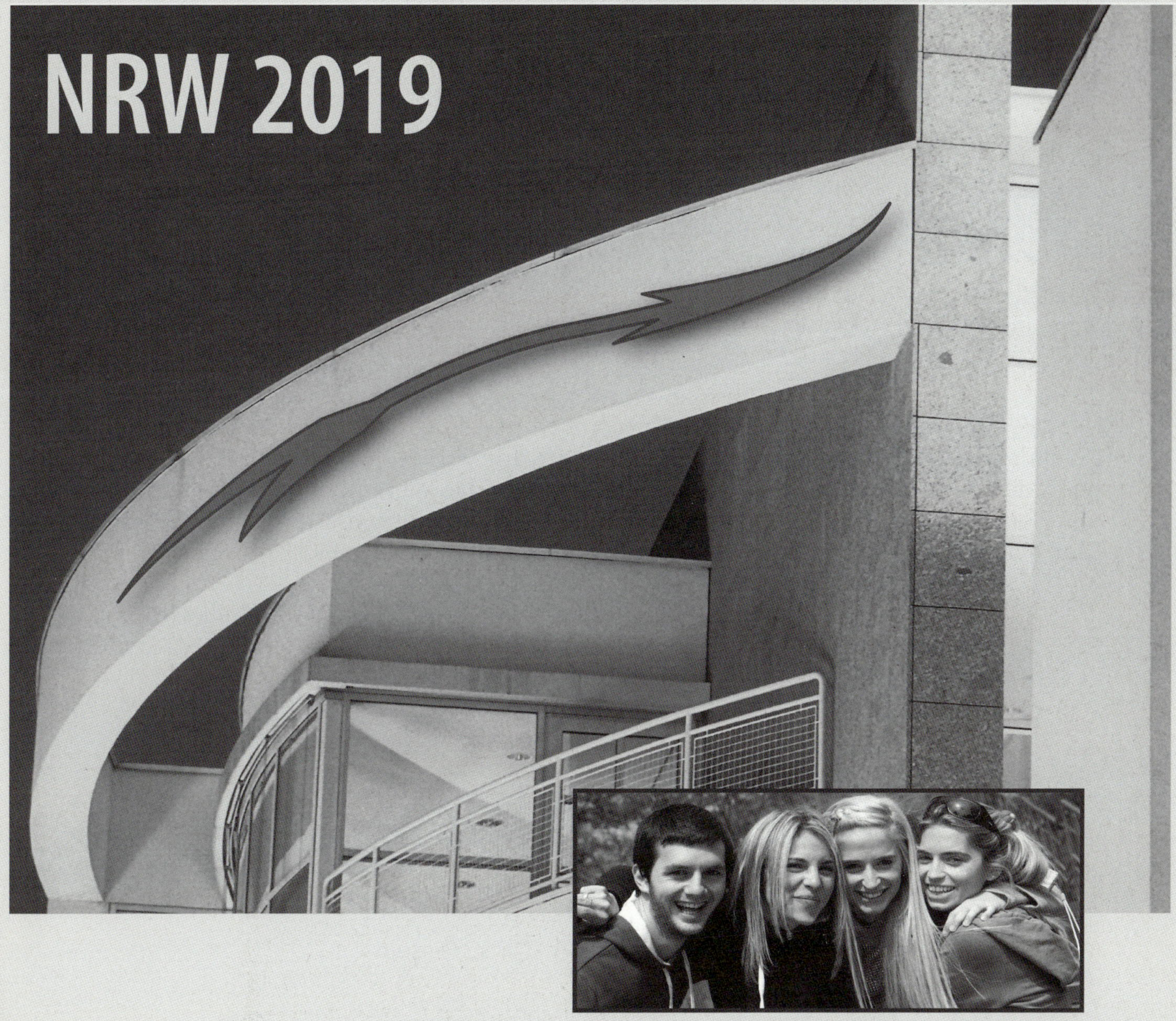

Wirtschaftswissenschaftliche Bücherei für Schule und Praxis
Begründet von Handelsschul-Direktor Dipl.-Hdl. Friedrich Hutkap †

Verfasserin:
Vera Winkler, Dipl.-Kffr.

Zur Verfasserin:

Vera Winkler war nach dem Studium der Wirtschaftswissenschaften zunächst für einen deutschen Konzern im Controlling tätig. Im Anschluss an ihren Erziehungsurlaub arbeitete sie als Privatdozentin und wirkte ehrenamtlich im Prüfungsausschuss der Industrie- und Handelskammer mit. Seit Abschluss ihres Zweitstudiums mit zweitem Staatsexamen unterrichtet sie in allen Schulformen einer beruflichen Vollzeitschule in NRW, vornehmlich im Wirtschaftsgymnasium die Leistungskurse „Betriebswirtschaftslehre". An der Erstellung der zentralen schriftlichen Abiturprüfung 2011 für NRW war sie maßgeblich beteiligt.

Seit 2012 ist sie zudem nebenberuflich als Lehrbeauftragte an der Hochschule Osnabrück und seit 2013 für den Merkur-Verlag als Autorin tätig.

Seit August 2017 ist sie ebenfalls als Fachberaterin im Fachbereich Wirtschaft und Verwaltung für die Bezirksregierung Münster tätig.

* * * * *

5. Auflage 2018

Gesamtherstellung:
Merkur Verlag Rinteln Hutkap GmbH & Co. KG, 31735 Rinteln

E-Mail: info@merkur-verlag.de
lehrer-service@merkur-verlag.de
Internet: www.merkur-verlag.de

ISBN 978-3-8120-**0374-2**

VORWORT

Dieses Abitur-Trainingsbuch ist an die angehenden Abiturienten/-innen des Abiturjahrgangs 2019 zur Vorbereitung auf die zentrale Abiturprüfung des Landes Nordrhein-Westfalen im Bildungsgang des beruflichen Gymnasiums, Anlage D 27, auf den Profil bildenden Leistungskurs im Fach „Betriebswirtschaftslehre", gerichtet, kann aber durchaus auch zur Abiturvorbereitung in anderen Bundesländern eingesetzt werden. Es versteht sich als Ergänzung zum eingeführten Lehrbuch.[1]

Die in diesem Abitur-Trainingsbuch enthaltenen Themenschwerpunkte aus den Bereichen

- **Gliederung und Bewertung von Aktiva und Passiva,**
- **Kosten- und Leistungsrechnung,**
- **Produktionscontrolling (Prozess der Leistungserstellung),**
- **Produkt- und Preispolitik (Prozess der Leistungsverwertung),**
- **Investition und Finanzierung** sowie
- **Veränderungsprozesse im Unternehmen**

entsprechen den aktuellen Abiturvorgaben des Ministeriums für Schule und Weiterbildung des Landes NRW.[2] **Eine Abiturvorbereitung mit den Original-Abiturklausuren der vergangenen Jahre, die i. d. R. im Internet kostenlos abgerufen werden können und nicht den jeweils aktuellen Abiturvorgaben entsprechen, ist daher nicht zwangsläufig zielführend.**

Im Folgenden werden die abiturrelevanten Themenschwerpunkte der Jahrgangsstufen 12 und 13 **verständlich erklärt.** Das wiederholte Wissen kann anschließend anhand abiturgerechter Arbeitsaufträge und Beispiel-Abiturklausuren mit den Abitur-Schwerpunkten 2019 für NRW **selbstständig geübt** und die Arbeitsergebnisse **mithilfe ausführlicher Musterlösungen überprüft werden.**

Den zentralen Abiturprüfungen liegt üblicherweise eine problemhaltige Unternehmenssituation zugrunde, zu der Arbeitsaufträge aus **mehreren Themenbereichen verschiedener Kurshalbjahre** zu lösen sind. Dabei ist die Unternehmenssituation häufig stark mit dem Rechnungswesen verknüpft. Deshalb ist dieses Abitur-Trainingsbuch so aufgebaut, dass die möglichen Abiturthemen sinnvoll in verschiedene Unternehmenssituationen eingebunden und exemplarisch aufgearbeitet werden.

Um eine effektive Klausurvorbereitung zu gewährleisten, enthält dieses Abitur-Trainingsbuch:

- Vorgaben für die schriftliche Abiturprüfung 2019,
- Übersichten über wichtige thematische Zusammenhänge,
- Hinweise zum Aufbau von Abiturklausuren, die Darstellung möglicher Ausgangssituationen und Themenkombinationen der schriftlichen Abiturprüfung,
- Übersichten, verständliche Erklärungen und Zusammenfassungen abiturrelevanter Themen, eingebettet in verschiedene situationsbezogene Fallsituationen,
- abiturgerechte Arbeitsaufträge, die mithilfe von bereitgestellten Lösungsformularen (z. T. als Download) entweder handschriftlich oder mit Excel bearbeitet und sofort mithilfe der ausführlichen Musterlösungen verglichen werden können,

1 Zum Beispiel Speth u. a.: BWL mit Rechnungswesen und Controlling für das Berufskolleg – Berufliches Gymnasium, Band 2 (Merkurbuch 0576) und Band 3 (Merkurbuch 0577), Merkur Verlag Rinteln.

2 Quelle: https://www.standardsicherung.schulministerium.nrw.de/cms/zentralabitur-berufliches-gymnasium/faecher/getfile.php?file=514, Zugriff vom 18. 04. 2018.

- eine entnehmbare Formelsammlung, die alle für das Abitur 2019 wichtigen Formeln enthält,
- **Beispiel-Abiturklausuren mit den relevanten Abiturthemen 2019** zur themenübergreifenden Vorbereitung auf die schriftliche Abiturprüfung 2019 einschließlich Musterlösungen und Punktvergabe zur Selbstkontrolle.

Viel Spaß bei der Abiturvorbereitung und Erfolg bei der Prüfung wünscht Ihnen

Vera Winkler

Inhaltsverzeichnis

0 Einführung

1 Abiturschwerpunkt: Gliederung und Bewertung von Aktiva und Passiva

2 Abiturschwerpunkt: Kosten- und Leistungsrechnung

3 Abiturschwerpunkt: Prozess der Leistungserstellung

4 Abiturschwerpunkt: Prozess der Leistungsverwertung

5 Abiturschwerpunkt: Investition und Finanzierung

6 Abiturschwerpunkt: Veränderungsprozesse im Unternehmen

7 Beispielklausuren: Abiturprüfung 2019

8 Musterlösungen

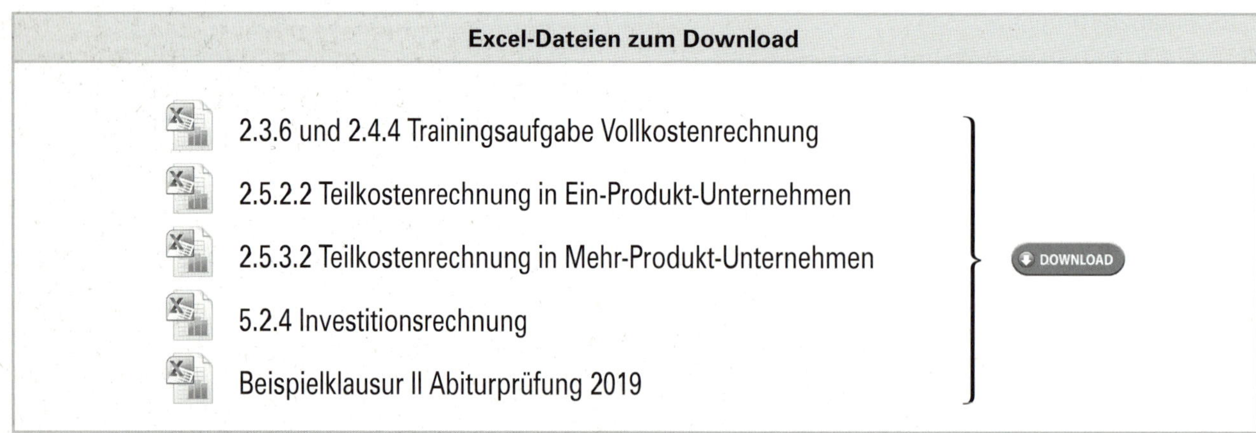

Hinweis zum Download:

Die Excel-Downloads finden Sie auf der Internetseite des Merkur Verlags – **www.merkur-verlag.de** – mithilfe der Schnellsuche (Eingabe: „0374“) in der Mediathek („Download“).

0.1 Aufbau des Buches im Hinblick auf die möglichen Abiturthemen 2019

Die **Abiturschwerpunkte** werden anhand von **sechs Themenkomplexen** in sinnvoller Reihenfolge aufgearbeitet.

- Den Beginn bildet der Jahresabschluss. Er dient als rechnerische Grundlage für jedes Unternehmen. Die sachgerechte Gliederung von Bilanz und Gewinn- und Verlustrechnung ermöglicht eine situationsgerechte Bewertung der Aktiva und Passiva. **(Abiturschwerpunkt 1: Gliederung und Bewertung von Aktiva und Passiva)**
- Die Steuerung des Betriebsprozesses ist allerdings allein mit den Informationen des Jahresabschlusses nicht möglich. Hier setzt die Kosten- und Leistungsrechnung an, die wichtige Informationen einerseits für die langfristige Sicherung der Existenz eines Betriebes und auch für kurzfristige unternehmerische Entscheidungen liefert. **(Abiturschwerpunkt 2: Kosten- und Leistungsrechnung)**
- Im **Produktionscontrolling** rücken die Kennziffern des operativen Controllings (Produktivität, Wirtschaftlichkeit und Rentabilität) als zentrale Maßstäbe für den Erfolg und für die Planung der Leistungserstellung in den Blickpunkt. Dabei wird ein Bezug zum Rechnungswesen deutlich. **(Abiturschwerpunkt 3: Prozess der Leistungserstellung)**
- Die Analyse der Marktsituation liefert wichtige Informationen zum Absatz der Produkte. Die **Produktpolitik** unterstützt die Erreichung vieler Unternehmensziele, z. B. durch die Gestaltung des Produktions- und Absatzprogramms. Die **Preispolitik** spielt ebenfalls eine entscheidende Rolle, z. B. bei der Neueinführung von Produkten auf dem Markt, aber auch in Abhängigkeit von der eigenen Kostensituation, der Nachfrage und der Konkurrenz. **(Abiturschwerpunkt 4: Prozess der Leistungsverwertung)**
- Maßnahmen zur Optimierung oder Erweiterung des Betriebsprozesses bringen i. d. R. Investitions- und damit auch Finanzierungsentscheidungen mit sich. **(Abiturschwerpunkt 5: Investition und Finanzierung)**

Die oben beschriebenen fünf Themenkomplexe werden **verständlich erklärt** und **übersichtlich zusammengefasst.** Übersichten zu aktuellen Trends **(Abiturschwerpunkt 6: Veränderungsprozesse im Unternehmen)** ergänzen die Ausführungen. **Abiturgerechte Arbeitsaufträge,** in denen die im Zentralabitur verwendeten Operatoren berücksichtigt und den Anforderungsbereichen I, II und III zugeordnet werden, ermöglichen zusammen mit den bereitgestellten **Lösungsformularen** und **Musterlösungen** eine effektive Abiturvorbereitung.

Beispiel-Abiturklausuren mit den zuvor dargestellten möglichen Themen der schriftlichen Abiturprüfung 2019 inklusive Musterlösungen und Punktvergabe runden die Abiturvorbereitung ab.

2 Winkler - ISBN 978-3-8120-0374-2

0.2 Verbindliche Unterrichtsinhalte im Fach Betriebswirtschaftslehre für das Abitur 2019: Inhaltliche Schwerpunkte[1]

12.1	**Prozess der Leistungserstellung** Planung der Leistungserstellung
	Produktionscontrolling Kennziffern des operativen Controllings (Produktivität, Wirtschaftlichkeit und Rentabilität)
12.1	**Kosten- und Leistungsrechnung** Inklusive aller Unterpunkte
12.2	**Prozess der Leistungsverwertung** Produktpolitik und Preispolitik
12.2	**Investition** Inklusive aller Unterpunkte
13.1	**Finanzierung** Innenfinanzierung Finanzcontrolling
	Gliederung und Bewertung von Aktiva und Passiva (ohne IAS/IFRS) Inklusive aller Unterpunkte
13.2	**Veränderungsprozesse im Unternehmen** Ursachen und Phänomene des Wandels

0.3 Hinweise zu den Aufgabenstellungen: Operatoren, Bearbeitungszeit und Hilfsmittel[2]

Die Aufgaben in den zentral gestellten Prüfungen werden mithilfe von Operatoren formuliert.

In der folgenden Tabelle werden die Operatoren definiert, durch Beispiele dokumentiert und den Anforderungsbereichen (AFB I, II und III) zugeordnet. Die konkrete Zuordnung erfolgt immer im Kontext der Aufgabenstellung, wobei eine eindeutige Trennung der Anforderungsbereiche nicht immer möglich ist.

Spätestens in der Qualifikationsphase sollen die Operatoren in den Klausuren und schriftlichen Übungen verwendet werden, um die Schülerinnen und Schüler auf die Abiturprüfung vorzubereiten.

Operator	AFB	Definition	Beispiel
beschreiben/ darstellen/ skizzieren	I	Wesentliche Aspekte eines Sachverhaltes werden im logischen Zusammenhang unter Verwendung der Fachsprache wiedergegeben. Die Antwort kann in Textform (beschreiben) oder in Form eines Schaubildes (darstellen, skizzieren) wiedergegeben werden.	Beschreiben Sie den Abschreibungskreislauf. Stellen Sie den Abschreibungskreislauf dar. Skizzieren Sie den Abschreibungskreislauf in Form eines Schaubildes.

1 Quelle: Ministerium für Schule und Weiterbildung des Landes Nordrhein-Westfalen (https://www.standardsicherung.schulministerium.nrw.de/cms/zentralabitur-berufliches-gymnasium/faecher/getfile.php?file=514, Zugriff vom 18.04.2018).

2 Quelle: Ministerium für Schule und Weiterbildung des Landes Nordrhein-Westfalen (https://www.standardsicherung.schulministerium.nrw.de/cms/zentralabitur-berufliches-gymnasium/faecher/getfile.php?file=514, Zugriff vom 18.04.2018).

Operator	AFB	Definition	Beispiel
definieren	I	Einen (Fach-)Begriff umschreiben.	Definieren Sie den Begriff „Selbstfinanzierung“.
ermitteln/ berechnen	I	Aufgaben anhand vorgegebener Daten und Sachverhalte mit bekannten Operationen lösen.	Ermitteln Sie unter Angabe des Lösungsweges den Gewinn.
nennen	I	Kenntnisse (Fachbegriffe, Daten, Fakten, Modelle) und Aussagen in komprimierter Form (z. B. aufzählend) unkommentiert wiedergeben.	Nennen Sie die Stufen der Kosten- und Leistungsrechnung.
zusammen-fassen	I	Kenntnisse (Fachbegriffe, Daten, Fakten, Modelle) und Aussagen in komprimierter Form unkommentiert darstellen.	*Grundlage dieser Aufgabe ist ein Zeitungsartikel über die Entwicklung des Immobilienmarktes in Nordrhein-Westfalen.* Fassen Sie die zentralen Aussagen des Zeitungsartikels zusammen.
analysieren	II	Wirtschaftliche Sachverhalte aus Materialien kriterien- bzw. aspektorientiert beschreiben und erklären.	*Grundlage dieser Aufgabe ist ein Textauszug zum Shareholder Value Konzept.* Analysieren Sie den Textauszug aus der Homepage der XY AG im Hinblick auf die wirtschaftliche Stellung der einheimischen Tochtergesellschaften des Konzerns.
anwenden/ überprüfen	II	Grundlegende Arbeitsweisen und Modelle auf unbekannte Sachverhalte bzw. Zusammenhänge übertragen.	Überprüfen Sie den gegebenen Verkaufspreis unter Anwendung eines Ihnen bekannten Kalkulationsverfahrens.
auswerten	II	Daten oder Einzelergebnisse zu einer abschließenden Gesamtaussage zusammenführen.	Werten Sie die errechneten Kennziffern der Jahresabschlussanalyse aus und fassen Sie Ihre Ergebnisse in einem Bericht über die augenblickliche Situation der XY AG zusammen.
buchen	II	Geschäftsfälle korrekt im Grund- und Hauptbuch erfassen.	Buchen Sie die Auflösung der Rückstellungen.
erläutern/ erklären	II	Sachverhalte durch Wissen und Einsichten in einen Zusammenhang (Theorie, Modell, Regel, Gesetz, Funktionszusammenhang) einordnen und deuten; ggf. durch zusätzliche Informationen und Beispiele verdeutlichen.	Erläutern Sie das Produktionsprogramm der XY AG. Erklären Sie in diesem Zusammenhang den Begriff Fertigungstiefe.
erstellen	II	Sachverhalte inhaltlich und methodisch angemessen grafisch oder tabellarisch darstellen und mit fachsprachlichen Begriffen beschriften.	Erstellen Sie einen Finanzplan.
heraus-arbeiten	II	Aus Materialien bestimmte Sachverhalte herausfinden, die nicht explizit genannt werden, und Zusammenhänge zwischen ihnen herstellen.	*Grundlage dieser Aufgabe ist der Lagebericht der XY AG (nach § 289 HGB).* Arbeiten Sie aus dem Lagebericht der XY AG die Aspekte heraus, die auf einen positiven Geschäftsverlauf schließen lassen.
nachweisen	II	Eine Aussage oder einen Sachverhalt mit Berechnungen oder logischen Begründungen bestätigen.	Weisen Sie rechnerisch nach, dass die Investitionsalternative I der Investitionsalternative II vorzuziehen ist.

Operator	AFB	Definition	Beispiel
vergleichen	II	Sachverhalte gegenüberstellen, um Gemeinsamkeiten, Ähnlichkeiten und Unterschiede herauszuarbeiten.	Vergleichen Sie die errechneten Kennzahlen zur Jahresabschlussanalyse mit den Vorjahreszahlen und den entsprechenden Durchschnittswerten der Branche.
begründen	II/III	Die Begründung steht in einem engen Zusammenhang mit einer zuvor aufgestellten These, Vermutung oder Meinungsäußerung. Sie wird auf sachlicher Grundlage entwickelt und erfordert einen sicheren Umgang mit Fachbegriffen sowie die Fähigkeit, die Sachverhalte in ihrer Sachlogik zu erfassen und einzuordnen. Begründen setzt das Nennen und Erklären (Erläutern) von Ursachen voraus.	Begründen Sie die Aussage des Vorstandsvorsitzenen, dass die anstehende Investition der XYZ-AG vorteilhaft ist.
beurteilen/ bewerten	III	Den Stellenwert von Sachverhalten und Prozessen in einem Zusammenhang bestimmen, um theorie- und kriterienorientiert zu einem begründeten Sachurteil zu gelangen.	Beurteilen Sie das dargestellte Arbeitszeitmodell der XY AG aus der Sicht der betroffenen Arbeitnehmer und der Unternehmensleitung.
diskutieren	III	Auf Grundlage einer kurzen Sachdarstellung zu einer ökonomischen Problemstellung eine Pro- und Contra-Argumentation entwickeln, die zu einer begründeten Bewertung führt.	Diskutieren Sie das Ihnen vorliegende Personalabbaukonzept des Vorstandes der XY AG vor dem Hintergrund der wirtschaftlichen Situation des Unternehmens.
entscheiden	III	Auf Grundlage vorhandener Informationen eine sich daraus ergebene unternehmerisch sinnvolle Entscheidung treffen.	Treffen Sie für die XY AG eine begründete Investitionsentscheidung.
Stellung nehmen	III	Ausgehend vom Sachurteil unter Einbeziehung individueller Wertmaßstäbe zu einem begründeten eigenen Werturteil kommen.	Nehmen Sie zum Investitionsvorschlag der Unternehmensleitung kritisch Stellung.
prüfen/ überprüfen	III	Inhalte, Sachverhalte, Vermutungen oder Hypothesen auf der Grundlage eigener Kenntnisse oder mithilfe zusätzlicher Materialien auf ihre sachliche Richtigkeit bzw. auf ihre innere Logik hin untersuchen.	Überprüfen Sie den Vorschlag der Geschäftsleitung.
Vorschlag entwickeln/ Vorschlag unterbreiten/ Bericht erstellen	III	Zu einem Sachverhalt oder einer Problemstellung ein konkretes Lösungsmodell, eine Gegenposition, einen Verbesserungsvorschlag oder einen Regelungsentwurf begründet entfalten.	Unterbreiten Sie der XY AG auf der Basis des Ihnen vorliegenden Datenmaterials einen Vorschlag zur Verbesserung der Liquidität des Unternehmens.

Die **Bearbeitungszeit** für die schriftliche Abiturprüfung beträgt 255 Minuten. Es gelten die Vorgaben der APO-BK, § 17(2) Anlage D.

Als **Hilfsmittel** ist ein grafikfähiger Taschenrechner (GTR) oder ein Computeralgebrasystem (CAS) zugelassen.

0.4 Übersicht über die Zusammenhänge der Abiturthemen 2019

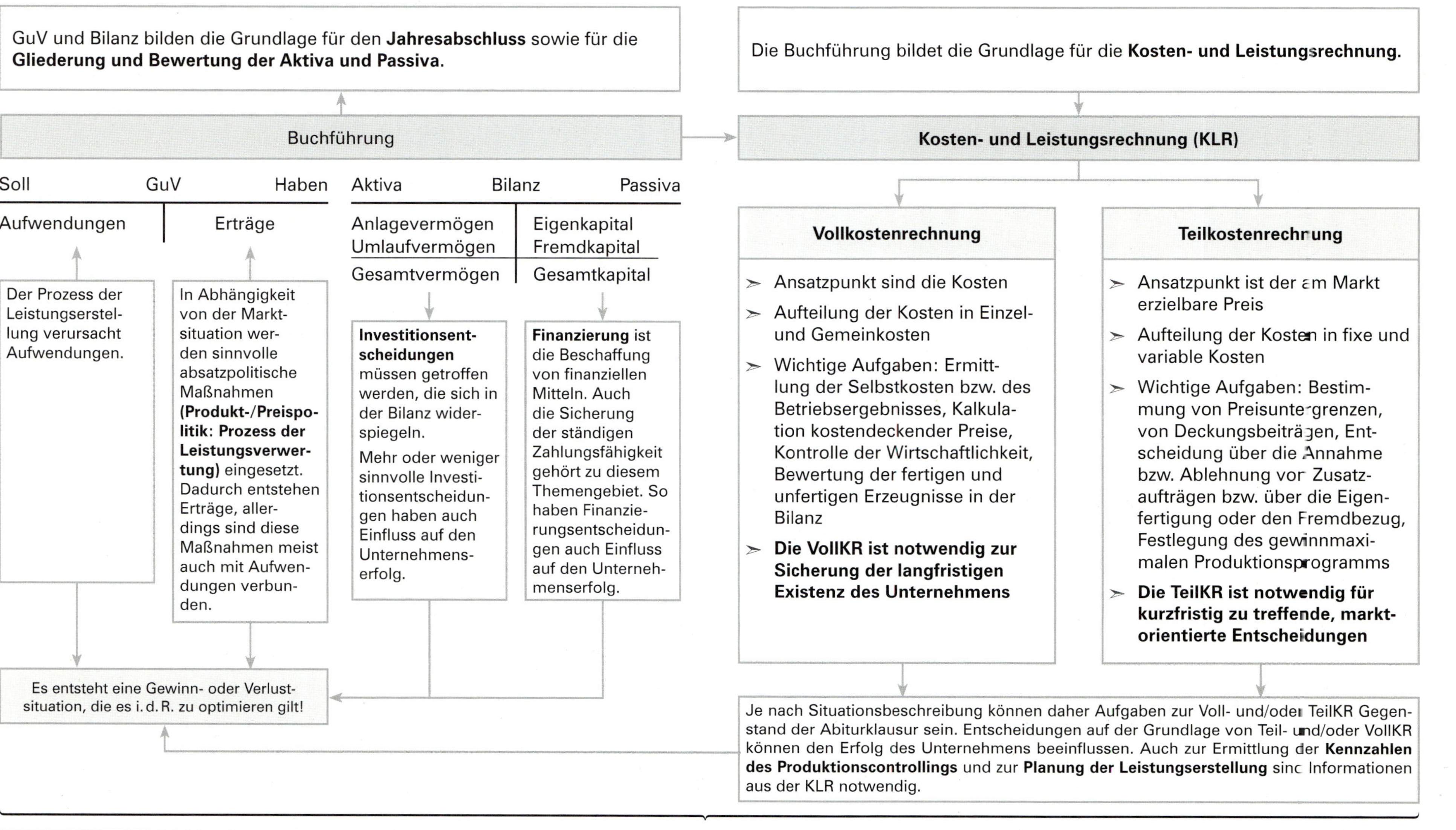

1 Abiturthemen in **Fettdruck**.

0.5 Mögliche Ausgangssituationen in Abiturprüfungen

Die Abiturprüfungen beginnen grundsätzlich mit einer Situationsbeschreibung, in der sich das jeweilige Unternehmen gerade befindet. Abhängig von der **konjunkturellen** oder auch **branchenspezifischen Lage** sind verschiedene Ausgangssituationen denkbar. Ebenfalls darf die **Zielsetzung** des Unternehmens nicht unabhängig von der **Konkurrenz** sowie von **gesetzlichen Rahmenbedingungen** betrachtet werden. **Gesellschaftliche** und **politische Einflüsse** oder **Veränderungen** können ebenfalls eine Rolle spielen, ebenso wie **Konzentrations- und Globalisierungsprozesse.** Daher können die Ausgangssituationen in den Abiturprüfungen vielfältig variieren. Einige Beispiele seien hier genannt:

- In der Phase eines wirtschaftlichen Aufschwungs kann es für ein Unternehmen z. B. notwendig sein, seine Kapazitäten zu erweitern. Ziele wären hier z. B. die Gewinnmaximierung oder die Gewinnung von Marktanteilen. In diesem Zusammenhang könnten Investitions- und Finanzierungsentscheidungen zu treffen sein, wobei wiederum der handelsrechtliche Jahresabschluss eine Rolle spielen könnte. Ebenso spielen ggf. preispolitische Entscheidungen bei der Aufnahme neuer Produkte in das Produktionsprogramm eine Rolle.
- In der Phase eines wirtschaftlichen Abschwungs müssen u. U. Kapazitäten abgebaut werden. Hier steht häufig der Fortbestand des Unternehmens im Vordergrund, was z. B. produkt- und/oder preispolitische Überlegungen mit sich bringt. Meist ist in diesen Situationen die wirtschaftliche Lage des Unternehmens angespannt, was anhand der Analyse von Kennziffern des operativen Controllings deutlich wird. In diesem Zusammenhang können auch Entscheidungen auf der Grundlage der Voll- bzw. Teilkostenrechnung von Bedeutung sein.
- Die branchenspezifische Situation wird häufig anhand verschiedener Quellen, wie z. B. Zeitungsartikeln oder Grafiken, dargestellt, die dann analysiert werden müssen.
- Stark zunehmende Konkurrenz kann ebenso dazu führen, dass Einsparpotenziale gesucht und genutzt werden müssen.
- An sich ändernde gesetzliche Rahmenbedingungen müssen sich Unternehmen anpassen, so z. B. bei der Emission von Schadstoffen während der Produktion, was z. B. Finanzierungsprozesse nach sich ziehen könnte.
- Gesellschaftliche Einflüsse, wie beispielsweise ein zunehmendes Gesundheitsbewusstsein oder politische Einflüsse, wie z. B. die Abkehr von der Atomkraft, können ebenso Ausgangspunkte für Problemsituationen in Unternehmen darstellen und Veränderungsprozesse auslösen.
- Durch Unternehmenskonzentrationen und Globalisierungsprozesse sowie dem Trend zur Digitalisierung sind Unternehmen zu ständigen Anpassungsprozessen gezwungen.

1.1 Rechtliche Vorgaben des handelsrechtlichen Jahresabschlusses

- **Hauptzweck des Jahresabschlusses**
  Ist der Gläubigerschutz, der sich aus dem Prinzip der Vorsicht ergibt (vgl. § 252 (1) Satz 4 HGB).
- **Aufgaben des Jahresabschlusses**
  Gemäß § 264 (2) HGB hat der Jahresabschluss unter Beachtung der Grundsätze ordnungsmäßiger Buchführung ein den tatsächlichen Verhältnissen entsprechendes Bild der Vermögens-, Finanz- und Ertragslage der Kapitalgesellschaft zu vermitteln.
  Dazu gehören:
  - Dokumentationsaufgaben und
  - Informationsaufgaben

Zu den **Adressaten des Jahresabschlusses** gehören vor allem

- die Gläubiger (z.B. Banken, Lieferanten), um zu prüfen, wie kreditwürdig die Aktiengesellschaft ist,
- die Unternehmenseigner (bei Aktiengesellschaften die Aktionäre), da sich am Erfolg der Aktiengesellschaft ihre Dividende berechnet,
- der Vorstand, um wichtige Informationen auszuwerten,
- die Finanzverwaltungen, da sie den Jahresabschluss (nach steuerrechtlichen Vorschriften) zur Ermittlung der Steuern benötigen,
- die Konkurrenz, um Informationen über die Vermögens- und Finanzlage zu erhalten,
- die Mitarbeiter, um Informationen über die Sicherheit ihres Arbeitsplatzes zu erlangen.

Wichtige rechtliche Vorgaben zum handelsrechtlichen Jahresabschluss	
Pflicht zur Aufstellung (§ 242 HGB)	Jeder Kaufmann muss zu Beginn seines Handelsgewerbes und für den Schluss eines jeden Geschäftsjahres einen Jahresabschluss aufstellen.
Bestandteile (§§ 242, 264 HGB)	Zum Jahresabschluss gehören sowohl die **Bilanz** als auch die **Gewinn- und Verlustrechnung.** Die gesetzlichen Vertreter einer Kapitalgesellschaft müssen den Jahresabschluss um einen Anhang erweitern, der Teil des Jahresabschlusses ist, und einen **Lagebericht** aufstellen, der aber nicht Bestandteil des Jahresabschlusses ist.[1] Kapitalmarktorientierte Unternehmen (deren Aktien werden an der Börse gehandelt) müssen den Jahresabschluss noch um eine Kapitalflussrechnung und einen Eigenkapitalspiegel erweitern.
Größenklassen (§§ 264 d, 267 HGB)	Die Einteilung der Größenklassen (kleine, mittelgroße oder große Kapitalgesellschaft) kann § 267 HGB entnommen werden. Kapitalmarktorientierte Unternehmen sind immer als große Kapitalgesellschaft zu betrachten.
Aufstellungsfristen (§ 264 (1) Satz 3, 4 HGB)	Der Jahresabschluss muss vom Vorstand der AG innerhalb der ersten drei Monate des neuen Geschäftsjahres aufgestellt werden (bei kleinen Kapitalgesellschaften spätestens innerhalb der ersten sechs Monate).
Prüfungspflichten (§§ 170, 171 AktG, § 316 (1) HGB)	Der Vorstand hat den Jahresabschluss und den Lagebericht unverzüglich nach der Aufstellung dem Aufsichtsrat vorzulegen. Der Aufsichtsrat prüft dann den Jahresabschluss. Da die Aufsichtsratsmitglieder nicht immer genügend Fachkompetenz mitbringen und auch nicht unabhängig sind, schreibt § 316 (1) HGB für große und mittelgroße Kapitalgesellschaften vor, dass der Jahresabschluss noch von einem neutralen Abschlussprüfer geprüft werden muss, bevor er gebilligt[2] bzw. festgestellt wird. Vorstand und Aufsichtsrat ermitteln i.d.R. den Bilanzgewinn, über dessen Verwendung dann die Hauptversammlung der Aktionäre beschließt.
Offenlegungspflichten (§§ 325 bis 329 HGB)	Die gesetzlichen Vertreter von Kapitalgesellschaften müssen ihren Jahresabschluss im Bundesanzeiger elektronisch veröffentlichen. Dies nennt man Publizitätspflicht.

1 In §§ 276 und 288 HGB sind größenabhängige Erleichterungen geregelt.

2 Billigung oder Festlegung des Jahresabschlusses bedeutet, dass dieser den rechtlichen Vorschriften entspricht.

1.2 Ablauf der Erstellung von Bilanz und Gewinn- und Verlustrechnung (GuV)

Wie der Übersicht über die Abiturthemen 2019 zu entnehmen ist, bildet der Jahresabschluss maßgebliche Ansatzpunkte für mögliche Themenkombinationen im Abitur. Zur Erstellung von Bilanz und GuV gehören im Wesentlichen drei Bereiche, die Daten aus **Buchführung,** die **Bewertung** und die **Gliederung,** wobei die **Bewertung** laut unterrichtlicher Vorgaben den **Schwerpunkt** bildet.

- Grundlage zur Erstellung von Bilanz und GuV bildet die **Buchführung.** Der Industriekontenrahmen umfasst für die Buchführung acht Kontenklassen. Jede Kontenklasse beginnt mit einer entsprechenden Ziffer (0 bis 8[1]):

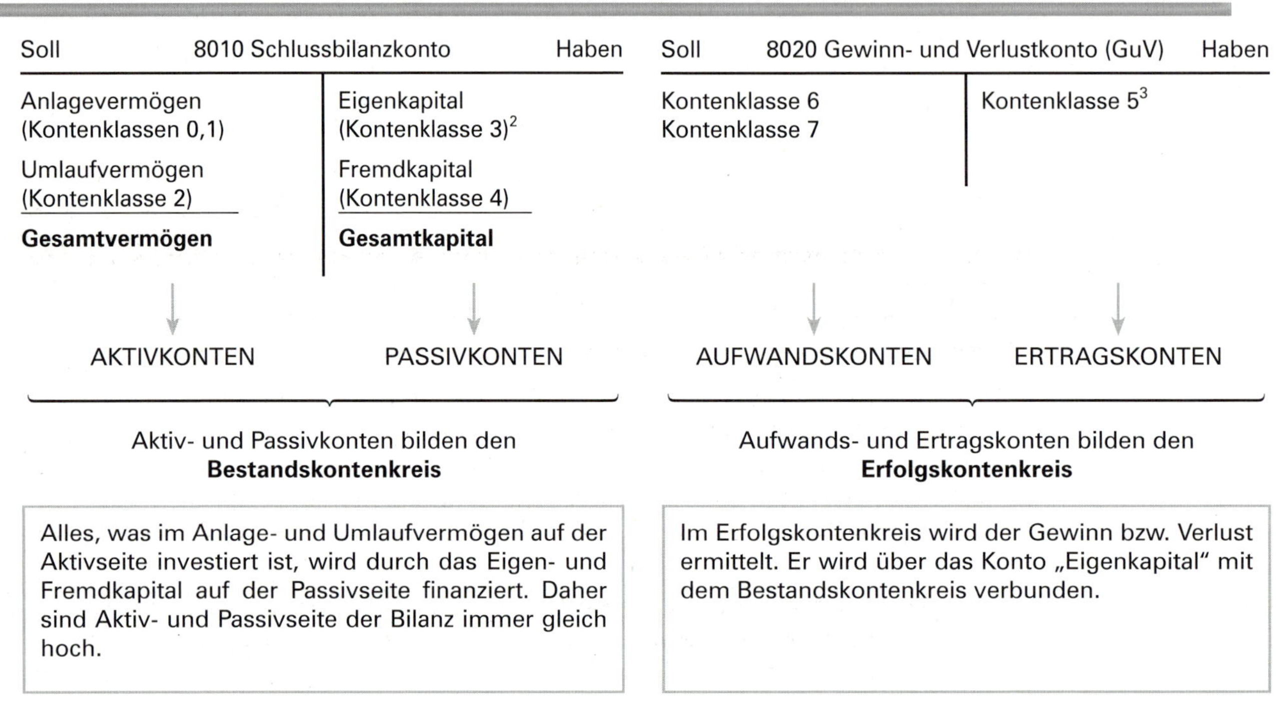

- Nachdem das Schlussbilanzkonto zum Geschäftsjahresende vorliegt, erfolgt eine Inventur der Vermögensteile und Schulden. Die **Aktiv- und Passivkonten** müssen **bewertet** werden, d. h., den Posten werden bestimmte Werte, ausgedrückt in Euro, zugewiesen.
- Die Vermögenswerte werden **aktiviert,** d. h., sie werden mit bestimmten Werten auf der Aktivseite der Bilanz erfasst.
- Die Posten des Eigen- und Fremdkapitals werden **passiviert,** d. h., sie werden mit bestimmten Werten auf der Passivseite der Bilanz erfasst.

Dabei müssen die im folgenden Kapitel (1.3) dargestellten Bewertungsprinzipien beachtet werden.

- Schließlich erfolgt die **Gliederung der Aktiv- und Passivposten:** Die Bilanz ist gemäß § 266 (1) HGB in Kontoform darzustellen und nach den Angaben in § 266 (2, 3) HGB zu gliedern. Das Eigenkapital wird in § 266 (3) HGB vor Gewinnverwendung dargestellt.[4] Die Gewinn- und Verlustrechnung ist laut § 275 HGB in Staffelform aufzustellen (man gelangt zum Jahresergebnis mit rechnerischen Zwischenschritten) und entsprechend zu gliedern.

1 Kontenklasse 8: Ergebnisrechnung (8010 Schlussbilanzkonto [SBK], 8020 Gewinn- und Verlustkonto [GuV]).

2 Die Kontengruppen 37.., 38.. und 39.. (Rückstellungen) gehören allerdings zum Fremdkapital. Da sie in Unternehmen z. T. langfristig zur Verfügung stehen, werden sie auch als „eigenkapitalähnliche Mittel" bezeichnet.

3 Beim Abschluss der Konten „Unfertige Erzeugnisse" und „Fertige Erzeugnisse" kann ein Mehr- oder Minderbestand entstehen, der über das besondere Erfolgskonto „5200 Bestandsveränderungen" gebucht wird. Daher kann es sich beim Bestandsveränderungskonto sowohl um ein Aufwands- als auch um ein Ertragskonto handeln.

4 Zur Struktur des Eigenkapitals in einer Aktiengesellschaft siehe Kapitel 1.7.

1.3 Überblick über wichtige handelsrechtliche Bewertungsprinzipien

Prinzip	Definition	Beispiel
Prinzip der Einzel bewertung (§ 252 (1) Nr. 3)	„Die Vermögensgegenstände und Schulden sind **zum Abschlussstichtag** einzeln zu bewerten", d.h., sie dürfen grundsätzlich nicht zusammengefasst werden (Ausnahmen: § 254 HGB Bildung von Bewertungseinheiten, § 256 HGB Bewertungsvereinfachungsverfahren).	Dieses Prinzip gilt z.B. für Vermögensgegenstände, deren individueller Zu-/Abgang oder Bestand ohne Schwierigkeiten verfolgt werden kann. Z.B. müssen Maschinen mit unterschiedlichen Anschaffungskosten und Beschaffungszeitpunkten zum Bilanzstichtag getrennt voneinander bewertet werden, um eine Wertkompensation zu vermeiden.
Prinzip der Vorsicht (§ 252 (1) Nr. 4)	„Es ist vorsichtig zu bewerten, namentlich sind alle vorhersehbaren Risiken und Verluste, die bis zum Bilanzstichtag entstanden sind, zu berücksichtigen", d.h. dass sich das Unternehmen eher zu schlecht als zu gut darstellen muss. Dieses Prinzip dient dem Schutz der Gläubiger.	Wird z.B. am 21.11.01 ein Kaufvertrag über die Beschaffung von Rohstoffen zu einem Festpreis von 10.000 € mit Liefertermin im Folgejahr geschlossen und der Rohstoffwert sinkt zum 31.12.01 auf 8.000 €, dann handelt es sich um einen drohenden Verlust im Jahr 01 aus einem schwebenden Geschäft[1] in Höhe von 2.000 €. In dieser Höhe muss eine Drohverlustrückstellung gebildet werden, selbst wenn dieser Verlust im Jahr 01 noch nicht realisiert wurde.
Wertaufhellungsprinzip (§ 252 (1) Nr. 4)	„... namentlich sind alle vorhersehbaren Risiken und Verluste, die bis zum Bilanzstichtag entstanden sind, zu berücksichtigen, selbst wenn diese erst zwischen dem Abschlussstichtag und dem Tag der Aufstellung des Jahresabschlusses bekannt geworden sind"; damit sind jedoch nicht Ereignisse gemeint, die erst nach dem Bilanzstichtag eingetreten sind.[2]	Am 31.12.01 besteht eine Forderung der Müller GmbH gegenüber der Schmidt OHG. Von der am 20.12.01 erfolgten Insolvenz der Schmidt OHG erfährt die Müller GmbH am 15.01.02, die Bilanz der Müller GmbH wird am 31.01.02 aufgestellt. Diese wertaufhellende Tatsache muss im Jahresabschluss der Müller GmbH berücksichtigt werden (die Forderung muss in 01 abgeschrieben werden).[3] Maßgebend sind die objektiven Tatsachen am Bilanzstichtag.
Prinzip der periodengerechten Abgrenzung (§ 252 (1) Nr. 5)	„Aufwendungen und Erträge des Geschäftsjahres sind unabhängig von den Zeitpunkten der entsprechenden Zahlungen im Jahresabschluss zu berücksichtigen". Es kommt also nur darauf an, dass die Aufwendungen und Erträge in dem Geschäftsjahr berücksichtigt werden, für das sie auch angefallen sind, unabhängig davon, wann die Rechnungen bezahlt wurden bzw. werden. (Die Bildung bzw. Auflösung von Rückstellungen[4] bzw. Rechnungsabgrenzungsposten[5] ist ggf. notwendig.)	Eine Maschine ist im Dezember 01 ausgefallen, die erforderliche Reparatur konnte aus Zeitmangel nicht mehr Ende 01 durchgeführt werden und wird gleich zu Beginn 02 nachgeholt und bezahlt. Dann muss für den voraussichtlichen Reparaturaufwand bereits in 01 eine Rückstellung gebildet werden, weil der Schaden im Jahr 01 entstanden ist.
Anschaffungswertprinzip (§ 253 (1) Satz 1 HGB)	„Vermögensgegenstände sind höchstens mit ihren Anschaffungs- oder Herstellungskosten ... anzusetzen"	Ein Grundstück hat bei der Anschaffung im Jahr 01 einen Wert von 100.000 €. Bis zum Jahresende 01 hat das Grundstück durch hohe Nachfrage an Wert gewonnen und hat einen Verkehrswert von 120.000 €. Die Bewertungsobergrenze bleibt bei 100.000 €.

1 Ein schwebendes Geschäft liegt vor, wenn die Erfüllung eines Kaufvertrags noch aussteht.

2 Vgl. Coenenberg, A.G./Haller, A./Schultze, W.: Jahresabschluss und Jahresabschlussanalyse, 22. überarb. Auflage, Stuttgart 2012, S. 40.

3 Vgl. Meyer, C.: Bilanzierung nach Handels- und Steuerrecht, NWB-Texte, 24., vollst. überarb. Auflage, Herne 2013, S. 371.

4 Rückstellungen: vgl. S. 30f., 35.

5 Rechnungsabgrenzungsposten dienen zur richtigen zeitraumbezogenen Zuordnung von Aufwendungen und Erträgen zu den jeweiligen Geschäftsjahren.

3 Winkler - ISBN 978-3-8120-0374-2

Prinzip	Definition	Beispiel
Höchstwertprinzip (§ 253 (1) Satz 2 HGB)	Ändert sich während der Laufzeit eine Verbindlichkeit in ihrer Höhe, dann darf eine Minderung des Erfüllungsbetrages in der Bilanz nicht beachtet werden. Eine Erhöhung des Erfüllungsbetrages der Verbindlichkeit, z. B. durch Preis- oder Kostensteigerung, muss mit dem höheren Wert in die Bilanz eingehen. Ziel soll es sein, dass das Unternehmen seine höheren Verpflichtungen zum Zeitpunkt der Fälligkeit auch begleichen kann.[1]	Wird ein Produktionsauftrag zu einem Festpreis vom 100.000 € netto für einen Kunden angenommen, und liegen die Aufwendungen zur Ausführung dieses Auftrages z. B. aufgrund einer falsch eingeschätzten Entwicklung der Rohstoffpreise zum Bilanzstichtag bei 120.000 €, dann muss in der Bilanz der aus diesem Geschäft resultierende, drohende Verlust (20.000 €) als Rückstellung erfasst werden.
Niederstwertprinzip ➢ strenges (§ 253 (3) Satz 5 HGB) ➢ gemildertes (§ 253 (3) Satz 6 HGB), gilt für das Finanzanlagevermögen	Gilt grundsätzlich bei der Bewertung der Vermögensgegenstände. Es besagt, dass, wenn man zwei Wertansätze zur Auswahl hat, man den niedrigeren davon ansetzen muss (strenges NWP) bzw. ansetzen darf (gemildertes NWP).	Auch in diesem Prinzip wird das „Prinzip der Vorsicht" deutlich. Tritt z. B. bei einem Grundstück durch Feststellung von Altlasten eine dauerhafte Wertminderung ein, dann muss außerplanmäßig auf den niedrigeren Wert abgeschrieben werden.
Realisationsprinzip (§ 252 (1) Nr. 4)	„Gewinne sind nur zu berücksichtigen, wenn sie am Abschlussstichtag realisiert sind."	Vgl. das Beispiel zum Anschaffungswertprinzip: Da das Grundstück am 31. 12. 01 nicht für 120.000 € verkauft wurde, darf auch der nicht realisierte Gewinn von 20.000 € nicht ausgewiesen werden.
Imparitätsprinzip (§ 252 (1) Nr. 4)	Aus dem Prinzip der Vorsicht, dem Wertaufhellungs-, Höchstwert-, Niederstwert- und Realisationsprinzip ergibt sich das Imparitätsprinzip, das besagt, dass noch nicht erzielte Verluste weitgehend ausgewiesen werden müssen, Gewinne aber erst berücksichtigt werden dürfen, wenn sie auch tatsächlich eingetreten sind. Daher ist das Imparitätsprinzip als ein Prinzip der Ungleichheit bei der Bewertung von Vermögensteilen und Schulden zu verstehen.	Vgl. Beispiel „Prinzip der Vorsicht" und „Realisationsprinzip": Der noch nicht realisierte Verlust aus dem Beschaffungsgeschäft muss ausgewiesen werden, der nicht realisierte Gewinn aus der Wertsteigerung des Grundstücks darf nicht ausgewiesen werden. Aus dieser Überbewertung der Schulden und der Unterbewertung des Vermögens entstehen **„Stille Rücklagen"**.
Maßgeblichkeitsprinzip	Die handelsrechtlichen Wertansätze sind (gemäß § 5 Abs. 1 EStG bzw. §§ 7 ff. KStG) auch für die steuerliche Gewinnermittlung maßgebend, sofern das Steuerrecht nicht zwingend einen anderen Wertansatz vorschreibt (§ 5 Abs. 6 EStG: Durchbrechung des Maßgeblichkeitsprinzips).	Für den Ausweis der Herstellungskosten in der Handelsbilanz hat die Keller AG folgende Bewertungsmöglichkeiten: Wertobergrenze 130.000 €, Wertuntergrenze 120.000 €. Da die Wertgrenzen in der Handels- und Steuerbilanz identisch sind, muss der für die Handelsbilanz gewählte Wertansatz in die Steuerbilanz übernommen werden.[2]

Außerdem gilt gem. § 252 (1) HGB bei der Bewertung der im Jahresabschluss ausgewiesenen Vermögensteile und Schulden Folgendes:

- Die Wertansätze in der Eröffnungsbilanz des Geschäftsjahres müssen mit denen der Schlussbilanz des vorhergehenden Geschäftsjahres übereinstimmen.
- Bei der Bewertung ist von der Fortführung der Unternehmenstätigkeit auszugehen.
- Die auf den vorhergehenden Jahresabschluss angewandten Bewertungsmethoden sind beizubehalten.

1 Vgl. Coenenberg u. a., a. a. O., S. 119.
2 Vgl. Meyer, a. a. O., S. 373.

1.4 Wiederholung notwendiger Fachbegriffe mit Beispielaufgaben

1.4.1 Berechnung planmäßiger Abschreibung

Die **lineare planmäßige Abschreibung**[1] pro Jahr berechnet man:

$$\text{Jährliche Abschreibung} = \frac{\text{Anschaffungs- bzw. Herstellungskosten in Euro}}{\text{Nutzungsdauer in Jahren}}$$

Sie beginnt mit dem Monat der Anschaffung bzw. Herstellung des Wirtschaftsgutes und muss monatsgenau ermittelt werden.

Beispiel zur planmäßigen Abschreibung:

Am 16.10.01 wurde in der Möbelfabrik Brad Stark e. K. ein Lackierautomat auf einem Fundament fest verankert, Anschaffungskosten 40.000 €, Nutzungsdauer 10 Jahre.

$$\text{Planmäßige Abschreibung für 01} = \frac{40.000\ € \cdot 3\ \text{Monate}}{10\ \text{Jahre} \cdot 12\ \text{Monate}} = 1.000\ €$$

Buchungssatz: 6520 Abschreibungen auf Sachanlagen 1.000 € an 0700 TAM 1.000 €

1.4.2 Anschaffungskosten (AK)

Anschaffungskosten entstehen beim Fremdbezug von Vermögensgegenständen.

Anschaffungskosten werden gemäß § 255 I HGB folgendermaßen berechnet:

  (1) Anschaffungspreis
\+ (2) Anschaffungsnebenkosten
− (3) Anschaffungspreisminderungen

= Anschaffungskosten

Dabei handelt es sich jeweils um Nettowerte. Als Beispiele sind zu nennen für

(2): *Anschaffungsnebenkosten:* alle im Zusammenhang mit dem Erwerb anfallenden Kosten, z. B. Frachten, Provisionen, Steuern, Abgaben, Transportkosten, Notariats-, Gerichtskosten. Auch Aufwendungen für die Versetzung in den betriebsbereiten Zustand wie Fundamente, Anschlusskosten etc. gehören dazu, sofern es sich um Einzelkosten handelt. Dies bedeutet, dass laufende Kosten wie z. B. jährlich zu zahlende Versicherungsbeiträge, Grundsteuern o. Ä. nicht zu den Anschaffungskosten gehören; *nachträgliche Anschaffungskosten* dürfen nur dann angesetzt werden, wenn sie noch in einem zeitlichen Zusammenhang mit der Anschaffung stehen (Einzelfallentscheidung)[2] und der erworbene Gegenstand nicht verändert wird.[3]

(3): *Anschaffungspreisminderungen:* z. B. Rabatte, Skonti, Boni, Subventionen. Sie sind abzusetzen, wenn sie dem Vermögensgegenstand einzeln zugeordnet werden können.

Finanzierungskosten gehören nicht zu den Anschaffungskosten!

Im Gegensatz zur Anschaffung von Material (z.B. Roh-, Hilfs-, Betriebsstoffe), das zum Umlaufvermögen gehört und für das Unterkonten für Bezugskosten und Nachlässe bestehen, müssen die **Anschaffungsnebenkosten und Anschaffungspreisminderungen bei Gegenständen des Anlagevermögens** direkt auf dem Anlagekonto gebucht werden. Die **Anschaffungskosten sind die Ausgangsbasis für die planmäßige Abschreibung** bei abnutzbaren Anlagegütern.

1 Bei Vermögensgegenständen des Anlagevermögens, deren Nutzung zeitlich begrenzt ist.

2 Vgl. Meyer, a. a. O., S. 86.

3 Vgl. Buchholz, R.: Grundzüge des Jahresabschlusses nach HGB und IFRS, 9. Auflage, München 2016, S. 69.

Anschaffungskosten werden auf dem Anlagekonto folgendermaßen gebucht:

Soll	Anlagekonto Haben
Anschaffungspreis einschließlich Anschaffungsnebenkosten	Anschaffungspreisminderungen ggf. planmäßige Abschreibung[1] ggf. außerplanmäßige Abschreibung[2] Schlussbestand

Beispiel: Kauf von Anlagegegenständen

Kauf einer Metallpresse laut Kaufvertrag vom 02.07.01 zum Anschaffungspreis von 95.000 € + Umsatzsteuer, Transportkosten 952 € brutto, Montage 3.000 € + Umsatzsteuer, Einweisung der Mitarbeiter 1.200 € + Umsatzsteuer, es gilt der allgemeine Steuersatz von 19 %. Die voraussichtliche Nutzungsdauer der Maschine beträgt 5 Jahre, lineare Abschreibung. Der gesamte Rechnungsbetrag wird am 16.07.01 unter Abzug von 2 % Skonto vom Bankkonto überwiesen.

Arbeitsaufträge:

1. **Ermitteln Sie (I)** die Anschaffungskosten für die Metallpresse.
2. **Erstellen Sie (II)** die Eingangsrechnung (ER) und **buchen Sie (II)** diese.
3. **Buchen Sie (II)** den Rechnungsausgleich mit Skontoabzug laut Bankauszug (BA).

Lösung zu 1.:

	Anschaffungspreis, netto	95.000 €
+	Anschaffungsnebenkosten, netto (Transport 800 € + Montage 3.000 € + Einweisung der Mitarbeiter 1.200 €)	5.000 €
		100.000 €
–	Anschaffungspreisminderungen (2 % von 100.000 €)	– 2.000 €
=	Anschaffungskosten	98.000 €

Lösung zu 2.:

	Metallpresse	95.000 €
+	Transportkosten	800 €
+	Montage	3.000 €
+	Einweisung der Mitarbeiter	1.200 €
=	Rechnungbetrag, netto	100.000 €
+	19 % Umsatzsteuer	19.000 €
=	Rechnungsbetrag, brutto	119.000 €

Der Rechnungsbetrag ist zahlbar innerhalb von 14 Tagen mit 2 % Skonto oder spätestens nach 30 Tagen ohne Abzug.

Lösung zu 2., 3.:[3]

Nr.	Datum	Beleg	Konto „Soll"	Betrag (€) Sollkonto	an	Konto „Haben"	Betrag (€) Habenkonto
2.	02.07.01	ER	0700 TAM 2600 Vorsteuer	100.000 19.000	an	4400 Verbindlichk.	119.000
3.	16.07.01	BA	4400 Verbindlichk.	119.000	an	2800 Bank 0700 TAM 2600 Vorsteuer	116.620 2.000 380

1 Die **planmäßige Abschreibung** muss gemäß § 253 (3) Nr. 1 HGB bei Vermögensgegenständen vorgenommen werden, deren Nutzung zeitlich begrenzt ist, um die nutzungsbedingte „normale" Wertminderung zu erfassen.

2 **Außerplanmäßige Abschreibungen** müssen ggf. zusätzlich zu den planmäßigen Abschreibungen erfolgen, z. B. wenn durch einen Schadenfall oder technischen Fortschritt eine zusätzliche Wertminderung eingetreten ist. Vgl. dazu Kapitel 1.5.1 auf Seite 24.

3 Zur **Buchung mit Skontoabzug** gelten folgende Formeln (allgemeiner Umsatzsteuersatz 19 %):
Bruttorechnungsbetrag = Nettorechnungsbetrag : 100 · 119
Nettorechnungsbetrag = Bruttorechnungsbetrag : 119 · 100
Bruttoskonto = Bruttorechnungsbetrag : 100 · Skontosatz
Nettoskonto = Bruttoskonto : 119 · 100
Überweisungsbetrag = Bruttorechnungsbetrag – Bruttoskonto
Vor- bzw. Umsatzsteuerkorrektur = Bruttoskonto : 119 · 19 oder Bruttoskonto – Nettoskonto

Soll		0700 TAM		Haben
2.	100.000 €		3.	2.000 €

Es wurden die Anschaffungskosten in Höhe von 98.000 € gebucht.

1.4.3 Herstellungskosten (HK)

Herstellungskosten entstehen bei der Eigenerstellung von Vermögensgegenständen. Der Begriff **Herstellungskosten** ist in § 255 II, III HGB geregelt. Daraus ergibt sich ein **Bewertungswahlrecht** für den Ansatz der Wertunter- oder der Wertobergrenze,[1] wobei die Untergrenze aus der Summe von Einzelkosten und variablen Gemeinkosten besteht:[2]

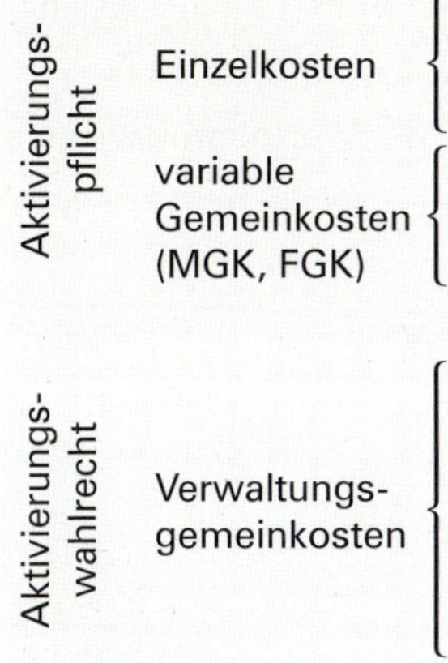

Aktivierungspflicht	Einzelkosten	Materialeinzelkosten
		+ Fertigungseinzelkosten
		+ Sonderkosten der Fertigung
	variable Gemeinkosten (MGK, FGK)	+ angemessene Teile der Materialgemeinkosten
		+ angemessene Teile der Fertigungsgemeinkosten
		+ angemessene Teile des Werteverzehrs für das Anlagevermögen[3]
		= **Wertuntergrenze der Herstellungskosten**[4]
Aktivierungswahlrecht	Verwaltungsgemeinkosten	+ Kosten der allgemeinen Verwaltung
		+ angemessene Aufwendungen für soziale Einrichtungen des Betriebs
		+ Aufwendungen für freiwillige soziale Leistungen
		+ Aufwendungen für betriebliche Altersversorgung[5]
		+ Zinsen für das Fremdkapital, das zur Finanzierung der Herstellung verwendet wird und die auf den Zeitraum der Herstellung entfallen
		= **Wertobergrenze der Herstellungskosten**

Für Forschungs-[6] und Vertriebskosten besteht ein Aktivierungsverbot.

Der Erfolg kann durch Bewertungswahlrechte gestaltet werden:

- Da eine Aktivierung sämtlicher aufwandsgleicher Selbstkosten, also insbesondere der Forschungs- und Vertriebskosten, oberhalb der Wertobergrenze nicht zulässig ist, können höchstens die aufwandsgleichen Selbstkosten aktiviert werden.[7] Das führt dazu, dass der **Ansatz der Wertobergrenze** der Herstellungskosten **erfolgsneutral ist,** d.h. ein erzielter Gewinn bzw. Verlust sich nicht verändert.[8]
- Der **Ansatz der Wertuntergrenze** führt im Vergleich zum ursprünglichen Gewinn zu einer **Gewinnschmälerung.** Im Verlustfall führt der Ansatz der Wertuntergrenze zu einer Erhöhung des ursprünglichen Verlustes.

Laut Lehrplan erfolgt die Ermittlung der Herstellungskosten **am Beispiel der unfertigen und fertigen Erzeugnisse** (gehören zum Umlaufvermögen) und **am Beispiel selbst erstellter Anlagen** bzw. aktivierungspflichtiger Eigenleistungen (gehören zum Anlagevermögen).

Hinweis:

Die unterschiedlichen Auswirkungen der Ausnutzung von Bewertungswahlrechten lassen sich am besten mithilfe der Buchführung nachweisen. Es ist aber nicht zu erwarten, dass ein solcher Nachweis im Zentralabitur verlangt wird. Er dient hier dem besseren Verständnis.

---

1 Vgl. Bitz, M./Schneeloch, D./Wittstock, W.: Der Jahresabschluss, 5., überarbeitete und erweiterte Auflage, München 2011, S. 246.

2 Vgl. Baetge, J./Kirsch, H.-J./Thiele, St.: Bilanzen, 11. Auflage, Düsseldorf 2011, S. 197.

3 Sofern dieser durch die Fertigung veranlasst ist.

4 Die Erweiterung des steuerlichen Herstellungskostenbegriffs in R 6.3 Abs. 1 EStÄR 2012 bleibt hier gemäß unterrichtlicher Vorgaben unberücksichtigt.

5 Soweit diese auf den Zeitraum der Herstellung entfallen.

6 Zur Abgrenzung von Forschungs- und Entwicklungskosten bei immateriellen Vermögensgegenständen vgl. § 255, II. a. HGB.

7 Vgl. Baetge, J. u.a., a.a.O., S. 365f.

8 Vgl. Beispiel auf folgender Seite.

Beispiel: Herstellungskosten für selbst erstellte Maschinen[1]

An Herstellungskosten für eine selbst erstellte Maschine können laut § 255 HGB folgende handelsrechtlichen Wertansätze gewählt werden:

- Wertuntergrenze der Herstellungskosten 110.000 €
- Wertobergrenze der Herstellungskosten 150.000 €

Der Gewinn der Ausgangssituation beträgt 100.000 € (bisher gebuchte Erträge 200.000 € – bisher gebuchte Aufwendungen 100.000 €). **Es wird ein niedriger Gewinnausweis angestrebt.**

Die gesamten Aufwendungen für die Herstellung der selbst erstellten Maschine (aufwandsgleiche Selbstkosten) betragen 150.000 €.

Arbeitsaufträge:

Stellen Sie die unterschiedlichen Gewinnauswirkungen bei Ansatz der Wertober- bzw. Wertuntergrenze **dar (I)** und **entscheiden Sie sich (III)** anhand der Zielsetzung für einen Wertansatz. **Nennen Sie (I)** den Buchungssatz für die Aktivierung der selbst erstellten Maschine.

Folgende Gegenüberstellung zeigt die unterschiedliche Gewinnauswirkung bei Ansatz der Wertober- bzw. der Wertuntergrenze:

Ansatz der Wertobergrenze

Soll	8020 GuV Haben
Bisher gebuchte Aufwendungen 100.000 €	Bisher gebuchte Erträge 200.000 €
Aufwandsgleiche Selbstkosten der Herstellung 150.000 €	Aktivierte Eigenleistung (bewertet zur Wertobergrenze) von 150.000 €
Gewinn bei Ansatz der Wertobergrenze 100.000 €	
350.000 €	350.000 €

Der Ansatz der Wertobergrenze von 150.000 € ist erfolgsneutral, d. h., der ursprüngliche Gewinn in Höhe von 100.000 € hat sich durch die aktivierte Eigenleistung nicht verändert. Entsprechendes würde im Verlustfall gelten.

Ziel: hoher Erfolgsausweis: Ansatz der Wertobergrenze

Ansatz der Wertuntergrenze

Soll	8020 GuV Haben
Bisher gebuchte Aufwendungen 100.000 €	Bisher gebuchte Erträge 200.000 €
Aufwandsgleiche Selbstkosten der Herstellung 150.000 €	Aktivierte Eigenleistung (bewertet zur Wertuntergrenze) von 110.000 €
Gewinn bei Ansatz der Wertobergrenze 60.000 €	
310.000 €	310.000 €

Der Ansatz der Wertuntergrenze führt im Vergleich zum ursprünglichen Gewinn zu einer Gewinnschmälerung auf 60.000 €. Daher wird das Unternehmen von seinem Bewertungswahlrecht Gebrauch machen und sich für die Wertuntergrenze von 110.000 € für die selbst erstellte Maschine entscheiden. (Im Verlustfall führt der Ansatz der Wertuntergrenze zu einer Erhöhung des ursprünglichen Verlustes.)

Ziel: niedriger Erfolgsausweis: Ansatz der Wertuntergrenze

Buchungssatz für die Aktivierung der selbst erstellten Maschine:

0700 (TAM) [Aktivkonto]	an 5300 (Aktivierte Eigenleistungen) [Ertragskonto]

1 Aus didaktischen Gründen wird die planmäßige Abschreibung hier nicht berücksichtigt.

Beispiel: Herstellungskosten für den Bestand an fertigen Erzeugnissen

Zum 31.12.02 muss in der Stahlbau AG der Wertansatz für den Bestand an fertigen Erzeugnissen ermittelt werden. **Es wird ein niedriger Gewinnausweis angestrebt.** Der Buchhalter hat sich für den Ansatz der Wertobergrenze von 282.960 € entschieden. Die Wertuntergrenze für die Bewertung der fertigen Erzeugnisse beträgt 262.000 €. Bisher wurden Aufwendungen in Höhe von 10.000.000 € und Erträge von 12.000.000 € gebucht. Der Anfangsbestand an fertigen Erzeugnissen betrug 400.000 €.

Arbeitsaufträge:

Beurteilen Sie (III) die Entscheidung des Buchhalters und **weisen Sie** Ihre Entscheidung buchhalterisch **nach (II).**

Lösung:

Ansatz der Wertobergrenze

Soll	Fertige Erzeugnisse		Haben
AB	400.000	SBK	282.960
		BV	117.040
	400.000		400.000

Soll	Bestandsveränderungen		Haben
Fertige Erz. (Minderbestand)	117.040	GuV	117.040

Soll	Schlussbilanzkonto		Haben
Fertige Erz.	282.960		

Soll	GuV-Konto		Haben
Aufwend.	10.000.000	Erträge	12.000.000
BV	117.040		
Gewinn	1.882.960		
	12.000.000		12.000.000

Ansatz der Wertuntergrenze

Soll	Fertige Erzeugnisse		Haben
AB	400.000	SBK	262.000
		BV	138.000
	400.000		400.000

Soll	Bestandsveränderungen		Haben
Fertige Erz. (Minderbestand)	138.000	GuV	138.000

Soll	Schlussbilanzkonto		Haben
Fertige Erz.	262.000		

Soll	GuV-Konto		Haben
Aufwend.	10.000.000	Erträge	12.000.000
BV	138.000		
Gewinn	1.862.000		
	12.000.000		12.000.000

Fertige Erzeugnisse gehören zum Umlaufvermögen. Die fertigen Erzeugnisse werden zu Herstellungskosten angesetzt, für deren Ansatz das Wahlrecht gemäß § 255 (2, 3) HGB gilt. Der Buchhalter hat unrecht, da der Ansatz der Wertuntergrenze im Vergleich zur Wertobergrenze zu einem geringeren Gewinnausweis führt. Das Unternehmen wird daher von seinem Bewertungswahlrecht Gebrauch machen und sich für den Mindestwertansatz entscheiden.

1.5 Bewertung des Vermögens

1.5.1 Überblick zur Bewertung des Anlage- und Umlaufvermögens

<table>
<tr><th></th><th colspan="4">Anlagevermögen
(immaterielle Vermögensgegenstände, Sachanlagen, Finanzanlagen)</th><th>Umlaufvermögen</th></tr>
<tr><td rowspan="2">Vermögensgegenstand</td><td>Selbst geschaffene immaterielle Vermögensgegenstände des Anlagevermögens</td><td>Entgeltlich erworbene immaterielle Vermögensgegenstände des Anlagevermögens</td><td rowspan="2">Abnutzbare Sachanlagen,[1]
z. B. Gebäude, TAM, BGA, aktivierungspflichtige Eigenleistungen</td><td rowspan="2">➢ Nicht abnutzbare Sachanlagen, z. B. Grundstücke,
➢ Finanzanlagen</td><td rowspan="2">Z. B. Vorräte,[2] Forderungen, Wertpapiere des Umlaufvermögens, unfertige und fertige Erzeugnisse</td></tr>
<tr><td colspan="2">z. B. Konzessionen, gewerbliche Schutzrechte (z. B. Patente), ähnliche Rechte (z. B. Nutzungsrechte) und Werte (z. B. ungeschützte Erfindungen) sowie Lizenzen an solchen Rechten und Werten, Geschäfts- oder Firmenwert</td></tr>
<tr><td>Aktivierung</td><td>Es besteht ein Aktivierungswahlrecht gem. § 248 (2) Satz 1 HGB, wenn der Vermögensgegenstand einzeln verwertbar[3] und auf Dritte übertragbar ist, z. B. Entwicklungskosten gemäß § 255 (2 a) HGB. Können Forschung und Entwicklung nicht verlässlich voneinander unterschieden werden, ist eine Aktivierung ausgeschlossen.</td><td colspan="4">Ansatzpflicht (Aktivierungspflicht) zur Aufnahme als Aktivposten in die Bilanz gemäß § 246 (1) HGB</td></tr>
<tr><td>Bewertungsobergrenze</td><td colspan="5">Gemäß § 253 (1) Satz 1 HGB (Anschaffungswertprinzip) bilden die Anschaffungs- bzw. Herstellungskosten (§ 255 HGB) die Obergrenze der Bewertung.</td></tr>
<tr><td>Abschreibungspflichten (planmäßige)</td><td colspan="3">Das abnutzbare Anlagevermögen ist gemäß § 253 (3) HGB planmäßig abzuschreiben und zum Bilanzstichtag mit den fortgeführten[4] AK bzw. HK anzusetzen. Kann in Ausnahmefällen die voraussichtliche Nutzungsdauer eines selbst geschaffenen immateriellen Vermögensgegenstands des Anlagevermögens nicht verlässlich geschätzt werden, sind planmäßige Abschreibungen auf die Herstellungskosten über einen Zeitraum von zehn Jahren vorzunehmen.[5]</td><td colspan="2">Keine planmäßige Abschreibung!</td></tr>
<tr><td>Abschreibungspflichten (außerplanmäßige)</td><td colspan="4">Bei Vermögensgegenständen des Anlagevermögens sind außerplanmäßige Abschreibungen[6] vorzunehmen, wenn die Wertminderung, z. B. durch einen Schadenfall oder technischen Fortschritt bedingt, dauerhaft ist (strenges Niederstwertprinzip[7]) gemäß § 253 (3) Satz 5 HGB.</td><td>Hier gilt das strenge Niederstwertprinzip sowohl für vorübergehende als auch für dauerhafte Wertminderungen gemäß § 253 (4) HGB. Es sind außerplanmäßige Abschreibungen bis zum Tageswert vorzunehmen.</td></tr>
</table>

Abschreibungswahlrecht	Kein Abschreibungswahlrecht!	Bei **Finanzanlagen können außerplanmäßige Abschreibungen** auch bei voraussichtlich **vorübergehender Wertminderung** vorgenommen werden (§ 253 (3) Satz 6 HGB, **gemildertes Niederstwertprinzip**[8]).	Kein Abschreibungswahlrecht!
Zuschreibungspflicht/-verbot	Gemäß § 253 (5) HGB **darf** der niedrigere Wertansatz **nicht beibehalten werden,** wenn die Gründe dafür nicht mehr bestehen. Es gilt ein „strenges Wertaufholungsgebot". [9]		

Aktivierungsverbote im Überblick

§ 246 (1) Satz 4 HGB	§ 255 (2) Satz 4 HGB	§ 248 (1) HGB	§ 248 (2) Satz 2 HGB
Originärer Firmenwert (wird im Unternehmen selbst geschaffen, z. B. Aufwendungen für den Aufbau eines Kundenstammes)	Forschungs- und Vertriebskosten	1. Aufwendungen für die Gründung eines Unternehmens, 2. Aufwendungen für die Beschaffung des Eigenkapitals und 3. Aufwendungen für den Abschluss von Versicherungsverträgen	Selbst geschaffene Marken, Drucktitel, Verlagsrechte, Kundenlisten oder vergleichbare immaterielle Vermögensgegenstände des Anlagevermögens

1 Auf die Bewertung „Geringwertiger Wirtschaftsgüter" wird aufgrund der inhaltlichen Schwerpunkte für das Abitur 2019 an dieser Stelle verzichtet.

2 Auf die Bewertung der „Vorräte" wird aufgrund der inhaltlichen Schwerpunkte für das Abitur 2019 an dieser Stelle verzichtet.

3 Die Aktivierung von selbst geschaffenen immateriellen Vermögensgegenständen setzt eine Veräußerbarkeit voraus, die nur dann gegeben ist, wenn eine Entwicklung auch mit hoher Wahrscheinlichkeit fertig gestellt und zu einem Vermögensgegenstand führen wird. Alternativ werden die Herstellkosten als Aufwand gebucht.

4 Die Anschaffungs- bzw. Herstellungskosten abzüglich der planmäßigen Abschreibung bezeichnet man als **fortgeführte AK bzw. HK.**

5 Immaterielle Vermögensgegenstände, bei denen formal zeitlich begrenzte Rechte im Zeitablauf auf unbegrenzte Zeit verlängert werden oder aus anderen Gründen hinsichtlich ihrer Nutzungsdauer unbeschränkt sind, dürfen nicht planmäßig abgeschrieben werden, (vgl. Baetge, J., u. a., a. a. O., S. 257).

6 Außerplanmäßige Abschreibungen werden beim abnutzbaren Anlagevermögen im Anschluss an die planmäßige Abschreibung zusätzlich vorgenommen.

7 Das **strenge Niederstwertprinzip** besagt, dass wenn man zwei Wertansätze zur Auswahl hat, man den niedrigeren davon ansetzen muss.

8 Das **gemilderte Niederstwertprinzip** besagt, dass wenn man zwei Wertansätze zur Auswahl hat, man sich einen Wertansatz davon aussuchen kann.

9 Ausnahme: derivativer Firmenwert (entgeltlich erworbener immaterieller Posten, der aus der Differenz zwischen dem Kaufpreis eines Unternehmens und dem Zeitwert des Eigenkapitals besteht, vgl. § 253 (5) Satz 2 HGB).

4 Winkler - ISBN 978-3-8120-0374-2

1.5.2 Tipps zur Bewertung des Vermögens

Vorgehensweise	Abnutzbare Sachanlagen, immaterielle Vermögensgegenstände des Anlagevermögens	Nicht abnutzbare Sachanlagen	Finanzanlagen	Umlaufvermögen
Prüfen, um welchen Vermögensgegenstand es sich handelt	sind Vermögensgegenstände, die grundsätzlich dauerhaft im Unternehmen bleiben, weil sie z. B. zur Herstellung der Produkte benötigt werden, wie z. B. Gebäude, Fuhrpark oder Maschinen. Ebenso gehören dazu aktivierte Eigenleistungen, also z. B. Werkzeuge oder Maschinen, die durch die Mitarbeiter des Betriebes selbst hergestellt wurden und im Betrieb zur Produktion genutzt werden sowie immaterielle Vermögensgegenstände des AV.	bleiben grundsätzlich auch dauerhaft im Unternehmen, können aber nicht durch Verschleiß abgenutzt werden, z. B. Grundstücke.	bleiben grundsätzlich auch dauerhaft im Unternehmen und können nicht durch Verschleiß abgenutzt werden, z. B. Beteiligungen oder Wertpapiere des Anlagevermögens.	Vermögensgegenstände, die grundsätzlich nicht dauerhaft im Unternehmen verbleiben; aus Roh-, Hilfs- und Betriebsstoffen werden unfertige bzw. später fertige Erzeugnisse; werden diese auf Ziel verkauft, entstehen Forderungen und werden diese wiederum beglichen, erhöht sich das Bankguthaben. Auch Wertpapiere des Umlaufvermögens, die zu Spekulationszwecken gehalten werden, gehören zum Umlaufvermögen.
Prüfen, ob eine planmäßige Abschreibung vorgenommen werden muss	ja	nein	nein	nein
Prüfen, ob eine weitere Wertminderung vorliegt und diese vorübergehend oder voraussichtlich dauerhaft ist, dann ggf. außerplanmäßige Abschreibung vornehmen	*Nach erfolgter planmäßiger Abschreibung (auf die fortgeführten AK bzw. HK) bei:* vorübergehender Wertminderung → Keine außerplanmäßige Abschreibung erlaubt dauerhafter Wertminderung → Pflicht zur außerplanmäßigen Abschreibung	vorübergehende Wertminderung → Keine außerplanmäßige Abschreibung erlaubt dauerhafte Wertminderung → Pflicht zur außerplanmäßigen Abschreibung	vorübergehende Wertminderung → Wahlrecht für außerplanmäßige Abschreibung (abhängig vom Ziel): Niedriger Erfolgsausweis → ja; Hoher Erfolgsausweis → nein dauerhafte Wertminderung → Pflicht zur außerplanmäßigen Abschreibung	vorübergehende Wertminderung / dauerhafte Wertminderung → Außerplanmäßige Abschreibung ist Pflicht!
Prüfen, ob der Wert des Vermögensgegenstandes nach erfolgter außerplanmäßiger Abschreibung wieder angestiegen ist	Wenn ja, dann müssen für diese Fälle Wertzuschreibungen bis zur Höhe der ursprünglichen (ggf. fortgeführten) Anschaffungs- bzw. Herstellungskosten erfolgen! Ausnahme: ein niedrigerer Wertansatz eines entgeltlich erworbenen Geschäfts- oder Firmenwertes ist beizubehalten (derivativer Firmenwert).			
Höchstgrenze beachten	Die Anschaffungs- bzw. Herstellungskosten dürfen nicht überschritten werden!			

1.5.3 Trainingsaufgaben mit Musterlösung: Bewertung von Vermögensgegenständen

Ausgangssituation:

Die Stahlbau AG in Nürnberg stellt Karosserien für den Fahrzeugbau her. Zu den Hauptkunden der Stahlbau AG gehört die Mobil AG in München, die Personenkraftwagen in unterschiedlichen Ausstattungsvarianten nach Kundenwünschen produziert.

In beiden oben beschriebenen Unternehmen müssen einige Jahresabschlussarbeiten zum 31.12.02 durchgeführt werden, wobei sowohl in den vorangegangenen Geschäftsjahren als auch zukünftig ein möglichst niedriger Gewinnausweis angestrebt wird.

Bearbeitungshinweis:

Lösen Sie die folgenden Arbeitsaufträge zunächst selbstständig auf eigenem Papier und vergleichen Sie anschließend mit den **Musterlösungen im Anhang auf Seite 162 ff.**

Arbeitsauftrag 1: Mobil AG

1.1 Die Mobil AG hat am 02.01.02 eine Metallpresse zu einem Listenpreis von 500.000 € netto gekauft abzüglich eines Sofortrabatts von 4 %. Die Transport- und Verpackungskosten wurden mit 14.280 € brutto berechnet. Die Kosten für den Aufbau in Höhe von 6.000 € + 19 % Umsatzsteuer wurden ebenfalls von der Lieferfirma in Rechnung gestellt. Zwei Wochen nach Eingang und Buchung der Eingangsrechnung wird der gesamte Rechnungsbetrag (einschließlich 19 % Umsatzsteuer) abzüglich 2 % Skonto überwiesen. An Zinsen zur Finanzierung der Metallpresse wurden 15.000 € für das Geschäftsjahr 02 direkt an die Hausbank überwiesen. Die Nutzungsdauer der Metallpresse beträgt 10 Jahre. Aufgrund des Bedienungsfehlers eines Mitarbeiters wurde die Metallpresse beschädigt, dadurch erlitt sie zum 31.12.02 eine Wertminderung um 15 %. Der Schaden kann jedoch im Januar 03 behoben werden.

1.1.1 **Berechnen Sie (I)** die Anschaffungskosten der Metallpresse.

1.1.2 **Ermitteln Sie (I)** den Wertansatz der Metallpresse zum 31.12.02 und **erläutern Sie (II)** Ihr Ergebnis.

1.2 Die Mobil AG stellt mit eigenen Arbeitskräften acht nicht frei am Markt erhältliche schwenkbare Spezialsitze her. Zur Ermittlung der Herstellungskosten liegen folgende Angaben vor:

	Materialbereich	Fertigungsbereich	Verwaltungsbereich (angemessene Teile)	Vertriebsbereich
Summe der Gemeinkosten[1] (ohne kalkulatorische Kosten)	240.000 €	5.040.000 €	1.108.000 €	1.329.600 €

In der Mobil AG betragen die gesamten Materialeinzelkosten 3 Mio. €, die gesamten Fertigungseinzelkosten 2,8 Mio. €.

Für einen Spezialsitz fallen 10.000 € Materialeinzelkosten und 15.000 € Fertigungseinzelkosten an.

1.2.1 **Ermitteln Sie (I)** die Wertunter- bzw. -obergrenze der Herstellungskosten für einen Spezialsitz gemäß HGB.[2]

1.2.2 **Beurteilen Sie (III)** die unterschiedlichen Gewinnauswirkungen der Wertgrenzen für die acht Spezialsitze[3] (die bisher gebuchten Aufwendungen betragen 10 Mio. €, die bisher gebuchten Erträge 12,5 Mio. €).

1 Die Gemeinkosten enthalten auch angemessene Beträge für den Werteverzehr des Anlagevermögens während des Herstellungszeitraums.

2 Zur Ermittlung der Gemeinkosten-Zuschlagssätze vgl. die Formeln zu Kapitel 2.4.2 auf Seite 51.

3 Unter Vernachlässigung der planmäßigen Abschreibung.

1.3 Am 15.03.02 hat die Mobil AG 1.000 tragbare Navigationsgeräte mit Anschaffungskosten von je 40 €/Stück eingekauft, die den Kunden als Handelsware zusätzlich zum Fahrzeug zum Kauf angeboten werden. Am 31.12.02 befinden sich davon noch 200 Geräte im Lager. Aufgrund der schnellen technischen Entwicklung in diesem Bereich haben die noch vorhandenen Navigationsgeräte am 31.12.02 nur noch einen Marktwert von 30 €/Stück.

Arbeiten Sie aus den Vorschriften des Handelsgesetzbuches den Wertansatz für die Handelswaren zum 31.12.02 **heraus (II).**

1.4 Aufgrund guter Absatzchancen möchte die Mobil AG ihre Produktion ausweiten und benötigt zur Errichtung eines weiteren Werkes ein Grundstück. Für die Anschaffung dieses Grundstücks sind am 15.07.02 folgende Kosten entstanden:

Kaufpreis 500.000 €, Grunderwerbsteuer 3,5 % des Kaufpreises, Maklerprovision 2,5 % netto des Kaufpreises zuzüglich 19 % Umsatzsteuer, Beurkundungsgebühr für den Kaufvertrag 2.000 €, an Grundsteuer sind jährlich 2.000 € zu zahlen, die Eintragungsgebühr im Grundbuch für die Eigentumsübertragung beträgt 1.500 €, die Beurkundungs- und Eintragungsgebühr für die Grundschuld zur Finanzierung des Kaufpreises 500 €.[1]

Bereits vor der Bebauung des Grundstücks ist der Grundstückswert zum 31.12.02 auf 650.000 € gestiegen, da sich auch einige Zulieferer der Mobil AG in unmittelbarer Nähe ansiedeln wollen.

Ermitteln Sie (I) die Anschaffungskosten für das Grundstück und **erläutern Sie (II)** den Wertansatz zum 31.12.02.

1.5 Die Mobil AG hat am 01.01.01 mit der Entwicklung einer Batterie zum Antrieb für Elektrofahrzeuge[2] begonnen, die zu einer Reichweite bei Pkw von 500 km ausreichen soll. An Herstellkosten fallen je Monat 100.000 € an. Infolge technischer Probleme ist am Ende des Geschäftsjahres 01 noch unsicher, ob die Entwicklung tatsächlich gelingt. Am 30.11.02 konnte das Projekt erfolgreich abgeschlossen werden. Seitdem wird die Batterie in der Mobil AG hergestellt. Das Know-how für diese Entwicklung ist jederzeit veräußerbar, die voraussichtliche Nutzungsdauer dieser Entwicklung wird auf acht Jahre geschätzt.

Entscheiden Sie (III) über die Bilanzierung der Entwicklungskosten zum Ende der Geschäftsjahre 01 und 02.

Arbeitsauftrag 2: Stahlbau AG

2.1 Die Stahlbau AG besitzt eine Beteiligung an der Mobil AG. Sie hat am 16.06.01 2.000 Stammaktien zum Kurs von 83 €/Aktie erworben. Folgende Tabelle zeigt die Kursentwicklung einer Stammaktie der Mobil AG im Zeitablauf:

Datum	31.12.01	31.12.02
Kurs einer Aktie der Mobil AG in €	65	98

2.1.1 **Beschreiben Sie (I),** um welchen Vermögensgegenstand es sich handelt und **erläutern Sie (II)** die anwendbaren Bewertungsprinzipien.

2.1.2 **Entscheiden Sie (III)** sich für einen Bilanzansatz zum 31.12.02 und **erläutern Sie (II)** Ihre Entscheidung unter Berücksichtigung des Bilanzansatzes zum Geschäftsjahresende 01.

2.2 Die Stahlbau AG hat am 08.01.02 ein bebautes Grundstück gekauft.

Die Anschaffungskosten für das Gebäude betragen 313.200 € (Nutzungsdauer 50 Jahre, lineare Abschreibung), die des Grundstücks 104.400 €. Zum 31.12.02 ist der Wert dieses bebauten Grundstücks wegen der endgültigen Stilllegung des Autobahnanschlusses um 60 Prozent gesunken. **Entscheiden Sie (III)** über den Wertansatz des Grundstücks und Gebäudes gemäß HGB zum 31.12.02.

1 Vgl. Meyer, a.a.O., S. 96.

2 Vgl. Buchholz, R., a.a.O., S. 313ff.

1.6 Bewertung der Schulden (Passiva)

1.6.1 Überblick zur Bewertung der Schulden

Das wichtigste Prinzip der handelsrechtlichen Bewertung ist das Prinzip der Vorsicht. Gemäß § 253 (1) Satz 2 HGB sind Verbindlichkeiten zu ihrem Erfüllungsbetrag und Rückstellungen in Höhe des nach vernünftiger kaufmännischer Beurteilung notwendigen Erfüllungsbetrages anzusetzen. Zu den Schulden gehören z. B.:

Verbindlichkeiten	Sind Verpflichtungen eines Unternehmens, die am Bilanzstichtag in ihrer Höhe und Fälligkeit feststehen.[1] Sie müssen zum Erfüllungsbetrag angesetzt werden. Dieser entspricht grundsätzlich dem Rechnungsbetrag einschließlich Umsatzsteuer. Ob ein Skontoabzug dabei berücksichtigt werden darf oder nicht, hängt von der Absicht ab, den Skontoabzug in Anspruch zu nehmen.[2]
Bankschulden[3]	Sind zum Erfüllungsbetrag anzusetzen. Ist jedoch die Höhe der Verbindlichkeit (Erfüllungsbetrag) größer als der Ausgabebetrag, entsteht ein Disagio. Hier besteht gemäß § 250 (3) HGB ein **Aktivierungswahlrecht:** Der Unterschiedsbetrag (Disagio) darf in den aktiven Rechnungsabgrenzungsposten aufgenommen werden, der dann planmäßig linear zeitanteilig (monatsgenau) anzuschreiben ist (§ 250 (3) Satz 2, § 268 (6) HGB). → **Beispiel: Buchung bei Darlehensaufnahme:** *Bank (Auszahlungsbetrag)* *ARA[4] (gesamtes Disagio)* *an Darlehen (Erfüllungsbetrag)* **Planmäßige Abschreibung des Disagios:** *Zinsaufwand (Disagio/Laufzeit)* *an ARA (Disagio/Laufzeit)* → **Zielsetzung:** ➢ Höherer Erfolgsausweis ➢ Gleichmäßige Aufwandsbelastung Alternativ kann das Disagio sofort als Aufwand gebucht werden. → **Auszahlung des Darlehens und sofortige Buchung des Disagios als Aufwand:** *Bank (Auszahlungsbetrag)* *Zinsaufwand (gesamtes Disagio)* *an Darlehen (Erfüllungsbetrag)* → **Zielsetzung:** ➢ Niedriger Erfolgsausweis im Abschlussjahr

1 Vgl. Coenenberg u. a., a. a. O., S. 408.

2 Vgl. Baetge u. a., a. a. O., S. 389.

3 Ohne Berücksichtigung von Umsatzsteuer für Finanzdienstleistungen.

4 ARA = Aktive Rechnungsabgrenzung.

Fremdwährungsverbindlichkeiten	*1. Zugangsbewertung:* Die Umrechnung einer Verbindlichkeit von Fremdwährung in Euro muss gemäß § 256a Satz 1 HGB zum Devisenkassamittelkurs[1] erfolgen.[2] *2. Folgebewertung:* Besteht die Verbindlichkeit am Bilanzstichtag noch, muss man Fremdwährungsverbindlichkeiten unterscheiden mit einer Laufzeit von **bis zu einem Jahr** → Die Verbindlichkeit muss zum Devisenkassamittelkurs am **Bilanzstichtag** angesetzt werden, egal ob die Folgebewertung dann über oder unter der Zugangsbewertung liegt. Damit sind das Anschaffungskostenprinzip (§ 253 Abs. 1 Satz 1 HGB) und das Realisationsprinzip (§ 252 Abs. 1 Nr. 4 Halbsatz 2 HGB) gemäß § 256a Satz 2 HGB nicht anzuwenden. → **Folgen:** Steigt bei einer Fremdwährungsverbindlichkeit der Kurs (Fremdwährung/Euro), dann bekommt man mehr Fremdwährung pro Euro. Dadurch sinkt der Wert der Fremdwährungsverbindlichkeit in Euro. Sinkt bei einer Fremdwährungsverbindlichkeit der Kurs (Fremdwährung/Euro), dann bekommt man weniger Fremdwährung pro Euro. Dadurch steigt der Wert der Fremdwährungsverbindlichkeit in Euro. **mehr als einem Jahr** → Es muss der zum Devisenkassamittelkurs umgerechnete Euro-Wert der Fremdwährungsverbindlichkeit zum Entstehungszeitpunkt mit dem zum Bilanzstichtag verglichen und davon der **höhere Euro-Wert** angesetzt werden (§ 256a HGB). Außerdem besteht ein Wertaufholungsangebot bis zur Höhe der ursprünglichen Verbindlichkeit. → **Folge:** Noch nicht realisierte Verluste werden schon vor ihrer Entstehung ausgewiesen. Gemäß § 277 (5) Satz 2 HGB sind Erträge aus der Währungsumrechnung in der GuV gesondert unter der Position „Sonstige betriebliche Erträge" und Aufwendungen aus der Währungsumrechnung gesondert unter dem Posten „Sonstige betriebliche Aufwendungen" auszuweisen.
Rückstellungen	**Definition:** Rückstellungen werden für Verpflichtungen gebildet, die am Bilanzstichtag aufgrund ihrer Höhe, ihres zeitlichen Eintretens und/oder ihres Bestandes ungewiss sind.[3] **Zweck:** Die Bildung von Rückstellungen dient der periodengerechten Jahresabgrenzung (vgl. § 252 (1) Nr. 5 HGB).

1 Der **Devisenkassamittelkurs** ist ein Mittelwert aus Geldkurs (Kurs, zu dem Banken Devisenkäufe [Devisen = ausländische Zahlungsmittel] ihrer Kunden abrechnen) und Briefkurs (Kurs, zu dem Banken Devisenverkäufe ihrer Kunden abrechnen).

2 Da zur Begleichung einer Fremdwährungsverbindlichkeit Devisen beschafft werden müssen, ist bei der Zugangsbewertung grundsätzlich der Geldkurs zu verwenden, vgl.: Beck'scher Bilanzkommentar, 8. Auflage, München 2012, R 181. Aus Vereinfachungsgründen wird im Weiteren auf diese Unterscheidung nicht eingegangen, d. h., die Umrechnung erfolgt zum jeweils angegebenen Devisenkassamittelkurs.

3 Vgl. Coenenberg u. a., a. a. O., S. 419 f.

Buchung von Rückstellungen:

- Bei der Rückstellungsbildung mit dem voraussichtlichen Erfüllungsbetrag:
  „Aufwandskonto" an „Rückstellungskonto"

- Bei der Auflösung der Rückstellung sind 3 Fälle möglich, da die Höhe der Rückstellung geschätzt wurde:
  1. Korrekte Schätzung:
     „Rückstellungskonto" an „Bank"
  2. Schätzung war zu hoch:
     „Rückstellungskonto" an „Bank"
     an „Erträge aus d. Auflösung von Rückstellungen"
  3. Schätzung war zu niedrig:
     „Rückstellungskonto"
     „Entsprechendes Aufwandskonto" an „Bank"

Passivierungspflicht (Pflicht zur Bildung von Rückstellungen) besteht gem. § 249 (1) HGB für:

Ungewisse Verbindlichkeiten; drohende Verluste aus schwebenden Geschäften[1]; im Geschäftsjahr unterlassene Aufwendungen für Instandhaltung, die im folgenden Geschäftsjahr innerhalb von drei Monaten, oder für Abraumbeseitigungen, die im folgenden Geschäftsjahr nachgeholt werden, sowie für Gewährleistungen, die ohne rechtliche Verpflichtung erbracht werden.

Man unterscheidet Rückstellungen mit einer Restlaufzeit von[2]

bis zu einem Jahr	mehr als einem Jahr
Diese werden mit ihrem Erfüllungsbetrag zum Nettowert angesetzt, der nach vernünftiger kaufmännischer Beurteilung notwendig ist (vgl. §§ 249, 253 (1) Satz 2, 253 (2) HGB). Aufgrund des Prinzips der Vorsicht müssen erwartete Preis- und Kostensteigerungen berücksichtigt werden. Rückstellungen sind wieder aufzulösen, wenn der Grund für die Rückstellungsbildung entfallen ist.	Hier besteht gemäß § 253 (2) HGB **Abzinsungspflicht** auf den Barwert.[3] Diese resultiert daraus, dass dem Unternehmen der rückgestellte Betrag bereits zum Entstehungszeitpunkt der Verbindlichkeit für Finanzierungszwecke zur Verfügung steht, da für Rückstellungen zwar Aufwendungen entstehen, diese jedoch erst später zu Auszahlungen führen.

Abzinsungswahlrecht (gemäß § 254 (2) HGB):

Bei Pensionsrückstellungen[4] dürfen Rückstellungen für Altersversorgungsverpflichtungen oder für vergleichbare langfristige Verpflichtungen pauschal mit dem durchschnittlichen Marktzinssatz abgezinst werden, der sich bei einer angenommenen Restlaufzeit von 15 Jahren ergibt.

1 **Schwebende Geschäfte** sind Geschäfte, zu denen sich Geschäftspartner zwar verpflichtet haben, die aber noch von keinem Vertragspartner erfüllt wurden (vgl. Meyer, a. a. O., S. 137), d. h., dass sowohl Lieferung als auch Zahlung am Bilanzstichtag noch nicht erfolgt sind (vgl. Bsp. Abi I 2019 Nr. 3.1.1, S. 144).

2 Vgl. Meyer, a. a. O., S. 138 f.

3 **Barwert** = Höhe der Rückstellung zum Erfüllungszeitpunkt · jeweiliger Abzinsungsfaktor, Abzinsungsfaktor = $1 : (1 + i)^n$, wobei i = p : 100, n = Restlaufzeit, p = durchschnittlicher Marktzins der letzten 7 Jahre, der monatlich von der Deutschen Bundesbank festgelegt wird.

4 Vgl. dazu auch Kapitel 5.3.8 auf Seite 134.

1.6.2 Trainingsaufgaben mit Musterlösung: Bewertung der Schulden

TRAINING!

Ausgangssituation:

Die Gummiwerke AG in Regensburg stellt Fahrzeugreifen her. Ihr Hauptkunde ist die Mobil AG in München.

> **Bearbeitungshinweis:**
>
> Lösen Sie die folgenden Arbeitsaufträge zunächst selbstständig auf eigenem Papier und vergleichen Sie anschließend mit den **Musterlösungen im Anhang auf Seite 165 f.**

Während die Gummiwerke AG im Geschäftsjahr 01 mit Zustimmung der Aktionäre viele Investitionen selbst finanziert und damit auf die Ausschüttung einer Dividende verzichtet hat, sollen die Aktionäre im Geschäftsjahr 02 durch eine relativ hohe Dividende am Erfolg der Gummiwerke AG beteiligt werden. Daher sollen in der Gummiwerke AG die Bewertungswahlrechte zum 31. 12. 02 so genutzt werden, dass ein möglichst hoher Erfolgsausweis erzielt wird.

Dagegen strebt die Mobil AG, wie bereits in Trainingsaufgabe 1.5.3 auf Seite 27 beschrieben, einen möglichst niedrigen Erfolgsausweis an.

Arbeitsauftrag 1: Gummiwerke AG

1.1 Für eine Rohstofflieferung liegt zum 31. 12. 02 folgende Rechnung vor, ein Skontoabzug wird nicht beabsichtigt:

Rohstoffe	10.000 €
+ 19 % Umsatzsteuer	1.900 €
Rechungsbetrag, brutto	11.900 €

Die Rechnung ist zahlbar innerhalb von 30 Tagen netto Kasse, innerhalb von 10 Tagen mit 2 % Skontoabzug.

Nennen Sie (I) den Wertansatz für die Verbindlichkeit zum 31. 12. 02.

1.2 Für eine Investition wird am 15. 10. 02 ein Kredit über 100.000 € aufgenommen, Laufzeit 5 Jahre, Auszahlung 95 %, Tilgung am Ende der Laufzeit.

Entscheiden Sie (III), wie der Kredit bilanziert werden soll. **Bilden Sie die Buchungssätze (II)** und **nennen Sie (I)** die Bilanzansätze zum 31. 12. 02.

1.3 Die Lieferung von Rohstoffen aus den USA über 5.000 US-$ trifft am 18. 12. 02 in der Gummiwerke AG in Regensburg ein. Als Zahlungsziel wurde der 05. 01. 04 vereinbart. Der Devisenkassamittelkurs beträgt am 18. 12. 02 1,225 US-$/€. Zum Bilanzstichtag am 31. 12. 02 beträgt der Kurs 1,275 US-$/€.[1]

Ermitteln Sie (I) den Wert der Fremdwährungsverbindlichkeit in Euro zum 18. 12. 02. **Entscheiden Sie sich (III)** für den Bilanzansatz der Währungsverbindlichkeit zum 31. 12. 02. **Erläutern Sie (II)**, wie der Fall zu beurteilen wäre, wenn als Zahlungsziel der 05. 01. 03 vereinbart worden wäre.[2]

Arbeitsauftrag 2: Mobil AG

2.1 Die Fenster des Fabrikgebäudes sind undicht und sollten im Herbst 02 repariert werden, was aber wegen schlechten Wetters verschoben werden musste. Der mit der Tischlerei im Herbst 02 vereinbarte Preis betrug 3.570 € einschließlich 19 % Umsatzsteuer. Die Arbeit soll im Februar 03 zum vereinbarten Preis ausgeführt werden.[3]

1 Vgl. Meyer, a. a. O., S. 144.

2 Auf die Einfuhrumsatzsteuer sowie ggf. Zoll wird aus Vereinfachungsgründen verzichtet.

3 Vgl. Meyer, a. a. O., S. 143.

2.2 Am 31.12.01 wurde eine Rückstellung für erwartete Rechts- und Beratungskosten für einen Prozess in Höhe von 10.000 € gebildet. Im November 02 werden die tatsächlich zu zahlenden Rechts- und Beratungskosten in Höhe von 8.000 € vom Bankkonto überwiesen.

2.3 Die voraussichtliche Schadensersatzverpflichtung beträgt am 02.01.02 aufgrund eines in drei Jahren zur Entscheidung anstehenden Gerichtsprozesses 100.000 € (der durchschnittliche Marktzins der letzten 7 Jahre beträgt 5 %).[1]

Entscheiden Sie (III) mithilfe des Handelsgesetzbuches, in welcher Höhe die Schulden der Geschäftsfälle 2.1 bis 2.3 zum Jahresabschluss 02 erfasst werden müssen.

1.7 Struktur des Eigenkapitals

1.7.1 Bilanzielles Eigenkapital

Unter dem bilanziellen Eigenkapital versteht man das Eigenkapital, das in der Bilanz offen ausgewiesen wird.[2] Dazu gehören auch die offenen Rücklagen:[3]

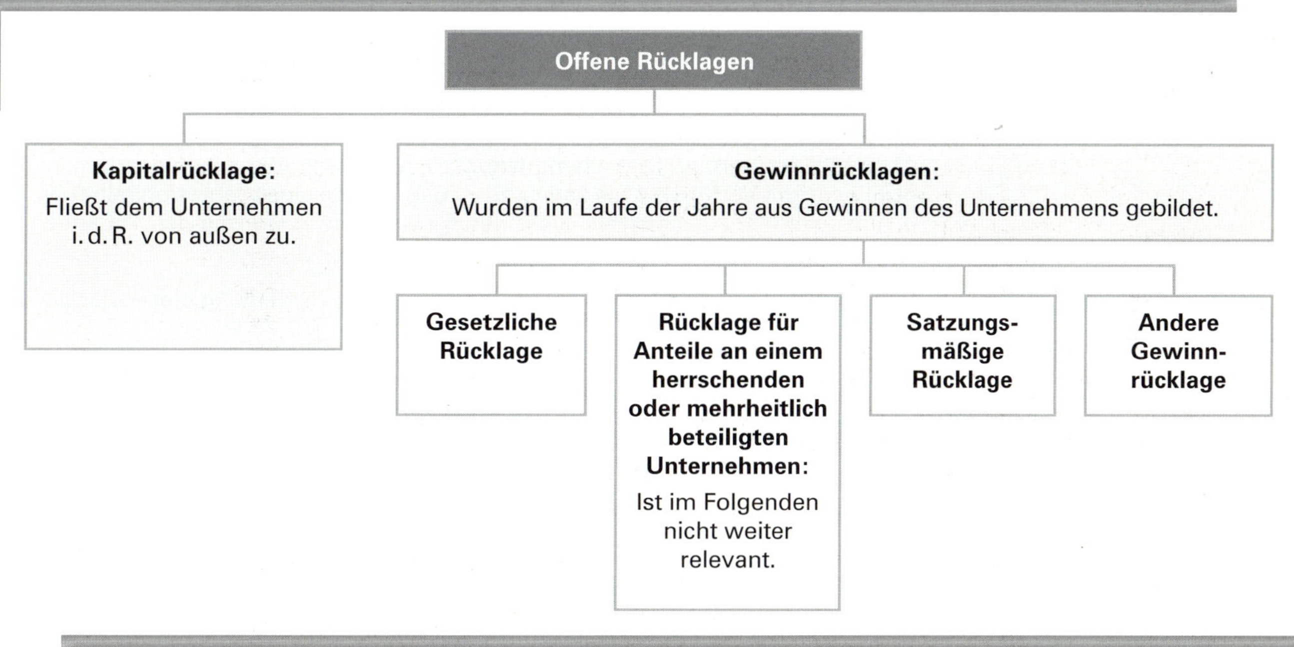

Zweck offener Rücklagen:

- Sie erhöhen die Haftungsbasis des Unternehmens und geben den Gläubigern zusätzliche Sicherheit.[4]
- Sie tragen indirekt zu einer Liquiditätsverbesserung bei, da Gläubiger bei einer verbesserten Kapitalstruktur eher bereit sind, Kredite zu gewähren.
- Bei der Rücklagenbildung fließen in der entsprechenden Höhe keine flüssigen Mittel für die Gewinnausschüttung ab.

1 Vgl. Coenenberg u. a., a. a. O., S. 427.

2 Im Folgenden wird der Regelfall dargestellt, d. h., dass Vorstand und Aufsichtsrat den Jahresabschluss feststellen.

3 Vgl. Baetge u. a., a. a. O., S. 485 ff.

4 Vgl. Wöhe: Bilanzierung und Bilanzpolitik, 9. Aufl., München 1997, S. 594.

5 Winkler - ISBN 978-3-8120-0374-2

Bei der Darstellung des bilanziellen Eigenkapitals einer Aktiengesellschaft unterscheidet man laut § 268 (1) HGB drei verschiedene Möglichkeiten. Die Gliederung des Eigenkapitals in § 266 HGB entspricht der Darstellung des Eigenkapitals vor Ergebnisverwendung.

Eigenkapitalpositionen **vor** Berücksichtigung der Verwendung des Jahres-ergebnisses:	Eigenkapitalpositionen mit Berücksichtigung der **teilweisen** Verwendung des Jahres-ergebnisses:	Eigenkapitalpositionen mit Berücksichtigung der **vollständigen** Verwendung des Jahres-ergebnisses:
I. Gezeichnetes Kapital II. Kapitalrücklage III. Gewinnrücklagen **IV. Gewinnvortrag/Verlustvortrag** (aus dem Vorjahr) **V. Jahresüberschuss/Jahresfehlbetrag** (aus dem Abschlussjahr)	I. Gezeichnetes Kapital II. Kapitalrücklage III. Gewinnrücklagen **IV. Bilanzgewinn/Bilanzverlust**	I. Gezeichnetes Kapital II. Kapitalrücklage III. Gewinnrücklagen **IV. Gewinnvortrag/Verlustvortrag** (für das neue Geschäftsjahr)

Begriff	**Erläuterung**
Gezeichnetes Kapital (Grundkapital)	Ist das i. d. R. feste Eigenkapital der AG, auf das die Haftung der Gesellschafter (Aktionäre) für die Verbindlichkeiten der AG beschränkt ist. Es muss mit dem Nennbetrag angesetzt werden (§ 272 (1) HGB). Nennbetragsaktien müssen auf mindestens einen Euro lauten, höhere Nennbeträge auf volle Euro (§§ 8, 9 AktG). Gezeichnetes Kapital = Anzahl Aktien · Nennwert/Aktie
Kapitalrücklage	Enthält hauptsächlich Beträge, die dem Eigenkapital von außen zufließen, z. B. durch die Ausgabe von jungen Aktien über dem Nennwert (Agio) (§ 272 (2) HGB).
Gesetzliche Rücklage	**Ist gesetzlich erzwungen:** Sie muss von Aktiengesellschaften gemäß § 150 AktG gebildet werden. Diese steht dann für eine Ausschüttung an die Aktionäre nicht mehr zur Verfügung. Sie kann z. B. zum Ausgleich eines Jahresfehlbetrages genutzt werden, sofern dieser nicht durch einen Gewinnvortrag des Vorjahres gedeckt werden kann (§ 150 (4) AktG).
Satzungsmäßige Rücklage	**Ist freiwillig:** Im Gesellschaftsvertrag (Satzung) kann die Bildung dieser Rücklage vereinbart werden.
Andere Gewinn-rücklage	**Ist freiwillig:** kann sowohl (vorab) durch Vorstand/Aufsichtsrat als auch auf der Hauptversammlung der Aktionäre gebildet werden. Sie stärkt die Eigenkapitalbasis des Unternehmens (vgl. § 58 AktG).
Jahresüberschuss/-fehlbetrag	Ist das in der GuV ermittelte Jahresergebnis, das aus dem Saldo von Erträgen und Aufwendungen der GuV gebildet wird.
Gewinn-/Verlustvortrag (aus dem Vorjahr)	Der Gewinnvortrag ist der restliche Gewinn aus dem Vorjahr, der nicht als Rücklage im Unternehmen geblieben ist bzw. nicht an die Aktionäre ausgeschüttet wurde. Der Verlustvortrag ist der Rest des Verlustes aus dem Vorjahr, der nicht durch die Auflösung von Rücklagen gedeckt wurde.
Bilanzgewinn/-verlust	An die Stelle der Posten „Jahresüberschuss/-fehlbetrag" und „Gewinn-/Verlustvortrag" tritt der Posten „Bilanzgewinn/-verlust" (§ 268 Abs. 1 HGB) bei der teilweisen Verwendung des Jahresergebnisses. Über die Verwendung des Bilanzgewinns entscheiden die Aktionäre auf der Hauptversammlung.
Gewinn-/Verlustvortrag (für das neue Geschäftsjahr)	Ist der Gewinn-/Verlustrest des laufenden Geschäftsjahres, der nicht als Dividende ausgeschüttet wurde oder nicht als Rücklage im Unternehmen bleibt.

Die Bildung von offenen Rücklagen führt zur offenen Selbstfinanzierung von Kapitalgesellschaften (Innenfinanzierung). Dieses Thema wird in Kapitel 5.3.4 auf Seite 127 ff. ausführlich behandelt.

1.7.2 Effektives Eigenkapital unter Einbeziehung der stillen Rücklagen

Zusätzlich zum bilanziellen Eigenkapital gehören zum effektiven Eigenkapital auch die stillen Rücklagen (stille Reserven). Sie dienen der stillen Selbstfinanzierung und sind aus der Bilanz heraus nicht erkennbar. Damit unterscheiden sie sich von den offenen Rücklagen (Kapital- und Gewinnrücklagen).

Die stillen Rücklagen werden in Kapitel 5.3.5 auf Seite 131 ausführlich behandelt.

1.8 Kritik an den handelsrechtlichen Bewertungsvorschriften/-wahlrechten

Die handelsrechtlichen Bewertungsvorschriften/-wahlrechte führen dazu, dass

- die im Jahresabschluss dargestellte Vermögens- und Finanzlage nicht zwangsläufig die wahren Gegebenheiten widerspiegelt und
- die Pflicht/Möglichkeit zur Bildung stiller Rücklagen (Reserven) geschaffen wird.

Außerdem sind die im Jahresabschluss enthaltenen Informationen nur für den jeweiligen Bilanzstichtag gültig und zum Zeitpunkt der Erstellung des Jahresabschlusses schon nicht mehr aktuell.

1.9 Gegenüberstellung der Begriffe „Rücklagen" und „Rückstellungen"

Rücklagen	Rückstellungen
➢ gehören zum **Eigenkapital** der Kapitalgesellschaften ➢ die Bildung von Rücklagen führt zur **offenen Selbstfinanzierung** von Kapitalgesellschaften. Zu den **offenen Rücklagen** gehören z. B.: – gesetzliche Rücklagen – andere freie Rücklagen – Kapitalrücklagen ➢ **stille Rücklagen** sind aus der Bilanz nicht zu erkennen. Sie entstehen durch – die Unterbewertung der Aktiva und/oder – die Überbewertung der Passiva, also z. B. durch die zu hohe Schätzung von **Rückstellungen.**	➢ gehören zum **Fremdkapital** von Unternehmen ➢ die Bildung von Rückstellungen führt zu einem Aufwand, dem zum Zeitpunkt der Rückstellungsbildung tatsächlich keine Auszahlung gegenübersteht. Daher wirkt die Bildung der Rückstellung gewinn- und damit steuermindernd. Rückstellungen stellen somit ein Mittel der Finanzierung dar, da sie dem Unternehmen bis zur Auflösung der Rückstellung zum Teil zinslos zur Verfügung stehen. ➢ Rückstellungen werden für Verpflichtungen gebildet, die aufgrund ihrer Höhe, ihres zeitlichen Eintretens und/oder ihres Bestandes ungewiss sind, aber voraussichtlich sicher erwartet werden[1] und wirtschaftlich im abzuschließenden Geschäftsjahr begründet sind. Daher müssen für Rückstellungen Schätzwerte angesetzt werden. ➢ Wurde die Rückstellung zu hoch geschätzt, stellt die Differenz bis zur Auflösung der Rückstellung eine **stille Rücklage** (Reserve) dar. ➢ Wurde die Rückstellung zu niedrig bemessen, führt die Auflösung der Rückstellung zu einem höheren Gewinnausweis und damit u. U. zu einer höheren Dividende (Substanzverlust).

1 Vgl. Coenenberg u. a., a. a. O., S. 419 f.

2.1 Zielsetzung von Buchführung und Kosten- und Leistungsrechnung

Eine Steuerung des Betriebsprozesses mit den Informationen aus dem Jahresabschluss ist nicht möglich. Dazu dient die Kosten- und Leistungsrechnung (sie wird im Folgenden als KLR bezeichnet). Diese baut wiederum auf den Daten der Buchführung bzw. des Jahresabschlusses auf, sodass die KLR am Jahresabschluss ansetzt.

Folgende grundlegende **Unterschiede** bestehen **zwischen der Buchführung und der KLR**:

Buchführung	Kosten- und Leistungsrechnung
➢ **externes** Rechnungswesen ➢ ermittelt das **Unternehmensergebnis** (Gesamtergebnis) durch Gegenüberstellung von **Aufwendungen** und **Erträgen** in der Gewinn- und Verlustrechnung ➢ gesetzliche Vorschriften, z.B. aus dem Handelsgesetzbuch bzw. Steuergesetze, müssen beachtet werden ➢ ist die Grundlage für die Aufstellung des Jahresabschlusses ➢ bildet die **Basis für die KLR**	➢ **internes** Rechnungswesen ➢ ermittelt das **Betriebsergebnis** durch Gegenüberstellung von **Kosten** und **Leistungen** ➢ es existieren keine gesetzlichen Vorschriften ➢ wird unterteilt in Voll- und Teilkostenrechnung, wobei die – **Vollkostenrechnung** der langfristigen Existenz des Betriebes dient, dazu gehört z.B. die Kontrolle der Wirtschaftlichkeit im Betrieb, die Kalkulation kostendeckender Preise, die Kostenkontrolle sowie die Ermittlung von Betriebsergebnissen und die Ermittlung der Herstellungskosten im Rahmen des Jahresabschlusses. – **Teilkostenrechnung** die Grundlage für kurzfristig zu treffende, marktorientierte Entscheidungen bildet.

Der Übergang von der Buchführung zur Kosten- und Leistungsrechnung erfolgt mithilfe der **Abgrenzungsrechnung (Ergebnistabelle)**. Aus den Aufwendungen und Erträgen der Buchführung werden die Kosten und Leistungen der KLR entwickelt.

2.2 Überblick über die Vollkostenrechnung

Um die Vollkostenrechnung vollständig abzubilden, sind vier Schritte notwendig, die jeweils aufeinander aufbauen:

Abgrenzungsrechnung (Ergebnistabelle)

Grundlage ist die Gewinn- und Verlustrechnung der Buchführung:

- nicht betriebliche, außerordentliche und periodenfremde Aufwendungen und Erträge werden herausgerechnet, da nur der Werteverzehr für die KLR relevant ist, der regelmäßig durch die Herstellung und den Verkauf der Produkte entstanden ist.
- Kalkulatorische Kosten werden verrechnet, um Preis- bzw. Kostenschwankungen auszuschalten und Vergleiche mit Vorperioden oder Vergleiche mit branchengleichen Unternehmen zu ermöglichen.

Ziel ist die Ermittlung der Kosten und Leistungen, des Betriebsergebnisses sowie der Wirtschaftlichkeit.

Kostenartenrechnung

Die in der Ergebnistabelle ermittelten Kosten werden hier für verschiedene Zwecke nach unterschiedlichen Kriterien eingeteilt nach:

- der Verbrauchsart, z.B. in Material-, Personalkosten etc., um Kostenvergleiche zu ermöglichen,
- dem Verhalten bei Änderung der Beschäftigungslage in variable, fixe und Mischkosten für die Teilkostenrechnung,
- dem zeitlichen Aspekt in Ist- bzw. Normalkosten, um Kostenkontrollen zu ermöglichen oder
- der Verrechnung auf die Kostenträger in Einzel- und Gemeinkosten für die **Vollkostenrechnung.**

Kostenstellenrechnung

Ziel:
Die in der Kostenartenrechnung ermittelten **Gemeinkosten** werden in den Betriebsabrechnungsbogen (BAB) übernommen, um die Kalkulation vorzubereiten und die Kosten in den Kostenstellen zu kontrollieren.

Vorgehensweise:

- Möglichst verursachungsgerechte Verteilung der Gemeinkosten auf die Kostenstellen.
- Ermittlung der Zuschlagssätze für die Kalkulation.
- Ermittlung und Analyse von Kostenabweichungen im BAB.

Kostenträgerrechnung

Sie besteht aus der

- Kostenträgerstückrechnung und der
- Kostenträgerzeitrechnung.

Kostenträgerstückrechnung:
ermöglicht die Kalkulation kostendeckender Preise, da sie die durch die Herstellung eines Kostenträgers verursachten Selbstkosten ermittelt. Dazu gehören z. B. die:

- Zuschlagskalkulation als Vor- und Nachkalkulation,
- Rückwärts- und
- Differenzkalkulation.

Kostenträgerzeitrechnung:
ermittelt alle Kosten, die für einen Kostenträger innerhalb eines Zeitabschnitts entstanden sind sowie unter Einbeziehung der Umsatzerlöse das Umsatzergebnis. Nach Berücksichtigung der Kostenabweichung im BAB kann das Betriebsergebnis ermittelt werden.

2.3 Von der Buchführung zur KLR mithilfe der Abgrenzungsrechnung (Ergebnistabelle)

Wenn man kostendeckende Preise kalkulieren möchte, müssen zunächst die nicht zum eigentlichen Betriebszweck gehörenden, extrem selten bzw. in unüblicher Höhe anfallenden und nicht zur Rechnungsperiode (Abrechnungszeitraum) gehörenden Aufwendungen und Erträge ausgeschaltet werden. Diese nennt man „neutrale Aufwendungen" bzw. „neutrale Erträge". Ansonsten würde man Dinge in den Preis mit einkalkulieren, die nichts mit der Herstellung oder dem Verkauf der Erzeugnisse zu tun haben. Folgende Übersichten sollen dabei helfen, die Unterschiede zwischen den Begriffen verständlich zu machen:

2.3.1 Übersicht über die Abgrenzung von neutralen und betrieblichen Erträgen/Leistungen

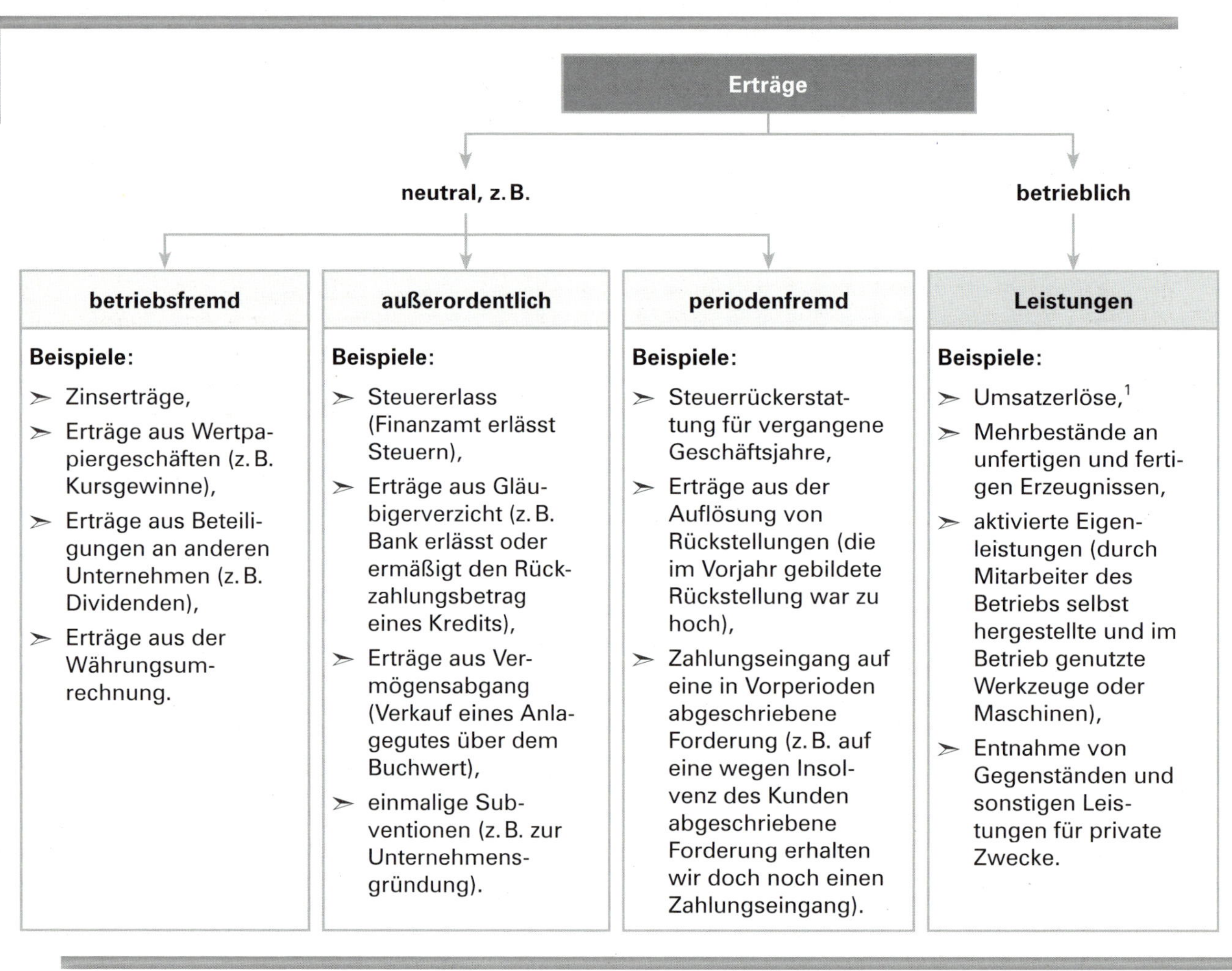

Alle Erträge, die nichts mit der Herstellung und dem Verkauf der Produkte eines Industriebetriebes zu tun haben (betriebsfremde Erträge), die außerordentlich selten oder in unüblicher Höhe anfallen (außerordentliche Erträge) bzw. nicht zur betrachteten Rechnungsperiode (z. B. Monat, Jahr) gehören, bezeichnet man als **neutrale Erträge**. Die relativ regelmäßig anfallenden, zur betrachteten Rechnungsperiode gehörenden und **betrieblichen Erträge** entsprechen den **Leistungen**.

1 Da als **Umsatzerlöse** gemäß § 277 (1) HGB die Erlöse aus dem Verkauf und der Vermietung oder Verpachtung von Produkten sowie aus der Erbringung von Dienstleistungen der Kapitalgesellschaft nach Abzug von Erlösschmälerungen und der Umsatzsteuer sowie sonstiger direkt mit dem Umsatz verbundener Steuern auszuweisen sind, enthalten die Umsatzerlöse gemäß HGB auch Bestandteile, wie z. B. Mieterträge, die mit der „gewöhnlichen Geschäftstätigkeit" eines Industriebetriebes nichts zu tun haben. Da es sich bei der KLR um eine betriebsinterne Rechnung handelt, wird im Folgenden die Annahme getroffen, dass als Leistung nur die Umsatzerlöse betrachtet werden, die für „typische Erzeugnisse" im Rahmen der „gewöhnlichen Geschäftstätigkeit" erbracht werden.

2.3.2 Übersicht über die Abgrenzung von neutralen und betrieblichen Aufwendungen/Kosten

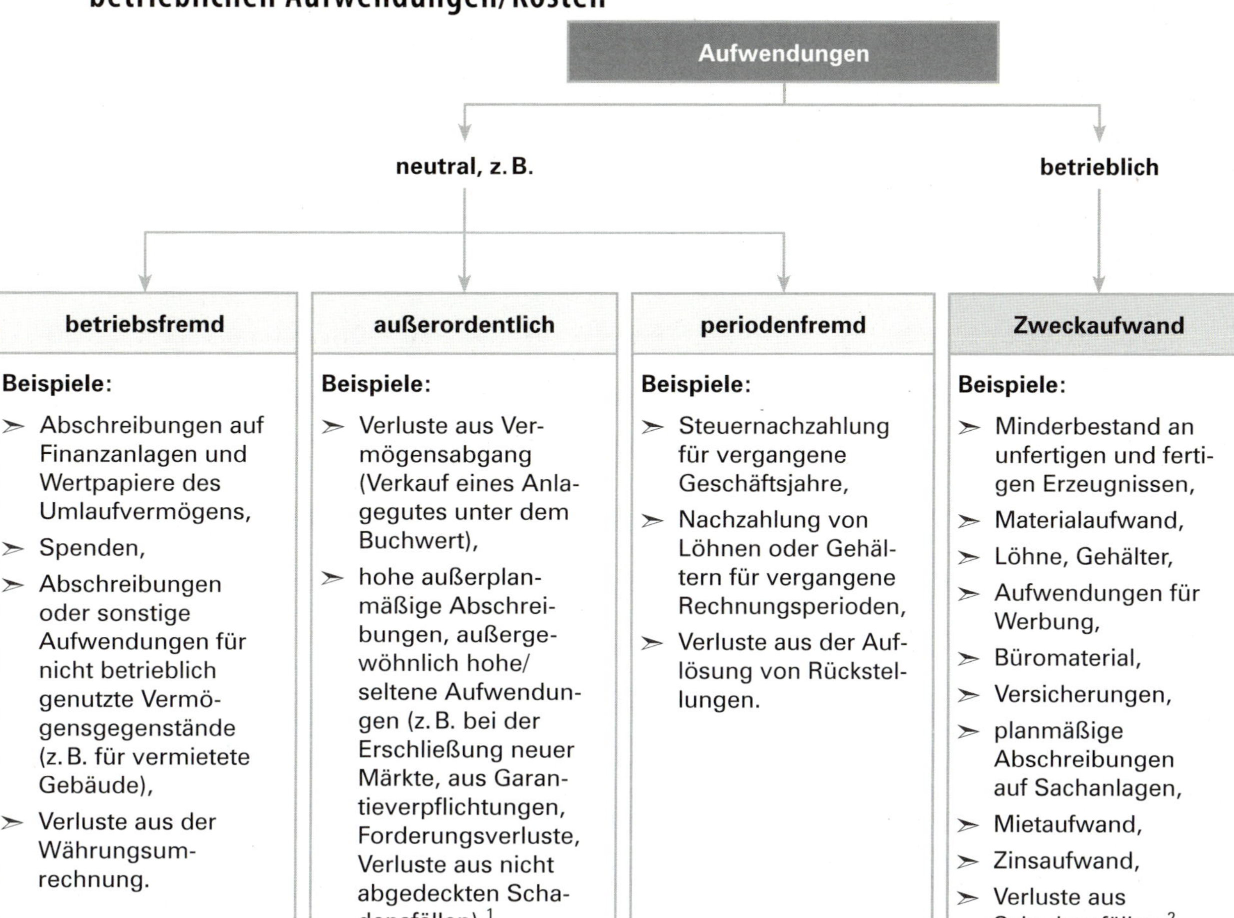

Grundkosten (werden unverändert aus der GuV in die KLR übernommen)	**Anderskosten** (werden mit anderen Werten als in der GuV in die KLR übernommen)	**Zusatzkosten** (diesen Kosten steht in der GuV kein Aufwand gegenüber)
z. B. Minderbestand (BV), Löhne, Gehälter, Aufwendungen für Werbung, Büromaterial, Versicherungen, Mietaufwand.	z. B. Rohstoffaufwand als Durchschnittspreis, um Schwankungen in der Kalkulation zu verhindern (Verrechnungspreis),[3] kalkulatorische Abschreibungen, kalkulatorische Zinsen, kalkulatorische Wagnisse.[4]	z. B. kalkulatorischer Unternehmerlohn, kalkulatorische Miete. Sie dienen insbesondere dazu, Vergleiche mit anderen Unternehmen der gleichen Branche vornehmen zu können. ↑ **Die Zusatzkosten werden in der Buchführung nicht erfasst!**

Kosten

1 Vgl. Eisele, W./Knobloch, A. P.: Technik des betrieblichen Rechnungswesens, 8. vollständig überarb. u. erw. Auflage, München 2011, S. 506 ff.

2 Vgl. Übersicht „Wagnisse“ auf S. 42.

3 Wenn die Rohstoffpreise stark schwanken, werden u. U. Durchschnittspreise als Verrechnungspreise angesetzt.

4 Die kalkulatorischen Wagnisse können auch zu den Zusatzkosten gehören, wenn nämlich in der entsprechenden Rechnungsperiode tatsächlich keine Schadensfälle eingetreten sind.

2.3.3 Kalkulatorische Kosten

2.3.3.1 Ziele für den Ansatz kalkulatorischer Kosten

Die **Ziele für den Ansatz kalkulatorischer Kosten** in der KLR sind:

- Vermeidung von Schwankungen in den Verkaufspreisen
- Ermöglichung von Vergleichen
  - Zeitvergleiche (Kostenvergleiche verschiedener Abrechnungsperioden, um die Wirtschaftlichkeit zu kontrollieren)
  - Branchenvergleiche (Vergleich mit anderen Unternehmen der gleichen Branche)

2.3.3.2 Gründe für den Ansatz einzelner kalkulatorischer Kosten

Abschreibungen[1]
(Anderskosten)

Bilanzielle: **werden in der Bilanz angesetzt, weil**	**Kalkulatorische:** **werden in der KLR angesetzt, weil**
➢ man in einer Erfolgssituation (sofern rechtlich zulässig) **degressiv** abschreibt, um den steuerpflichtigen Gewinn frühzeitig zu senken. Dieses Verfahren hätte schwankende Abschreibungsbeträge zur Folge. ➢ man höchstens von den **Anschaffungs- bzw. Herstellungskosten** abschreiben darf und hinsichtlich der Abschreibungsdauer an die jeweilige **vom Finanzamt vorgeschriebene Nutzungsdauer** gebunden ist. ➢ das **gesamte abnutzbare Anlagevermögen** der planmäßigen Abschreibung unterliegt.	➢ Schwankungen vermieden werden sollen: Zur Kalkulation eines Verkaufspreises, der längere Zeit Gültigkeit hat, ist es in der KLR ratsam, das **lineare** Abschreibungsverfahren zu wählen. ➢ man am Ende der **tatsächlichen Nutzungsdauer** eines Anlagegutes dieses gegen ein neues, gleichwertiges, mittlerweile ggf. teureres Wirtschaftsgut ersetzen möchte. Dazu ist die Abschreibung von den **Wiederbeschaffungskosten** notwendig. **kalkulatorische Abschreibung pro Jahr** $= \frac{\text{Wiederbeschaffungskosten}}{\text{tatsächliche Nutzungsdauer in Jahren}}$ ➢ nur die Kosten für das **betrieblich genutzte abnutzbare Anlagevermögen** zur Kalkulation kostendeckender Preise relevant sind und nur so eine Vergleichbarkeit mit branchengleichen Unternehmen gewährleistet wird.

1 Vgl. Eisele/Knobloch, a.a.O., S. 813f.

Zinsen[1] (Anderskosten)

Bilanzielle: werden in der Bilanz angesetzt

für die **effektiv zu zahlenden Zinsaufwendungen.** Diese hängen ab von:

- der jeweiligen Ausstattung des Unternehmens mit Eigen- bzw. Fremdkapital,
- den unterschiedlichen Fremdkapitalzinssätzen, die im Zeitablauf u. U. auch schwanken können,
- der Frage, ob mit dem Kapital auch nicht betriebsnotwendiges Vermögen finanziert wurde.

Außerdem bleiben die entgangenen Zinsen ohne Beachtung, die der jeweilige Unternehmer erzielen könnte, wenn er sein Geld auf dem Kapitalmarkt anlegen und nicht in sein Unternehmen investieren würde.

Kalkulatorische: werden in der KLR angesetzt

für das **betriebsnotwendige Kapital:**

	Betriebsnotwendiges Anlagevermögen (d. h. z. B. ohne brachliegende Grundstücke, vermietete Gebäude o. Ä.)
+	Betriebsnotwendiges Umlaufvermögen (d. h. z. B. ohne Aktien, die zu Spekulationszwecken genutzt werden)
=	Betriebsnotwendiges Vermögen
–	Abzugskapital (d. h. ohne das Kapital, das dem Unternehmen zinslos zur Verfügung steht, wie z.B. Lieferantenkredite, kurzfristige Rückstellungen oder Anzahlungen von Kunden)
=	Betriebsnotwendiges Kapital

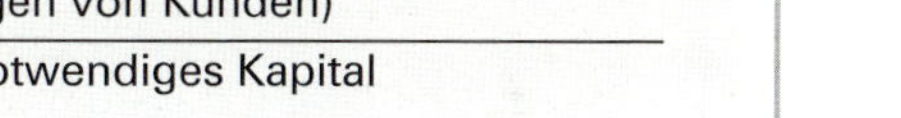

Kalkulatorische Zinsen pro Jahr

$$= \text{Betriebsnotwendiges Kapital} \cdot \frac{\text{Zinssatz}}{100}$$

Der Zinssatz wird in Höhe des Zinsniveaus am Kapitalmarkt für langfristige Kredite angesetzt (wird in Aufgaben i. d. R. angegeben).

Kalkulatorischer Unternehmerlohn (Zusatzkosten)[2]

Der kalkulatorische Unternehmerlohn wird angesetzt bei Einzelunternehmen und Personengesellschaften, weil die Gesellschafter dieser Rechtsformen kein Gehalt beziehen, wie es die Vorstandsmitglieder und Geschäftsführer bei Kapitalgesellschaften erhalten. Während das Gehalt der Vorstandsmitglieder und Geschäftsführer bei Kapitalgesellschaften in der GuV als Aufwand und in der KLR als Grundkosten erfasst wird, muss aus Gründen der Vergleichbarkeit für die Gesellschafter von Einzelunternehmen und Personengesellschaften ein in der Höhe vergleichbares Gehalt in Form des kalkulatorischen Unternehmerlohns als Zusatzkosten in die KLR eingerechnet werden. Da diese Kosten nicht in der Buchführung gebucht werden, ihnen also kein Aufwand gegenübersteht, bezeichnet man den kalkulatorischen Unternehmerlohn als Zusatzkosten.

1 Vgl. Eisele/Knobloch, a.a.O., S. 817f.

2 Tritt bei Aktiengesellschaften nicht auf.

6 Winkler - ISBN 978-3-8120-0374-2

Kalkulatorische Miete (Zusatzkosten)[1]

Die kalkulatorische Miete dient ebenfalls der Vergleichbarkeit branchengleicher Unternehmen. Stellt ein Unternehmer seinem Unternehmen Privaträume zur Verfügung, für die keine Miete gezahlt werden muss, ist es nicht vergleichbar mit einem Unternehmen, das Miete für seine Räume zahlen muss. Darüber hinaus könnte der Unternehmer auch die dem Unternehmen zur Verfügung gestellten Räume an einen Dritten vermieten, der dann Miete zahlen müsste. Aus diesen Gründen wird u.U. eine kalkulatorische Miete in ortsüblicher Höhe in die KLR als Zusatzkosten verrechnet, welcher in der Buchführung kein Mietaufwand gegenübersteht.

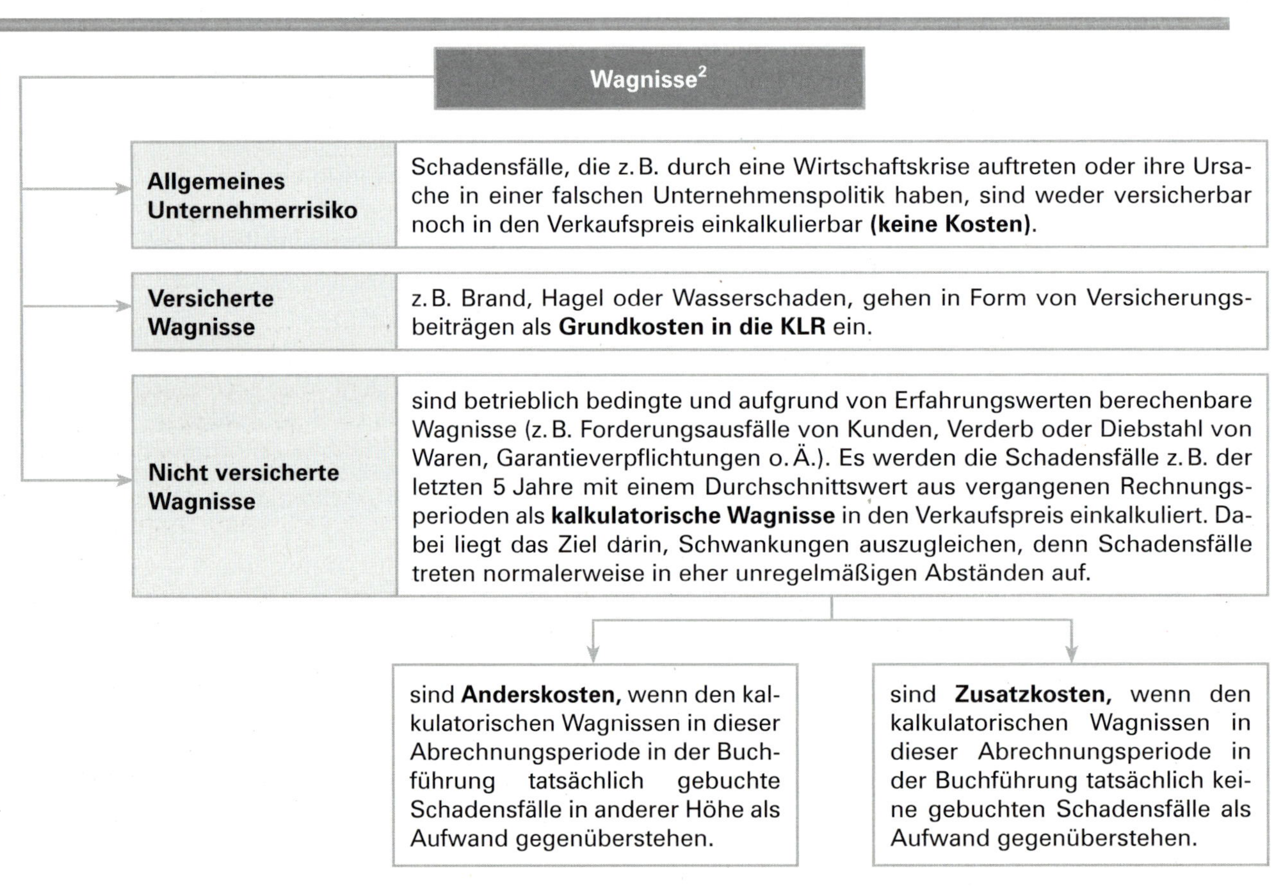

Wagnisse[2]

Allgemeines Unternehmerrisiko	Schadensfälle, die z. B. durch eine Wirtschaftskrise auftreten oder ihre Ursache in einer falschen Unternehmenspolitik haben, sind weder versicherbar noch in den Verkaufspreis einkalkulierbar **(keine Kosten)**.
Versicherte Wagnisse	z. B. Brand, Hagel oder Wasserschaden, gehen in Form von Versicherungsbeiträgen als **Grundkosten in die KLR** ein.
Nicht versicherte Wagnisse	sind betrieblich bedingte und aufgrund von Erfahrungswerten berechenbare Wagnisse (z. B. Forderungsausfälle von Kunden, Verderb oder Diebstahl von Waren, Garantieverpflichtungen o. Ä.). Es werden die Schadensfälle z. B. der letzten 5 Jahre mit einem Durchschnittswert aus vergangenen Rechnungsperioden als **kalkulatorische Wagnisse** in den Verkaufspreis einkalkuliert. Dabei liegt das Ziel darin, Schwankungen auszugleichen, denn Schadensfälle treten normalerweise in eher unregelmäßigen Abständen auf.

- sind **Anderskosten,** wenn den kalkulatorischen Wagnissen in dieser Abrechnungsperiode in der Buchführung tatsächlich gebuchte Schadensfälle in anderer Höhe als Aufwand gegenüberstehen.
- sind **Zusatzkosten,** wenn den kalkulatorischen Wagnissen in dieser Abrechnungsperiode in der Buchführung tatsächlich keine gebuchten Schadensfälle als Aufwand gegenüberstehen.

1 Tritt bei Aktiengesellschaften nicht auf.

2 Vgl. Eisele/Knobloch, a. a. O., S. 817 f.

2.3.4 Beispiel zur Erstellung einer Ergebnistabelle

Buchführung (Rechnungskreis I)			Kosten- und Leistungsrechnung (Rechnungskreis II)						
			Abgrenzungsrechnung				Betriebsergebnisrechnung		
			Unternehmensbezogene Abgrenzungen		Kostenrechnerische Korrekturen				
Konto	Aufwand	Ertrag	neutrale Aufwendungen	neutrale Erträge	betrieblicher Aufwand	verrechn. Kosten	Kosten	Leistungen	**Begriffszuordnung**
Umsatzerlöse		300.000						300.000	**Leistung**
Erträge a. d. Auflösung von Rückstellungen		5.000		5.000					**neutraler Ertrag**
Aufw. für Hilfsstoffe	20.000						20.000		**Grundkosten**
Löhne	80.000						80.000		**Grundkosten**
Verluste aus Vermögensabgang	7.000		7.000						**neutraler Aufwand**
Abschr. auf Sachanlagen	30.000				30.000	40.000	40.000		**Anderskosten (kalk. AfA)**
Kalk. Unternehmerlohn	wird nicht in der Fibu gebucht!				-	60.000	60.000		**Zusatzkosten**
Summe	137.000	305.000	7.000	5.000	30.000	100.000	200.000	300.000	
Saldo	168.000			2.000	70.000		100.000		
Summe	305.000	305.000	7.000	7.000	100.000	100.000	300.000	300.000	

Abstimmung der Ergebnisse					
(1) Gesamtergebnis im Rechnungskreis I (Fibu)	168.000				
(2) Ergebnis aus unternehmensbez. Abgrenzungen		–2.000			
(3) Ergebnis aus kostenrechnerischenn Korrekturen		70.000			
(4) = (2) + (3) Neutrales Ergebnis		68.000			
(5) Betriebsergebnis		100.000			
(6) Gesamtergebnis im Rechnungskreis II (KLR)		168.000			

Dazu werden zunächst die Aufwendungen und Erträge aus der GuV in die Spalten „Aufwand“ und „Ertrag“ übernommen. Es wird wie in der GuV die Summe zur größeren Seite gebildet, als Saldo zwischen Aufwendungen und Erträgen entsteht das Unternehmensergebnis. Die neutralen Aufwendungen werden in der Spalte „neutrale Aufwendungen“, die neutralen Erträge in der Spalte „neutrale Erträge“ eingetragen. Auch hier wird die Summe zur größeren Seite gebildet, als Saldo ergibt sich das „Ergebnis aus unternehmensbezogenen Abgrenzungen“.

Die betrieblichen Erträge entsprechen den Leistungen und werden auch dort eingetragen, die Grundkosten werden in der Spalte „Kosten“ eingetragen.

Anschließend werden die kalkulatorischen Kosten in den Spalten „kostenrechnerische Korrekturen“ verrechnet. Die (restlichen) betrieblichen Aufwendungen, die den Anders- und Zusatzkosten gegenüberstehen, werden aus der GuV in die Spalte „betrieblicher Aufwand“ übernommen. Die kalkulatorischen Kosten werden in die Spalten „verrechnete Kosten“ und „Kosten“ eingetragen. Der Saldo aus den Spalten „betrieblicher Aufwand“ und „verrechnete Kosten“ ergibt das Ergebnis aus kostenrechnerischen Korrekturen, das zusammen mit dem Ergebnis aus unternehmensbezogenen Abgrenzungen zum „neutralen Ergebnis“ führt.

Schließlich können die für die Kosten- und Leistungsrechnung notwendigen „Kosten“ bzw. „Leistungen“ ermittelt werden, deren Saldo das Betriebsergebnis ergibt. Das Unternehmensergebnis setzt sich dann wie folgt zusammen:

Unternehmensergebnis = Neutrales Ergebnis + Betriebsergebnis

F

Damit ist der Übergang von der Buchführung zur Kosten- und Leistungsrechnung vollzogen.

2.3.5 Hinweise zur Auswertung von Ergebnistabellen

- Zunächst sollten die Einzelergebnisse (Unternehmensergebnis, Ergebnis aus unternehmensbezogenen Abgrenzungen, Ergebnis aus kostenrechnerischen Korrekturen, Neutrales Ergebnis, Betriebsergebnis) sowie deren Zusammensetzung kurz erläutert und ggf. besondere Auffälligkeiten herausgearbeitet werden.

- Man sollte dann das Betriebsergebnis betrachten:
  - Wenn das Betriebsergebnis exakt bei null liegt, bedeutet das, dass alle Kosten gedeckt wurden. Auch die kalkulatorischen Kosten fließen über die Umsatzerlöse in das Unternehmen zurück. Die längerfristige Existenz des Unternehmens ist gesichert, da z. B. Ersatzinvestitionen über die kalkulatorischen Abschreibungen finanziert werden können. Erweiterungsinvestitionen sind aus eigener Kraft allerdings nicht möglich, dafür müsste ein Betriebsgewinn erzielt worden sein.
  - Ist das Betriebsergebnis positiv, kann der überschüssige Betrag z. B. zur Finanzierung von Erweiterungsinvestitionen aus eigener Kraft oder zur Preissenkung verwendet werden.
  - Wenn das Betriebsergebnis negativ ist, werden logischerweise im Umkehrschluss nicht alle Kosten gedeckt (s. o.).

  Die Wirtschaftlichkeit des Betriebes sollte in diesem Zusammenhang berechnet werden:

$$\text{Wirtschaftlichkeit} = \frac{\text{Leistungen}}{\text{Kosten}}$$

  Eine Wirtschaftlichkeitskennzahl von 1,1 bedeutet z. B., dass der Betrieb je 1 € Kosten Leistungen in Höhe von 1,10 € bzw. 0,10 € Betriebsgewinn erzielt hat. Der Betrieb arbeitet wirtschaftlich, d.h., der Einsatz der Betriebsmittel und Werkstoffe etc. war im Vergleich zu den Umsatzerlösen bzw. Leistungen sparsam, wenn diese Kennzahl größer als 1 ist. Ist diese Kennzahl gleich 1, sind alle Kosten gedeckt (s. o.), bei einer Kennzahl unter 1 arbeitet der Betrieb nicht wirtschaftlich.

- Ein Zeitvergleich dieser Kennzahl mit denen von Vorperioden oder anderen, branchengleichen Unternehmen wäre zur Auswertung wünschenswert.

- Auch in der Ausgangssituation können nützliche Informationen zur Auswertung enthalten sein.

- Ein kurzes abschließendes Fazit beendet die Auswertung der Ergebnistabelle.

2.3.6 Trainingsaufgabe mit Musterlösung: Ergebnistabelle im Unternehmen Brad Stark e. K.

Der Wirtschaftsingenieur Brad Stark hat zum 01.01.01 ein Unternehmen gegründet, in dem er sich auf die Herstellung und den Verkauf von kleineren Sportgeräten spezialisiert hat. In Serienfertigung[1] werden Medizinbälle, Hanteln und Expander hergestellt. Brad Stark unterliegt sowohl die technische als auch die kaufmännische Leitung seines Betriebes. Folgender Jahresabschluss liegt für sein erstes Geschäftsjahr vor:

Soll	GuV Brad Stark e. K. zum 31.12.01 in €		Haben
Bestandsveränderungen	200.000	Umsatzerlöse	1.350.000
Aufwendungen f. Rohstoffe	310.000	Erträge aus Vermögensabgang	56.000
Aufwendungen f. Hilfsstoffe	80.000	Erträge aus Wertpapieren des UV	35.000
Aufwendungen f. Betriebsstoffe	14.000	Zinserträge	66.000
Fremdinstandhaltung	25.000		
Löhne	250.000		
Gehälter	55.000		
Abschreibungen auf Sachanlagen	230.000		
Mietaufwand	25.000		
Rechts-/Beratungskosten	24.000		
Büromaterial	7.700		
Beiträge zu Wirtschaftsverbänden	300		
Verluste aus Schadensfällen	15.000		
Zinsaufwand	49.500		
Abschreibungen auf Finanzanlagen	35.000		
Gewinn (EK)	186.500		
	1.507.000		1.507.000

Soll	SBK Brad Stark e. K. zum 31.12.01 in €		Haben
A. Anlagevermögen		A. Eigenkapital	2.000.000
1. Grundstücke	400.000	B. Steuerrückstellungen (kurzfristig)	100.000
(davon 220.000 € für ein brachliegendes Grundstück)		C. Verbindlichkeiten	
		1. Darlehen	1.200.000
2. Gebäude	1.400.000	2. Verbindlichkeiten a. L. L.	80.000
(davon 900.000 € für vermietete Gebäude)			
3. Betriebs- u. Gesch.ausstatt.	500.000		
(davon 80.000 € für eine stillgelegte Maschine)			
B. Umlaufvermögen			
1. Rohstoffe	200.000		
2. Hilfsstoffe	20.000		
3. Betriebsstoffe	10.000		
4. Unfertige Erzeugnisse	30.000		
5. Fertige Erzeugnisse	80.000		
6. Forderungen	200.000		
7. Wertpapiere des Umlaufvermögens	500.000		
8. Bankguthaben	40.000		
	3.380.000		3.380.000

1 Unter **Serienfertigung** versteht man, dass unterschiedliche Erzeugnisse auf zum Teil gleichen Produktionsanlagen hergestellt werden. Die Herstellung dieser Produkte verursacht unterschiedliche Kosten, da die Produkte die Produktionsanlagen z. B. unterschiedlich lange in Anspruch nehmen.

Arbeitsaufträge:

1. **Berechnen Sie (I)** die jährlich anzusetzenden kalkulatorischen Kosten in den abgedruckten Feldern.
2. **Erstellen Sie (II)** die Ergebnistabelle für Brad Stark e.K. im Geschäftsjahr 01 nach obigen Angaben.
3. **Werten Sie** die Ergebnistabelle von Brad Stark e.K. für das Geschäftsjahr 01 **aus (II).** Beachten Sie dazu auch die Hinweise zur Auswertung von Ergebnistabellen auf S. 44.

Bearbeitungshinweis:

- Lösen Sie Arbeitsauftrag 1 auf den nachfolgend abgedruckten Feldern.
- Arbeitsauftrag 2 kann entweder mithilfe des abgedruckten Formulars oder mit Excel (Vorlage als Download) gelöst werden. Arbeitsauftrag 3 sollten Sie selbstständig auf eigenem Papier lösen. Vergleichen Sie anschließend Ihre Lösungen mit den Musterlösungen.
- **Musterlösungen: siehe S. 167 ff.**

Zu Arbeitsauftrag 1.:

Zur Berechnung der kalkulatorischen Kosten liegen folgende Angaben vor:

Für die **kalkulatorischen Abschreibungen** soll gelten:

	Wiederbeschaffungskosten	Voraussichtliche Nutzungsdauer in Jahren	Kalkulatorische Abschreibung pro Jahr
Grundstücke	800.000 €	50 Jahre	
Betrieblich genutztes Gebäude	800.000 €	20 Jahre	
Betrieblich genutzte BGA	650.000 €	5 Jahre	
Betrieblich genutzte BGA	150.000 €	3 Jahre	
Summe			

Der landesübliche Zinssatz für langfristige Kredite beträgt 3 % p.a. Dieser ist relevant für die Berechnung der **kalkulatorischen Zinsen.**

Berechnung der kalkulatorischen Zinsen pro Jahr:

Kalkulatorische Wagnisse pro Jahr:

Für die kalkulatorischen Wagnisse wird der Durchschnittswert der Branche der letzten 5 Jahre angesetzt, da eigene Daten noch nicht vorliegen. Die Verluste aus Schadensfällen betrugen in den letzten 5 Jahren:

	Nicht versicherte Schadensfälle der Branche in €
1. Jahr	13.000
2. Jahr	20.000
3. Jahr	9.000
4. Jahr	7.000
5. Jahr	11.000
Summe	

Berechnung der kalkulatorischen Wagnisse pro Jahr:

Ein Angestellter, der sich in einer vergleichbaren Position wie Brad Stark befindet, verdiente im Jahr 01 durchschnittlich 80.000 €.

Kalkulatorischer Unternehmerlohn pro Jahr:

Zu Arbeitsauftrag 2.:

Ergebnistabelle Brad Stark e. K. Geschäftsjahr 01								
Buchführung (Rechnungskreis I)			Kosten- und Leistungsrechnung (Rechnungskreis II)					
			Abgrenzungsrechnung				Betriebsergebnisrechnung	
			Unternehmensbezogene Abgrenzungen		Kostenrechnerische Korrekturen			
Konto	Aufwand	Ertrag	neutrale Aufw.	neutrale Erträge	betrieblicher Aufwand	verrechn. Kosten	Kosten	Leistungen
Umsatzerlöse								
Minderbestand								
Erträge aus Vermögensabgang								
Erträge aus Wertpapieren des UV								
Zinserträge								
Aufw. f. Rohstoffe								
Aufw. f. Hilfsstoffe								
Aufw. f. Betr.stoffe								
Fremdinstandhalt.								
Löhne								
Gehälter								
Abschreib. auf Sachanlagen								
Mietaufwand								
Rechts-/Beratungskosten								
Büromaterial								
Beiträge zu Wirtschaftsverbänden								
Verluste aus Schadensfällen								
Zinsaufwand								
Abschreibungen auf Finanzanlagen								
Kalk. Unternehmerlohn								
Summe								
Saldo								
Summe								

Abstimmung der Ergebnisse						
(1) Gesamtergebnis im Rechnungskreis I (Fibu)						
(2) Ergebnis aus untern.bez. Abgrenzungen						
(3) Ergebnis aus kostenrechn. Korrekturen						
(4) = (2) + (3) Neutrales Ergebnis						
(5) Betriebsergebnis						
(6) Gesamtergebnis im Rechnungskreis II (KLR)						

2.4 Vollkostenrechnung: Kostenarten-, Kostenstellen- und Kostenträgerrechnung

2.4.1 Zuordnung der Kosten in der Kostenartenrechnung

Die in der Ergebnistabelle ermittelten Kosten werden hier für verschiedene Zwecke z. B. nach folgenden Kriterien eingeteilt nach:[1]

- ihrem Ursprung, z. B. in Material-, Personalkosten etc., um Kostenvergleiche zu ermöglichen. Hier entscheidet jedes Unternehmen für sich selbst, für welche Kostenarten Verbrauchsarten gebildet werden. Es ist sinnvoll, die Kostenintensität zu berechnen, diese mit Vorperioden, Planwerten oder denen branchengleicher Unternehmen zu vergleichen und ggf. Ursachen für die Abweichungen festzustellen:

$$\text{Kostenintensität je Verbrauchsart} = \frac{\text{Kosten je Verbrauchsart}}{\text{Gesamtkosten}} \cdot 100$$

- der Verrechnung auf die Kostenträger in **Einzel- und Gemeinkosten** für die **Vollkostenrechnung:**

Einzelkosten	Gemeinkosten
Sind die Kosten, die in Industriebetrieben i. d. R. dem Produkt bzw. der Produktgruppe, also dem Kostenträger, direkt zugeordnet werden können. Dazu gehören die Materialeinzelkosten (der Rohstoffaufwand für ein Produkt ist aus der Stückliste erkennbar), die Fertigungseinzelkosten (die Fertigungslöhne für ein Produkt lassen sich aus Zeitplänen ablesen), die Sondereinzelkosten der Fertigung (z. B. Kosten der Konstruktion des Produkts) und die des Vertriebs (z. B. eine speziell für das Produkt notwendige Transportverpackung). **Einzelkosten** gehören zu den **variablen Kosten.**	Sind die Kosten, die einem Kostenträger nicht direkt zurechenbar sind (z. B. kann man das Gehalt des Buchhalters nicht direkt einem Produkt zuordnen, sofern verschiedene Produkte hergestellt werden. Auch lässt sich z. B. der Schmierstoffverbrauch für die Maschinen nicht eindeutig einem Produkt zuordnen, wenn auf der Maschine verschiedene Produkte hergestellt werden). **Gemeinkosten** können zu den **fixen Kosten** (z. B. Gehälter) und/oder zu den **variablen Kosten** (z. B. Schmierstoffverbrauch, da dieser bei größerer Produktionsmenge steigt) gehören.

- dem Verhalten bei Änderung der Beschäftigungslage in **variable, fixe und Mischkosten** für die **Teilkostenrechnung:**

Variable Kosten	Fixe Kosten	Mischkosten
ändern sich mit der Ausbringungsmenge. Dazu gehören alle Einzelkosten (Material-, Fertigungseinzelkosten), die Sondereinzelkosten der Fertigung und des Vertriebs sowie die variablen Gemeinkosten.	bleiben mit sich ändernder Ausbringungsmenge kurzfristig konstant. Dazu gehören die fixen Gemeinkosten, z. B. Mietaufwand, Gehälter oder kalkulatorische Kosten.	enthalten fixe und variable Bestandteile (z. B. bei Stromkosten eine monatliche Grundgebühr zuzüglich Kosten in Abhängigkeit von der Verbrauchsmenge).

- der Liquiditätswirksamkeit in **ausgabewirksame** und **nicht ausgabewirksame Kosten:**

Ausgabewirksame Kosten	Nicht ausgabewirksame Kosten
führen zu einer Geldvermögensänderung, dazu gehören z. B. Löhne, Gehälter, Mietaufwand.	führen nicht zu einer Geldvermögensänderung, dazu gehören z. B. die kalkulatorischen Kosten.

1 Vgl. Eisele/Knobloch, a. a. O., S. 799 ff.

7 Winkler - ISBN 978-3-8120-0374-2

➢ dem zeitlichen Aspekt in **Ist- bzw. Normalkosten,** um Kostenkontrollen zu ermöglichen:

Istkosten	Normalkosten
Sind die tatsächlich in einer Abrechnungsperiode entstandenen Kosten, i.d.R. die Kosten laut Ergebnistabelle.	Sind Durchschnittskosten vergangener Rechnungsperioden. Sie sind notwendig für Vergleichszwecke.

Daraus ergibt sich als wichtige Erkenntnis:[1]

Vollkostenrechnung	Teilkostenrechnung
Einzelkosten	Variable Kosten
Gemeinkosten	Fixe Kosten

Während alle Einzelkosten variabel sind, gehört ein Teil der Gemeinkosten zu den variablen Kosten (z. B. Aufwendungen für Hilfsstoffe) und ein anderer Teil zu den fixen Kosten (z. B. kalkulatorische Kosten[2]).

2.4.2 Kostenstellenrechnung

2.4.2.1 Aufgaben und Technik der Kostenstellenrechnung

Die Kostenstellenrechnung ist insbesondere in Betrieben mit Serienfertigung notwendig, da hier die Produkte aufgrund ihrer Verschiedenheit die Produktionsanlagen in unterschiedlichem Maße in Anspruch nehmen und somit unterschiedliche Kosten in den Kostenstellen verursachen. Eine Kostenstelle ist ein rechnungsmäßig abgegrenzter, kostenrechnerisch selbstständig abzurechnender Teilbereich eines Betriebes.[3] Zu den Hauptkostenstellen gehören:

- Material (enthält z. B. Gemeinkosten des Einkaufs, des Materiallagers etc.),
- Fertigung (enthält die Gemeinkosten der Produktionsstätten, z. B. Hallenmiete oder Abschreibung der Maschinen),
- Verwaltung (enthält die Gemeinkosten des Verwaltungsbereichs, z. B. die Gehälter der Verwaltungsangestellten, Büromaterial etc.),
- Vertrieb (enthält die Gemeinkosten des Vertriebsbereichs, z. B. Benzin, Versicherungsbeiträge o. Ä. für Fahrzeuge oder Gehälter der Handelsvertreter).

Die Gemeinkosten dieser Kostenstellen lassen sich nicht speziell einem Kostenträger[4] zurechnen.

Die Aufgaben der Kostenstellenrechnung bestehen darin,

- die Gemeinkosten verursachungsgerecht auf die Kostenstellen zu verteilen (das ist bei den Einzelkosten nicht notwendig, da sie den Kostenträgern direkt zugerechnet werden können),
- die Gemeinkostenzuschlagssätze zur Vorbereitung der Kalkulation sowie zur Kostenkontrolle in den Kostenstellen zu ermitteln,
- die Herstellungskosten im Jahresabschluss zu ermitteln.

1 Vgl. Speth u. a., Band 2, a. a. O., S. 151.

2 Die kalkulatorischen Kosten können zumindest kurzfristig als fixe Kosten betrachtet werden, da sich z. B. Technische Anlagen, Maschinen oder Gebäude bei einem Beschäftigungsrückgang nicht kurzfristig abbauen lassen.

3 Vgl. Eisele/Knobloch, a. a. O., S. 827.

4 Ein **Kostenträger** kann z. B. ein bestimmtes Produkt, eine Produktgruppe oder ein Auftrag sein.

Technik zur Erstellung eines Betriebsabrechnungsbogens:

1. Man übernimmt die Gemeinkosten aus der Ergebnistabelle bzw. aus der Kostenartenrechnung in den BAB,
2. verteilt die Gemeinkosten möglichst verursachungsgerecht auf die Kostenstellen des BAB (mithilfe von Verteilungsschlüsseln, notfalls nach Schätzungen),
3. bildet die Summe der Gemeinkosten je Kostenstelle und hat damit die Material-, Fertigungs-, Verwaltungs- und Vertriebsgemeinkosten auf Istkostenbasis ermittelt.
4. Dann übernimmt man die Materialeinzelkosten (Rohstoffaufwand) als Zuschlagsgrundlage für die Ermittlung des Materialgemeinkostenzuschlagssatzes sowie die Fertigungseinzelkosten (Fertigungslöhne) als Zuschlagsgrundlage für die Ermittlung des Fertigungsgemeinkostenzuschlagssatzes aus der Ergebnistabelle bzw. aus der Kostenartenrechnung und
5. ermittelt die Herstellkosten des Umsatzes als Zuschlagsgrundlage für die Berechnung des Verwaltungs- und Vertriebsgemeinkostenzuschlagssatzes[1] nach folgendem Schema:

Berechnung der Herstellkosten bzw. der Selbstkosten des Umsatzes

	Fertigungsmaterial (MEK)
+	Materialgemeinkosten (MGK)
=	Materialkosten
	Fertigungslöhne (FEK)
+	Fertigungsgemeinkosten (FGK)
+	Sondereinzelkosten Fertigung (SEK Fertigung)
=	Fertigungskosten
	Materialkosten + Fertigungskosten = Herstellkosten der Erzeugung (HK d. E.)
–	Mehrbestand/+ Minderbestand
=	**Herstellkosten des Umsatzes (HK d. U.)**
+	Verwaltungsgemeinkosten (VerwGK)
+	Vertriebsgemeinkosten (VertrGK)
+	Sondereinzelkosten Vertrieb (SEK Vertrieb)
=	**Selbstkosten des Umsatzes (SK d. U.)**

6. Schließlich werden die Gemeinkostenzuschlagssätze auf Istkostenbasis ermittelt:

$$\text{MGKZ}^{2} = \frac{\text{Materialgemeinkosten (MGK)}}{\text{Materialeinzelkosten (MEK)}} \cdot 100$$

$$\text{FGKZ}^{3} = \frac{\text{Fertigungsgemeinkosten (FGK)}}{\text{Fertigungseinzelkosten (FEK)}} \cdot 100$$

$$\text{VerwGKZ}^{4} = \frac{\text{Verwaltungsgemeinkosten (VerwGK)}}{\text{Herstellkosten des Umsatzes (HK d. U.)}} \cdot 100$$

$$\text{VertrGKZ}^{5} = \frac{\text{Vertriebsgemeinkosten (VertrGK)}}{\text{Herstellkosten des Umsatzes (HK d. U.)}} \cdot 100$$

7. Sollen im BAB Kostenabweichungen in den Kostenstellen ermittelt werden, müssen die Normalgemeinkosten je Kostenstelle ermittelt und mit den Istgemeinkosten verglichen werden. Man ermittelt die Kostenüber- bzw. -unterdeckungen im BAB:

Kostenüber- bzw. -unterdeckung im BAB = Normalgemeinkosten – Istgemeinkosten

Die Gesamtabweichung im BAB ist die Summe der Kostenabweichungen aller Kostenstellen.[6]

1 Als Zuschlagsgrundlage zur Ermittlung der Verwaltungsgemeinkosten können auch die Herstellkosten der Erzeugung herangezogen werden. Dies wird in der Literatur unterschiedlich gehandhabt.

2 Materialgemeinkostenzuschlagssatz

3 Fertigungsgemeinkostenzuschlagssatz

4 Verwaltungsgemeinkostenzuschlagssatz

5 Vertriebsgemeinkostenzuschlagssatz

6 Vgl. Trainingsaufgabe 2.4.4 auf S. 55ff. bzw. Musterlösung auf S. 169ff.

2.4.2.2 Analyse von Kostenabweichungen im Betriebsabrechnungsbogen

Die ermittelten Kostenabweichungen im BAB müssen noch analysiert werden. Dabei können folgende **Ursachen für die Abweichungen** verantwortlich sein:

- **Preisabweichungen** können entstehen, wenn sich der Preis (z. B. Börsenpreis) für das Gemeinkostenmaterial, also z. B. für Hilfs- oder Betriebsstoffe verändert oder Gehaltserhöhungen aufgrund von Tarifverhandlungen vorgenommen wurden. Darauf hat der Kostenstellenleiter normalerweise keinen Einfluss.
- **Beschäftigungsabweichungen** resultieren aus einer Verbesserung oder Verschlechterung der Auftragslage. Die anfallenden Fixkosten verteilen sich somit entweder auf eine größere oder auf eine kleinere Menge, sodass Kostenabweichungen entstehen. Sie könnten z. B. auch auf einen erhöhten bzw. verminderten Reparaturaufwand bei unterschiedlicher Auslastung zurückzuführen sein. Diese Abweichungen fallen nicht in den Verantwortungsbereich des Kostenstellenleiters.
- **Verbrauchsabweichungen** können entstehen, wenn z. B. geplante Fertigungszeiten oder Materialvorgaben durch eine schlechte Organisation der betrieblichen Abläufe nicht eingehalten werden. Es entsteht z. B. Ausschuss oder Verschnitt. Für diese Abweichungen müssen die Ursachen gefunden und behoben werden.

Sollten die Abweichungen nicht zu beheben sein, müssen auf Dauer die Normal-Gemeinkostenzuschlagssätze an die Ist-Gemeinkostenzuschlagssätze angepasst werden, um

- bei einer Kostenunterdeckung langfristig volle Kostendeckung zu gewährleisten bzw.
- bei einer Kostenüberdeckung konkurrenzfähig zu bleiben.

2.4.3 Verfahren der Kostenträgerrechnung

Die Kostenträgerrechnung ermittelt die Selbstkosten je Kostenträger (z. B. die Selbstkosten eines einzelnen Produktes, einer Produktgruppe oder eines Auftrages).

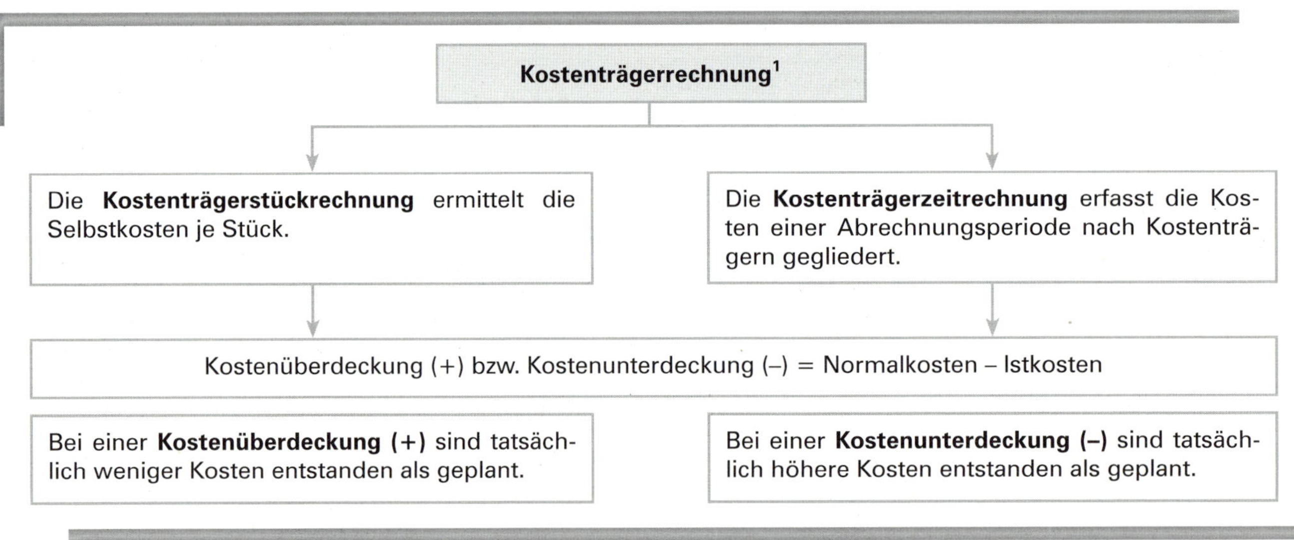

Zusätzlich zu den oben beschriebenen Preis-, Beschäftigungs- und Verbrauchsabweichungen bei den Gemeinkosten **können auch Abweichungen bei den Einzelkosten auftreten,** z. B. durch eine Tariferhöhung bei den Löhnen bzw. gestiegene Preise für Material oder erhöhten Verbrauch von Rohstoffen.

2.4.3.1 Kostenträgerstückrechnung als Zuschlagskalkulation

- **Vor- und Nachkalkulation**

Bei der **Zuschlagskalkulation** kann man im Rahmen der Vorkalkulation mithilfe der Normalkosten einen kostendeckenden Angebotspreis berechnen. Sie ermittelt die **Selbstkosten je Stück,** z. B. alle Kosten der Herstellung eines Medizinballes im Unternehmen Brad Stark e. K.

1 Vgl. Eisele/Knobloch, a. a. O., S. 869.

Die Zuschlagskalkulation erfolgt i. d. R. als Vor- und Nachkalkulation (siehe Schema auf S. 172ff.).

Vorkalkulation	Nachkalkulation
Auf Basis der **Normalkosten** lässt sich ein kostendeckender Angebotspreis für ein Produkt berechnen.	Auf Basis der **Istkosten** erhält man die tatsächlich entstandenen Kosten für ein Produkt.

Vergleich von Vor- und Nachkalkulation: Geht man davon aus, dass ein Produkt tatsächlich zum ermittelten Angebotspreis verkauft werden konnte, verbleibt für das Unternehmen der Barverkaufspreis. Der Vergleich mit den tatsächlich ermittelten Selbstkosten auf Istkostenbasis zeigt den tatsächlichen Gewinn, der mit diesem Auftrag oder Produkt erzielt wurde. Ursachen für mögliche Kostenabweichungen sollten gefunden werden, um kostendeckend zu produzieren, ggf. müssen die Normalzuschlagssätze den tatsächlichen Bedingungen angepasst werden.

➤ Rückwärtskalkulation

Die **Rückwärtskalkulation** eignet sich, wenn sich auf dem Markt nur ein bestimmter Angebotspreis durchsetzten lässt. Dann können im Rahmen einer Rückwärtskalkulation die Materialeinzelkosten ermittelt werden, die unter sonst festen Bedingungen höchstens aufgewendet werden dürfen, um den angestrebten Gewinn nicht zu gefährden. Es sind also alle Einzelkosten und Gemeinkostenzuschlagssätze vorgegeben, nur die Materialeinzelkosten nicht. Ob der Auftrag angenommen werden kann oder nicht, hängt dann davon ab, ob man das Material entsprechend günstig beschaffen oder anderes, kostengünstigeres Material für die Produktion verwenden kann. Das Berechnungsschema für die Rückwärtskalkulation finden Sie auf S. 173.

➤ Differenzkalkulation

Die **Differenzkalkulation** eignet sich, wenn sich einerseits auf dem Markt nur ein bestimmter Angebotspreis durchsetzen lässt und andererseits die Einzelkosten und die Gemeinkostenzuschlagssätze feststehen. Dann ergibt die Differenz zwischen dem Barverkaufspreis und den Selbstkosten den verbleibenden Gewinn. Hier hängt die Annahme des Auftrages daher davon ab, ob dem Unternehmer dieser Gewinn ausreicht. Das Berechnungsschema für die Differenzkalkulation finden Sie auf S. 175.

➤ Kritik an der klassischen Zuschlagskalkulation

Die **klassische Zuschlagskalkulation** ist ein häufig verwendetes Kalkulationsverfahren in der **Vollkostenrechnung.** Es weist jedoch einige **Mängel** auf:

Die Kosten werden nicht in fixe und variable Bestandteile zerlegt	➤ Dies ist einerseits problematisch, da ohne die Aufteilung in fixe und variable Kosten keine kurzfristigen marktorientierten Entscheidungen zur Produkt- und Preispolitik getroffen werden können. Die Vollkostenrechnung sollte daher um die Teilkostenrechnung[1] bzw. die Zielkostenrechnung[2] ergänzt werden. ➤ Außerdem werden die Gemeinkosten den Einzelkosten prozentual zugerechnet, sodass die in den Gemeinkosten enthaltenen Fixkosten wie variable Kosten behandelt werden.
Veränderte Kostenstrukturen, zunehmender Variantenreichtum und Komplexität von Produkten	Durch den gestiegenen Automatisierungsgrad sind die Gemeinkosten in den letzten Jahrzehnten stark angestiegen, während die Lohneinzelkosten im gleichen Zeitabschnitt stark gesunken sind. Außerdem verlangen die Kunden heutzutage individualisierte Produkte, sodass die Produkte zunehmend in verschiedenen Varianten angeboten werden müssen und komplexer sind. Daher bilden die in der traditionellen Kostenrechnung verwendeten Zuschlagsgrundlagen häufig keinen zutreffenden Maßstab mehr für eine verursachungsgerechte Verrechnung der Gemeinkosten. Zur Lösung dieser Probleme wurden in den letzten Jahrzehnten z. B. die Maschinenstundensatzrechnung[2] und die Prozesskostenrechnung[2] entwickelt.

1 Vgl. Kapitel 2.5 auf S. 63ff.

2 Wird hier nicht behandelt (ist nicht Bestandteil des AHR-Bildungsplans).

2.4.3.2 Technik und Tipps zur Auswertung der Kostenträgerzeitrechnung

Die Kostenträgerzeitrechnung ermittelt mithilfe des Kostenträgerblattes alle **Selbstkosten,** die für einen Kostenträger innerhalb **eines Zeitabschnitts** entstehen.

Durch Gegenüberstellung der Selbstkosten mit den jeweiligen Umsatzerlösen kann man für jeden Kostenträger den Erfolg bestimmen.

Führt man die Kostenträgerzeitrechnung auf Normalkostenbasis durch, erhält man das Umsatzergebnis, d. h. das geplante Ergebnis je Kostenträger. Addiert bzw. subtrahiert man zur Summe der Umsatzergebnisse aller Kostenträger die im BAB ermittelte Kostenabweichung, ergibt sich das Betriebsergebnis (siehe Schema auf S. 176 ff.).

Kennzahlen und Tipps zur Auswertung der Kostenträgerzeitrechnung:

Das Umsatzergebnis gibt das geplante Ergebnis je Kostenträger an.

$$\begin{array}{c}\text{Umsatzergebnis}\\ \text{je Kostenträger}\end{array} = \begin{array}{l}\text{Nettoumsatzerlöse}\\ \text{je Kostenträger}\end{array} - \text{Selbstkosten des Umsatzes je Kostenträger}$$

$$\text{Betriebsergebnis} = \begin{array}{l}\text{Summe der Umsatzergebnisse}\\ \text{aller Kostenträger}\end{array} \begin{array}{l}+\ \text{Kostenüberdeckung im BAB bzw.}\\ -\ \text{Kostenunterdeckung im BAB}\end{array}$$

Zur Auswertung des Kostenträgerblattes bieten sich folgende Kennzahlen an:

$$\text{Geplante Umsatzrendite des Kostenträgers} = \frac{\text{Umsatzergebnis des Kostenträgers}}{\text{Umsatzerlöse des Kostenträgers}} \cdot 100$$

So kann für jeden Kostenträger ermittelt werden, wie viel Gewinn bzw. Verlust je 100 € Umsatzerlöse eingeplant werden kann.

$$\text{Wirtschaftlichkeit} = \frac{\text{Nettoumsatzerlöse}}{\text{Selbstkosten des Umsatzes}}$$

Anhand dieser Kennzahl kann man erkennen, ob die Umsatzerlöse ausreichen, um die Selbstkosten zu decken. Liegt die Kennzahl bei 1, können vermutlich alle Kosten gedeckt werden. Daher ist es umso besser, je weiter die Zahl über eins liegt.

Die Auswertung des Kostenträgerblattes darf allerdings nicht isoliert betrachtet werden. Informationen zur Lebensphase der Produkte im Produktlebenszyklus, die Position im Marktanteils-Marktwachstums-Portfolio, Informationen aus der Beschreibung der Ausgangssituation der Produkte oder Geschäftsfelder und natürlich Erkenntnisse der Teilkostenrechnung müssen, sofern möglich, in die Analyse einbezogen werden!

2.4.4 Zusammenhängende Trainingsaufgabe mit Musterlösung: Vollkostenrechnung im Unternehmen Brad Stark e. K.

Das Fallbeispiel Brad Stark e. K. erstreckt sich über die gesamte Vollkostenrechnung. Alle in Kapitel 2.2 „Überblick über die Vollkostenrechnung" auf S. 37 dargestellten Elemente der Vollkostenrechnung können hier im Zusammenhang geübt werden. Dies führt zu einem besseren Verständnis über die Zusammenhänge der Vollkostenrechnung. Daher ist für diese Trainingsaufgabe der Ansatzpunkt die in Kapitel 2.3.6 erstellte Ergebnistabelle des Geschäftsjahres 01 des Sportartikelherstellers Brad Stark e. K. (siehe auch Musterlösung auf S. 168).

Bearbeitungshinweise:

Lösen Sie die folgenden Arbeitsaufträge entweder mithilfe der abgedruckten Formulare oder mit Excel (Vorlage als Download). Weitere Lösungen sollten Sie selbstständig auf eigenem Papier vornehmen und anschließend mit den **Musterlösungen im Anhang auf S. 169 ff. vergleichen.**

DOWNLOAD

Arbeitsauftrag 1: Kostenstellenrechnung

Erstellen Sie (II) gemäß den Angaben auf dem Formular den **Betriebsabrechnungsbogen** (BAB) für Brad Stark e. K. im Geschäftsjahr 01 auf Ist- und Normalkostenbasis, **ermitteln Sie (I)** die Kostenüber- und -unterdeckungen je Kostenstelle und insgesamt und **beurteilen Sie (III)** die festgestellten Abweichungen.

Berechnung der Herstellkosten des Umsatzes	auf Istkostenbasis	auf Normalkostenbasis

Arbeitsblatt zu Arbeitsauftrag 1: Kostenstellenrechnung (Betriebsabrechnungsbogen) für Brad Stark e.K. 01 auf Ist- und Normalkostenbasis

Gemeinkostenarten	in €[1]	Verteilungsschlüssel	Kostenstellen				
			Material	Fertigung	Verwaltung	Vertrieb	Summe
Aufw. f. Hilfsstoffe		Entnahmescheine		80.000,00			
Aufw. f. Betriebsstoffe		kWh 3000:9000:1000:1000					
Fremdinstandhaltung		Rechnungen		18.000,00	2.000,00	5.000,00	
Gehälter		Gehaltslisten 1:3:5:2					
Kalk. Abschreibungen		Anlagenkartei 2:10:2:4					
Mietaufwand		m^2 300:1200:200:300					
Rechts-/Beratungskosten		Schätzung	4.000,00	2.000,00	6.000,00	12.000,00	
Büromaterial		Schätzung	2.700,00	500,00	2.500,00	2.000,00	
Beiträge		Schätzung			300,00		
Kalk. Wagnisse		Schätzung 3:4:1:4					
Kalk. Zinsen		Anlagewerte 1:6:1:1					
Kalk. Unternehmerlohn		Schätzung	5.000,00	20.000,00	40.000,00	15.000,00	
Summe Istgemeinkosten							
Zuschlagsgrundlagen auf Istkostenbasis			(vgl. Ergebnistabelle auf S. 48 bzw. S. 168)				
			310.000,00	250.000,00	(bitte auf S. 168 berechnen)		
Zuschlagssätze (IST)							
Normal-Gemeinkostenzuschlagssätze			20,00 %	110,00 %	8,50 %	8,00 %	
Zuschlagsgrundlagen auf Normalkostenbasis			310.000,00	250.000,00			
					(bitte auf S. 55 berechnen)		
Normalgemeinkosten							
Kostenüber-/Kostenunterdeckung							

1 Gemeinkosten laut Ergebnistabelle auf S. 48 bzw. auf S. 168.

Arbeitsauftrag 2: Kostenträgerstückrechnung

Der Sportartikelhersteller Brad Stark e. K. stellt Hanteln, Medizinbälle und Expander her. Folgende Informationen liegen für die einzelnen Arbeitsaufträge vor:

2.1 Kostenträgerstückrechnung als Zuschlagskalkulation (Vor- und Nachkalkulation): Hanteln

Der Rohstoffaufwand je Hantelpaar beträgt 3,50 €, die Fertigungslöhne 2,72 €. Diese Angaben gelten sowohl für die Vor- als auch für die Nachkalkulation. Brad Stark e. K. strebt einen Gewinn von 5 % an, an Kundenskonto sind 2 %, an Vertreterprovision 3 % und an Kundenrabatt 8 % anzusetzen.

Ermitteln Sie (I) mithilfe der **Zuschlagskalkulation** den Angebotspreis für ein Hantelpaar. **Berechnen Sie (I)** den tatsächlichen Gewinn in Euro und Prozent unter der Voraussetzung, dass ein Hantelpaar zum kalkulierten Barverkaufspreis verkauft wurde (d. h. der Kunde tatsächlich den kalkulierten Kundenrabatt ausgehandelt hat, die Vertreterprovision dem geplanten Prozentsatz entspricht und der Kunde den Lieferantenkredit nicht in Anspruch genommen hat). **Werten Sie** die Kostenüber- und -unterdeckungen **aus (II).** 

Brad Stark e. K.: Kostenträgerstückrechnung für ein Hantelpaar: Zuschlagskalkulation als Vor- und Nachkalkulation

Kalkulationsschema	Normal-Gemeinkosten-zuschlagssatz	Vor-kalkulation	Ist-Gemeinkosten-zuschlagssatz	Nach-kalkulation	Kosten-abweichung
Fertigungsmaterial					
+ Materialgemeinkosten	20,00 %				
= Materialkosten					
Fertigungslöhne					
+ Fertigungsgemeinkosten	110,00 %				
+ SEK Fertigung					
= Fertigungskosten					
Herstellkosten					
+ Verwaltungsgemeinkosten	8,50 %				
+ Vertriebsgemeinkosten	8,00 %				
+ SEK Vertrieb					
= Selbstkosten					
+ Gewinn	5,00 %				
= Barverkaufspreis					
+ Kundenskonto	2,00 %				
+ Vertreterprovision	3,00 %				
= Zielverkaufspreis					
+ Kundenrabatt	8,00 %				
= Angebotspreis					

8 Winkler - ISBN 978-3-8120-0374-2

2.2 Kostenträgerstückrechnung als Rückwärtskalkulation: Medizinball

Ein Neukunde ist bereit, Medizinbälle zu einem Angebotspreis von 25,00 €/Stück abzunehmen. Brad Stark e. K. strebt einen Gewinn von 5 % an. Die geplanten Fertigungslöhne betragen 6,00 € je Medizinball. An Kundenskonto sind 2 %, an Vertreterprovision 3 % und an Kundenrabatt 8 % anzusetzen.

Ermitteln Sie (I) mithilfe der **Rückwärtskalkulation** die Materialeinzelkosten, die unter obigen Bedingungen maximal für einen Medizinball anfallen dürfen.

Nehmen Sie Stellung (III), ob die Annahme des Kundenauftrages sinnvoll ist, wenn die Kosten für das benötigte Fertigungsmaterial je Medizinball (mittlere Qualität) 5,00 € betragen.

Kalkulationsschema	Normal-Gemeinkostenzuschlagssatz	Rückwärtskalkulation
Fertigungsmaterial		
+ Materialgemeinkosten	20,00 %	
= Materialkosten		
Fertigungslöhne		
+ Fertigungsgemeinkosten	110,00 %	
Zwischensumme		
+ SEK Fertigung		
= Fertigungskosten		
Herstellkosten		
+ Verwaltungsgemeinkosten	8,50 %	
+ Vertriebsgemeinkosten	8,00 %	
Zwischensumme		
+ SEK Vertrieb		
= Selbstkosten		
+ Gewinn	5,00 %	
= Barverkaufspreis		
+ Kundenskonto	2,00 %	
+ Vertreterprovision	3,00 %	
= Zielverkaufspreis		
+ Kundenrabatt	8,00 %	
= Angebotspreis		

2.3 Kostenträgerstückrechnung als Differenzkalkulation: Expander

Ein Kunde ist bereit, Expander zu einem Angebotspreis von 5,50 €/Stück abzunehmen. Der Rohstoffaufwand je Expander beträgt 1,50 €, die Fertigungslöhne 1,00 €. An Kundenskonto sind 2 %, an Vertreterprovision 3 % und an Kundenrabatt 8 % anzusetzen. Brad Stark e. K. strebt einen Gewinn von 6 % an.

Berechnen Sie (I) den Gewinn, der für den Sportartikelhersteller Brad Stark e. K. verbleibt und **diskutieren Sie (III),** ob er den Kundenauftrag unter obigen Bedingungen annehmen sollte. DOWNLOAD

Kalkulationsschema	Normal-Gemeinkostenzuschlagssatz	Differenzkalkulation
Fertigungsmaterial		
+ Materialgemeinkosten	20,00 %	
= Materialkosten		
Fertigungslöhne		
+ Fertigungsgemeinkosten	110,00 %	
+ SEK Fertigung		
= Fertigungskosten		
Herstellkosten		
+ Verwaltungsgemeinkosten	8,50 %	
+ Vertriebsgemeinkosten	8,00 %	
+ SEK Vertrieb		
= Selbstkosten		
+ Gewinn		
= Barverkaufspreis		
+ Kundenskonto	2,00 %	
+ Vertreterprovision	3,00 %	
= Zielverkaufspreis		
+ Kundenrabatt	8,00 %	
= Angebotspreis		

Arbeitsauftrag 3: Kostenträgerzeitrechnung

Erstellen Sie (II) gemäß folgender Angaben das Kostenträgerblatt auf Normalkostenbasis für den Sportartikelhersteller Brad Stark e.K. im Geschäftsjahr 01, **ermitteln Sie (I)** das Betriebsergebnis und **werten Sie** die Kostenträgerrechnung mithilfe geeigneter Kennzahlen **aus (II).**

	Hantelpaar	Medizinball	Expander	Summe
MEK (Rohstoffaufwand) in €/Stück	3,50	5,00	1,50	
Herstellmenge in Stück	50.000	9.000	60.000	
FEK (Fertigungslöhne) in €/Stück	2,72	6,00	1,00	
Minderbestand in €	100.000	50.000	50.000	200.000
Nettoumsatzerlöse	656.000	214.000	480.000	1.350.000

Normal-Materialgemeinkostenzuschlagssatz 20 %
Normal-Fertigungsgemeinkostenzuschlagssatz 110 %
Normal-Verwaltungsgemeinkostenzuschlagssatz 8,5 %
Normal-Vertriebsgemeinkostenzuschlagssatz 8 %

Kalkulationsschema	Lösungswege	Hantelpaar	Medizinball	Expander	Summe

2.4.5 Kritik der Vollkostenrechnung

➤ Da die Höhe des Deckungsbeitrags für **Entscheidungen zum Produktionsprogramm** maßgeblich ist, können diese nicht mithilfe der Voll-, sondern nur mithilfe der Teilkostenrechnung getroffen werden. Es fehlt eine Unterscheidung von fixen und variablen Kosten.

Beispiel:

Nachdem die Kostenträgerzeitrechnung für die Hanteln und Medizinbälle im Geschäftsjahr 01 ein negatives Umsatzergebnis ergab, liegen nun aus der Vollkostenrechnung des Sportartikelherstellers Brad Stark e. K. für das Geschäftsjahr 02 folgende Informationen vor:

Kostenträgerzeitrechnung auf Normalkostenbasis Brad Stark e. K. für das Geschäftsjahr 02

Kalkulationsschema	Zuschlags-sätze	Hantelpaar	Medizinball	Expander	Summe
Fertigungsmaterial		180.000,00	50.000,00	90.000,00	320.000,00
+ Materialgemeinkosten	20,00 %	36.000,00	10.000,00	18.000,00	64.000,00
= Materialkosten		216.000,00	60.000,00	108.000,00	384.000,00
Fertigungslöhne		140.000,00	58.000,00	61.000,00	259.000,00
+ Fertigungsgemeinkosten	110,00 %	154.000,00	63.800,00	67.100,00	284.900,00
+ SEK Fertigung		0,00	0,00	0,00	0,00
= Fertigungskosten		294.000,00	121.800,00	128.100,00	543.900,00
Herstellkosten der Erzeugung		510.000,00	181.800,00	236.100,00	927.900,00
– Mehrbest. bzw. + Minderbest.		0,00	0,00	0,00	0,00
= Herstellkosten des Umsatzes		510.000,00	181.800,00	236.100,00	927.900,00
+ Verwaltungsgemeinkosten	8,50 %	43.350,00	15.453,00	20.068,50	78.871,50
+ Vertriebsgemeinkosten	8,00 %	40.800,00	14.544,00	18.888,00	74.232,00
+ SEK Vertrieb		0,00	0,00	0,00	0,00
= Selbstkosten des Umsatzes		594.150,00	211.797,00	275.056,50	1.081.003,50
Nettoumsatzerlöse		750.000,00	200.000,00	340.000,00	1.290.000,00
Umsatzergebnis		155.850,00	–11.797,00	64.943,50	208.996,50
+ Kostenüberdeckung/ – Kostenunterdeckung aus dem BAB					0,00
= Betriebsergebnis					208.996,50

In den Gemeinkosten sind 30 % variable Kosten enthalten, die Einzelkosten sind zu 100 % variabel.

Das Kostenträgerblatt verleitet zu der Aussage, dass die Hanteln im Jahr 02 das erfolgreichste Produkt der Brad Stark e. K. sind, während die Medizinbälle am besten aus dem Produktionsprogramm genommen werden sollten, da sie sowohl im Geschäftsjahr 01 als auch im Geschäftsjahr 02 ein negatives Umsatzergebnis aufweisen. Diese Vermutung muss mithilfe der **Teilkostenrechnung** überprüft werden:

		Hantelpaar	Medizinball	Expander	Summe
Umsatzerlöse		750.000,00	200.000,00	340.000,00	1.290.000,00
– variable Kosten					0,00
	Einzelkosten	320.000,00	108.000,00	151.000,00	579.000,00
	variable Gemeinkosten	82.245,00	31.139,10	37.216,95	150.601,05
= Deckungsbeitrag		347.755,00	60.860,90	151.783,05	560.398,95

Man erkennt, dass der Deckungsbeitrag aller Produkte positiv ist, also jedes Produkt zur Deckung der Fixkosten beiträgt.

Daher sind **Entscheidungen zum Produktionsprogramm** nicht mithilfe der Voll-, sondern nur mithilfe der Teilkostenrechnung zu treffen. Die Medizinbälle tragen zur Deckung der Fixkosten bei und bleiben im Produktionsprogramm.

- **Entscheidungen zur Preispolitik** führen aufgrund von Daten der Vollkostenrechnung zu unsinnigen Ergebnissen. Sie können nur mithilfe der Teilkostenrechnung getroffen werden.

Beispiel:

Für die **Expander** liegen folgende Informationen vor:

Bei einer monatlichen Produktionsmenge von 5.000 Expandern, die sich zum Stückpreis von 5,50 € absetzen lässt, entstehen variable Stückkosten in Höhe von 2,50 €/Stück und monatliche Fixkosten in Höhe von 13.000 €. Wenn die monatliche Produktions- und Absatzmenge wegen nachlassender Nachfrage auf 4.000 Stück sinkt, dann verteilen sich die Fixkosten auf eine kleinere Menge, sodass stückfixe Kosten in Höhe von 13.000 € : 4.000 Stück = 3,25 €/Stück entstehen. Addiert man die variablen Stückkosten in Höhe von 2,50 €/Stück, entstehen insgesamt 5,75 € an Stückkosten und man müsste den Preis anheben, um alle Kosten zu decken. Dies ist jedoch wirtschaftlicher Unsinn, da im Fall einer nachlassenden Nachfrage diese durch eine Preiserhöhung weiter abnehmen würde. Vorschlag: Preissenkung bis maximal auf die kurzfristige Preisuntergrenze.

Auch im Fall einer zunehmenden Nachfrage führt die Vollkostenrechnung zu einem unsinnigen Ergebnis. Angenommen, die monatliche Produktions- und Absatzmenge steigt auf 6.500 Stück, dann verteilen sich die Fixkosten auf eine größere Stückzahl, sodass stückfixe Kosten in Höhe von 13.000 € : 6.500 Stück = 2,00 €/Stück entstehen. Addiert man die variablen Stückkosten in Höhe von 2,50 €/Stück, entstehen insgesamt 4,50 € an Stückkosten und man könnte eine Preissenkung vornehmen. Dies ist jedoch nicht notwendig, da die Nachfrage auch ohne Preissenkung zunimmt. Hier könnte sogar über eine leichte Preiserhöhung nachgedacht werden, um den Gewinn weiter zu vergrößern.

- Alle Gemeinkosten im BAB, auch die nicht verursachungsgerecht zurechenbaren Fixkosten, werden zum Teil anhand von **Schätzwerten** auf die Kostenstellen verteilt. Diese Schätzungen müssen nicht unbedingt richtig sein.
- Die **proportionale Zurechnung der Gemeinkosten zu den Einzelkosten** ist problematisch, da sich in den Gemeinkosten Fixkosten befinden, die durch die proportionale Verrechnung wie variable Kosten behandelt werden. Dadurch werden unter Umständen Großaufträge mit zu hohen oder Kleinaufträge mit zu niedrigen Fixkosten belastet.
- Aufgrund der zunehmenden Bedeutung der Gemeinkosten bilden die in der traditionellen Kostenrechnung verwendeten Zuschlagsgrundlagen keinen zutreffenden Maßstab mehr für eine verursachungsgerechte Verrechnung der Gemeinkosten und können zu **Fehlern in der Produkt- und Preispolitik** führen. Zur Lösung dieser Probleme können die Maschinenstundensatzrechnung und die Prozesskostenrechnung dienen, die allerdings nicht zwischen variablen und fixen Kosten differenziert.[1]

1 Vgl. Coenenberg u. a., a. a. O., S. 156 ff.

2.5 Betriebliche Entscheidungen mithilfe der Teilkostenrechnung

Die Vollkostenrechnung muss ergänzt werden um die Teilkostenrechnung, da nur so kurzfristige, marktorientierte Entscheidungen vorbereitet und getroffen werden können.

2.5.1 Grundlegende Unterschiede zwischen der Voll- und der Teilkostenrechnung

Vollkostenrechnung	Teilkostenrechnung
➢ Ansatzpunkt sind die Kosten ➢ Aufteilung der Kosten in Einzel- und Gemeinkosten ➢ Wichtige Aufgaben: – Ermittlung der Selbstkosten bzw. des Betriebsergebnisses, – Kalkulation kostendeckender Preise, – Kontrolle der Wirtschaftlichkeit, – Bewertung der fertigen und unfertigen Erzeugnisse in der Bilanz. ↓ **Sie ist notwendig zur Sicherung der langfristigen Existenz des Unternehmens!**	➢ Ansatzpunkt ist der am Markt erzielbare Preis ➢ Aufteilung der Kosten in fixe und variable Kosten ➢ Wichtige Aufgaben: – Bestimmung von Preisuntergrenzen und von Deckungsbeiträgen, – Entscheidung über die Annahme bzw. Ablehnung von Zusatzaufträgen bzw. über die Eigenfertigung oder den Fremdbezug, – Festlegung des gewinnmaximalen Produktionsprogramms. ↓ **Sie ist notwendig für kurzfristig zu treffende, marktorientierte Entscheidungen!**

FAZIT

Aufgrund der unterschiedlichen Ziele dieser Kostenrechnungssysteme muss ein Unternehmen sowohl die Voll- als auch die Teilkostenrechnung einsetzen.

2.5.2 Teilkostenrechnung in Ein-Produkt-Unternehmen

2.5.2.1 Formelsammlung/Grundlagen

➢ **Formelsammlung**

x	=	Produktions- und Absatzmenge		
$K(x)$	=	Gesamtkosten der Menge x	=	$K_V + K_F = k_v \cdot x + K_F = k \cdot x$
k	=	Stückkosten	=	$K(x) : x = k_v + k_f$
K_V	=	Gesamte variable Kosten	=	$k_v \cdot x$
k_v	=	Variable Stückkosten	=	$K_V : x$ bzw. $\frac{(K_2 - K_1)}{(x_2 - x_1)}$
K_F	=	Gesamte Fixkosten	=	$K(x) - k_v \cdot x$
k_f	=	Fixe Stückkosten	=	$K_F : x$
$U(x)$	=	Umsatzerlöse	=	$p \cdot x$
p	=	Stückpreis	=	$U(x) : x$
$G(x)$	=	Gewinn	=	$g \cdot x = U(x) - K(x) = p \cdot x - (k_v \cdot x + K_F)$
g	=	Stückgewinn	=	$G(x) : x = p - k$

Deckungsbeitrag

Der **Deckungsbeitrag** gibt an, wie viel ein Produkt zur Deckung der sowieso anfallenden Fixkosten beiträgt. Er kann wie folgt berechnet werden:

DB(x) = Gesamtdeckungsbeitrag = $db \cdot x = U(x) - K_V$
db = Stückdeckungsbeitrag = $DB(x) : x$ oder $p - k_v$

Deckungsbeitragsrechnung als Stückrechnung	
Stückpreis	p
– Variable Stückkosten	$- k_v$
= Stückdeckungsbeitrag	$= db$
– Fixe Stückkosten	$- k_f$
= Stückgewinn	$= g$

Deckungsbeitragsrechnung als Gesamtrechnung	
Umsatzerlöse	$U(x)$
– Variable Gesamtkosten	$- K_V$
= Gesamtdeckungsbeitrag	$= DB$
– Fixkosten	$- K_F$
= Gewinn	$= G(x)$

Solange der Deckungsbeitrag größer als null ist, trägt ein Produkt zur Fixkostendeckung bei. Es ist daher nicht wirtschaftlich, ein Produkt mit positivem Deckungsbeitrag aus dem Produktionsprogramm herauszunehmen.

Kostenverläufe bei linearen Umsatz- und Kostenfunktionen

Die **Kostenverläufe** stellen sich bei linearen Umsatz- und Kostenfunktionen im Normalfall wie folgt dar:

- Die Fixkosten bleiben mit zunehmender Produktionsmenge bis zur Kapazitätsgrenze konstant. Die variablen Kosten nehmen mit zunehmender Produktionsmenge proportional zu.

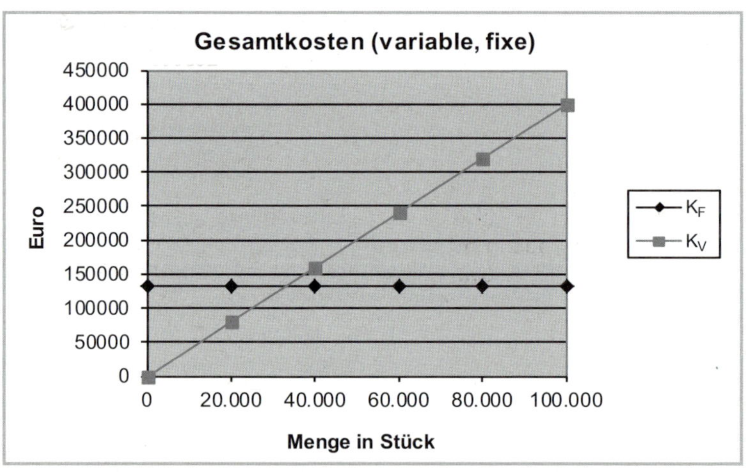

- Die variablen Kosten bleiben je Stück konstant. Da die Fixkosten unabhängig von der Produktionsmenge anfallen, sinken die stückfixen Kosten und damit auch die Stückkosten mit zunehmender Produktionsmenge degressiv. Der Fixkostenblock verteilt sich bei einer größeren Produktionsmenge auf eine größere Stückzahl (Gesetz der Massenproduktion bzw. Fixkostendegressionseffekt), daher liegt das Gewinnmaximum bei linearen Kostenfunktionen an der Kapazitätsgrenze.

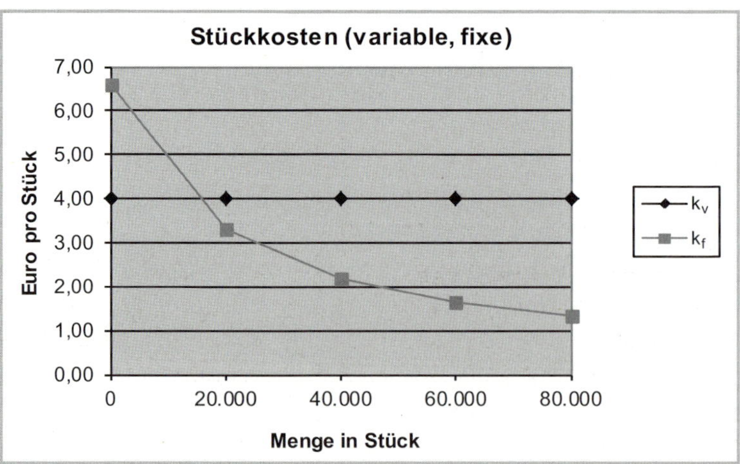

➤ Gewinnschwelle

Unter der **Gewinnschwelle**[1] versteht man die Menge, von der an ein Unternehmen Gewinn erzielt, d. h. die Verlustzone verlässt. An dieser Stelle ist der Gewinn gleich null, da Kosten und Umsatzerlöse gleich hoch sind. Die Ermittlung der Gewinnschwelle ist auf verschiedene Weise möglich:

G(x) = 0, daraus folgt:

- ➤ U(x) = K(x) oder
- ➤ K_F : db oder
- ➤ p = k

- ➤ Man erkennt die Gewinnschwelle am Schnittpunkt von Umsatz- und Kostenfunktion bzw. an dem Punkt, an dem die Gewinnfunktion die x-Achse schneidet.

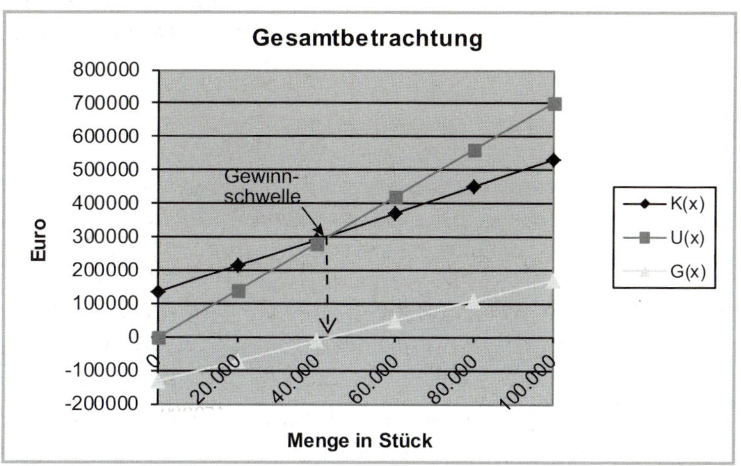

- ➤ Die Gewinnschwelle kann auch durch den Schnittpunkt der Funktion aus Stückkosten und Stückpreis bestimmt werden bzw. durch den Punkt, an dem die Stückgewinnfunktion die x-Achse schneidet.

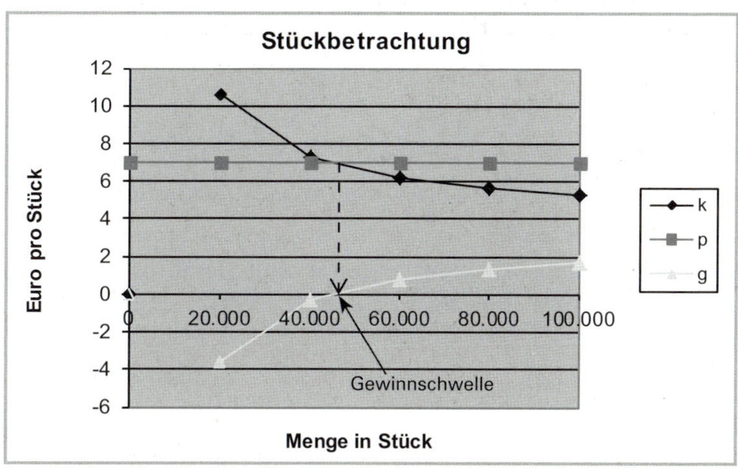

➤ Ermittlung der kritischen Menge

Durch dieses Verfahren bestimmt man die Menge, Laufzeit o. Ä. (x), bei der zwischen zwei verschiedenen Entscheidungsmöglichkeiten Kostengleichheit besteht (z. B. beim Kostenvergleich verschiedener Produktionsanlagen). Dazu setzt man die Kostenfunktionen beider Entscheidungsmöglichkeiten miteinander gleich und löst nach x auf. Auch eine tabellarische oder grafische Lösung ist hier denkbar.

K (1) = K (2)

1 Auf die Prüfung der Bedingung für G'(x) > 0 wird hier verzichtet.

9 Winkler - ISBN 978-3-8120-0374-2

➤ Beschäftigungsgrad

Der **Beschäftigungsgrad** gibt die Kapazitätsauslastung in Prozent an:

$$\text{Beschäftigungsgrad} = \frac{\text{genutzte Kapazität}}{\text{technische Maximalkapazität}} \cdot 100$$

Es kann z. B. der tatsächliche Beschäftigungsgrad oder der Beschäftigungsgrad am Break-even-Point bestimmt werden.

➤ Gewinnmaximum

Das **Gewinnmaximum** befindet sich bei linearem Funktionsverlauf an der Kapazitätsgrenze.

➤ Fixkostenanstieg bei Expansion/Kostenremanenz

Während die Fixkosten einerseits bei einer Expansion (z. B. Kauf weiterer Maschinen) sprunghaft ansteigen, können sie andererseits bei einer Verkleinerung des Betriebes nicht wieder so schnell abgebaut werden: Wird z. B. ein bestimmtes Produkt durch die kurzfristige Umstellung des Produktionsprogramms oder aufgrund eines negativen Deckungsbeitrages aus dem Produktionsprogramm genommen, dann lassen sich die diesem Produkt zurechenbaren Kosten i. d. R. nicht so schnell abbauen. Dies liegt z. B. an Kündigungsschutzfristen, d. h., dass Angestellte, die Gehälter (Fixkosten) beziehen, nicht umgehend entlassen werden können oder nicht mehr benötigte Maschinen, die z. B. Fixkosten in Form von kalkulatorischen Abschreibungen und Zinsen verursachen, nicht oder nicht sofort verkauft werden können. Dieses Problem wird als Kostenremanenz bezeichnet.[1] Es betrifft häufig stark automatisierte Betriebe, da diese in einer Krise ihre technischen Anlagen und Maschinen nicht so schnell verkaufen können.

➤ Ermittlung der variablen Stückkosten

Die Ermittlung der **variablen Stückkosten** kann bei linearem Kostenverlauf auch mithilfe nachfolgender Formel berechnet werden:

$$\text{Variable Stückkosten } (k_v) = \frac{(K_2 - K_1)}{(x_2 - x_1)}$$

Man teilt die Differenz zweier angegebener Gesamtkosten für unterschiedliche Mengen durch die Differenz der unterschiedlichen Mengenangaben.

Die Fixkosten erhält man, wenn man von den Gesamtkosten einer Menge (z. B. von x_2) die jeweiligen variablen Gesamtkosten subtrahiert:[2]

$$K_f = K_2 - k_v \cdot x_2$$

2.5.2.2 Trainingsaufgabe mit Musterlösung am Fallbeispiel Polly Ester AG

Ausgangssituation:

Die Polly Ester AG ist ein Zulieferbetrieb des Sportartikelherstellers Brad Stark e. K. In diesem Unternehmen wird ausschließlich Füllmaterial (Plastikgranulat) für Bälle in großen Mengen hergestellt. Die Produktions- und Absatzmenge der Polly Ester AG betrug im Oktober 02 65.005 Zentner,[3] die zu einem Preis von je 7 € je Zentner abgesetzt wurden. Folgende Kosten sind für Oktober 02 bekannt, wobei die Mischkosten (Aufwendungen für Betriebsstoffe, soziale Abgaben, Energiekosten) zu 40 % variabel und zu 60 % fix sind. Die technische Maximalkapazität der Polly Ester AG beträgt 100.000 Zentner pro Monat.

1 Vgl. Eisele/Knobloch, a. a. O., S. 907.

2 Vgl. Eisele/Knobloch, a. a. O., S. 895.

3 Ein Zentner entspricht 50 Kilogramm.

Arbeitsaufträge:

1. **Ermitteln Sie (I)** mithilfe der Tabelle zu 1. die fixen und variablen Kosten und **arbeiten Sie** aus den Informationen die Kostenfunktion **heraus (II).**
2. **Berechnen Sie (I)** in der vorbereiteten Tabelle zu 2. die fehlenden Werte.
3. **Berechnen Sie (I)** die Gewinnschwelle für Oktober 02, den Beschäftigungsgrad an der Gewinnschwelle und das angestrebte Gewinnmaximum unter sonst gleichen Bedingungen.
4. **Ermitteln Sie (I)** das Betriebsergebnis für Oktober 02 mithilfe der Deckungsbeitragsrechnung.

Bearbeitungshinweise:

Lösen Sie die Arbeitsaufträge 1 und 2 entweder mithilfe der abgedruckten Formulare oder mit Excel (Vorlagen als Download). Weitere Lösungen sollten Sie selbstständig auf eigenem Papier vornehmen und anschließend mit den **Musterlösungen auf S. 178ff.** vergleichen.

Zu Arbeitsauftrag 1.:

Kostenart	Kosten	Variable Kosten	Fixkosten	Mischkosten
Aufwendungen für Rohstoffe	130.000 €			
Aufwendungen für Hilfsstoffe	26.500 €			
Aufwendungen für Betriebsstoffe	4.500 €			
Zeitlöhne	84.000 €			
Gehälter	56.000 €			
Soziale Abgaben	38.000 €			
Mietaufwand	25.000 €			
Energiekosten	6.300 €			
Aufw. f. Kommunikation (Flatrate)	2.700 €			
Kalkulatorische Abschreibung	12.400 €			
Kalkulatorische Zinsen	6.700 €			
Summe	392.100 €			
		↓	↓	⅃
Verteilung der Mischkosten				
Summe				

Zu Arbeitsauftrag 2.:

x (St.)	K_F (€)	K_V (€)	K(x) (€)	U(x) (€)	G(x) (€)	k_v (€/St.)	k_f (€/St.)	k (€/St.)	p (€/St.)	g (€/St.)
0										
20.000										
40.000										
60.000										
80.000										
100.000										

2.5.3 Teilkostenrechnung in Mehr-Produkt-Unternehmen

2.5.3.1 Überblick: Deckungsbeitragsrechnung als Entscheidungshilfe zur Steuerung betrieblicher Prozesse

➤ **Fixkostendeckungsrechnung (stufenweise)**

Beispiel:

	Produktgruppe „Süßes"		Produktgruppe „Salziges"		
	Schokobonbon „Mandel"	Schokobonbon „Milchcreme"	Kartoffelchips	Erdnussflips	Summe
Umsatzerlöse	12.000	14.000	18.000	16.000	60.000
– Variable Kosten	4.000	5.000	6.000	4.000	19.000
= Deckungsbeitrag I	8.000	9.000	12.000	12.000	41.000
– Erzeugnisfixe Kosten	1.000	1.500	2.000	1.600	6.100
= Deckungsbeitrag II	7.000	7.500	10.000	10.400	34.900
– Erzeugnisgruppenfixe Kosten	4.000		6.000		10.000
= Deckungsbeitrag III	10.500		14.400		24.900
– Unternehmensfixe Kosten	6.000				6.000
= Betriebsergebnis	18.900				18.900

Erzeugnisfixe Kosten = Fixkosten, die ausschließlich für ein bestimmtes Produkt anfallen, z. B. die Abschreibung für die Maschine, mit der die Mandeln des Schokobonbons „Mandel" geröstet werden.

Erzeugnisgruppenfixe Kosten = Fixkosten, die für eine Produktgruppe insgesamt anfallen, z. B. die Abschreibung der Maschine, in welcher die Kartoffelchips und Erdnussflips gewürzt werden.

Unternehmensfixe Kosten = Fixkosten, die nicht auf ein einzelnes Produkt oder eine Produktgruppe aufgeteilt werden können, z. B. das Gehalt des Produktionsleiters.

Entscheidungsrelevant für die Förderungswürdigkeit der Produkte ist die Höhe des Stückdeckungsbeitrages II (db II).[1] Er sagt aus, wie viel Euro je Stück zur Verfügung stehen, um die erzeugnisgruppen- und die unternehmensfixen Kosten zu decken.

Bei der rein wirtschaftlichen Entscheidung, ob ein Produkt aus dem Produktionsprogramm genommen werden soll, ist zu beachten, inwieweit die erzeugnisfixen Kosten des entsprechenden Produktes abbaubar sind (Problem der Kostenremanenz).

➤ Gewinnmaximales Produktionsprogramm bei ausreichender Kapazität und/oder gleichen Bearbeitungszeiten der Produkte im Engpass

Das gewinnmaximale Produktionsprogramm bei ausreichender Kapazität und/oder gleichen Bearbeitungszeiten der Produkte im Engpass wird durch die Höhe des

absoluten Deckungsbeitrags ($db = p - k_v$)

bestimmt.

Von dem Produkt mit dem höchsten absoluten Deckungsbeitrag (Stückdeckungsbeitrag) wird so viel wie möglich hergestellt, dann von dem Produkt mit dem zweithöchsten Stückdeckungsbeitrag usw., bis die Kapazitätsgrenze erreicht ist.

➤ Gewinnmaximales Produktionsprogramm bei nicht ausreichender Kapazität (Engpass)

Entscheidungsrelevant für die Ermittlung des gewinnmaximalen Produktionsprogramms ist der relative (engpassbezogene) Stückdeckungsbeitrag (rd). Ein Engpass könnte z. B. die Zeit in Minuten oder Stunden, die Rohstoffmenge in Gramm oder Kilogramm o. Ä. sein. Der relative Stückdeckungsbeitrag wird folgendermaßen ermittelt:

$$rd\ (€/\text{Engpasseinheit}) = \frac{db\ (€/\text{Stück})}{\text{Engpass (Engpasseinheit/Stück)}}$$

Von dem Produkt mit dem höchsten relativen Stückdeckungsbeitrag wird so viel wie möglich hergestellt, dann von dem Produkt mit dem zweithöchsten relativen Stückdeckungsbeitrag usw., bis die jeweilige Kapazitätsgrenze erreicht ist. Dabei müssen ggf. Höchst- und Mindestabsatzmengen beachtet werden.[2] Sollten Aufträge nur als Ganzes hergestellt werden können, d. h. die Menge nicht teilbar sein, entscheidet der insgesamt höchste Deckungsbeitrag.

➤ Zusatzauftrag

Zusatzaufträge erhält ein Unternehmen häufig nur dann, wenn im Vergleich zum regulären Nettoverkaufspreis für das Produkt Zugeständnisse gemacht werden. Die Annahme eines Zusatzauftrages ist immer dann wirtschaftlich sinnvoll, wenn die Kapazität ausreicht und der Deckungsbeitrag des Zusatzauftrages größer oder gleich null ist.

Annahme des Zusatzauftrages,[3] falls db (Zusatzauftrag) ≥ 0
Ablehnung des Zusatzauftrages,[3] falls db (Zusatzauftrag) < 0

Aus Gründen der Arbeitsplatzerhaltung sind Zusatzaufträge zur besseren Auslastung der Kapazität grundsätzlich als positiv einzustufen.

1 Stückdeckungsbeitrag $db\ II = \frac{DB\ II}{x}$

2 Vgl. Schildbach, Th./Homburg, C.: Kosten- und Leistungsrechnung, 10. Auflage, Stuttgart 2009, S. 253.

3 Unter rein wirtschaftlichen Aspekten.

Weitere mögliche Entscheidungskriterien sind z. B.:

Gegen den Zusatzauftrag	Für den Zusatzauftrag
➢ Kunde verlangt dauerhaft den niedrigeren Preis ➢ bisherige Kunden könnten von dem geringeren Preis erfahren und ebenfalls darauf bestehen ➢ ggf. Wechselkursrisiko bei Aufträgen in ausländischer Währung[1] ➢ Zahlungsschwierigkeiten bei Kunden aus dem Ausland, die sich in einer Wirtschaftskrise befinden[1] ➢ ggf. Imageverlust	➢ bessere Kapazitätsauslastung (sinkende Stückkosten durch Fixkostendegression) ➢ Arbeitsplatzerhaltung ➢ Erschließung neuer Märkte (z. B. Neukunden im Ausland) ➢ Vergrößerung des Marktanteils, Verdrängung der Konkurrenz

➢ Eigenfertigung/Fremdbezug bei ausreichender Kapazität[2]

In diesem Fall ist die Eigenfertigung wirtschaftlich sinnvoller als der Fremdbezug, wenn die variablen Kosten (= Einzelkosten + variable Gemeinkosten) bei Eigenfertigung gleich bzw. niedriger sind als der Bezugspreis bei Fremdbezug,[3] d. h. die absolute Kostenersparnis bei Eigenfertigung größer oder gleich null ist.

$$\text{Absolute Kostenersparnis je Stück bei Eigenfertigung} = \text{Fremdbezugspreis bzw. Einstandspreis je Stück} - \text{variable Stückkosten}$$

➢ Eigenfertigung/Fremdbezug bei Erweiterung eigener Kapazitäten

In diesem Fall müssen die Fixkosten der Kapazitätserweiterung bei Eigenfertigung in die Entscheidung einbezogen werden. Man berechnet als Entscheidungshilfe die „kritische Menge", bei der die Kosten der Eigenfertigung und des Fremdbezugs identisch sind: K_{EF} ($K_F + k_v \cdot x$) = K_{FB} (Fremdbezugspreis pro Stück · x). Nach dem Gleichsetzen der Kostenfunktionen und der Auflösung nach x ergibt sich die „kritische Menge".

➢ Eigenfertigung/Fremdbezug bei nicht ausreichender Kapazität[4]

In diesem Fall ist die Eigenfertigung wirtschaftlich sinnvoller als der Fremdbezug, wenn die relative (engpassbezogene) Kostenersparnis bei Eigenfertigung positiv bzw. gleich null ist. Dazu ermittelt man zunächst die absolute Kostenersparnis bei Eigenfertigung (siehe oben). Ist diese negativ, ist es wirtschaftlicher, das Produkt fremdzubeziehen. Die Reihenfolge bzw. Menge der selbst hergestellten Produkte bestimmt man nach der Höhe der:

$$\text{relativen Kostenersparnis bei Eigenfertigung} = \frac{\text{absolute Kostenersparnis je Stück bei Eigenfertigung}}{\text{Kapazitätsbedarf im Engpass (benötigte Zeit o. Ä. im Engpass je Stück)}}$$

Weitere mögliche Entscheidungskriterien sind z. B.:

Fremdbezug	Eigenfertigung
➢ nicht ausreichende Kapazität ➢ zu hohe Investitionskosten bei Einrichtung der Eigenfertigung ➢ fehlendes eigenes Know-how ➢ unsichere Absatzprognosen ➢ Qualitätsführerschaft des Zulieferers ➢ gesicherte Patente	➢ höhere Flexibilität ➢ keine Abnahmeverpflichtung ➢ es gibt keinen geeigneten Zulieferer ➢ Image/hohe eigene Qualität ➢ Auslastung vorhandener Kapazitäten/Sicherung von Arbeitsplätzen ➢ Vermeidung von Abhängigkeiten von Lieferanten

1 Diese Gefahr besteht allerdings nicht nur bei Zusatzaufträgen.
2 Unter der Voraussetzung eines Stückdeckungsbeitrages ≥ null und einem kurzfristigen Betrachtungszeitraum.
3 Vgl. Eisele/Knobloch, a. a. O., S. 893.
4 Unter der Voraussetzung eines Stückdeckungsbeitrags ≥ null.

Preisuntergrenze

Der Stückpreis (Barverkaufspreis) entspricht bei

kurzfristiger (absoluter) Preisuntergrenze	liquiditätsorientierter Preisuntergrenze	langfristiger Preisuntergrenze
den variablen Stückkosten (Einzelkosten + variable Gemeinkosten), d. h. $p = k_v$	der Summe aus variablen Stückkosten und ausgabewirksamen Fixkosten (Fixkosten, die tatsächlich gezahlt werden müssen, z. B. Gehälter, Mietaufwand, Beiträge) je Stück, d. h. $p = k_v + \text{ausgabewirksame } K_F/x$	den gesamten Stückkosten (Einzelkosten + alle Gemeinkosten), d. h. $p = k$
Ziele sind z. B.: ➢ die Erhöhung der Absatzchancen und Vergrößerung des Marktanteils, ➢ die Abwehr der Konkurrenz durch einen „Kampfpreis“, z. B. bei der Neueinführung von Produkten und ➢ der Absatz von Restbeständen.	**Ziele sind z. B.:** ➢ Bessere Absatzchancen als bei langfristiger Preisuntergrenze. ➢ Das Unternehmen gerät nicht in Zahlungsschwierigkeiten.	**Ziele sind z. B.:** ➢ Die volle Kostendeckung, d. h., es wird kein Verlust erwirtschaftet. ➢ Das Unternehmen gerät nicht in Zahlungsschwierigkeiten. ➢ Ersatzinvestitionen können aus eigener Kraft finanziert werden. ➢ Es besteht ein Preisspielraum „nach unten“.
Gefahren sind z. B.: ➢ Verlust in Höhe der gesamten Fixkosten, der Deckungsbeitrag ist null. ➢ Liquiditätsschwierigkeiten, da die ausgabewirksamen Fixkosten nicht gedeckt sind. ➢ Ersatz- und Erweiterungsinvestitionen können aus eigener Kraft nicht finanziert werden. ➢ Nur kurzzeitig möglich, ggf. wird eine spätere Preiserhöhung von den Kunden nicht akzeptiert.	**Gefahren sind z. B.:** ➢ Es entsteht ein Verlust in Höhe der nicht ausgabewirksamen Fixkosten (z. B. kalkulatorische Kosten). ➢ Ersatz- und Erweiterungsinvestitionen können aus eigener Kraft nicht finanziert werden, da weder die kalkulatorischen Abschreibungen gedeckt werden noch Gewinn erzielt wird.	**Gefahren sind z. B.:** ➢ Erweiterungsinvestitionen (Expansionen) können nicht aus eigener Kraft finanziert werden. ➢ Schlechtere Absatzchancen als bei kurz- und liquiditätsorientierter Preisuntergrenze.

2.5.3.2 Trainingsaufgabe mit Musterlösung am Fallbeispiel Autotec AG

Situationsbeschreibung:

Die Autotec AG ist ein international orientiertes Zulieferunternehmen der Fahrzeugindustrie und stellt außerdem in Serienfertigung in ihrem Werk in Stuttgart Gabelstapler her. Im Werk in Duisburg werden Karosserien und Fahrzeugachsen für Lastkraftwagen, Fahrzeugsitze, Schaltgetriebe und Kunststoffverkleidungen für Mittelkonsolen in Werkstättenfertigung hergestellt. Zunehmender Wettbewerb zwingt die Autotec AG zu Kosten- bzw. Preissenkungen für ihre Produkte.

Bearbeitungshinweise:

Lösen Sie die Arbeitsaufträge entweder mithilfe der abgedruckten Formulare oder mit Excel (Vorlagen als Download). Weitere Lösungen sollten Sie selbstständig auf eigenem Papier vornehmen und anschließend mit den **Musterlösungen auf S. 180 ff.** vergleichen.

Situation 1: Gabelstapler (Werk Stuttgart)

Zum Produktionsprogramm des Werkes in Stuttgart gehören seit einigen Jahren der Gabelstapler V10, der X20 und der Y30. Anfang 02 wurde der Z40 als Modell für besondere Höhen in das Produktionsprogramm aufgenommen. Für das Geschäftsjahr 03 ist auch die Herstellung des Gabelstaplers A50 geplant.

Für das Geschäftsjahr 02 stehen für die Herstellung der Gabelstapler im Werk Stuttgart folgende Daten für eine mehrstufige Deckungsbeitragsrechnung zur Verfügung:

Produkt	V10	X20	Y30	Z40	Gesamt
Nettoumsatzerlöse/Stück	28.000 €	13.000 €	19.000 €	21.000 €	
Variable Stückkosten	16.000 €	7.000 €	9.000 €	15.000 €	
Absatzmenge	1.300 Stück	1.400 Stück	1.900 Stück	1.000 Stück	
Erzeugnisfixe Kosten	12.000.000 €	3.000.000 €	6.000.000 €	7.000.000 €	
Erzeugnisgruppenfixe Kosten	5.000.000 €		4.000.000 €		
Unternehmensfixe Kosten (Werk Stuttgart)					5.000.000 €

Arbeitsauftrag 1: Analyse des Produktionsprogramms für das Werk in Stuttgart (Mehrstufige Deckungsbeitragsrechnung)

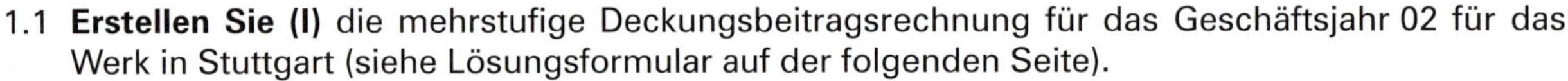

1.1 **Erstellen Sie (I)** die mehrstufige Deckungsbeitragsrechnung für das Geschäftsjahr 02 für das Werk in Stuttgart (siehe Lösungsformular auf der folgenden Seite).

1.2 **Beurteilen Sie (III)** das Produktionsprogramm des Werkes in Stuttgart unter Einbeziehung Ihrer Ergebnisse aus 1.1 sowie dem zu ermittelnden Stückdeckungsbeitrag II (db II) ausführlich.

Unter den erzeugnisfixen Kosten des **Gabelstaplers Z40** befinden sich folgende Positionen:

4.000.000 € Abschreibungen pro Jahr für eine Maschine, welche für die ab Januar 03 beabsichtigte Herstellung des Gabelstaplers A50 verwendet werden kann, und 240.000 € Jahresmiete für die Lagerhalle des Z40 (die Lagerhalle könnte zum 01.01.03 anderweitig vermietet werden). Während sich die variablen Kosten des Z40 kurzfristig abbauen ließen, können die restlichen erzeugnisfixen Kosten kurzfristig nicht abgebaut werden.

1.3 **Erklären Sie (II)** die Ursachen und Folgen der Kostenremanenz.

Lösungsformular zu Arbeitsauftrag 1.1

Ergebnisbereich	V10	X20	Y30	Z40	Gesamt
Umsatzerlöse					
Variable Kosten					
Deckungsbeitrag I					
Erzeugnisfixe Kosten					
Deckungsbeitrag II					
Erzeugnisgruppen-fixe Kosten					
Deckungsbeitrag III					
Unternehmensfixe Kosten (Werk Stuttgart)					
Betriebsergebnis					
db II in €/Stück					
Rangfolge					

Situation 2: Karosserien und Fahrzeugachsen für Lkws (Werk Duisburg)

Situation 2.1: Gewinnmaximales Produktionsprogramm bei den Karosserien

Für die Gestaltung des gewinnmaximalen Produktionsprogramms bei den **Karosserien** ist im Januar 03 zu beachten, dass alle drei Typen von Karosserien das Presswerk durchlaufen. Folgende Angaben liegen für Januar 03 vor:

Produkt	Truck	Trailer	Turbo	Gesamt
Nettoumsatzerlöse/Stück	13.000 €	19.000 €	23.000 €	
Variable Stückkosten	8.000 €	13.000 €	14.400 €	
Fertigungszeiten pro Stück im Presswerk	100 Minuten	100 Minuten	100 Minuten	
Maximale Absatzmenge	150 Stück	180 Stück	200 Stück	
Gesamtkapazität der Montageabteilung				800 Stunden

Arbeitsauftrag 2.1:

Ermitteln Sie (I) das gewinnmaximale Produktionsprogramm bei den **Karosserien** und die daraus resultierenden voraussichtlichen Deckungsbeiträge für Januar 03 (siehe folgendes Lösungsformular).

10 Winkler - ISBN 978-3-8120-0374-2

Lösungsformular zu Arbeitsauftrag 2.1

Ergebnisbereich	Truck	Trailer	Turbo	Gesamt
Stückpreis (€/Stück)				
– Variable Stückkosten (€/Stück)				
= Stückdeckungsbeitrag (€/Stück)				
Rangfolge der Förderungswürdigkeit der Produkte				
Gewinnmaximales Produktionsprogramm (Stück)				
Umsatzerlöse (€)				
– Variable Gesamtkosten (€)				
= Deckungsbeitrag (€)				

Nebenrechnungen zur Ermittlung des optimalen Produktionsprogramms:

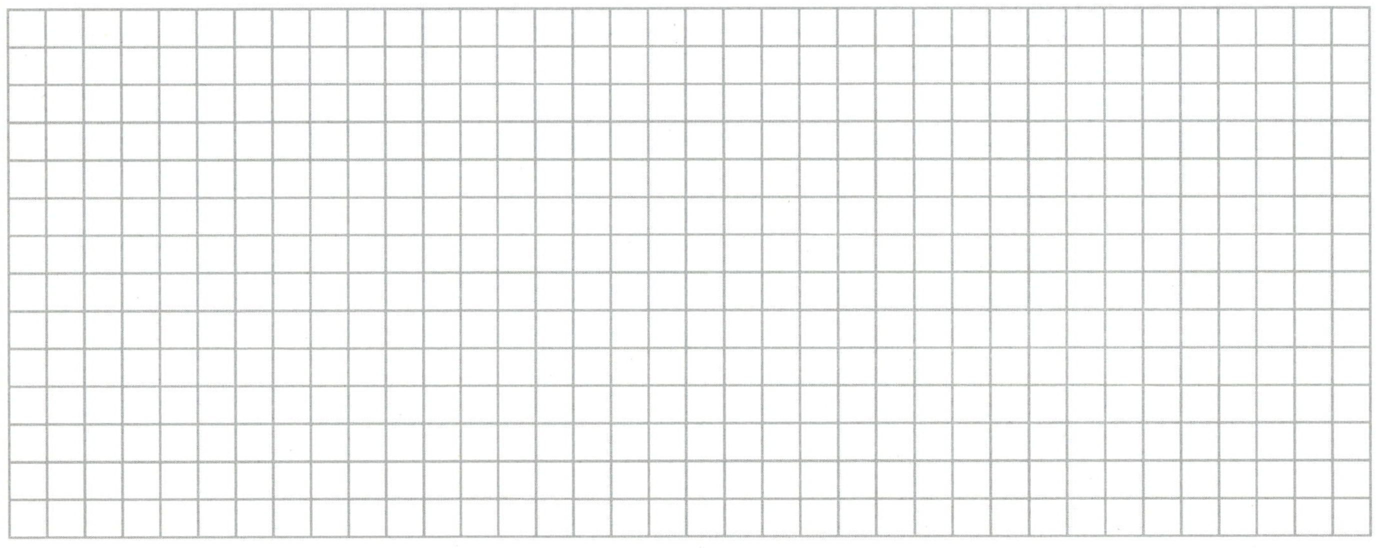

Situation 2.2: Gewinnmaximales Produktionsprogramm bei den Fahrzeugachsen

Für die Gestaltung des gewinnmaximalen Produktionsprogramms für die **Fahrzeugachsen** ist im Januar 03 zu beachten, dass alle drei Typen von Fahrzeugachsen die Schweißabteilung durchlaufen, in der ein Engpass vorliegt:

Produkt	Heavy	Comfort	Flexi	Gesamt
Nettoumsatzerlöse/Stück	15.000 €	13.000 €	12.000 €	
Variable Stückkosten	11.000 €	9.000 €	8.400 €	
Fertigungszeiten pro Stück in der Schweißabteilung	50 Minuten	40 Minuten	30 Minuten	
Maximale Absatzmenge	500 Stück	600 Stück	400 Stück	
Mindestabsatzmenge	300 Stück	400 Stück	200 Stück	
Gesamtkapazität der Schweißabteilung				720 Stunden

Arbeitsaufträge 2.2:

2.2.1 **Berechnen Sie (I)** das gewinnmaximale Produktionsprogramm bei den **Fahrzeugachsen** und die entsprechenden Deckungsbeiträge für Januar 03 (siehe folgendes Lösungsformular). 

Lösungsformular zu Arbeitsauftrag 2.2.1

Ergebnisbereich	Heavy	Comfort	Flexi	Gesamt
Stückpreis (€/Stück)				
– Variable Stückkosten (€/Stück)				
= Stückdeckungsbeitrag (€/Stück)				
: Engpassbelastung (Min./Stück)				
= rd (€/Engpasseinheit)				
Rangfolge der Förderungswürdigkeit der Produkte				
Gewinnmaximales Produktionsprogramm (Stück)				
Umsatzerlöse (€)				
– Variable Gesamtkosten (€)				
= Deckungsbeitrag (€)				

Nebenrechnungen zur Ermittlung des optimalen Produktionsprogramms:

2.2.2 **Erläutern Sie (II),** warum der Betrieb gegebenenfalls vom gewinnmaximalen Produktionsprogramm abweichen könnte.

Situation 3: Kapazitätserweiterung und Absatzsteigerung im Werk Duisburg

Situation 3.1: Anschaffung einer neuen Schweißanlage

Langfristig könnte eine Verbesserung der Kostenstruktur nach Meinung der Unternehmensleitung durch einen **höheren Automatisierungsgrad** erreicht werden. Außerdem soll der Engpass in der Schweißabteilung im Werk Duisburg beseitigt werden, um zukünftig keine Aufträge ablehnen zu müssen. Zu diesem Zweck soll untersucht werden, ob eine neue Schweißanlage mit manueller Bedienung oder voll automatisiert als Industrieroboter angeschafft werden soll.

Für das nächste Geschäftsjahr wird mit einer Maschinenlaufzeit von 12.500 Stunden gerechnet. Für die Anschaffung o. g. Alternativen stehen folgende Daten zur Verfügung:

Schweißabteilung	Manuelles Verfahren	Automatisiertes Verfahren
Fixe Kosten/Jahr	140.000 €	260.000 €
Variable Kosten pro Stunde	28 €	16 €

Arbeitauftrag 3.1:

Ermitteln Sie (I) durch Kostenvergleich, ab welcher Maschinenlaufzeit sich die Anschaffung des **automatisierten Verfahrens** lohnt (kritische Menge) und geben Sie der Unternehmensleitung eine Entscheidungshilfe.

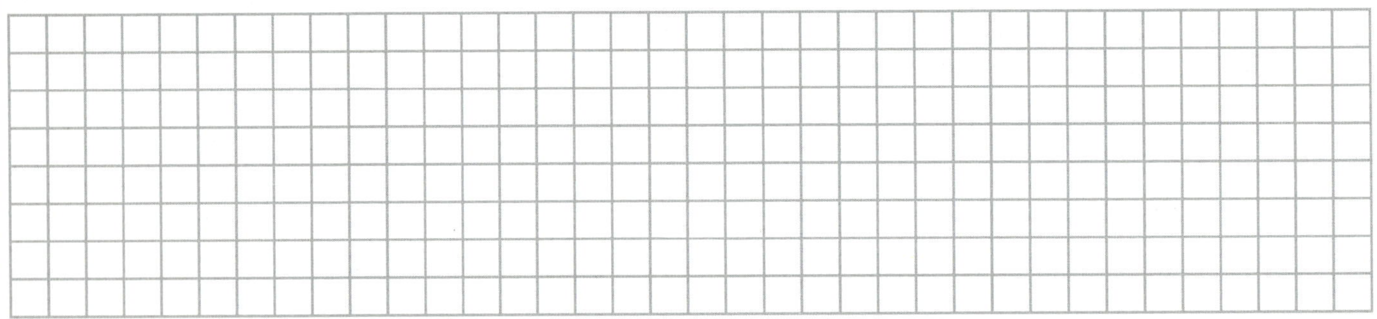

Situation 3.2: Preissenkung bei den Fahrzeugachsen

Außerdem verspricht sich die Unternehmensleitung durch eine Preissenkung bei den Fahrzeugachsen eine Verbesserung ihrer Wettbewerbssituation. Durch die Kapazitätserweiterung können nun die maximalen Absatzmengen hergestellt werden:

Fahrzeugachsen	Heavy	Comfort	Flexi
Maximale Absatzmenge je Monat	500 Stück	600 Stück	400 Stück
Variable Stückkosten	11.000 €/Stück	9.000 €/Stück	8.400 €/Stück

Die monatlichen Fixkosten in Höhe von 260.000 € für die Produktion der Fahrzeugachsen setzen sich aus folgenden Positionen zusammen:

- Gehälter 140.000 €
- kalkulatorischer Unternehmerlohn 10.000 €
- kalkulatorische Geschäftsmiete 20.000 €
- Kammerbeiträge (IHK) 10.000 €
- kalkulatorische Abschreibungen 80.000 €

Die ausgabewirksamen fixen Kosten verteilen sich im Verhältnis 5:3:2 auf die oben genannten Fahrzeugachsen.

Arbeitaufträge 3.2:

Die Unternehmensleitung erwägt, eine **Absatzsteigerung bei den Fahrzeugachsen** durch eine Preissenkung zu erzielen.

3.2.1 **Berechnen Sie (I)** die kurzfristigen und liquiditätsorientierten Preisuntergrenzen, wenn von Heavy 500 Stück, von Comfort 600 Stück und von Flexi 400 Stück monatlich absetzbar wären (siehe folgendes Lösungsformular).

3.2.2 **Erläutern Sie (II)** die Chancen und Risiken, die mit einer solchen Preissenkung verbunden sind.

Lösungsformular zu Arbeitsauftrag 3.2.1

Kurzfristige Preisuntergrenze	Heavy	Comfort	Flexi	Gesamt
= Betriebsergebnis bei Ansatz der kurzfristigen Preisuntergrenze (€)				

Liquiditätsorientierte Preisuntergrenze	Heavy	Comfort	Flexi	Gesamt
= Betriebsergebnis bei Ansatz der liquiditätsorientierten Preisuntergrenze (€)				

Situation 3.3: Preissenkung bei den Fahrzeugsitzen

Zurzeit werden im Werk Duisburg monatlich **800 Fahrzeugsitze** hergestellt und verkauft.

Bei den Fahrzeugsitzen soll eine Preissenkung erfolgen. Folgende Informationen liegen für einen Fahrzeugsitz vor:

Listenverkaufspreis	280 €/Stück
Kundenrabatt	10 %
Kundenskonto	2 %
Variable Stückkosten	120 €/Stück

Die gesamten monatlichen Fixkosten der Fahrzeugsitzproduktion betragen 50.000 €.

Arbeitaufträge 3.3:

3.3.1 **Ermitteln Sie (I)** das monatliche Betriebsergebnis (siehe folgendes Lösungsformular). 

3.3.2 Um die Absatzmenge von 800 Stück stabil zu halten, sollen die Fahrzeugsitze zukünftig zur langfristigen Preisuntergrenze angeboten werden. **Arbeiten Sie** aus vorliegenden Informationen den neuen Barverkaufspreis für einen Fahrzeugsitz **heraus (II),** bei dem die langfristige Preisuntergrenze erreicht wird.

3.3.3 **Erläutern Sie (II)** die Chancen und Risiken, die bei Ansatz der langfristigen Preisuntergrenze entstehen.

Lösungsformular zu Arbeitsauftrag 3.3.1

Fahrzeugsitze	1 Stück	800 Stück

Platz für Nebenrechnungen:

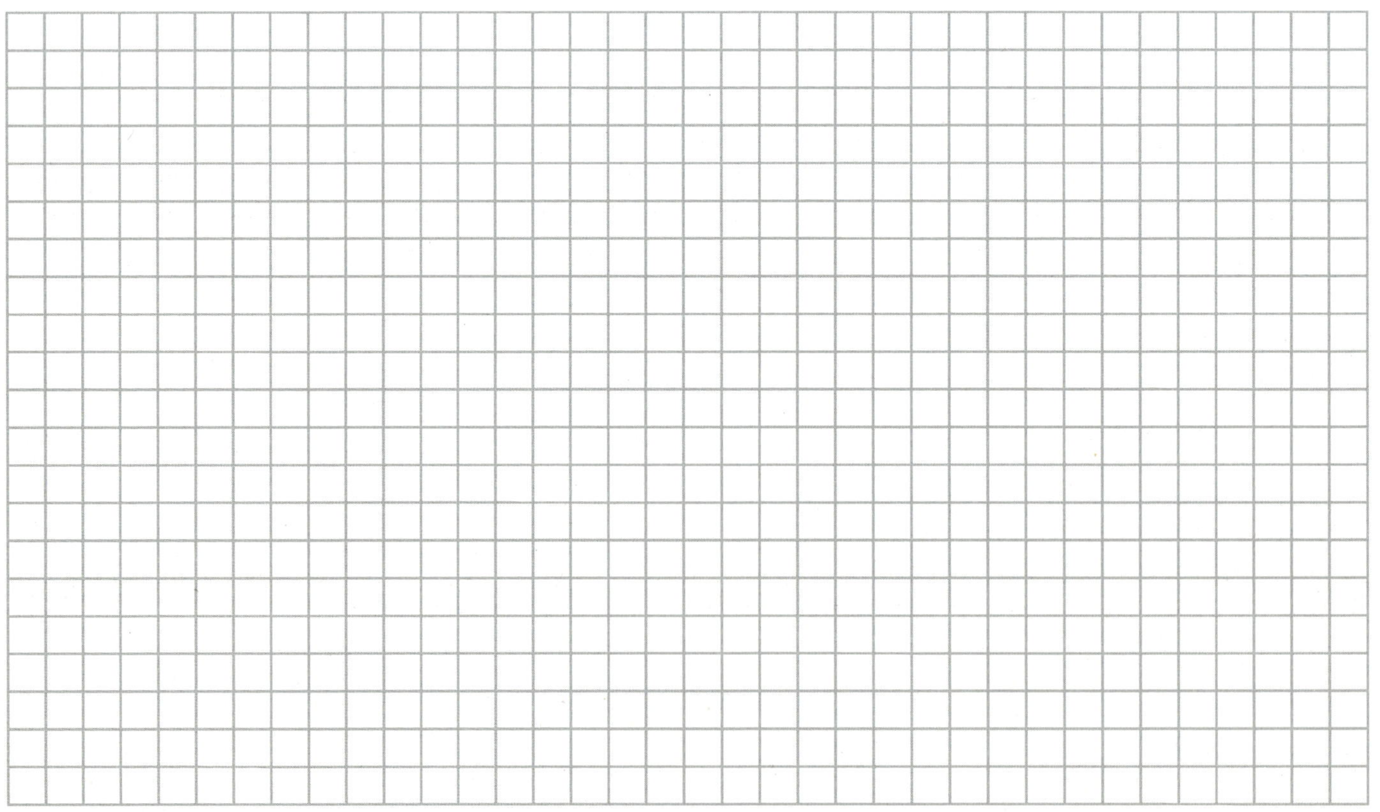

Situation 4: Entscheidung über die Annahme eines Zusatzauftrages

Die Autotec AG könnte im **Februar 03** einen zusätzlichen Auftrag über 100 Fahrzeugachsen vom Typ Flexi von einem Neukunden aus Griechenland erhalten, wenn sie bereit wäre, den Stückpreis von 12.000 € auf 10.000 € zu senken. Die variablen Stückkosten bleiben bei 8.400 €/Stück. Durch die Kapazitätserweiterung steht für den Zusatzauftrag ausreichend Personal- und Maschinenkapazität zur Verfügung.

Arbeitauftrag 4: Zusatzauftrag (Exportauftrag) für die Greece Motor Trading Ltd.

Unterbreiten Sie der Geschäftsleitung **einen Vorschlag (III)** bezüglich der Annahme oder Ablehnung des Zusatzauftrages.

Situation 5: Entscheidungen zur Eigenfertigung bzw. zum Fremdbezug

Situation 5.1: Eigenfertigung oder Fremdbezug der Schaltgetriebe

Bislang werden die Schaltgetriebe in der Autotec AG selbst hergestellt, dazu ist ausreichende Kapazität vorhanden. Sie könnten jedoch auch von einem Zulieferer bezogen werden. Der Einkaufsabteilung liegen folgende Informationen zur Entscheidungsfindung vor:

Fremdbezug:		Eigenfertigung:	Einzelkosten	Gemeinkosten	
Listeneinkaufspreis	1.000 €	Kostenstellen		Fixe Kosten	Variable Kosten
Skonto	2 %	Material	400 €	15 €	50 €
Rabatt	10 %	Fertigung	250 €	40 €	120 €
Frachtkosten	50 €	Verwaltung/Vertrieb		30 €	

Arbeitsauftrag 5.1:

Entscheiden Sie (III), ob die **Schaltgetriebe** von einem Zulieferer zugekauft oder weiterhin selbst im Unternehmen hergestellt werden sollten.

Situation 5.2: Eigenfertigung oder Fremdbezug der Kunststoffverkleidungen für die Mittelkonsolen

Die Autotec AG benötigt zur Produktion ihrer Mittelkonsolen verschiedene Kunststoffverkleidungen. Diese wurden bisher im eigenen Betrieb hergestellt. Aus Kostengründen wird erwogen, die Kunststoffverkleidungen zukünftig von der Plast GmbH fremd zu beziehen. Zur Entscheidungsfindung liegen folgende Informationen vor:

Kunststoffverkleidung	Slim	Sporty	Modern	Elegance
Bedarfsmenge in Stück	10.000	15.000	18.000	22.000
Bezugspreis in €/Stück	24,00	20,00	18,00	16,00
Variable Stückkosten in €	20,00	21,00	13,00	14,00
Fertigungszeit in Min./Stück	11,00	5,00	6,00	8,00

Die zur Produktion benötigte Kunststoffpresse steht dem Betrieb 5.000 Stunden zur Verfügung, um die Kunststoffverkleidungen herzustellen.

Arbeitsauftrag 5.2:

Ermitteln Sie (I) unter rein wirtschaftlichen Aspekten die jeweiligen Mengen an **Kunststoffverkleidungen,** die in der Autotec AG selbst hergestellt bzw. von der Plast AG fremdbezogen werden sollten (siehe folgendes Lösungsformular).

Lösungsformular zu Arbeitsauftrag 5.2

Maximale Kapazität: 5.000 Stunden

	Slim	Sporty	Modern	Elegance	Summe
Bedarfsmenge in Stück	10.000	15.000	18.000	22.000	
Bezugspreis in €/Stück	24,00	20,00	18,00	16,00	
Variable Stückkosten in €	20,00	21,00	13,00	14,00	
Fertigungszeit in Min./Stück	11,00	5,00	6,00	8,00	
Kapazitätsbedarf in Min.					

3.1 Planung der Leistungserstellung: Einordnung des Produktionsprozesses als Kernprozess eines Industrieunternehmens

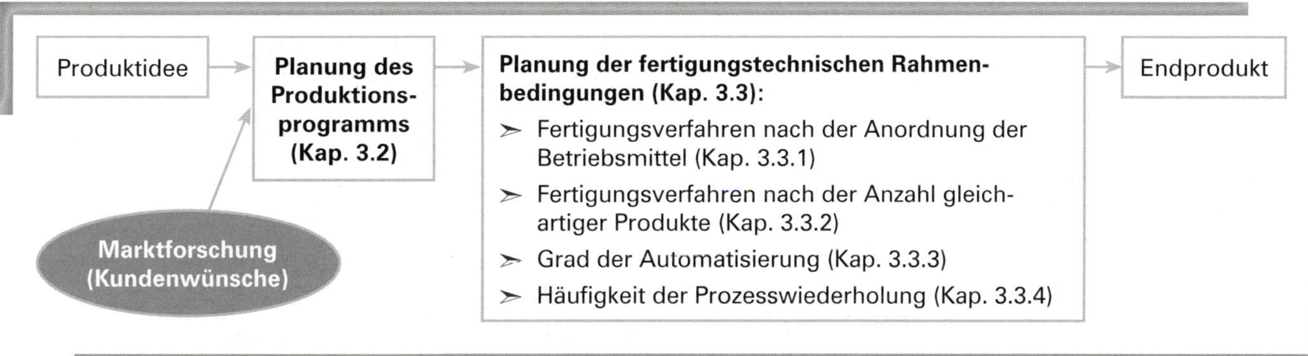

3.2 Planung des Produktionsprogramms

Produktionsprogramm: Ist die Gesamtheit der zu einem bestimmten Zeitpunkt von einem Unternehmen angebotenen, selbst hergestellten Produkte.

- Die **Breite des Produktionsprogramms** beschreibt die Anzahl der Produktlinien

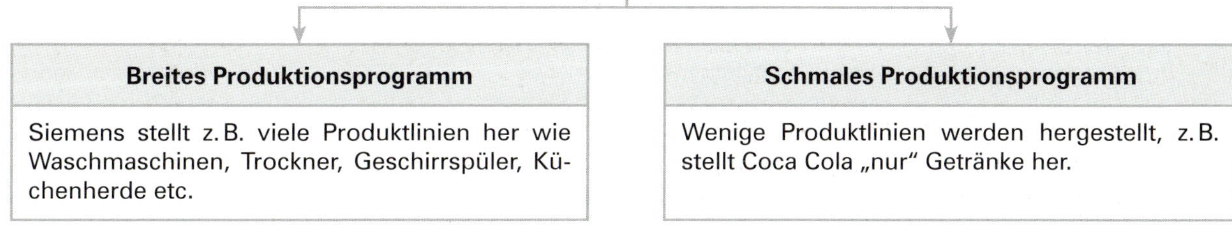

- Die **Tiefe des Produktionsprogramms** beschreibt die Anzahl der Produktvarianten innerhalb einer Produktlinie.[1]

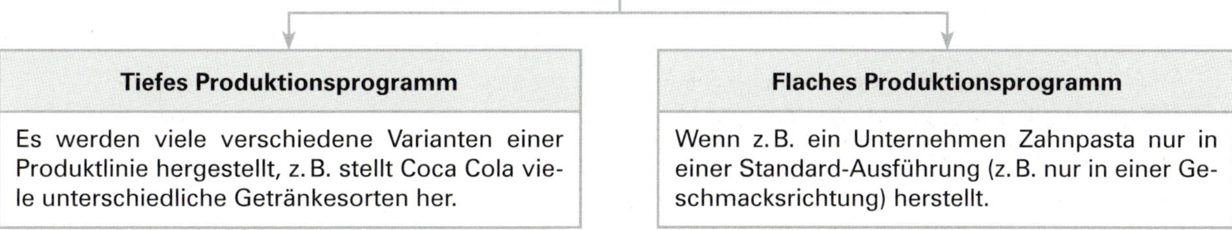

Fertigungstiefe: Gibt das Verhältnis von im Unternehmen selbst hergestellten zu zugekauften Teilen an.

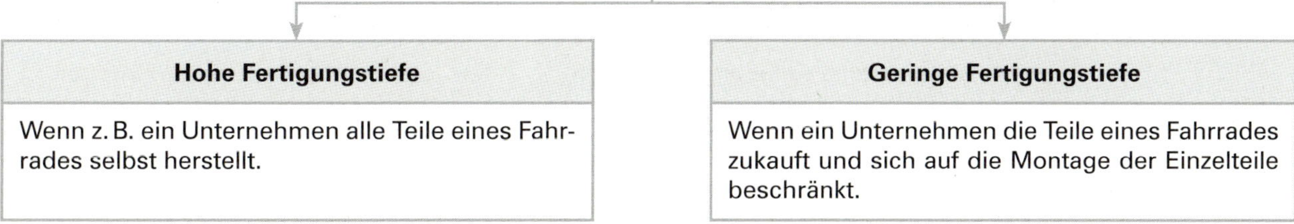

Absatzprogramm: Zusätzlich zum Produktionsprogramm gehören hierzu auch zugekaufte Produkte, z. B. Handelswaren oder Dienstleistungen.

1 Vgl. Homburg, Chr./Krohmer, H.: Marketingmanagement, 2., überarb. u. erw. Auflage, Wiesbaden 2006, S. 615.

11 Winkler - ISBN 978-3-8120-0374-2

3.3 Planung der fertigungstechnischen Rahmenbedingungen

3.3.1 Fertigungsverfahren nach der Anordnung der Betriebsmittel im Produktionsprozess

Beschreibung des Fertigungsverfahrens nach der Anordnung der Betriebsmittel	Beurteilung aus der Perspektive des Unternehmens	Auswirkungen aus der Perspektive des Arbeitnehmers
Werkstättenfertigung: Die Betriebsmittel (z. B. Maschinen) mit gleicher oder ähnlicher Funktion (z. B. Schleifmaschinen) werden räumlich zusammengefasst. So können verschiedene Produkte gleichzeitig oder nacheinander in den verschiedenen „Werkstätten" z. T. unterschiedlich lange bearbeitet werden.	**Nachteile:** ➢ aufwendige Planung des Produktionsablaufs (optimale Maschinenbelegung zur Vermeidung von langen Transportwegen, Durchlaufzeiten etc., optimale Losgröße) ➢ aufwendige Preiskalkulation ➢ Einsatz qualifizierter (aber teurer) Facharbeiter ➢ keine Massenfertigung möglich **Vorteile:** ➢ hohe Anpassungsfähigkeit an Marktveränderungen ➢ individuelle Kundenwünsche können berücksichtigt werden ➢ hohe Qualität	**Nachteile:** ➢ ggf. Schichtarbeit, um die i. d. R. teuren Maschinen auszulasten **Vorteile:** ➢ gute Bezahlung ➢ abwechslungsreiche Arbeit ➢ verantwortungsvolle Tätigkeiten ➢ Teamarbeit möglich
Fließfertigung: Die Produktionsanlagen werden nach der Bearbeitungsreihenfolge angeordnet. – Extremform: Fließbandfertigung – Weitere Form: Reihenfertigung (innerhalb einer Werkstatt werden die Betriebsmittel/Arbeitsplätze nach dem Flussprinzip angeordnet)	**Nachteile:** ➢ hohe Anfangsinvestitionen, steigende Stückkosten bei rückläufiger Nachfrage ➢ geringe Anpassungsfähigkeit bei Marktänderungen ➢ bei Störung des Betriebsablaufs ggf. Produktionsstopp ➢ Produktionsfehler können nachträglich nur schwer behoben werden **Vorteile:** ➢ nur einmalige Planung des Produktionsablaufs notwendig ➢ Zwischenlagerung entfällt ➢ geringe Lohnkosten, da keine Facharbeiter benötigt werden ➢ einfache Preiskalkulation ➢ Massenproduktion möglich, bei hoher Auslastung geringe Stückkosten	**Nachteile:** ➢ Monotonie am Arbeitsplatz, dadurch ggf. einseitige körperliche Belastung bzw. psychische Probleme, hoher Krankenstand ➢ geringe Bezahlung **Vorteile:** ➢ Chance auf Arbeitsplatz auch für ungelernte Arbeitskräfte
Gruppenfertigung (Inselfertigung): Mitarbeiter arbeiten in eingespielten Teams in einer Kombination aus Fließ- und Werkstättenfertigung.	**Nachteile:** ➢ ggf. hohe Anfangsinvestitionen **Vorteile:** ➢ hohe Qualität ➢ Flexibilität beim Produktionsablauf/auf Nachfrageänderungen ➢ motivierte Mitarbeiter, geringer Krankenstand	**Nachteile:** ➢ ggf. Streit zwischen den Gruppenmitgliedern **Vorteile:** ➢ abwechslungsreiche Arbeit ➢ verantwortungsvolle Tätigkeiten ➢ Bezahlung im Gruppenakkord möglich

3.3.2 Fertigungsverfahren nach der Anzahl gleichartiger Produkte

Massenfertigung:	**Sortenfertigung:**	**Serienfertigung:**	**Einzelfertigung:**
Ein Produkt wird in großer Menge hergestellt, z. B. Zementfabrik.	Ähnliche Produkte gleicher Gattung (z. B. Dachziegel) werden gleichzeitig oder nacheinander i. d. R. auf der gleichen Produktionsanlage hergestellt.	Unterschiedliche Produkte werden z. T. auf gleichen Produktionsanlagen gleichzeitig oder nacheinander hergestellt, wobei die Bearbeitungsdauer an den Produktionsstätten differieren kann (z. B. Möbelproduktion). Dies erfordert eine umfassende Planung der Produktionsabläufe.	Ein Produkt wird als Unikat (Einzelstück) hergestellt, z. B. eine Brücke.

3.3.3 Grad der Automatisierung

Zu diesem möglichen Abiturthema könnte z. B. die **kritische Menge** zu berechnen sein (vgl. Seite 65, Seite 70). Diese Menge gibt dann an, ab welcher Menge es sich lohnt, menschliche Arbeitskraft durch Maschinen zu ersetzen.

	Vorteile der Automation	**Nachteile der Automation**
Für das Unternehmen	➢ Bei hohem Auslastungsgrad der Maschinen können die Stückkosten gesenkt werden, da die relativ hohen Fixkosten (z. B. Abschreibungen, Zinsen) auf eine größere Stückzahl verteilt werden. ➢ Sollten Lohnerhöhungen anstehen, wirken sich Lohnsteigerungen weniger negativ aus als bei wenig automatisierten Betrieben. ➢ Konstante, hohe Produktqualität durch präzise arbeitende Maschinen. ➢ Höhere Produktivität und Wettbewerbsfähigkeit.	➢ Bei rückläufigem Auslastungsgrad durch nachlassende Nachfrage besteht das Problem der Kostenremanenz (vgl. Seite 66) aufgrund hoher Fixkostenbelastung. ➢ Höhere Störanfälligkeit. ➢ Höherer Wartungsaufwand. ➢ Die steigende Fixkostenbelastung könnte eine Einschränkung der Flexibilität des Betriebs nach sich ziehen, falls eine Anpassung an Marktveränderungen nicht möglich ist.
Für die Arbeitnehmer	➢ Entlastung von schweren körperlichen Arbeiten oder monotoner Arbeit. ➢ Höhere Sicherheit am Arbeitsplatz. ➢ Lohnerhöhungen können leichter durchgesetzt werden, da der Lohnanteil an den Gesamtkosten sinkt.	➢ Arbeitslosigkeit durch den Abbau von Arbeitsplätzen. ➢ Mehr Eintönigkeit durch eher überwachende Tätigkeiten, ständige Fortbildung

Der Automatisierungsgrad befindet sich in Deutschland aufgrund der relativ hohen Lohn- und Lohnnebenkosten auf einem hohen Niveau. Auch fördern Lohnerhöhungen die Zunahme der Automation bzw. führen auch nicht selten zu einer Produktionsverlagerung ins kostengünstigere Ausland.

3.3.4 Häufigkeit der Prozesswiederholung

3.3.4.1 Problem der optimalen Losgröße

Dieses Problem entsteht vor allem bei Serienfertigung, da unterschiedliche Produkte auf der gleichen Produktionsanlage nacheinander hergestellt werden. Bei der Herstellung unterschiedlicher Produkte müssen die Maschinen ggf. umgerüstet werden.

Losgröße: Ist die Produktionsmenge, die zwischen zwei Umrüstungen mit einer Maschine von einer Serie in einem Durchgang hergestellt wird.

Es sind zwei Extremfälle zu beobachten:

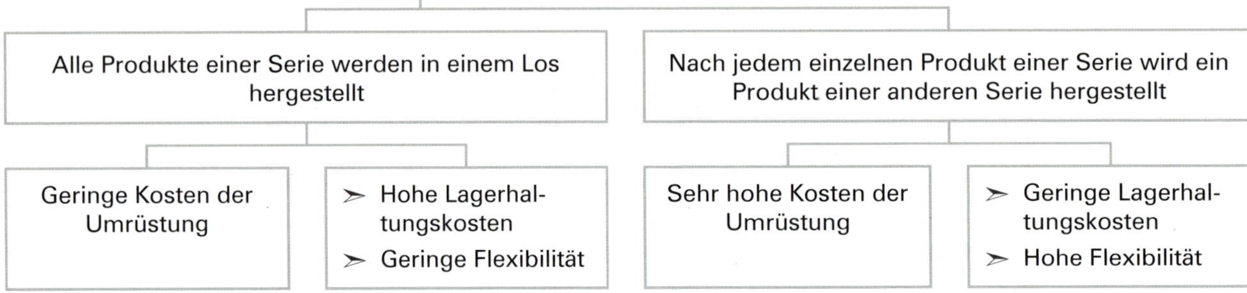

Da

- die Rüstkosten mit zunehmender Losgröße degressiv sinken und
- die Lagerhaltungskosten mit zunehmender Losgröße linear ansteigen,

liegt die optimale Losgröße beim **Minimum der Summe aus Rüst- und Lagerhaltungskosten.**

Für die **Formellösung** gilt:

$$\text{Andler'sche Wurzelformel} = \sqrt{\frac{200 \cdot \text{Jahresbedarf} \cdot \text{Rüstkosten je Umrüstvorgang}}{\text{Lagerzins} \cdot \text{Herstellkosten je Stück}}}$$

Für die **tabellarische Lösung** gilt:

Losgröße	Anzahl der Lose	Rüstkosten in €	Durchschnittlicher Lagerbestand		Lagerhaltungskosten in €	Gesamtkosten in €
			in Stück	in €		
$\frac{\text{Jahresbedarf}}{\text{Anzahl der Lose}}$	$\frac{\text{Jahresbedarf}}{\text{Losgröße}}$	Anzahl der Lose · Kosten je Rüstvorgang	$\frac{\text{Losgröße}}{2}$ + Sicherheitsbestand	$\frac{\text{Losgröße}}{2}$ · Herstellkosten je Stück	x% vom durchschnittlichen Lagerbestand in € + fixe Lagerkosten	Summe der Rüst- und Lagerhaltungskosten

Die optimale Losgröße wird durch die Menge gekennzeichnet, bei der die geringsten Gesamtkosten vorliegen.

Für die **grafische Lösung** gilt:

- Auf der x-Achse wird die Losgröße in Stück eingetragen.
- Auf der Y-Achse werden die Rüst-, Lagerhaltungs- und Gesamtkosten eingetragen.
- Die optimale Losgröße wird durch den tiefsten Punkt der Gesamtkostenfunktion gekennzeichnet (und niemals durch den Schnittpunkt von Rüst- und Lagerhaltungskosten, denn hier sind lediglich Rüst- und Lagerhaltungskosten gleich hoch, was aber keine Rolle spielt).

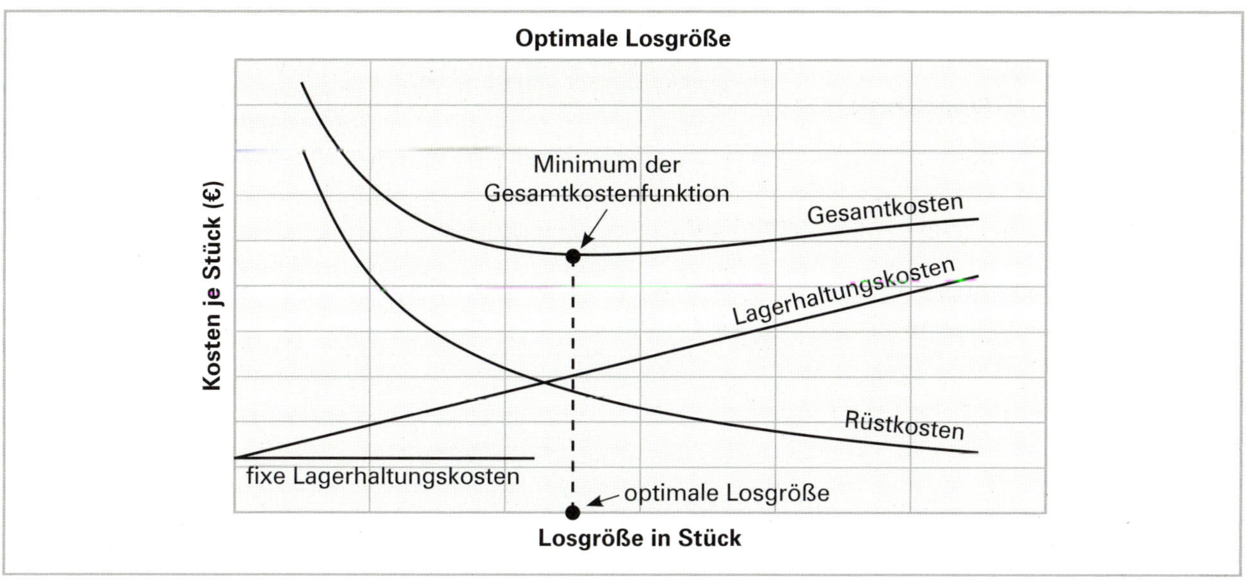

Betriebswirtschaftliche Bedeutung der optimalen Losgröße

Die optimale Losgröße liegt theoretisch beim Minimum der Gesamtkostenfunktion aus Lagerhaltungs- und Rüstkosten.

Allerdings ist die Bedeutung der optimalen Losgröße für die Praxis wenig relevant, da z. B.

- der Jahresbedarf nur geschätzt wurde,
- die Herstellkosten im Zeitablauf schwanken können,
- dringende Kundenwünsche (Neu-, Stammkunden) die Planung zunichte machen,
- sich gesetzliche Vorschriften ändern können,
- ggf. Lieferverträge mit festen Abnahmemengen bestehen,
- die Lagerkapazität u. U. begrenzt ist und ggf. ein Lagerrisiko besteht (z. B. Saisonartikel) usw.

3.3.4.2 Trainingsaufgabe zur optimalen Losgröße: Autotec AG

Kurzfristig könnte eine verbesserte Fertigungssteuerung durch die Fertigung mit der optimalen Losgröße bei den Motoren zu einer Kostensenkung führen. Die verschiedenen Motoren werden in der Autotec AG nacheinander in Serienfertigung auf gleichen Produktionsanlagen hergestellt.

Dabei wurden die Dieselmotoren für Lastkraftwagen bislang in Losen von je 100 Stück hergestellt.

Für die Optimierung der Rüst- und Lagerhaltungskosten bei den Dieselmotoren für Lastkraftwagen liegen folgende Informationen vor: Der Jahresbedarf dieser Motoren beträgt voraussichtlich 20.000 Stück. Die Herstellkosten werden mit 5.000 € je Stück kalkuliert und an Rüstkosten sind 2.000 € pro Umrüstvorgang zu berücksichtigen. Der Lagerhaltungskostensatz beträgt 10 %. Zusätzlich sind fixe Lagerhaltungskosten in Höhe von 20.000 € jährlich für die Abschreibung der Lagerhalle zu berücksichtigen.

Arbeitsaufträge:

1. **Ermitteln Sie (I)** die optimale Losgröße der Dieselmotoren für Lastkraftwagen tabellarisch in der Anlage.
2. **Stellen Sie** die Rüst-, Lagerhaltungs- und Gesamtkostenfunktion grafisch in der Anlage dar **(I)** und kennzeichnen Sie die optimale Losgröße.
3. **Erläutern Sie (II)** das Ergebnis betriebswirtschaftlich.

Bearbeitungshinweis:

Lösen Sie die Arbeitsaufträge mithilfe der abgedruckten Formulare. Weitere Lösungen sollten Sie selbstständig auf eigenem Papier vornehmen und anschließend mit den **Musterlösungen auf Seite 188** vergleichen.

Anlage zu Arbeitsauftrag 1:

Losgröße	Anzahl der Lose	Rüstkosten in €	durchschnittlicher Lagerbestand		Lagerhaltungs-kosten in €	Gesamtkosten in €
			in Stück	in €		
100						
200						
300						
400						
500						
600						
700						
800						
900						
1.000						

Anlage zu Arbeitsauftrag 2:

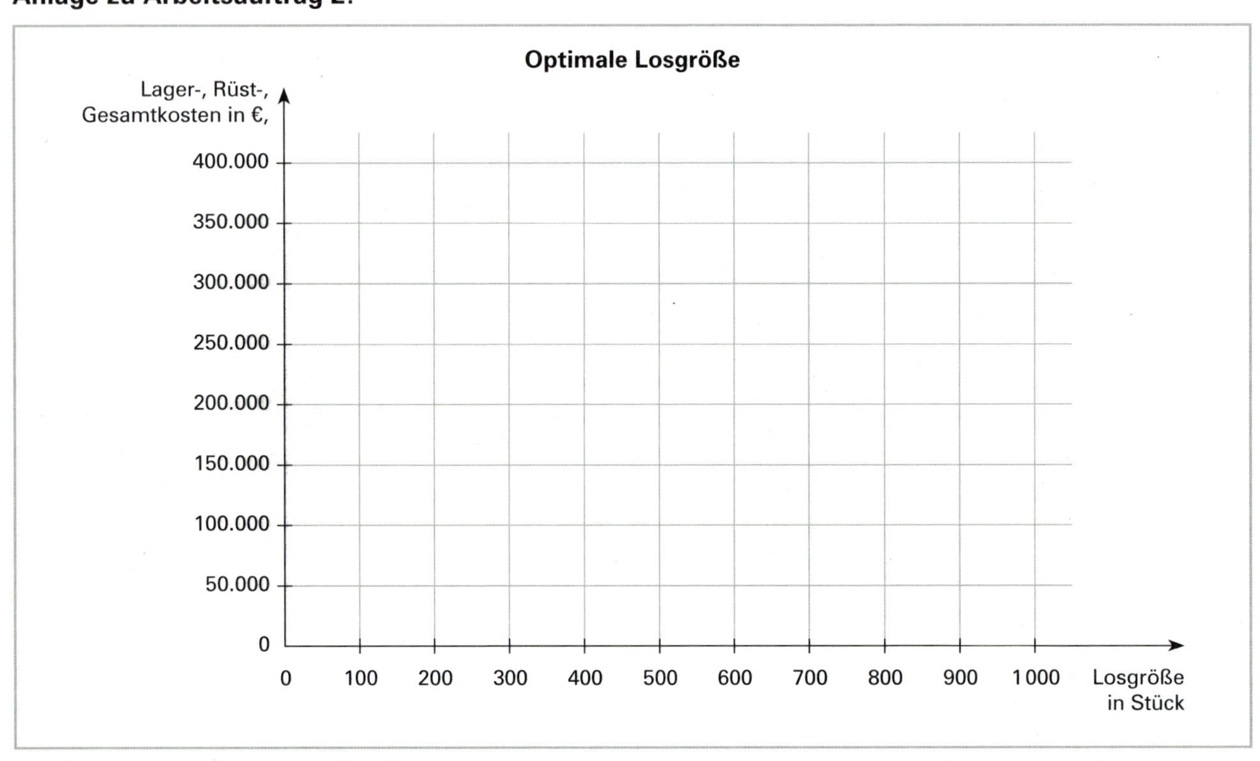

3.4 Produktionscontrolling: Kennziffern des operativen Produktionscontrollings

Controlling beschäftigt sich mit der Steuerung des Betriebes. Durch die Ermittlung und Auswertung von Kennzahlen sollen Maßnahmen so eingesetzt werden, dass die im Betrieb verfolgten Ziele erreicht werden können. Damit wird Controlling zu einem Instrument zur Unterstützung der Unternehmensführung.[1]

Operatives Controlling ist kurzfristig orientiert	Strategisches Controlling ist langfristig orientiert

Produktionscontrolling ist ein Teilgebiet des gesamten Controllings. Es beschäftigt sich mit der Ermittlung und Auswertung von Kennzahlen, die mit dem Produktionsprozess zusammenhängen. Typische Kennzahlen des operativen Produktionscontrollings sind z. B.:

Kennzahl	Erläuterung
Eigenkapitalrentabilität (EKR) $\frac{\text{Jahresergebnis} \cdot 100}{\text{durchschnittliches Eigenkapital}^2}$	Die EKR gibt an, zu wie viel Prozent sich das durchschnittlich eingesetzte Eigenkapital im Unternehmen verzinst hat. Hier sollte z. B. ein Vergleich mit einer risikoarmen alternativen Anlageform erfolgen.
Gesamtkapitalrentabilität (GKR) $\frac{(\text{Jahresergebnis} + \text{Fremdkapitalzinsen}) \cdot 100}{\text{durchschnittliches Gesamtkapital}}$	Die GKR gibt die Verzinsung des durchschnittlichen Gesamtkapitals[3] im Unternehmen an. Hier wird zusätzlich zum Jahresergebnis (Gewinn/Verlust) der dem Fremdkapital zufließende Zinsaufwand mit einbezogen,[4] da das Gesamtkapital die Fremdkapitalzinsen mit erwirtschaften muss. Die GKR wird auch berechnet, um festzustellen, ob sich die zusätzliche Aufnahme von Fremdkapital lohnt, um damit die EKR zu steigern (Leverage-Effekt).
Umsatzrentabilität (UR) $\frac{\text{Jahresergebnis}}{\text{Umsatzerlöse}} \cdot 100$	Die UR gibt den Gewinn/Verlust (Jahresergebnis) in Prozent an, der je Euro Umsatzerlös erzielt wird.
Wirtschaftlichkeit $\frac{\text{Leistungen}}{\text{Kosten}}$	Der Betrieb arbeitet wirtschaftlich, wenn diese Kennzahl größer als 1 ist. Dann war der Einsatz der Betriebsmittel und Werkstoffe etc. im Vergleich zu den Umsatzerlösen bzw. Leistungen sparsam. Ist diese Kennzahl gleich 1, sind alle Kosten gedeckt, bei einer Kennzahl unter 1 arbeitet der Betrieb nicht wirtschaftlich.
Arbeitsproduktivität $\frac{\text{Ausbringungsmenge}}{\text{eingesetzte Arbeitsstunden}}$	Gibt die erzielte Ausbringungsmenge in Bezug zu den geleisteten Arbeitsstunden an. Diese Kennzahl kann durch die Motivation der Mitarbeiter und/oder den Führungsstil, die Fertigungsplanung, die Arbeitsbedingungen o. Ä. bestimmt sein. Falls die Arbeitsproduktivität infolge Rationalisierungsmaßnahmen steigt, kann die Ertragslage nur verbessert werden, wenn nicht gleichzeitig Lohnerhöhungen die Produktivitätssteigerung aufheben.[5]

1 Scholz, Chr.: Personalmanagement, 4., verbesserte Auflage, München 1994, S. 645.

2 **Durchschnittskapital** = (Anfangsbestand + Schlussbestand) : 2 (i. d. R. werden in den Abiturklausuren die Durchschnittswerte bereits angegeben).

3 Das **Gesamtkapital** setzt sich aus dem Eigen- und Fremdkapital zusammen.

4 Vgl. Coenenberg u. a., a. a. O., S. 1157.

5 Vgl. Coenenberg u. a., a. a. O., S. 1140 f.

Kapitalproduktivität $$\frac{\text{Ausbringungsmenge}}{\text{durchschnittlich eingesetztes Sachkapital}^{1}}$$	Gibt die erzielte Ausbringungsmenge in Bezug zum eingesetzten Sachkapital an. Da kapitalintensive Unternehmen i. d. R. zur Produktion viele Maschinen und wenig Personal einsetzen, reagieren diese Betriebe weniger anfällig auf Lohnerhöhungen. Lohnerhöhungen wirken sich hingegen besonders auf personalintensive Betriebe negativ aus.

Aus der Ermittlung der Kennzahlen können jedoch nur dann wichtige Erkenntnisse und Maßnahmen abgeleitet werden, wenn ein **Zeitvergleich** mit Kennzahlen von Vorperioden oder mit denen **branchengleicher Unternehmen** erfolgt.

Eine **Verbesserung dieser Kennzahlen** kann z. B. durch

- *geringere Kosten,* z. B. durch
  - Rationalisierungsmaßnahmen,
  - höhere Kapazitätsauslastung (Fixkostendegressionseffekt),
  - optimale Losgrößen bzw. optimale Bestellmengen,
  - Optimierung der Fertigungsabläufe (Minimierung von Ausfallzeiten, optimales Produktionsprogramm),
  - Angebotsvergleiche,
  - erhaltene Mengenrabatte,
  - Preisverhandlungen,
  - Automation,
  - Produktionsverlagerung ins kostengünstigere Ausland,
- *höhere Umsatzerlöse,* z. B. durch den effektiven Einsatz von Marketingmaßnahmen (vgl. Abiturschwerpunkt 4),
- *geringeren Kapitaleinsatz,* z. B. durch
  - Reduzierung der Vorräte (Reduzierung von Lager- bzw. Sicherheitsbeständen durch Umstellung auf das Just-in-time-Prinzip),
  - Reduzierung der Forderungen durch Verkürzung von Zahlungszielen,
  - Verkauf nicht betriebsnotwendiger Vermögensgegenstände,
  - Sale-and-Lease-Back-Geschäfte (Verkauf von betriebsnotwendigem Anlagevermögen mit dem Ziel, den betriebsnotwendigen Vermögensgegenstand im Rahmen eines Leasingvertrages zu leasen),
- *höhere Motivation der Mitarbeiter,* z. B. durch eine Verbesserung der Arbeitsbedingungen, Zahlung von Prämienlöhnen

erreicht werden.

Hinweis:
Zum Thema Produktionscontrolling finden Sie eine Übungsaufgabe in der Beispiel-Abiturklausur I (Aufgabe 2, Seite 143 f.).

1 Zum Sachkapital gehört der Wert des Anlagevermögens (z. B. Maschinen, Werkzeuge etc.), der zur Produktion eingesetzt wird.

4.1 Überblick: Prozess der Leistungsverwertung (Marketing)

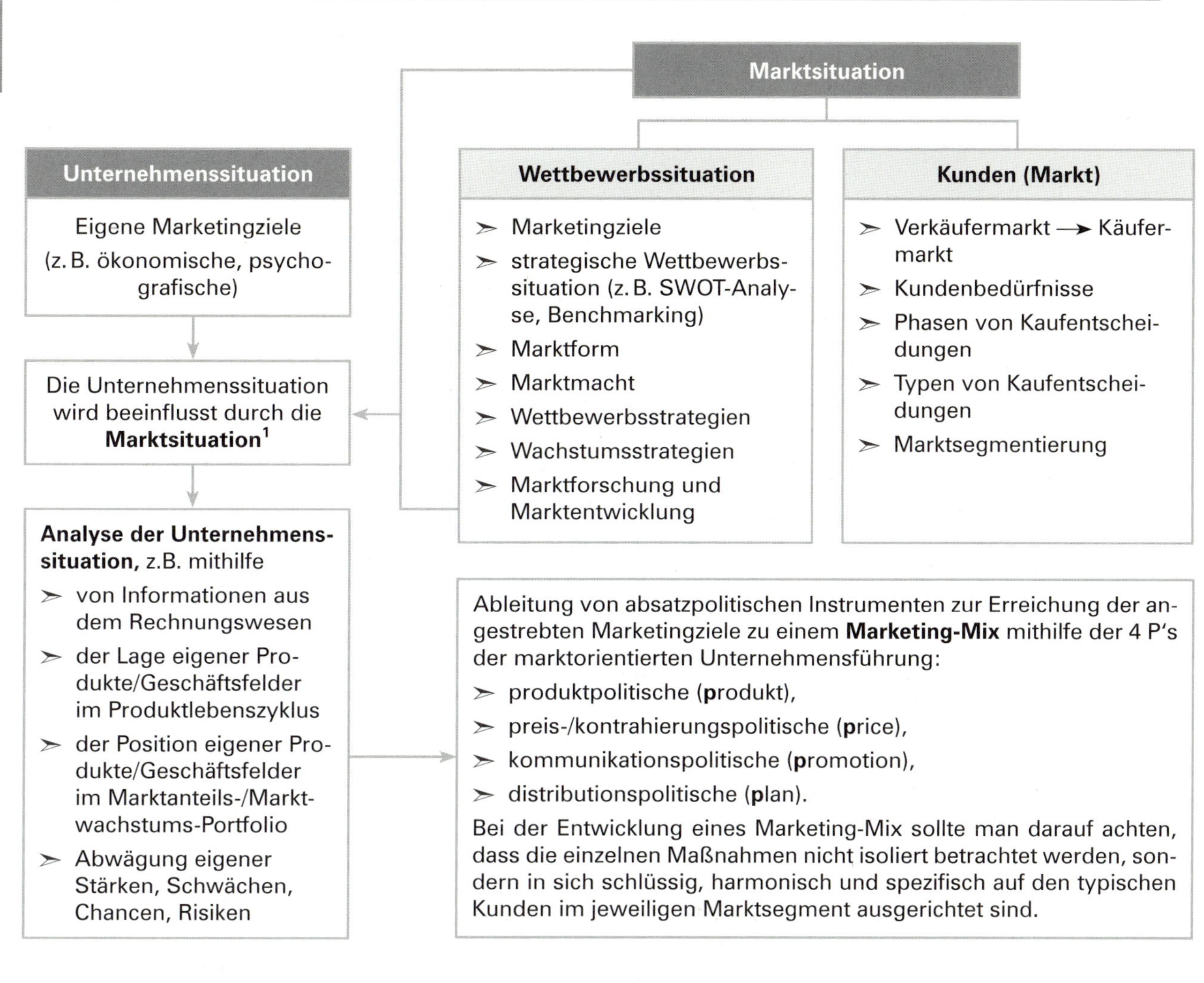

4.2 Grundlagen zur Analyse der Marktsituation

Eine Analyse der Marktsituation kann in Abiturklausuren Anlass für die Planung einer Marketingstrategie sein. Z. B. lassen sich anhand von Informationen in der Ausgangssituation, Branchenberichten, Marktberichten/-statistiken oder Konkurrenzanalysen wichtige Erkenntnisse für die Planung ableiten. Die zunehmende Globalisierung, die demografische Entwicklung, die ökologische und soziale Verantwortung der Unternehmen, die Entwicklung neuer Informations- und Kommunikationstechnologien usw. erfordern die Anpassung bestehender Marketingkonzepte.

In der folgenden Zusammenfassung werden die Grundlagen zur Analyse der Marktsituation gemäß Bildungsplan erläutert.

1 Diese kann auch durch globale Umweltfaktoren beeinflusst werden.

12 Winkler - ISBN 978-3-8120-0374-2

4.2.1 Kunden (Markt): Marketing als Unternehmenskonzeption auf Käufermärkten

- **Käufermarkt**: Käufer haben eine bessere Position als Verkäufer, da Kunden heutzutage i. d. R. aus einem vielfältigen Angebot wählen können. Dies erfordert starke Marketingaktivitäten der Anbieter.
- Ausgangspunkt der Marketingaktivitäten ist daher die Befriedigung der **Kundenbedürfnisse**, z. B.:

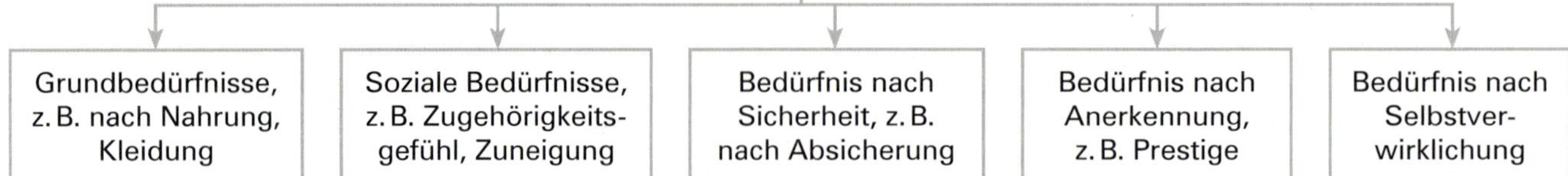

Welche der Bedürfnisse für den jeweiligen Kunden bei der Kaufentscheidung im Vordergrund stehen, hängt beispielsweise von kulturellen (z. B. soziale Schicht), sozialen (z. B. Familie, Gruppen), persönlichen (z. B. Alter, Geschlecht) Faktoren oder von der Einstellung oder der Motivation ab.

Kundenerwartungen (Phasen und Typen von Kaufentscheidungen, Marktsegmentierung)

Die **Analyse des Kaufentscheidungsprozesses** liefert den Unternehmen wichtige Informationen zum Konsumentenverhalten, zu den Kundenerwartungen und damit für eine Marketingstrategie:

- **Phasen von Kaufentscheidungen**: Der Kunde
  - nimmt einen Bedarf wahr (hat ein Mangelgefühl),
  - sucht nach Informationen zur Bedürfnisbefriedigung,
  - wägt verschiedene Alternativen gegeneinander ab,
  - entscheidet sich für einen Anbieter,
  - prüft ggf., ob seine Bedürfnisse durch den Kauf befriedigt wurden.
- **Typen von Kaufentscheidungen:**[1] Lassen sich danach unterscheiden, ob ein Produkt
  - von einem Individuum, z. B. Konsument (Privathaushalt), einer Unternehmung bzw. Institution oder einem Kollektiv, z. B. Familie, Buying Center (Einkaufsgremium),
  - gewohnheitsmäßig, geplant oder impulsiv (spontan, affektgesteuert) gekauft wird.
- **Marktsegmentierung:**[2] ist die Aufteilung des Gesamtmarktes in verschiedene, gleichartige Käufergruppen (Teilmärkte) mit unterschiedlichen Bedürfnissen. Aufgrund dieser Einteilung wird einerseits eine effiziente Entwicklung von Produkten oder Dienstleistungen ermöglicht, außerdem lassen sich Marketingaktivitäten gezielt einsetzen.

Beispiel:

Einteilung des Gesamtmarkts (hier am Beispiel eines Konsumgütermarkts) nach

- geografischen Merkmalen, z. B. nach Regionen, Siedlungsdichte oder Klima;
- (sozio-)demografischen Merkmalen, z. B. Lebensalter, Geschlecht, Schulabschluss, Einkommen;
- psychografischen Merkmalen, z. B. Zugehörigkeit zu sozialer Klasse, Lebensstil, Lebensziel, Persönlichkeit;
- verhaltensorientierten Merkmalen, z. B. Kaufanlass (Routinekäufer, besonderer Kaufanlass), gesuchter Nutzen (hohe Qualität, niedriger Preis), Käuferstatus (Erstkäufer, regelmäßiger Käufer).

4.2.2 Wettbewerbssituation

Ein Unternehmen muss sich unter Beachtung strategischer Unternehmens- und Marketingziele sowie gegebener Rahmenbedingungen für eine Gesamtstrategie im Marketing entscheiden. Um die strategische Wettbewerbssituation zu analysieren, bieten sich z. B. eine SWOT-Analyse (Analysis of **S**trength, **W**eakness, **O**pportunities and **T**hreats) oder das Benchmarking an.

1 Vgl. Meffert, H.: Marketing: Grundlagen marktorientierter Unternehmensführung, 9., überarb. u. erw. Auflage, Wiesbaden 2000, S. 101 f.

2 Vgl. Kotler, Ph./Armstrong, G. u. a.: Grundlagen des Marketing, 5. aktualisierte Auflage, München 2011, S. 464 f.

➢ **Marketingziele**: Sie werden aus den Unternehmenszielen abgeleitet. Dazu gehören:

Ökonomische Ziele, z. B.	**Psychologische Ziele,** z. B.
➢ Absatzziele (-maximierung) ➢ Umsatzziele (-maximierung) ➢ Gewinnziele (-maximierung) ➢ Vergrößerung des Marktanteils (z. B. Erreichen der Marktführerschaft)	➢ Erhöhung des Bekanntheitsgrades ➢ Qualitätsverbesserung ➢ Imagesteigerung/Corporate Identity[1] ➢ Erhöhung der Kundenzufriedenheit ➢ Erhöhung der Kundenbindung

Marketingziele sollen nicht in Konflikt zueinander stehen (z. B. Senkung von Vertriebskosten und Absatzsteigerung), sondern sich entweder ergänzen (*Zielharmonie,* z. B. Absatzmaximierung und Steigerung des Bekanntheitsgrades) oder unabhängig voneinander erreichbar sein (*Zielneutralität,* z. B. Imageverbesserung und Erschließung eines neuen Marktes).

➢ **SWOT-Analyse**

Das Ziel einer SWOT-Analyse ist es, auf übersichtliche Weise

➢ **unternehmensexterne**
- **Chancen** (z. B. Wachstumsmöglichkeiten, Markttrends, demografische Entwicklung, neue Technologien, neue Vertriebsmöglichkeiten) und
- **Risiken** (z. B. Marktbedrohung durch Preisverfall, zunehmende Konkurrenz, Auftreten von Substitutionsprodukten, technologische, ökologische, politische oder rechtliche Entwicklungen, Engpässe auf dem Beschaffungsmarkt) mit

➢ **unternehmensinternen**
- **Stärken** (z. B. besonders qualifizierte und motivierte Mitarbeiter, hohes Image, Marktstellung) und
- **Schwächen** (z. B. fehlende Erfahrung in bestimmten Bereichen, starre Organisationsstruktur, begrenzte finanzielle Ressourcen, geringe Rentabilität)

zu verknüpfen, um kritische Handlungsfelder zu erkennen und zu bearbeiten sowie Potenziale für das eigene Unternehmen zu erkennen.[2] Chancen sollten genutzt, Risiken begrenzt, Stärken entwickelt und Schwächen abgebaut werden.[3]

Beispiel für eine (verkürzte) SWOT-Analyse eines Herstellers für Tiefkühlkost:

	Chancen (unternehmensextern)	**Risiken** (unternehmensextern)
Stärken (unternehmens-intern)	*Stärke:* Marktführer bei Pizza *Chance:* positive Wachstumstendenzen (Tiefkühlkost ist das am stärksten wachsende Segment der deutschen Ernährungsindustrie)	*Stärke:* hervorragende Vertriebsstruktur *Risiko:* Preiskämpfe unter Tiefkühl-Anbietern
Schwächen (unternehmens-intern)	*Schwäche:* zu geringe Umsatzrendite *Chance:* Trend zu Fertigprodukten (bei Berufstätigen bleibt weniger Zeit zum Kochen)	*Schwäche:* Im Verhältnis zu Umsatz und Branche zu niedriges Werbebudget *Risiko:* Ein wichtiger Konkurrent will mit einer Werbekampagne auf seine neue Premium-Pizza aufmerksam machen

1 Corporate Identity: Schaffung eines positiven Erscheinungsbildes in der Öffentlichkeit.

2 Vgl. Huber, Andreas: Marketing, 3. vollständig überarbeitete Auflage, München 2016, S. 65 f. und Bruhn, M.: Marketing, 13., aktualisierte Auflage, Wiesbaden 2016, S. 41 ff.

3 Vgl. Werani, Thomas: Business-to-Business-Marketing: Ein verbesserter Ansatz, Stuttgart 2012, S. 65.

- **Benchmarking**: Darunter versteht man einen systematischen Prozess, bei dem die eigenen Produkte, Dienstleistungen und Geschäftsprozesse mit denen der stärksten Wettbewerber verglichen werden, um Wettbewerbsvorteile auf das eigene Unternehmen zu übertragen. Daher kann Benchmarking als ein Managementkonzept zur kontinuierlichen Selbstverbesserung angesehen werden.

- **Marktform**: Marketingaktivitäten sind ebenfalls abhängig von der Marktform.[1] Mit zunehmender Anzahl von Konkurrenten sind verstärkte Marketingmaßnahmen notwendig.

(zweiseitiges) Polypol	(Angebots-)Oligopol	(Angebots-)Monopol
Viele Anbieter, viele Nachfrager.	Wenige Anbieter, viele Nachfrager.	Ein Anbieter, viele Nachfrager.

- **Marktmacht**: Je höher der Marktanteil, je niedriger die Anzahl der Konkurrenten und je höher die Anzahl der Nachfrager ist, umso größer ist die Marktmacht eines Unternehmens.

- **Ökologie als Wettbewerbsfaktor**[2]

Nachhaltigkeit gewinnt in neuerer Zeit zunehmend an Bedeutung, da z. B. das Verantwortungs- und Umweltbewusstsein der Kunden bzw. der Öffentlichkeit steigen, die Ressourcenknappheit zunimmt und Unternehmen durch staatlich verordnete Umweltauflagen dazu gezwungen werden, ökologische Aspekte in der Unternehmenspolitik zu beachten. Eine verantwortungsvolle Grundhaltung von Unternehmen hinsichtlich Nachhaltigkeit, sozialer Gerechtigkeit und Umweltverträglichkeit ist langfristig notwendig, um auch den Bedürfnissen zukünftiger Generationen gerecht zu werden und langfristig Kundenbeziehungen aufzubauen.

Im Marketing lassen sich durch Corporate Social Responsibility (CSR[3]) und Nachhaltigkeit Wettbewerbsvorteile erzielen, z. B.:

- Erzielung von Kostenvorteilen, z. B durch sparsamen Umgang mit Ressourcen, Recycling, Optimierung von Abläufen in Beschaffung, Produktion und Absatz, Nutzung von staatlichen Subventionen.
- Erzielung von Preisvorteilen, indem höhere Kosten einer nachhaltigen Herstellung von Produkten mit höherer Produktqualität und Verwendung von Gütesiegeln an preisbereite Abnehmergruppen weitergegeben werden (z. B. durch Preisdifferenzierung in Verbindung mit Produktdifferenzierung, vgl. Kapitel 4.4.4.4 auf S. 108).
- Erzielung von Imagegewinn, sowohl bei den Kunden als auch gegenüber der Allgemeinheit, sowie langfristiger Absatzsteigerung durch eine umwelt- und sozialverträgliche Grundhaltung des Unternehmens.

- **Wettbewerbsstrategien**[4]

Marktführerschaft	Unternehmen mit dem größten Marktanteil versuchen i. d. R., den eigenen Marktanteil zu halten oder weiter zu steigern. Dazu bieten sich z. B. folgende Maßnahmen an: Sonderaktionen, Preissenkungen, Imagepflege, Übernahme von Konkurrenten mit deren Kunden, Verbesserung der Kundenbindung, der Produktivität, der Kostensituation.
Marktherausforderer	Diese Unternehmen streiten mit dem Marktführer und weiteren Konkurrenten um Marktanteile. Dabei ist die Strategie riskant, den Marktführer anzugreifen, sie birgt aber hohe Gewinnaussichten. Andererseits kann der Marktherausforderer seinen Marktanteil vergrößern, indem er mehrere kleinere oder regionale Unternehmen übernimmt.
Marktfolger	Diese Unternehmen verfolgen Strategien, die ihren Konkurrenten die Position nicht streitig machen. Entweder sie kopieren das erfolgreiche Produkt sehr stark oder mit leichten Veränderungen, ggf. verbessern sie sogar die Produkte des Marktführers in wichtigen Details. Ein Marktfolger kann sich an den Erfolg des Marktführers anhängen und trägt dabei nicht das Risiko und die Kosten der Produktentwicklung.
Nischenanbieter	Diese Unternehmen spezialisieren sich auf kleine Marktsegmente, die von anderen Anbietern vernachlässigt werden. Es handelt sich meist um kleinere Unternehmen, die ihre Zielgruppe und deren Bedürfnisse so gut kennen und befriedigen, dass die Kunden bereit sind, für ihre Produkte entsprechend hohe Preise zu zahlen.

1 Hier werden nur die für das Zentralabitur relevanten Marktformen betrachtet.
2 Vgl. Huber, a.a.O., S. 22ff.
3 CSR: Nachhaltiges Wirtschaften und unternehmerische Verantwortung.
4 Vgl. Kotler u. a., a. a. O., S. 589ff.

➢ Wachstumsstrategien[1]

	Bestehende Produkte	Neue Produkte
Bestehende Märkte	*Marktdurchdringungsstrategie:* Verstärkter Einsatz von Marketingaktivitäten, um den Marktanteil vorhandener Produkte in bestehenden Märkten zu erhöhen.	*Produkt-/Leistungsentwicklungsstrategie:* Neue Produkte/Leistungen sollen den Umsatz auf bestehenden Märkten sichern bzw. erhöhen, indem der vorhandene Kundenstamm durch neue Produkte/Leistungen an das Unternehmen gebunden wird.
Neue Märkte	*Marktentwicklungsstrategie:* Ausweitung des Absatzpotenzials durch Erschließung neuer Märkte und Gewinnung neuer Marktsegmente mit bestehenden Produkten.	*Diversifikationsstrategie:* Ein Unternehmen begibt sich mit dem Ziel der Risikostreuung auf neue Betätigungsfelder.

➢ Marktforschung und Marktentwicklung[2]

➢ **Marktforschung** ist die systematische Anlage und Durchführung von Datenerhebungen (diese sollten auf relevanten, genauen, aktuellen und objektiven Informationen basieren) sowie die Analyse und Weitergabe von Daten und Befunden. Man unterscheidet in Abhängigkeit von der Erhebungsart:

Primärforschung (Feldforschung)

- Sammlung von Daten direkt am Markt,
- Informationsgewinnung z. B. als Voll- oder Teilerhebung durch Befragung (Fragebögen per Post, Telefoninterviews, persönliche Befragung), Experiment, Beobachtung, Test, Panel (ein bestimmter Personenkreis wird über einen längeren Zeitraum befragt), Datenerhebung über das Internet usw.,
- wird häufig von Marktforschungsunternehmen durchgeführt und ist daher i. d. R. zeit- und kostenintensiv,
- eignet sich insbesondere bei der Einführung neuer Produkte, da auf Erfahrungswerte nicht zurückgegriffen werden kann.

Sekundärforschung (Schreibtischforschung)

- basiert auf Daten, die im Unternehmen bereits für andere Zwecke gesammelt wurden, z. B. aus dem Rechnungswesen/Controlling,
- zusätzlich kann auf externe Informationsquellen zurückgegriffen werden, z. B. aus Veröffentlichungen aus der Wirtschaft und Erhebungen der Bundesregierung,
- ist kostengünstiger als die Primärforschung,
- kann für bestehende Produkte verwendet werden.

Mithilfe der **Marktforschung** wird der Markt bei der

Marktanalyse
zu einem bestimmten Zeitpunkt untersucht.

Marktbeobachtung
über einen längeren Zeitraum beobachtet.

Ziel: Ableitung von wichtigen Erkenntnissen und Trends **(Marktprognose)**, an denen die Marketingstrategie der nächsten Jahre ausgerichtet wird. Obwohl die Erhebungsverfahren der Marktforschung einen hohen Genauigkeitsgrad aufweisen, kann es allerdings z. B. durch nicht vorhersehbare Risiken (z. B. höhere Gewalt, politische Entwicklungen) auch Abweichungen von der erwarteten Marktprognose geben.

1 Vgl. Meffert, H., a. a. O., S. 244 f.

2 Vgl. Kotler u. a., a. a. O., S. 441 ff.

➢ **Kennzahlen der Marktforschung**: Ein **Markt** ist die Gesamtheit aller tatsächlichen und potenziellen Käufer (Käufer, die sowohl Kaufinteresse, als auch genügend Einkommen und Zugang zum Markt haben) für ein Produkt oder eine Dienstleistung. Die **Branche** ist die Gesamtheit aller Anbieter auf diesem Markt. Daraus lassen sich folgende Kennzahlen[1] ableiten:

Marktpotenzial = potenzieller[2] Gesamtabsatz/-umsatz der gesamten Branche am Markt

Marktvolumen = tatsächlicher Gesamtabsatz/-umsatz der gesamten Branche am Markt

Absatzpotenzial = potenzieller Gesamtabsatz/-umsatz eines Unternehmens am Markt

Absatzvolumen = tatsächlicher Gesamtabsatz/-umsatz eines Unternehmens am Markt

$$\text{Sättigungsgrad des Marktes} = \frac{\text{Marktvolumen}}{\text{Marktpotenzial}} \cdot 100$$

$$\text{Marktanteil (aktuell)} = \frac{\text{Absatzvolumen}}{\text{Marktvolumen}} \cdot 100$$

$$\text{Marktanteil (erwartet)} = \frac{\text{Absatzpotenzial}}{\text{Marktpotenzial}} \cdot 100$$

$$\text{Marktanteil (relativer)} = \frac{\text{eigener Marktanteil}}{\text{Marktanteil des größten Konkurrenten}}$$

$$\text{Marktwachstum}^{3} = \frac{(\text{Umsatz Folgejahr} - \text{Umsatz Berichtsjahr}) \cdot 100}{\text{Umsatz Berichtsjahr}}$$

4.3 Produktpolitik

Viele Unternehmensziele können mithilfe produktpolitischer Maßnahmen erreicht werden. Zu diesem Zweck erfolgt die Gestaltung bestehender und zukünftiger Produkte nach den Kundenbedürfnissen. Zur Produktpolitik gehören sowohl die Planung und Umsetzung von Produktinnovationen wie auch die Pflege erfolgreich etablierter Produkte, um sie für die Nachfrager weiterhin attraktiv erscheinen zu lassen. Auch die Wahrnehmung der Produkte durch die Kunden ist wichtig für den Erfolg des Unternehmens, diese kann im Rahmen des Markenmanagements durch das Unternehmen gesteuert werden.

Der technologische Wandel und die gesellschaftliche Dynamik verkürzen i. d. R. die Produktlebenszyklen vieler Produkte, sodass Unternehmen neue Produktideen und Technologien entwickeln müssen, um ihre Konkurrenzfähigkeit zu sichern bzw. zu verbessern. Diesen Prozess kann man als Innovationsmanagement bezeichnen.[4]

1 Die Kennzahlen können in Mengen- und Werteinheiten gemessen werden.

2 Potenziell = maximal erreichbar.

3 Im Zentralabitur 2014 wurde unter dem Marktwachstum die Umsatzsteigerung des Gesamtmarktes (Branche) verstanden. Obwohl die Darstellung der Umsatzsteigerung des betrachteten Unternehmens zu aufschlussreicheren Erkenntnissen führt, wird im Folgenden das Marktwachstum des Gesamtmarktes als Maßstab angesetzt.

4 Vgl. Huber, a. a. O., S. 146 ff.

Die Produktidee sowie im Rahmen der Marktforschung aufgedeckte Kundenwünsche bilden die Grundlage der Planung des Produktionsprogramms.

Zur Planung der Marketingstrategie ist es zunächst wichtig, Kenntnisse über mögliche Marktnischen, Marktsättigung oder Marktanteile der Konkurrenz zu erlangen, um

- die Lage der Produkte oder Geschäftsfelder des Unternehmens im **Produktlebenszyklus (PLZ)** zu kennen und
- die Positionierung der Produkte oder Geschäftsfelder des Unternehmens im **Marktanteils-Marktwachstums-Portfolio** zu erarbeiten.

Außerdem spielt die Technologieentwicklung eine wichtige Rolle.

In eine vollständige Planung der Marketingstrategie sollten zusätzlich auch die in der jeweiligen Ausgangssituation enthaltenen sowie die in der Kosten- und Leistungsrechnung bereitgestellten oder ermittelbaren Informationen einbezogen werden.

4.3.1 Produktlebenszyklus

Das Modell des Produktlebenszyklus (PLZ) beschreibt den „Lebensweg" eines Produktes im Zeitablauf, gemessen an Umsatz- und Erfolgsentwicklung:

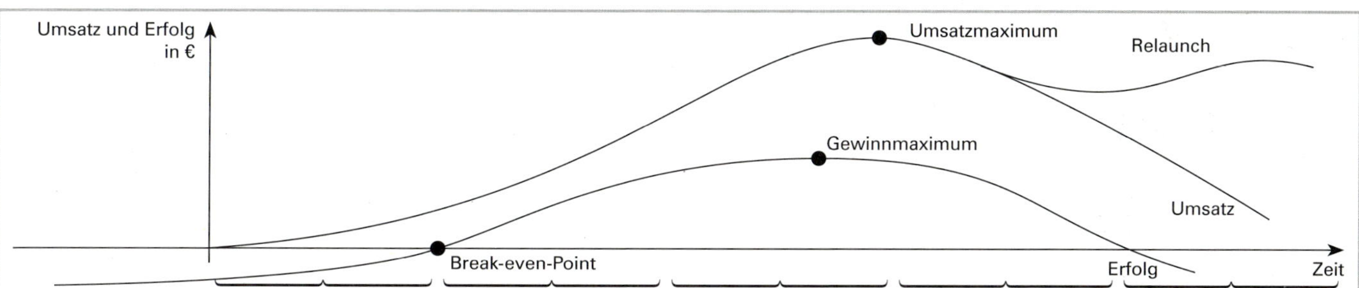

Phase im PLZ	Einführung	Wachstum	Reife	Sättigung	Degeneration
Merkmale	Es wird Verlust erwirtschaftet, da Aufwendungen für Forschung, Entwicklung und Werbung die Umsatzerlöse übersteigen.	Der Umsatz steigt, die Gewinnschwelle wird durchbrochen, der Gewinn steigt, da die Nachfrage nach dem Produkt und der Bekanntheitsgrad zunehmen.	Umsatz und Gewinn erreichen ihr Maximum; der Gewinn sinkt allmählich, da z. B. eine Preissenkung aufgrund zunehmender Konkurrenz vorgenommen wird; ggf. entstehen höhere Kosten durch produktpolitische Maßnahmen.	Der Umsatz sinkt, da die Nachfrage nach dem Produkt abnimmt; es tritt Marktsättigung ein; der Gewinn sinkt weiter, ggf. steigen die Kosten durch Relaunch-Bestrebungen (z. B. Produktvariation).	Falls kein Relaunch gelingt, gelangt das Produkt in die Degenerationsphase. Es findet kaum noch Nachfrager, es drohen Verluste; ggf. ist eine weitere Preissenkung erforderlich, um Restbestände zu verkaufen; Konkurrenzprodukte können die Kundenwünsche z. B. aufgrund des technischen Fortschritts besser befriedigen.

Kritik am Lebenszyklus-Modell: Die einzige Variable zur Erklärung der Absatzentwicklung ist die Zeit. Da wichtige Einflussgrößen wie z. B. das Verhalten der Konkurrenten, das Kundenverhalten, konjunkturelle Schwankungen etc. unberücksichtigt bleiben, handelt es sich bei dieser Darstellung um eine starke Vereinfachung der Realität.[1]

1 Vgl. Homburg, Chr./Krohmer, H.: a. a. O., S. 455.

4.3.2 Marktanteils-/Marktwachstums-Portfolio

➢ **Ziel**: Mit dem Marktanteils-/Marktwachstums-Portfolio wird ein produktübergreifender Denkrahmen für notwendige Maßnahmen in einem strategischen Planungsprozess geschaffen. Das Portfolio gilt dann als ausgeglichen, wenn das Wachstum eines Unternehmens gesichert ist. Dieses ist gegeben, wenn ein Risikoausgleich zwischen den verschiedenen Produkten/Geschäftsfeldern, die Kapital verbrauchen, und denen, die andere Produkte mit Kapital versorgen können, erzielt wird.

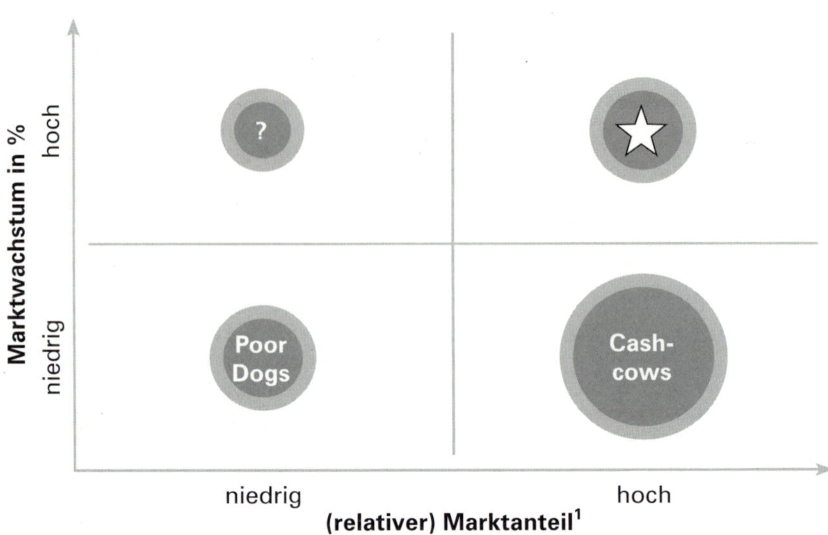

➢ **Aufbau**: Der entsprechende Marktanteil bzw. das Marktwachstum[2] werden für jedes Produkt/Geschäftsfeld in die Matrix eingetragen und mit einem Kreis versehen, der den Umsatz des Produktes/Geschäftsfeldes im Verhältnis zum Gesamtumsatz aller Produkte/Geschäftsfelder angibt.

➢ **Einteilung der X-Achse**: Wenn der relative Marktanteil (vgl. Formel auf S. 94) 1 beträgt, dann ist das Unternehmen Marktführer für dieses Produkt und der relative Marktanteil ist ab dieser Grenze als hoch einzustufen.

➢ **Einteilung der Y-Achse**: Die Grenzziehung zwischen hohem und niedrigem Marktwachstum (vgl. Formel auf S. 94) kann z. B. durch Orientierung

- am durchschnittlichen Branchenwachstum,
- am unternehmensinternen Wachstumsziel oder
- am gesamten Wirtschaftswachstum

erfolgen.

➢ **Grundsätzliche Empfehlungen für Strategien in den einzelnen Feldern der Matrix:**[3]

Questionmarks (Offensivstrategie)	Benötigen i.d.R. im Verhältnis zu ihrem Umsatz erhebliche finanzielle Mittel, um sich schnell auf dem Markt behaupten zu können und sie zu Stars zu machen. Es sollte eine Orientierung am Lebenszyklusmodell erfolgen, denn für Produkte oder Geschäftseinheiten, die neu eingeführt wurden, lohnen sich ggf. diese Investitionen. Produkte mit geringem Marktwachstum, die sich in einer späten Lebenszyklusphase befinden, werden hingegen zwangsläufig zum Poor Dog.
Stars (Investitionsstrategie)	Sind meistens sehr profitabel, erfordern aber beträchtliche finanzielle Mittel, wenn die starke Position auf dem schnell wachsenden Markt gehalten bzw. ausgebaut werden soll, z. B. für die Neukundengewinnung oder Weiterentwicklung der Produkte.
Cashcows (Abschöpfungsstrategie)	Setzen aufgrund ihrer starken Position auf einem allenfalls schwach wachsenden Markt mehr Kapital frei als vernünftigerweise zu reinvestieren wäre. Es reichen Kundenbindungsprogramme in dem Umfang, wie sie zur Behauptung der Marktposition erforderlich sind. Mit diesen Produkten sollten die Gewinne erzielt werden, die für die Investitionen, z. B. für Forschung und Entwicklung oder Einführungswerbung, in Wachstumsmärkten (Stars oder Questionmarks) benötigt werden.
Poor Dogs (Desinvestitionsstrategie)	Sie sollten so behandelt werden, dass sie keine finanzielle Belastung für das Unternehmen darstellen, der Deckungsbeitrag sollte nicht negativ sein. Handlungsoptionen sind hier der allmähliche Rückzug oder die Beschränkung auf einzelne Marktnischen.

1 Wird häufig auch als absolute Zahl und nicht in Prozent ausgedrückt.

2 Unter dem **Marktwachstum** wird das **Wachstum des Gesamtmarktes (der Branche)** verstanden.

3 Vgl. Homburg/Krohmer, a. a. O., S. 541 f.

- **Kritikpunkte am Marktanteils-/Marktwachstums-Portfolio-Modell:**
  - Subjektive Einteilung der Matrixfelder ist möglich,
  - unternehmensspezifische Aspekte bleiben unberücksichtigt,
  - Synergieeffekte zwischen den Produkten/strategischen Geschäftseinheiten werden vernachlässigt,
  - die Darstellung eines komplexen Zusammenhangs wird auf zwei Dimensionen beschränkt.

4.3.3 Technologie-Portfolio[1]

Da Marktportfolios nur das Marktwachstum sowie den (relativen) Marktanteil darstellen und Technologieentwicklungen nicht explizit einbezogen werden, kann ein Marktportfolio keine Anhaltspunkte für neue strategische Zukunftsfelder liefern, die auf neuen Technologien aufbauen.

Bei innovationsorientierten Problemstellungen wird stattdessen häufig auf Technologie-Portfolios zurückgegriffen, denn die technologische Dimension ist in technologisch orientierten Industrien die wichtigste Quelle für Wettbewerbsvorteile.

Möglicher Aufbau eines Technologie-Portfolios:

Zukunfts-Perspektiven (Attraktivität) einer Technologie in der Branche (unternehmens-externe Größe)		niedrig	mittel	hoch
	hoch	?	investieren	investieren
	mittel	desinvestieren	?	investieren
	niedrig	desinvestieren	desinvestieren	?

Spezifische Position des Unternehmens (Ressourcenstärke, z. B. hinsichtlich Know-how, Finanzstärke) bezüglich der Technologie (unternehmensinterne Größe)

Durch die Abbildung der in einem Produkt oder im Unternehmen verwendeten Technologie in der oben dargestellten Matrix soll deutlich werden, welche Strategie das Unternehmen anstreben sollte, d. h., ob es sich für das Unternehmen lohnt, in die Technologie zu investieren, zunächst eine situationsabhängige Prüfung durchzuführen oder zu desinvestieren.

1 Vgl. Reinecke, S./Janz, S.: Marketingcontrolling, Stuttgart 2007, S. 122.

13 Winkler - ISBN 978-3-8120-0374-2

4.3.4 Überblick über produktpolitische Maßnahmen[1]

Erweiterung/Veränderung des Produktionsprogramms	Beibehaltung des bestehenden Produktionsprogramms	Verkleinerung des Produktionsprogramms
Produktinnovation: Ein neuartiges Produkt wird auf dem Markt eingeführt. Man unterscheidet Differenzierung und Diversifikation.	Das Produkt wird unverändert angeboten, z. B., wenn es sich um ein neu am Markt eingeführtes Produkt handelt.	**Produktelimination:** Herausnahme des Produktes aus dem Produktionsprogramm, z. B. bei negativem Stückdeckungsbeitrag (sofern es sich nicht um ein Imageprodukt handelt), das Produkt technisch veraltet ist, der Verkauf aufgrund geänderter gesetzlicher Vorschriften verboten ist o. Ä.

Differenzierung

Produktdifferenzierung ist die Ergänzung eines bereits eingeführten Produktes um eine neue Produktvariante, wobei das Grundprodukt verändert wird. Man unterscheidet folgende Arten:

- **Vertikale:** Die Produktvarianten werden in unterschiedlicher Qualität zu unterschiedlichen Preisen angeboten, z. B. Autos mit Stoff- oder Lederausstattung.
- **Horizontale:** Es werden Produktvarianten angeboten, wobei Qualität und Preis jedoch vergleichbar sind, z. B. Sitzbezüge in unterschiedlicher Farbe oder Muster.
- **Zeitliche, auch Produktvariation** genannt: Hier wird im Allgemeinen ein bestehendes Produkt so verändert, dass es wieder attraktiver erscheint, z. B. durch neue Verpackung im Konsumgüterbereich oder „Facelift" bei Autos (z. B. Golf VII, VIII).

Diversifikation

Produktdiversifikation: Das Unternehmen nimmt Produkte in das Produktionsprogramm auf, die in keinem direkten Zusammenhang mit dem bisherigen Produktionsprogramm stehen. Man unterscheidet folgende Arten:

- **Vertikale:** Ein Unternehmen wird in einer vor- oder nachgelagerten Produktionsstufe aktiv, z. B. beteiligt sich ein Schokoladenhersteller an einer Molkerei.
- **Horizontale:** Neue Produkte der gleichen Produktionsstufe werden aufgenommen, z. B. stellt ein Schokoladenhersteller zusätzlich Kekse oder Schokoriegel her. Dabei kann man Vorteile bereits bestehender Marken nutzen (z. B. Milka).
- **Laterale:** Völlig neue Produkt-/Markt-Felder, die in keinem Zusammenhang mit den bisherigen Aktivitäten des Unternehmens stehen, werden aufgenommen (z. B. bietet Tchibo mittlerweile auch Kleidung, Handys, Urlaubsreisen etc. an).

→ Diese produktpolitischen Maßnahmen sollen dazu führen, dass die Umsatzkurve im Produktlebenszyklus nicht in die Degenerationsphase übergeht, sondern die Nachfrage wieder angeregt wird (Relaunch).

Zusätzliche Möglichkeiten, Wettbewerbsvorteile gegenüber der Konkurrenz zu erlangen, sind z. B. Serviceleistungen wie kostenlose Zustellung, Installation, Finanzierungsmöglichkeiten, Garantieverlängerung, Kundendienst, Nachkaufgarantie, Inzahlungnahme des alten Produktes etc.[2]

Gelingt es dem Unternehmen, seine Produkte unter einer bestimmten **Marke** anzubieten, kann es weitere wichtige Wettbewerbsvorteile erlangen, da Marken für Kunden eine wichtige Orientierung bei der Kaufentscheidung liefern. Dabei leistet das **Markenmanagement** einen wichtigen Beitrag zum Unternehmenserfolg und zur Steigerung des Unternehmenswertes.

1 Vgl. Homburg/Krohmer, a. a. O., S. 619 ff.
2 Vgl. Homburg/Krohmer, a. a. O., S. 541 f.

Beispiele für produktpolitische Maßnahmen in Abhängigkeit von der Lage im Produktlebenszyklus:

Phase im PLZ	Einführung	Wachstum	Reife	Sättigung	Degeneration
Produktpolitische Maßnahmen	Beibehaltung des Produktionsprogramms: Nur das Grundprodukt anbieten (schmales Produktionsprogramm).	Leicht verändertes Produktionsprogramm: Immer noch relativ schmales Produktionsprogramm, ggf. horizontale Produktdifferenzierung.	Erweiterung/Veränderung des Produktionsprogramms: Produktdifferenzierung/-diversifikation, um die zunehmende Konkurrenz abzuwehren.	Ggf. weitere Produktdifferenzierung/-diversifikation, um die zunehmende Konkurrenz abzuwehren; insbesondere technische Verbesserungen, neue Verpackung oder zusätzlicher Service, um einen Relaunch zu erreichen.	Verkleinerung des Produktionsprogramms: Produktelimination, sobald der Stückdeckungsbeitrag negativ ist, es sei denn, es handelt sich um das Prestigeprodukt des Unternehmens, dann Kosten der Herstellung möglichst senken.

4.3.5 Markenpolitik[1, 2]

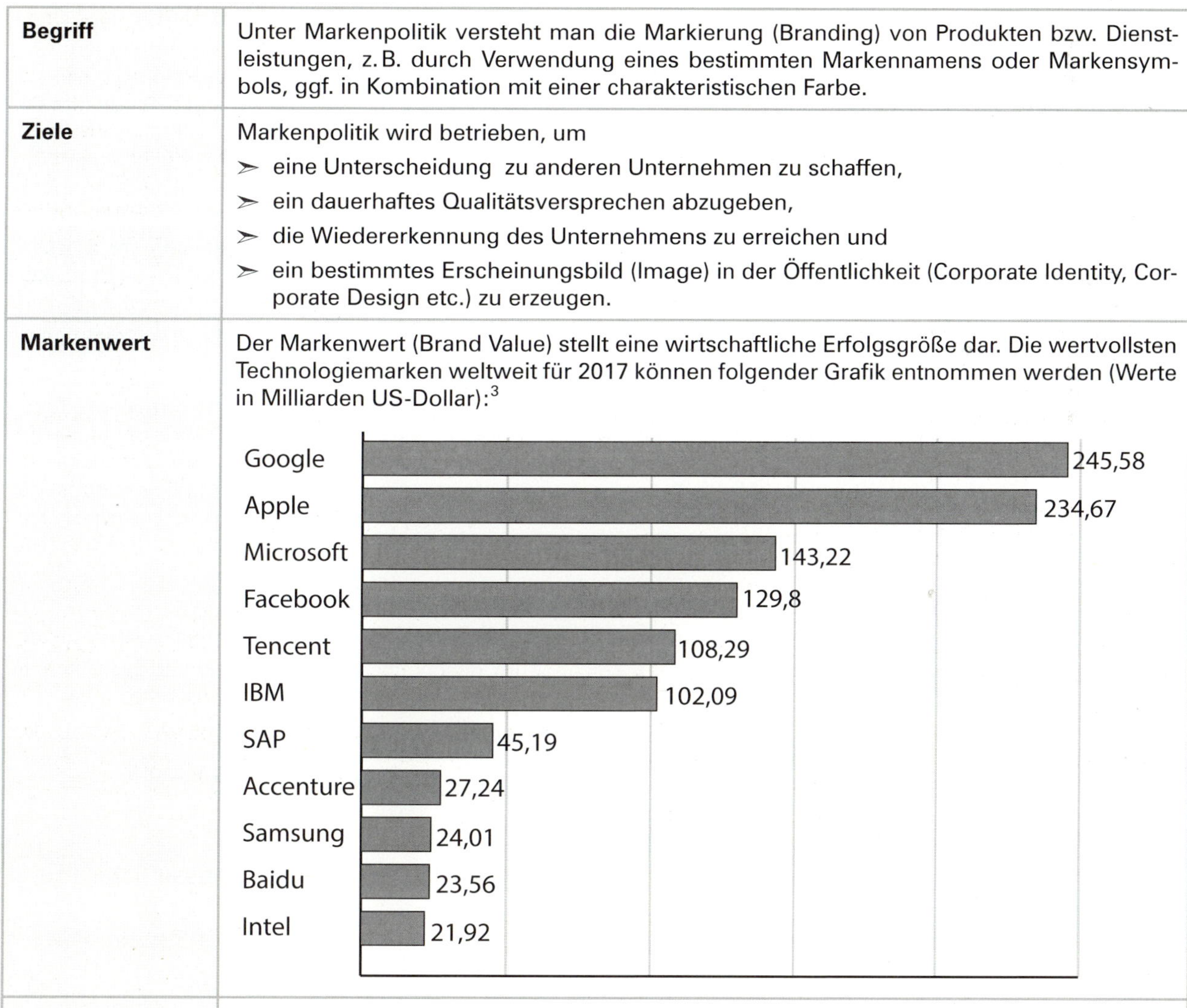

Begriff	Unter Markenpolitik versteht man die Markierung (Branding) von Produkten bzw. Dienstleistungen, z. B. durch Verwendung eines bestimmten Markennamens oder Markensymbols, ggf. in Kombination mit einer charakteristischen Farbe.
Ziele	Markenpolitik wird betrieben, um ➢ eine Unterscheidung zu anderen Unternehmen zu schaffen, ➢ ein dauerhaftes Qualitätsversprechen abzugeben, ➢ die Wiedererkennung des Unternehmens zu erreichen und ➢ ein bestimmtes Erscheinungsbild (Image) in der Öffentlichkeit (Corporate Identity, Corporate Design etc.) zu erzeugen.
Markenwert	Der Markenwert (Brand Value) stellt eine wirtschaftliche Erfolgsgröße dar. Die wertvollsten Technologiemarken weltweit für 2017 können folgender Grafik entnommen werden (Werte in Milliarden US-Dollar):[3]

1 Vgl. Huber, a.a.O., S. 155 ff.

2 Vgl. Bruhn, a.a.O., S. 144 ff.

3 Quelle: https://de.statista.com/statistik/daten/studie/156431/umfrage/markenwerte-der-wertvollsten-technologiemarken-weltweit/ [Zugriff vom 19.04.2018].

Bedeutung	Durch die hohe Produktvielfalt und die damit verbundene zunehmende Konkurrenz sowie steigende Kundenansprüche kommt der Markenbildung eine besondere Bedeutung zu. Sie dient u.a. ➢ der Präferenzbildung, d.h., eine Marke wird einer anderen Marke vorgezogen, ➢ der Absatzförderung, wenn aufgrund der Präferenzbildung mehr abgesetzt werden kann, ➢ einer höheren Preisakzeptanz, da die Vorliebe für eine bestimmte Marke zu einer höheren Zahlungsbereitschaft führt, ➢ der Vertrauensbildung, z.B. durch gleichbleibende Qualität, ➢ der Kundenloyalität, wenn Kunden der Marke langfristig treu bleiben.
Strategien	Für eine erfolgreiche Markenführung ist die Entwicklung von Markenstrategien notwendig. Zu diesen gehören z.B.: ➢ **Einzelmarkenstrategien**: Unterschiedliche Produkte (z.B. Windeln, Zahnbürsten, Weichspüler) eines Unternehmens (z.B. Procter & Gamble) werden unter eigenem Markennamen (z.B. Pampers, Oral-B, Lenor) gezielt verschiedenen Kundengruppen angeboten. Dabei bleibt der Hersteller selbst im Hintergrund. Diese individuelle Vermarktung zieht zwar höhere Kosten nach sich und die anderen Produkte des Unternehmens profitieren nicht, falls die Markteinführung erfolgreich war. Jedoch kann eine zielgruppengerechte Vermarktung erfolgen und das Image des Unternehmens bleibt bei Misserfolg unberührt. ➢ **Familienmarkenstrategien**: Unternehmen (z.B. Beiersdorf) bieten unter einer einheitlichen Markenbezeichnung (z.B. Nivea) verschiedene Produkte (z.B. Bodylotion, Deo, Shampoo) an. Dabei profitieren die einzelnen Produkte vom Image der Markenfamilie. ➢ **Dachmarkenstrategien**: Der Firmenname (z.B. die Marke Siemens) wird mit sämtlichen Produkten eines Unternehmens verbunden, etwa mit unterschiedlichen Produktlinien (z.B. Waschmaschinen, Geschirrspüler, Staubsauger von Siemens). Dies hat den Vorteil, dass der Markenname bereits bekannt ist und geringere Kosten durch eine gemeinsame Vermarktung entstehen. Allerdings ist eine Individualisierung herausragender Produktideen schwierig und Imageprobleme eines Produktes belasten alle Produkte. ➢ **Mehrmarkenstrategien**: Ein Unternehmen (z.B. Volkswagen) bietet mehrere Marken (z.B. Golf, Passat) einer Produktkategorie an, um durch zielgruppenspezifische Produkte die Marktabschöpfung zu erhöhen. Weiterhin lassen sich regionale Marken (z.B. Kölsch), nationale Marken (z.B. Warsteiner) und internationale Marken (z.B. Coca Cola) unterscheiden.
Markenschutz	Gemäß § 3 des Gesetzes über den Schutz von Marken und sonstigen Kennzeichen (Markengesetz – MarkenG) können als Marke alle Zeichen, insbesondere Wörter einschließlich Personennamen, Abbildungen, Buchstaben, Zahlen, Hörzeichen, dreidimensionale Gestaltungen einschließlich der Form einer Ware oder ihrer Verpackung sowie sonstige Aufmachungen einschließlich Farben und Farbzusammenstellungen geschützt werden, die geeignet sind, Waren oder Dienstleistungen eines Unternehmens von denjenigen anderer Unternehmen zu unterscheiden. Gemäß § 4 MarkenG entsteht z.B. Markenschutz ➢ durch die Eintragung eines Zeichens als Marke in das vom Patentamt geführte Register, ➢ durch die Benutzung eines Zeichens im geschäftlichen Verkehr, soweit das Zeichen innerhalb beteiligter Verkehrskreise als Marke Verkehrsgeltung erworben hat. Die Laufzeit eines europäischen Patents beträgt grundsätzlich 20 Jahre (vgl. § 16 PatG, Art. 63 EPÜ) mit der Option der Verlängerung.

Hinweis:

Zum Thema Produktpolitik finden Sie in der Beispiel-Abiturklausur I eine Übungsaufgabe (Aufgabe 1, S. 142f.)

4.4 Preispolitik (Kontrahierungspolitik)

4.4.1 Einführung zur Preispolitik

Das **Hauptziel der Preispolitik** ist die Festlegung bzw. Veränderung von Verkaufspreisen in dem Sinne, dass das Erreichen der Unternehmensziele unterstützt wird.

Preispolitik ist nur möglich auf **unvollkommenen Märkten,** denn nur wenn Nachfrager Vorlieben (Präferenzen)

- persönlicher Art (z.B. Freundlichkeit des Personals, persönliche Bindung, Service),
- räumlicher Art (z.B. günstiger Standort),
- zeitlicher Art (z.B. schnelle Lieferung) oder
- sachlicher Art (z.B. Qualitätsunterschiede der Anbieter) haben und
- den Markt nicht vollständig überblicken können,

können verschiedene Anbieter unterschiedliche Verkaufspreise rechtfertigen.

Der Preispolitik kommt im Rahmen des **Marketing-Mix** eine ganz besondere Rolle zu,[1] denn

- preispolitische Aktivitäten sind i.d.R. kostenlos, anders als z.B. Werbemaßnahmen oder Investitionen zur Entwicklung und Herstellung von neuen Produkten (Innovationen).
- bei der Kaufentscheidung ist die Höhe des Preises für die Nachfrager meist besonders wichtig.
- die Wirkung von Preisänderungen setzt meist kurzfristig ein, wohingegen z.B. bei Werbemaßnahmen die Wirkung entweder erst zeitlich verzögert eintritt bzw. von der Wirksamkeit der Werbemaßnahme abhängt.

Preispolitische Aktionen haben Auswirkungen auf:

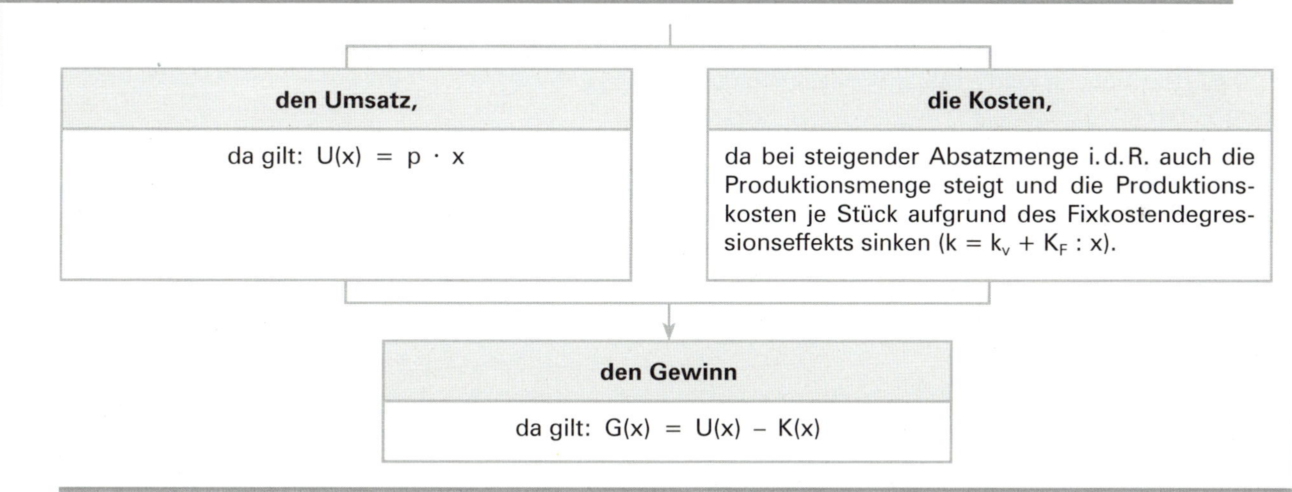

1 Vgl. Pechtl, Hans: Preispolitik, Stuttgart 2005, S. 8ff.

Beispiel 1:

- Situation vor der Preiserhöhung: Die variablen Stückkosten k_v betragen 80,00 €/Stück, die Fixkosten K_F 10.000,00 €. Beim Stückpreis p von 100,00 €/Stück werden 1.000 Stück (x) nachgefragt.
- Situation nach der Preiserhöhung: Eine Preiserhöhung auf 110,00 €/Stück führt zu einem Absatzrückgang um 200 Stück. Daraus folgt:

	Menge x	Stückpreis p	Umsatz U(x)	Kosten K(x)	Gewinn G(x)
Situation vor der Preiserhöhung	1.000	100 €	100.000 €	90.000 €	10.000 €
Situation nach der Preiserhöhung	800	110 €	88.000 €	74.000 €	14.000 €
Veränderung	–20,00 %	10,00 %	–12,00 %	–17,78 %	40,00 %

Die Preiserhöhung führt zu einer Gewinnsteigerung.

Beispiel 2:

- Situation vor der Preiserhöhung: Die variablen Stückkosten k_v betragen 10,00 €/Stück, die Fixkosten K_F 300.000,00 €. Beim Stückpreis p von 320,00 €/Stück werden 1.000 Stück (x) nachgefragt.
- Situation nach der Preiserhöhung: Eine Preiserhöhung auf 352,00 €/Stück führt zu einem Absatzrückgang um 100 Stück. Daraus folgt:

	Menge x	Stückpreis p	Umsatz U(x)	Kosten K(x)	Gewinn G(x)
Situation vor der Preiserhöhung	1.000	320 €	320.000 €	310.000 €	10.000 €
Situation nach der Preiserhöhung	900	352 €	316.800 €	309.000 €	7.800 €
Veränderung	–10,00 %	10,00 %	–1,00 %	–0,32 %	–22,00 %

Die Preiserhöhung führt zu einer Verringerung des Gewinns.

Ob eine Preiserhöhung zu einer Gewinnsteigerung führt, hängt u.a. davon ab, ob der prozentuale Umsatzrückgang größer (Beispiel 2) oder kleiner (Beispiel 1) als der prozentuale Kostenrückgang ausfällt.

Preisentscheidungen hängen maßgeblich von den jeweiligen Unternehmenszielen ab (z.B. Markt-/Qualitätsführerschaft, Gewinnmaximierung, Sicherung des Fortbestandes des Unternehmens).

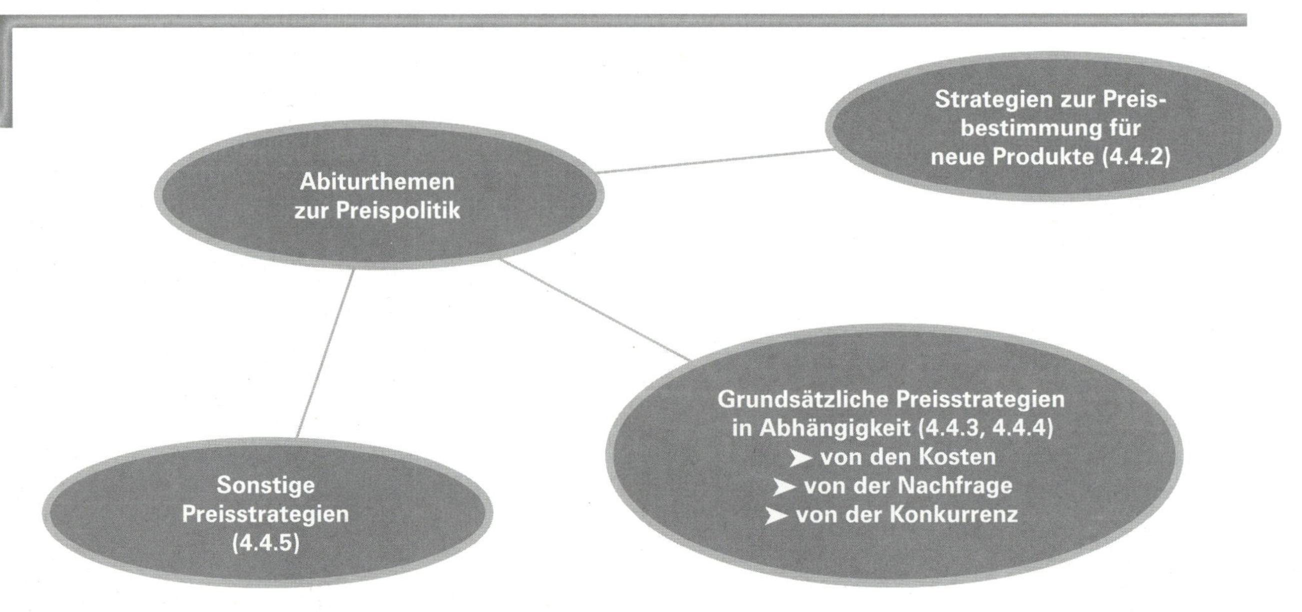

4.4.2 Strategien zur Preisbestimmung für neue Produkte[1, 2]

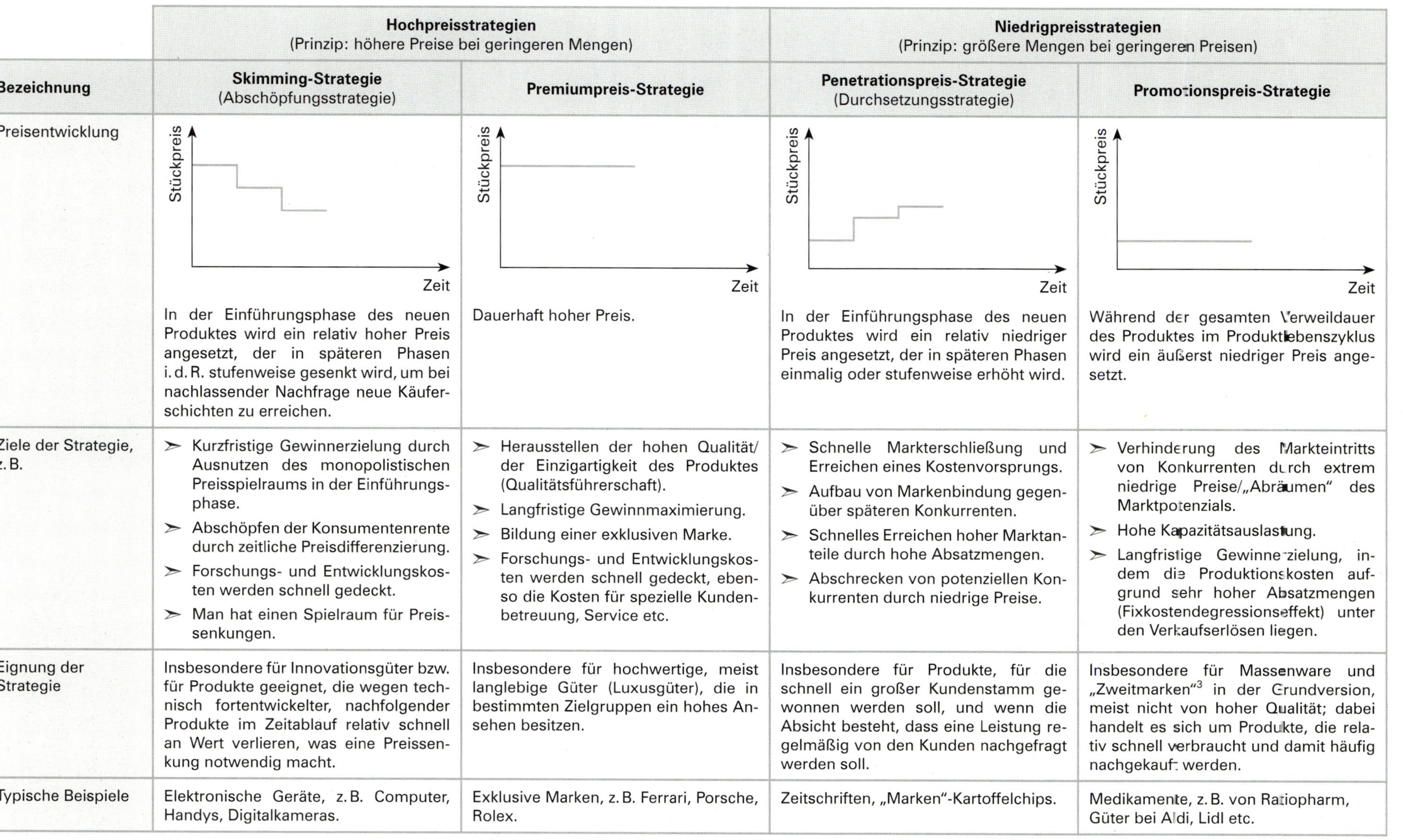

	Hochpreisstrategien (Prinzip: höhere Preise bei geringeren Mengen)		**Niedrigpreisstrategien** (Prinzip: größere Mengen bei geringeren Preisen)	
Bezeichnung	**Skimming-Strategie** (Abschöpfungsstrategie)	**Premiumpreis-Strategie**	**Penetrationspreis-Strategie** (Durchsetzungsstrategie)	**Promotionspreis-Strategie**
Preisentwicklung	Stückpreis / Zeit In der Einführungsphase des neuen Produktes wird ein relativ hoher Preis angesetzt, der in späteren Phasen i. d. R. stufenweise gesenkt wird, um bei nachlassender Nachfrage neue Käuferschichten zu erreichen.	Stückpreis / Zeit Dauerhaft hoher Preis.	Stückpreis / Zeit In der Einführungsphase des neuen Produktes wird ein relativ niedriger Preis angesetzt, der in späteren Phasen einmalig oder stufenweise erhöht wird.	Stückpreis / Zeit Während der gesamten Verweildauer des Produktes im Produktlebenszyklus wird ein äußerst niedriger Preis angesetzt.
Ziele der Strategie, z. B.	➢ Kurzfristige Gewinnerzielung durch Ausnutzen des monopolistischen Preisspielraums in der Einführungsphase. ➢ Abschöpfen der Konsumentenrente durch zeitliche Preisdifferenzierung. ➢ Forschungs- und Entwicklungskosten werden schnell gedeckt. ➢ Man hat einen Spielraum für Preissenkungen.	➢ Herausstellen der hohen Qualität/der Einzigartigkeit des Produktes (Qualitätsführerschaft). ➢ Langfristige Gewinnmaximierung. ➢ Bildung einer exklusiven Marke. ➢ Forschungs- und Entwicklungskosten werden schnell gedeckt, ebenso die Kosten für spezielle Kundenbetreuung, Service etc.	➢ Schnelle Markterschließung und Erreichen eines Kostenvorsprungs. ➢ Aufbau von Markenbindung gegenüber späteren Konkurrenten. ➢ Schnelles Erreichen hoher Marktanteile durch hohe Absatzmengen. ➢ Abschrecken von potenziellen Konkurrenten durch niedrige Preise.	➢ Verhinderung des Markteintritts von Konkurrenten durch extrem niedrige Preise/„Abräumen" des Marktpotenzials. ➢ Hohe Kapazitätsauslastung. ➢ Langfristige Gewinnerzielung, indem die Produktionskosten aufgrund sehr hoher Absatzmengen (Fixkostendegressionseffekt) unter den Verkaufserlösen liegen.
Eignung der Strategie	Insbesondere für Innovationsgüter bzw. für Produkte geeignet, die wegen technisch fortentwickelter, nachfolgender Produkte im Zeitablauf relativ schnell an Wert verlieren, was eine Preissenkung notwendig macht.	Insbesondere für hochwertige, meist langlebige Güter (Luxusgüter), die in bestimmten Zielgruppen ein hohes Ansehen besitzen.	Insbesondere für Produkte, für die schnell ein großer Kundenstamm gewonnen werden soll, und wenn die Absicht besteht, dass eine Leistung regelmäßig von den Kunden nachgefragt werden soll.	Insbesondere für Massenware und „Zweitmarken"[3] in der Grundversion, meist nicht von hoher Qualität; dabei handelt es sich um Produkte, die relativ schnell verbraucht und damit häufig nachgekauft werden.
Typische Beispiele	Elektronische Geräte, z. B. Computer, Handys, Digitalkameras.	Exklusive Marken, z. B. Ferrari, Porsche, Rolex.	Zeitschriften, „Marken"-Kartoffelchips.	Medikamente, z. B. von Ratiopharm, Güter bei Aldi, Lidl etc.

1 Vgl. Pechtl, a. a. O., S. 272 ff.
2 Vgl. Siems, F.: Preismanagement, München 2009.
3 Viele Unternehmen, die Markenprodukte herstellen, verkaufen unter anderem Namen und anderer Verpackung die meist gleichen Produkte an Discounter günstiger, um den Markt preisbewusster Nachfrager abzuschöpfen.

4.4.3 Überblick über grundsätzliche Preisstrategien[1]

Die Analyse der eigenen Kostensituation stellt üblicherweise den ersten Schritt dar und bezieht sich i.d.R. auf die Ermittlung von Preisuntergrenzen. Dann folgen die Analyse der Nachfrager und der Konkurrenz, wobei ggf. auch Reaktionen dieser Marktteilnehmer auf mögliche Maßnahmen des Preismanagements abgeschätzt werden müssen.[2] Außerdem sollten die Unternehmensziele berücksichtigt werden.

kostenorientierte	**nachfrageorientierte**	**konkurrenz- bzw. wettbewerbsorientierte**
➢ Orientierung bilden die folgenden **Preisuntergrenzen**: – kurzfristige (absolute) (p = variable Stückkosten) – liquiditätsorientierte (p = [variable Gesamtkosten + ausgabewirksame Fixkosten] : Menge) – langfristige (p = Stückkosten) ➢ Auch eine **Mischkalkulation** ist möglich, d.h., der Preis eines Produktes wird zur Steigerung der Absatzmenge so weit gesenkt, dass durch die Preise der übrigen Produkte trotzdem alle Kosten gedeckt werden.	Die Preisbildung wird beeinflusst durch ➢ die **Preis-Absatz-Funktion** (gibt die Veränderung der Nachfragemenge bei variierenden Preisen an). ➢ die **Preiselastizität der Nachfrage** (ein Anbieter kann den Preis so lange steigern, wie die prozentuale Preissteigerung betragsmäßig größer ist als der prozentuale Absatzrückgang (analog: Preissenkung). ➢ das Unternehmensziel, z.B. das **Gewinnmaximum,** Umsatz- oder Absatzmaximum, Erreichen des Break-even-Points. ➢ die Möglichkeit der **Preisdifferenzierung** (Teilmärkte, auf denen z.T. für das gleiche Gut unterschiedliche Preise akzeptiert werden). Die nachfrageorientierte Preispolitik wird am Beispiel des **Angebotsmonopols** dargestellt.	Die Preisbildung orientiert sich in erster Linie an den Preisen der Mitbewerber, wird aber ggf. auch beeinflusst durch die Preis-Absatz-Funktion, die Preiselastizität, das Gewinnmaximum sowie die Möglichkeit der Preisdifferenzierung. Es gibt grundsätzlich folgende Möglichkeiten konkurrenzorientierter Preispolitik: ➢ Der Preis soll genau dem der Mitbewerber entsprechen. ➢ Der Preis soll ständig unter dem der Mitbewerber liegen (Grenze: absolute Preisuntergrenze). ➢ Der Preis soll ständig über dem der Mitbewerber liegen. Dies gilt, wenn es sich z.B. um eine Innovation handelt oder das Produkt wegen besonderer Merkmale am Markt eine Sonderstellung einnimmt. Die konkurrenzorientierte Preispolitik wird gemäß Lehrplan am **Polypol** und am **Angebotsoligopol** dargestellt.

Die Preisuntergrenzen werden ausführlich in **Kapitel 2.5.3** auf S. 71 behandelt.	Für Entscheidungen auf der Grundlage der **Nachfrage** und der **Konkurrenz** sind zunächst Kenntnisse zur Preis-Absatz-Funktion (PAF), zur Preiselastizität, zum Gewinnmaximum und zur Preisdifferenzierung notwendig. **Im Anschluss daran finden Sie Trainingsaufgaben mit Musterlösungen zu den prüfungsrelevanten Themen.**

1 Auf die marktorientierte Preispolitik (Target Costing) wird hier gemäß AHR-Bildungspläne zur Erprobung, Stand 31.07.2014, verzichtet.
2 Siems, a.a.O., S. 15f. bzw. Bruhn, M., a.a.O., S. 168ff.

4.4.4 Grundlagen: Preis-Absatz-Funktion (PAF) in abiturrelevanten Marktformen, Preiselastizität, Gewinnmaximum und Preisdifferenzierung

4.4.4.1 Preis-Absatz-Funktion (PAF)

Marktforscher ermitteln i. d. R., zu welchem Preis wie viele Nachfrager bereit sind, ein Gut zu kaufen. Daraus lässt sich eine **Preis-Absatz-Funktion** ableiten:

Lineare Preis-Absatz-Funktion: $p(x) = b + m \cdot x$, wobei $x, b > 0$, $m < 0$

Die **Preis-Absatz-Funktion** gibt die jeweilige Menge eines Produktes an, die bei jeweils unterschiedlichen Preisen absetzbar ist.

Für unterschiedliche Marktformen ergeben sich auf dem unvollkommenen Markt unterschiedliche PAF:

➤ **PAF bei nachfrageorientierter Preispolitik im Angebotsmonopol**[1]

Der **Angebotsmonopolist** kann als alleiniger Anbieter auf dem Markt sein Ziel (z. B. Gewinnmaximum bzw. Cournot'scher Punkt [C]) durch Wahl des dafür optimalen Preises, aus dem dann – entsprechend der PAF – die abgesetzte Menge resultiert, erreichen. Durch Preisdifferenzierung lässt sich der Gewinn eines Angebotsmonopolisten noch weiter vergrößern.

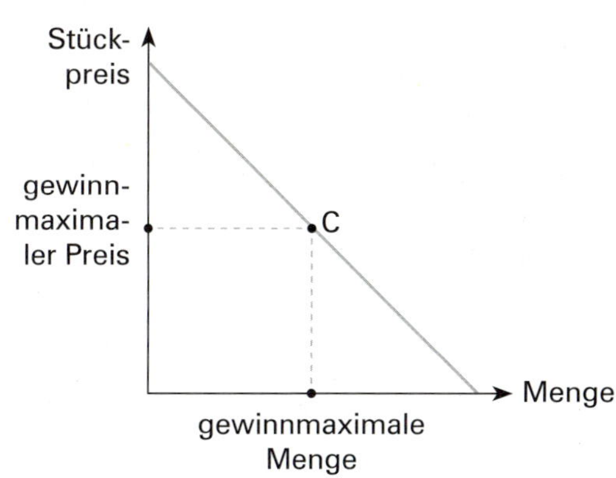

➤ **PAF bei konkurrenzorientierter Preispolitik im Polypol**[2]

Beim **Polypol** stehen viele kleine Nachfrager vielen kleinen Anbietern gegenüber, z.B. bei Bäckereien. Es entsteht die **doppelt geknickte PAF**. Diese teilt sich in drei Abschnitte:

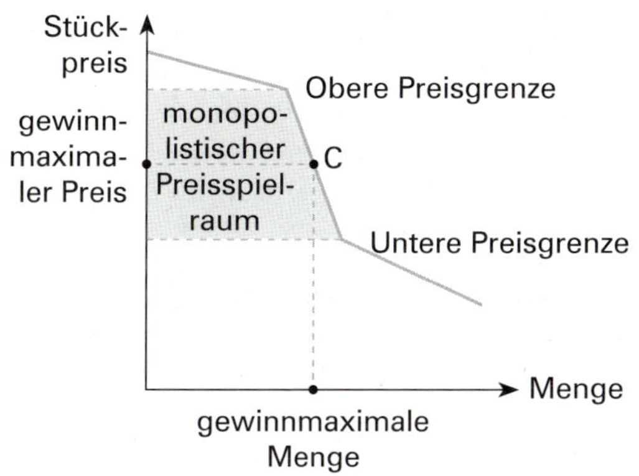

- Im **monopolistischen Abschnitt** führen Preisänderungen des Anbieters im Vergleich zu den polypolistischen Bereichen (obere und untere Preisgrenze) zu relativ geringen Absatzänderungen. Begründung: Stammkunden des Produktes reduzieren bei Preiserhöhungen zwar ihre Kaufmenge, wandern aber nicht zu anderen Marken ab. Ebenso wenig können Preissenkungen im monopolistischen Bereich Stammkunden anderer Marken anlocken.
- Im unteren polypolistischen Bereich **(untere Preisgrenze)** dagegen ist das Produkt auch für Stammkäufer anderer Marken interessant. Sie werden zu Laufkunden. Da der Polypolist dieser hohen Nachfrage aber nicht nachkommen kann (Kapazitätsgrenze), wird er die Laufkunden nicht halten können.
- Im oberen polypolistischen Bereich **(obere Preisgrenze)** wird der Polypolist seine Stammkunden an die Konkurrenz verlieren.

Daher kann der **Polypolist** nur innerhalb des monopolistischen Preisspielraums Preispolitik betreiben. Er nutzt sein **akquisitorisches Potenzial.** Unter dem akquisitorischen Potenzial versteht man, vereinfacht ausgedrückt, die Stärke eines Unternehmens, die Kunden an sich binden zu können. Dies geschieht mithilfe absatzpolitischer Instrumente, d. h. z. B. mithilfe produkt-, distributions- oder kommunikationspolitischer Maßnahmen wie Werbung, Kundendienst, Finanzierungsmöglichkeiten, Produktviel-

1 Vgl. Siems, a. a. O., S. 135.

2 Vgl. Pechtl, a. a. O., S. 64 und Siems, a. a. O., S. 160.

14 Winkler - ISBN 978-3-8120-0374-2

falt, ansprechender Verpackung, kostenloser Lieferung. Diese erzeugen bei den Käufern Vorlieben im Vergleich zu den Produkten oder Dienstleistungen der Konkurrenz, welche die Käufer dazu bewegen, genau bei diesem Anbieter zu kaufen.

Für den Polypolisten gilt deshalb das Ziel, die Vorlieben der Nachfrager für das Produkt auszubauen und den **monopolistischen Preisspielraum** nach oben hin auszuweiten, damit die obere Preisgrenze verschwindet. Durch weitere Preisdifferenzierung lässt sich der Gewinn dann vergrößern.

Innerhalb dieses monopolistischen Preisspielraums kann der Polypolist dann, ähnlich wie der Angebotsmonopolist, sein Unternehmensziel (z. B. Gewinnmaximierung) verfolgen.

➤ PAF bei konkurrenzorientierter Preispolitik im Angebotsoligopol[1]

Einige wenige Anbieter stehen i. d. R. vielen Nachfragern gegenüber. Typische Beispiele sind Märkte für Automobile, Zigaretten, Mineralöl, Waschmittel etc.

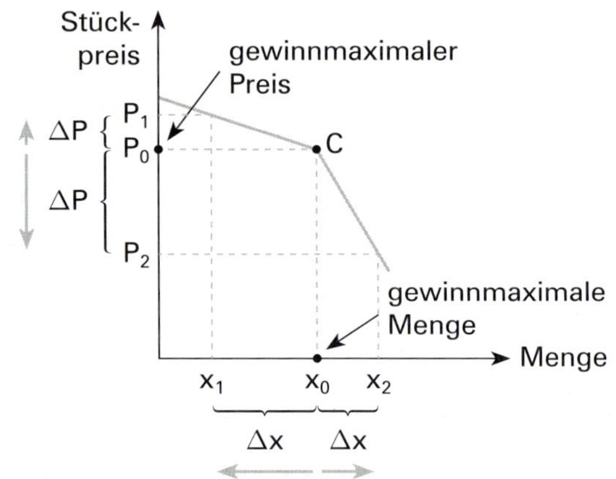

Beim Angebotsoligopol reagieren die Anbieter sehr empfindlich auf die Marketingstrategien und Preissetzungen ihrer Konkurrenten. Als neuer Anbieter ist es besonders schwierig, auf einem solchen Markt Fuß zu fassen. Die Anbieter überwachen sich gegenseitig und reagieren fast immer auf Aktionen der Konkurrenten. Auf jede Marketingmaßnahme ist eine Reaktion der Wettbewerber zu erwarten.

An dem einfachsten Fall des Angebotsoligopols, dem **Duopol,** bei dem lediglich zwei Anbieter (A, B) miteinander konkurrieren, lässt sich diese Preispolitik am besten darstellen. Im Endeffekt entwickelt sich die **einfach geknickte Preis-Absatz-Funktion.**

Erhöht ein Anbieter A seinen Preis, wird er eine große Absatzmenge an Anbieter B verlieren (vgl. Grafik: eine kleine Preiserhöhung [von P_0 auf P_1] bewirkt einen starken Absatzrückgang [von x_0 auf x_1]). Anbieter B wird seinen Preis nicht anheben, um die Nachfrage der ehemaligen Kunden von Anbieter A zu befriedigen. Dann bleibt Anbieter A nichts anderes übrig, als seine Preiserhöhung wieder zurückzunehmen. Es würde Anbieter A also nichts bringen, seinen Preis zu erhöhen *(Preise bleiben starr)*. Die einzige Möglichkeit, die beiden Anbietern nützen würde, wäre, wenn sie beide in gleichem Maße ihren Preis erhöhen. Dazu wären allerdings Preisabsprachen notwendig, die gesetzlich verboten sind *(Kartellbildung)*.

Vermindert Anbieter A seinen Preis, muss Anbieter B mitziehen oder sein Angebot mit zusätzlichen Dienstleistungen oder Nutzen aufwerten, um nicht Kunden an Anbieter A zu verlieren (vgl. Grafik: eine deutliche Preissenkung [von P_0 auf P_2] führt lediglich zu einem kleinen Absatzzuwachs [von x_0 auf x_2]). Als Anbieter auf einem oligopolistischen Markt kann man sich daher niemals sicher sein, mit einer Preissenkung auf Dauer etwas zu erreichen. Beide Unternehmen hätten Gewinneinbußen. Die Preisunterbietung kann sogar so weit gehen, dass Unternehmen mit nur geringer finanzieller Stabilität vom Markt verdrängt werden *(ständige Preisunterbietung der Konkurrenz)* **(vgl. Artikel auf S. 107: Mobilfunk-Discounter verdienen zu wenig)**.

Mögliche Ursachen für Preiskämpfe können die Globalisierung des Wettbewerbs, gesättigte Märkte, der Kampf um Marktanteile oder auch die steigende Preistransparenz durch das Internet sein. Ein typisches Beispiel für diesen Preiskampf ist der Mobilfunkbereich. Durch Markenpolitik bzw. den Schutz von Ideen und Marken sowie die Pflege von Kundenbeziehungen kann das Risiko von Preiskämpfen häufig reduziert werden.

Oft erfolgt auch eine Orientierung am Preis des Marktführers, wobei sich kleinere Konkurrenzunternehmen preislich niedriger einordnen *(Orientierung der Preisgestaltung am Marktführer)*.

1 Vgl. Siems, a. a. O., S. 55 f., S. 142 und Kotler u. a., a. a. O., S. 747 f.

Mobilfunk-Discounter verdienen zu wenig

Ruinöser Preiskampf – Wie der Minutentarif bei vorausbezahlten Mobilfunkkarten purzelt

[. . .] Solch schlanke Strukturen täuschen jedoch nicht darüber hinweg, wie unprofitabel die meisten Mobilfunk-Discounter nach wie vor arbeiten. Während die vier Netzbetreiber T-Mobile, Vodafone, E-Plus und O2 trotz aller Preissenkungen weitgehend konstant operative Gewinnmargen zwischen 24 und 45 Prozent melden, müssen die Discounter um jeden Prozentpunkt kämpfen. Selbst Pioniere wie Tchibo, Simyo und Blau.de schaffen nur Margen von deutlich unter zehn Prozent und fallen damit weit hinter die Muttergesellschaften zurück.

Dabei hatten die Discounter große Hoffnungen in das sogenannte No-Frills-Modell gesetzt. Ohne jeden Schnörkel – wie no frills übersetzt heißt – wollten die inzwischen rund 50 in Deutschland aktiven Anbieter das Erfolgsmodell der Billigfluglinien kopieren. Die Airlines waren die erste Branche, die auf teure Extras wie kostenlosen Service und stationäre Verkaufsstellen verzichteten und mit verbilligten Tickets den etablierten Fluggesellschaften Passagiere abjagten. Fliegen wurde so zum erschwinglichen Massenprodukt. Billig-Pioniere wie Ryanair und Easyjet fahren heute höhere Profite ein als Platzhirsche wie die Deutsche Lufthansa.

Diesen Vorbildern konnten die Mobilfunker bisher nicht nacheifern. Selbst etablierte Discounter wie Tchibo, Simyo, Blau.de und Congstar fristen eher ein Nischendasein. Die Besten feiern schon Kundenzahlen zwischen 1,1 und 1,3 Millionen als Achtungserfolg. Bei insgesamt rund 20 Millionen Kunden, die alle Mobilfunk-Discounter zusammen zählen, kommt kaum einer auf Marktanteile von mehr als fünf Prozent. Da die überwiegende Mehrheit mit vorausbezahlten Guthabenkarten (Prepaid) telefoniert und selten mehr als fünf Euro pro Monat dafür ausgibt, schaffen nur wenige Anbieter den Sprung über die Umsatzmarke von 100 Millionen Euro.

Die Discounter sind Opfer eines ruinösen Preiskampfes, der bis heute anhält. Beim Start vor sechs Jahren lockte Tchibo (Slogan: „Wer's einfach liebt, tchibofoniert") mit dem Rund-um-die-Uhr-Einheitstarif von 35 Cent Zehntausende Neukunden an. Inzwischen sind die Minutenpreise auf 7,5 bis 9,0 Cent gestürzt. Einige Anbieter verschenken noch zusätzliche Prepaid-Karten, um ihre Kundenzahlen aufzuhübschen, oder packen als weiteres Lockmittel 1000 Freiminuten obendrauf. Wenn so gewonnene Kunden bei nächster Gelegenheit zu einem noch günstigeren Anbieter wechseln, ist das Geschäftsmodell kaum noch profitabel.

Quelle: www.wiwo.de/unternehmen/ruinoeser-preiskampf-mobilfunk-discounter-verdienen-zu-wenig vom 05. 03. 2014.

4.4.4.2 Preiselastizität der Nachfrage

Die Preiselastizität der Nachfrage gibt an, welche Absatzmengenänderung auftritt, wenn sich der Verkaufspreis um eine bestimmte Höhe verändert **(Preiselastizität).**[1]

$$\text{Direkte Preiselastizität}^2 = \left| \frac{\text{prozentuale Mengenänderung}}{\text{prozentuale Preisänderung}} \right|$$

$$\text{Direkte Preiselastizität} = \left| \frac{(x_{neu} - x_{alt}) \cdot p_{alt}}{(p_{neu} - p_{alt}) \cdot x_{alt}} \right|$$

Man unterscheidet drei Fälle, wobei das Vorzeichen unerheblich ist:

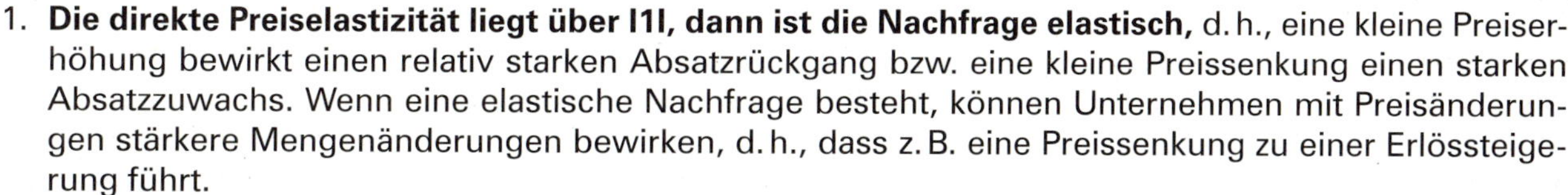

1. **Die direkte Preiselastizität liegt über I1I, dann ist die Nachfrage elastisch,** d. h., eine kleine Preiserhöhung bewirkt einen relativ starken Absatzrückgang bzw. eine kleine Preissenkung einen starken Absatzzuwachs. Wenn eine elastische Nachfrage besteht, können Unternehmen mit Preisänderungen stärkere Mengenänderungen bewirken, d. h., dass z. B. eine Preissenkung zu einer Erlössteigerung führt.

Beispiel:

Eine Preissenkung um 2 % bewirkt einen Nachfragezuwachs von 10 %. Dann ergibt sich für die Preiselastizität der Nachfrage der Wert I–5I.

Wenn die Nachfrage elastisch ist, sollte der Anbieter überlegen, ob es sinnvoll ist, den Preis zu senken. Dies ist so lange sinnvoll, wie die Kosten der zusätzlichen Absatzmenge den zusätzlichen Umsatz nicht übertreffen.

2. **Die direkte Preiselastizität liegt bei exakt I1I, dann bleibt der Umsatz des Anbieters gleich.**

Beispiel:

Wenn durch eine Preiserhöhung um 2 % die Nachfrage nach dem Produkt um 2 % fällt, hat die Elastizität den Wert I– 1I. Was der Anbieter an Nachfrage verliert, kommt über den höheren Preis wieder hinein.

1 Vgl. Pechtl, a. a. O., S. 61.

2 Die direkte Preiselastizität wird auch als **Punktelastizität** bezeichnet.

3. **Die direkte Preiselastizität liegt unter I1I, dann ist die Nachfrage unelastisch,** d. h., eine Preiserhöhung bewirkt nur einen relativ geringen Absatzrückgang bzw. eine Preissenkung nur einen relativ kleinen Absatzzuwachs.

Beispiel:

Bei einer Preiserhöhung von 2 % sinkt die Nachfragemenge nur um 1 %, dann beträgt die Preiselastizität I–0,5I. Je unelastischer die Nachfrage reagiert, desto mehr profitiert der Anbieter von Preiserhöhungen. Folgende Aspekte können z. B. zu einer **unelastischen Nachfrage** führen:

- Die Einzigartigkeit des Produktes, die Exklusivität, hohes Prestige oder sehr hohe Zuverlässigkeit und Qualität können bewirken, dass die Käufer nicht preisempfindlich reagieren.
- Ersatz ist für das Produkt nicht leicht zu finden.
- Die Gleichwertigkeit eines möglichen Ersatzes ist nicht gegeben.
- Für eine Person ist die Ausgabe für das Produkt im Verhältnis zu ihrem Gesamtbudget unbedeutend.[1]

4.4.4.3 Gewinnmaximum[2]

Das Gewinnmaximum wird durch die erste Ableitung der Gewinnfunktion $G'(x) = 0$ bzw. Grenzumsatz[3] $U'(x)$ = Grenzkosten $K'(x)$ sowie die zweite Ableitung $G''(x) < 0$ ermittelt. Grafisch führt z. B. der Schnittpunkt von Grenzkosten und Grenzumsatz zum Cournot'schen Punkt (Gewinnmaximum).

4.4.4.4 Preisdifferenzierung

Unter Preisdifferenzierung versteht man, dass verschiedene Kunden- oder Kundengruppen bereit sind, für gleiche oder ähnliche Leistungen des Anbieters unterschiedliche Preise zu zahlen.

Beispiele für Preisdifferenzierung[4] sind:

Art der Preisdifferenzierung	Beispiel
zeitliche	Musical-Vorstellung: Unterschiedliche Preise für die Nachmittags- bzw. Abendvorstellung oder wochentags bzw. am Wochenende.
zeitlich gestaffelte	Ein Buch wird zunächst als gebundenes Buch angeboten, später als Taschenbuch und schließlich als E-Book.
räumliche	Unterschiedliche Preise für Mineralwasser am Flughafen bzw. im Supermarkt.
personelle	Unterschiedliche Eintrittspreise für Kinder und Erwachsene.
nach Mengen	Großabnehmer erhalten einen Mengenrabatt, Kleinabnehmer nicht.
nach Leistungen	Unterschiedliche Preise für Markenprodukte bzw. „Zweitmarken".
in Verbindung mit Produktdifferenzierung	Unterschiedliche Preise bei Autos in Metallic- oder Normallackierung oder Leder- bzw. Stoffausstattung.

1 Vgl. Kotler u. a., a. a. O., S. 750 f.

2 Das Gewinnmaximum musste bisher in den Abiturklausuren nicht mathematisch ermittelt werden, es wird aber im Folgenden zum besseren Verständnis dargestellt.

3 Als **Grenzumsatz** bezeichnet man den Umsatz, den man durch den Verkauf einer weiteren Mengeneinheit erzielt, als **Grenzkosten** die Kosten, die durch die Herstellung einer weiteren Mengeneinheit entstehen.

4 Vgl. Siems, a. a. O., S. 188.

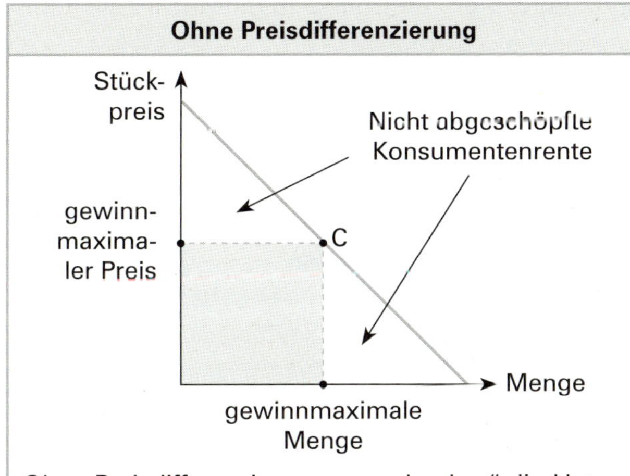

Ohne Preisdifferenzierung „verschenken“ die Unternehmen die Konsumentenrente, d.h., sie vernachlässigen die Konsumenten, die bereit wären, mehr bzw. weniger für das Produkt zu zahlen.

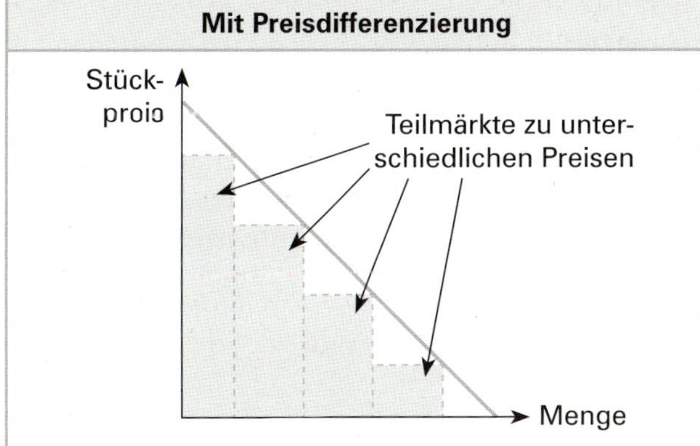

Preisdifferenzierung erfolgt durch die Bildung von Teilmärkten, auf denen das Produkt zu unterschiedlichen Preisen an verschiedene Konsumenten verkauft wird. Durch diese Abschöpfung der Konsumentenrente können die Unternehmen ihren Gewinn steigern.

4.4.5 Sonstige, ergänzende preispolitische Maßnahmen

Zu diesen Maßnahmen, die sich allerdings nicht immer eindeutig der Preispolitik, sondern ggf. auch der Produkt-, Kommunikations- oder Distributionspolitik zuordnen lassen, gehören z. B.

- **Sonderangebote**: Diese eignen sich z. B. zum Abbau von Lagerbeständen in der Degenerationsphase des Produktlebenszyklus, zur Förderung des Verkaufs neuer Produkte, Ausgleich von z. B. saisonbedingten Nachfrageschwankungen, Erzielen von Cross-Selling-Potenzialen.[1] Hierbei sollte beachtet werden, dass Sonderangebote zeitlich in unregelmäßigen Zeitabständen erfolgen sollten, damit die Nachfrager sich nicht an einen bestimmten Rhythmus gewöhnen und bis zum nächsten erwarteten Sonderangebot Vorräte anlegen.[2]
- **Preisbündelung**: Hier bietet ein Anbieter seine Leistungen quasi als Komplettpaket an, das natürlich günstiger ist, als die Produkte oder Leistungen einzeln zu beziehen.[3]
- **Steigerung der Kundenbindung**: z. B. durch Rabatte und Boni, Verträge und Garantien, Kundenkarten.[4]
- **Psychologische Anreize**: z. B. Preisfestsetzung zu 4,99 € statt zu 5,00 €, „Kaufe drei, zahle zwei Teile“.
- **Verbesserung der Zahlungs-/Lieferbedingungen**: z. B. Gewährung von Skonto, Lieferung „frei Haus“ o. Ä.

4.4.6 Trainingsaufgabe mit Musterlösung zur Preispolitik

TRAINING!

Ausgangssituation:

Die Verpackungsprofi (Verpro) AG ist ein führender Hersteller von verschiedenen Verpackungen. Den Schwerpunkt der Produktpalette bilden Flaschen und Umverpackungen aus Plastik und/oder Pappe.

Die Zurückhaltung von Endverbrauchern nimmt aufgrund des gestiegenen Umweltbewusstseins zu, Produkte mit aufwendigen und sinnlosen Umverpackungen zu kaufen. Daraufhin hat eine Gruppe von Ingenieuren der Verpro AG eine in der Herstellung und Entsorgung nahezu CO_2-freie Verpackungsfolie entworfen, für die ein Patent vorliegt.

1 Unter **Cross-Selling-Potenzial** ist hier zu verstehen, dass Kunden im Zusammenhang mit dem Sonderangebot auch zusätzliche Produkte zum regulären Preis des Herstellers kaufen.

2 Vgl. Siems, a. a. O., S. 57 f.

3 Vgl. Siems, a. a. O., S. 211.

4 Vgl. Siems, a. a. O., S. 380.

Die Verpro AG beliefert seit einigen Jahren die Brauerei Breit OHG mit Flaschen. Die Breit OHG deckt zusammen mit wenigen anderen großen Brauereien den deutschen Biermarkt zu einem Großteil ab.

Der Getränkemarkt „Trink dich fit" wird unter anderem von der Brauerei Breit OHG sowie weiteren Lieferanten beliefert. Er liegt in einer Ansiedlung vieler Verbrauchermärkte und hat daher eine Vielzahl an Konkurrenten. In diesem Getränkemarkt werden die handelsüblichen Getränke angeboten, u.a. ein Mineralwasser namens Aquamax.

Bearbeitungshinweis:

Lösen Sie die folgenden Arbeitsaufträge zunächst selbstständig auf den vorgegebenen Lösungsformularen und vergleichen Sie anschließend mit den **Musterlösungen im Anhang auf S. 189ff.**

Arbeitsauftrag 1: Kostenorientierte Preispolitik

In der **Verpackungsfabrik Verpro AG** wird der Verkaufspreis für 100.000 Plastikflaschen wie folgt kalkuliert:

Fertigungsmaterial:	50.000,00 €
Fertigungsgemeinkostenzuschlagssatz:	120 %
Fertigungslöhne:	20.000,00 €
Verwaltungsgemeinkostenzuschlagssatz:	10 %
Materialgemeinkostenzuschlagssatz:	40 %
Vertriebsgemeinkostenzuschlagssatz:	10 %

Der Gewinnzuschlagssatz beträgt 5 %. Von den Material- und Fertigungsgemeinkosten sind 40 % fix und 60 % variabel. Die Verwaltungs- und Vertriebsgemeinkosten sind fix.

1.1 **Berechnen Sie (I)** die langfristige Preisuntergrenze für die 100.000 Flaschen.

1.2 **Ermitteln Sie (I)** die kurzfristige Preisuntergrenze für die 100.000 Flaschen und

1.3 **erläutern Sie (II)** Chancen und Risiken, die mit einer Preissenkung auf das Niveau der kurzfristigen Preisuntergrenze verbunden wären.

Arbeitsauftrag 2: Nachfrageorientierte Preispolitik im Angebotsmonopol

Ein Marktforschungsinstitut hat für die **neuartige, in der Herstellung und Entsorgung nahezu CO_2-freie Verpackungsfolie, für die ein Patent vorliegt,** folgende Preis-Mengen-Relationen festgestellt:

p (GE)[1]	50	40	30	20	10
x (ME)[2]	0	20	40	60	80

Die Kapazitätsgrenze liegt bei 100 ME pro Tag.

Es gilt folgende Kostenfunktion: $K(x) = 20x + 100$

Aus obigen Angaben entsteht folgende Preis-Absatz-Funktion:

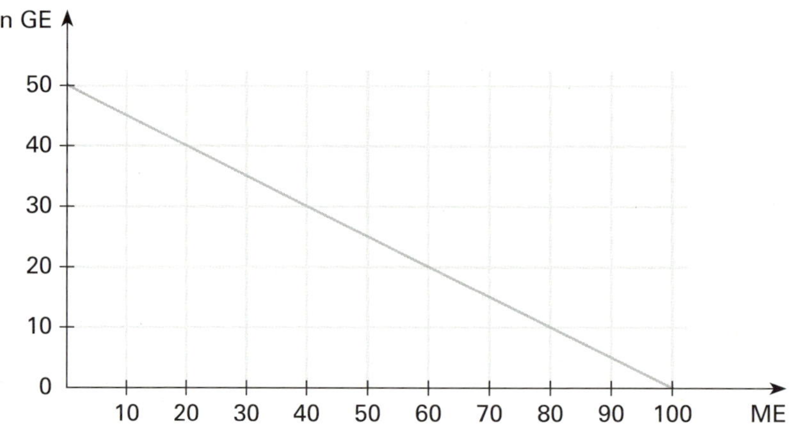

1 GE = Geldeinheiten.

2 ME = Mengeneinheiten (in Rollen zu je 1.000 Metern Folie).

2.1 **Berechnen Sie (I)** mithilfe der vorliegenden Angaben die Preis-Absatz-Funktion.[1]

2.2 **Ermitteln Sie (I)** das Gewinnmaximum tabellarisch (siehe Tabelle) und mathematisch.[2]

Tabellarische Lösung:

p (GE)	50	40	30	20	10
x (ME)	0	20	40	60	80
U(x)					
K(x)					
G(x)					

Mathematische Lösung:

1 Mathematisch musste die Preis-Absatz-Funktion bislang nicht im Abitur bestimmt werden.

2 Auch die mathematische Ermittlung des Gewinnmaximums war bislang im Abitur nicht erforderlich.

2.3 **Weisen Sie** an einem selbst gewählten Beispiel durch die Bildung von drei Teilmärkten **nach (II)**, dass sich der Gewinn durch Preisdifferenzierung noch weiter steigern lässt. Es gilt die Annahme einer unveränderten Kostenstruktur. **Stellen Sie** die gebildeten Teilmärkte im zu Aufgabe 2 abgedruckten Koordinatensystem auf S. 110 **dar (I)**.

	Lösungsweg	**Ergebnis**
Umsatzerlöse Teilmarkt I		
Umsatzerlöse Teilmarkt II		
Umsatzerlöse Teilmarkt III		
Summe Umsatzerlöse (GE)		
Gesamtkosten (GE)		
Gesamtgewinn mit Preisdifferenzierung (GE)		

Arbeitsauftrag 3: Konkurrenzorientierte Preispolitik im Angebotsoligopol

Die Brauerei Breit OHG deckt zusammen mit wenigen anderen großen Brauereien den deutschen Biermarkt zu einem Großteil ab. Die Produktionskosten je Kiste sind durch folgende Kostenfunktion gekennzeichnet:

$$K(x) = 4 \cdot x + 300.000$$

Die Preis-Absatz-Funktion der Breit OHG ist in der nebenstehenden Abbildung dargestellt.

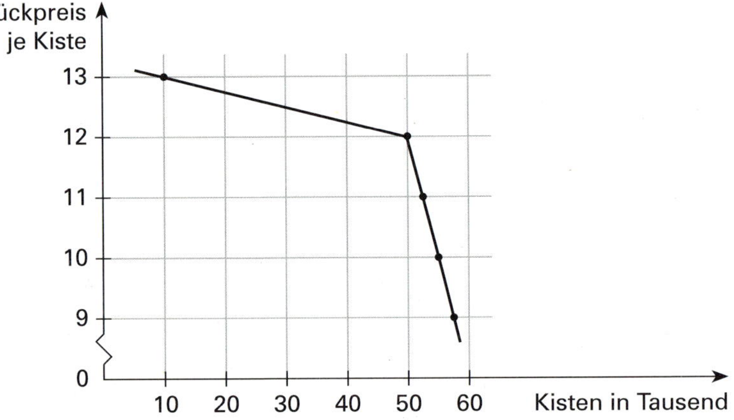

Daraus lassen sich folgende Daten ableiten:

Nettoverkaufspreis je Kiste in €	13,00	12,00	11,00	10,00	9,00
Produktions- bzw. Absatzmenge in Kisten pro Jahr	10.000	50.000	52.500	55.000	57.500
Umsatzerlöse in €					
Kosten in €					
Gewinn in €					

3.1 **Berechnen Sie (I)** in der abgedruckten Tabelle den gewinnmaximalen Absatzpreis.

3.2 **Ermitteln Sie (I)** die Preiselastizitäten der Nachfrage, wenn die Brauerei Breit OHG den Nettoverkaufspreis

3.2.1 von 12,00 € auf 13,00 € je Kiste anhebt bzw.

3.2.2 von 12,00 € auf 10,00 € je Kiste senkt und

werten Sie Ihre Ergebnisse **aus (II)**.

3.3 Einige deutsche Brauereien waren an Preisabsprachen auf dem deutschen Biermarkt beteiligt **(vgl. Artikel „Preisabsprachen: Wieder hohe Bußgelder für Bierkartell“).**

Beurteilen Sie (III) die Preisabsprachen aus Sicht der betroffenen Brauereien und der Verbraucher.

Preisabsprachen: Wieder hohe Bußgelder für Bierkartell

Von Helmut Bünder, Bonn

Das Bundeskartellamt holt zum nächsten Schlag gegen die Bierbranche aus. „Wir werden das Verfahren binnen weniger Wochen zum Abschluss bringen“, sagte Kartellamts-Präsident Mundt, der F.A.Z. Die Bußgeldsumme soll „erheblich steigen“.

Nach dem ersten **Schlag gegen das Bierkartell** schreibt das Bundeskartellamt schon an seinem nächsten Bußgeldbescheid. „Wir werden das Verfahren binnen weniger Wochen zum Abschluss bringen, sicherlich noch im ersten Quartal“, kündigt Amtspräsident Andreas Mundt im Gespräch mit der F.A.Z. an. In der vorigen Woche hatte es Bitburger, Krombacher, Veltins, Warsteiner und die Privatbrauerei Ernst Barre getroffen. Mehr als 100 Millionen Euro müssen sie wegen verbotener Preisabsprachen bezahlen. Der Beck's-Produzent Anheuser-Busch geht als Kronzeuge, der das Kartell verraten hat, straffrei aus.

Die nächste Rechnung des Kartellamtes dürfte mindestens genauso hoch ausfallen, vermutet man in der Branche. Vier Regionalbrauereien und zwei große Konzerne, offenbar Carlsberg und die Radeberger-Gruppe, stehen noch auf der Liste. Mundt nennt keine Namen. Aber er lässt keinen Zweifel daran, dass die Bußgeldsumme „ganz erheblich“ steigen wird. „Es ist sehr unwahrscheinlich, dass sich Brauereien nach diesem Verfahren noch einmal in Absprachen wagen werden“, sagt Mundt.

Weil die schon bestraften Brauereien letztlich mit Mundts Truppe kooperierten und sich zu einer einvernehmlichen Verfahrenseinstellung bereit erklärten, kamen sie vergleichsweise glimpflich davon. Jetzt, in der zweiten Phase, geht es um die störrischen Unternehmen, die sich auf keinen Handel einlassen wollen. Im Zweifel werden dann die Gerichte entscheiden müssen, ob das Kartellamt richtig ermittelt und das Bußgeld in angemessener Höhe festgesetzt hat.

Auf pauschal 10 Prozent des betroffenen Umsatzes veranschlagen die Wettbewerbshüter bei der Bemessung der Strafzahlungen den von einem Kartell erzielten Gewinn. Darauf werden Korrekturfaktoren je nach Unternehmensgröße angewendet, dann fließen mildernde und verschärfende Umstände ein. Die Annahmen über die Kartellgewinne seien „eher konservativ“, räumt Mundt ein. Es gebe ernst zu nehmende Untersuchungen, wonach die künstlichen Preissteigerungen bei 25 Prozent und höher liegen könnten. „Aber bei Bußgeldern geht es um Ahndung, nicht um Schadensersatz.“

Verbraucherschützer halten das Verfahren für viel zu gnädig. Die Verbraucherzentrale Hamburg veranschlagt die Mehrkosten für die Verbraucher auf mehr als 400 Millionen Euro – im Jahr. Trotz des Bußgeldes sei das Bierkartell also immer noch ein lohnendes Geschäft gewesen. Und der Verband des Getränkeeinzelhandels befürchtet sogar, dass die Brauer die Strafzahlungen nun einfach auf den Bierpreis aufschlagen. Mundt hält das bei funktionierendem Wettbewerb für undenkbar – schon deshalb, weil die am Kartell beteiligten Brauer höchst unterschiedliche Bußen hätten zahlen müssen.

Quelle: www.faz.net/aktuell/wirtschaft/preisabsprachen-wieder-hohe-bussgelder-fuer-bier vom 24.01.2014

Arbeitsauftrag 4: Konkurrenzorientierte Preispolitik im Polypol

Für den **Getränkemarkt „Trink dich fit“** gilt die folgende Preis-Absatz-Funktion für das Mineralwasser Aquamax:

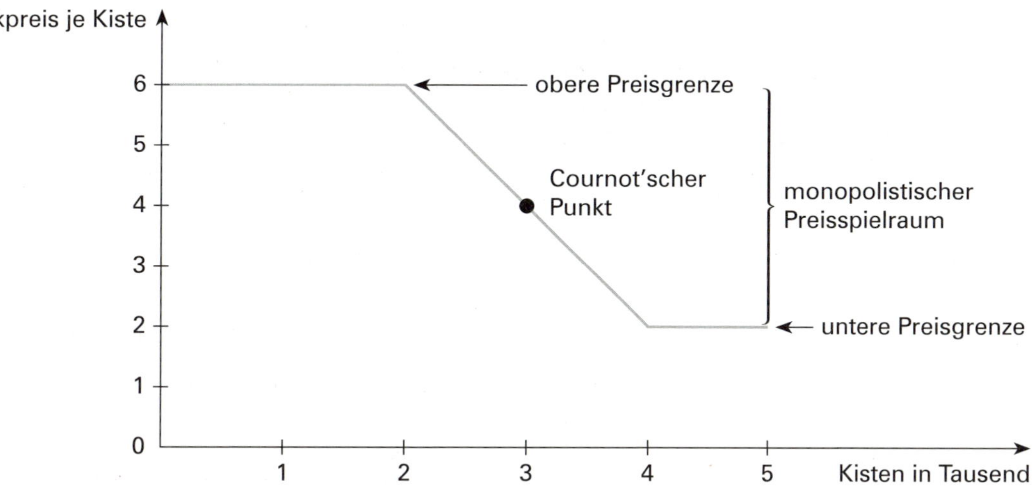

Maximal können 5.000 Kisten gleichzeitig gelagert werden.

4.1 **Diskutieren Sie (III)** die Auswirkungen von Preisänderungen

- bei Überschreitung der oberen Preisgrenze,
- im monopolistischen Preisspielraum,
- bei Unterschreitung der unteren Preisgrenze.

4.2 **Erklären Sie (II)** den Begriff „akquisitorisches Potenzial“.

15 Winkler - ISBN 978-3-8120-0374-2

5.1 Zusammenhang von Investitions- und Finanzierungsprozessen

Anhand einer **Bilanz** lässt sich gut verdeutlichen, dass Investitions- und Finanzierungsprozesse in einem engen Zusammenhang stehen. Diese Themen werden daher häufig in Abiturklausuren miteinander verknüpft.

Aktiva	Passiva
Investition ist die Verwendung von Kapital für Posten des Anlage- und Umlaufvermögens ←	**Finanzierung** ist die Beschaffung von Eigen- oder Fremdkapital

5.2 Investitionsrechnung

5.2.1 Anregung für Investitionsentscheidungen

Unternehmen müssen in vielerlei Hinsicht Investitionsentscheidungen treffen, z. B.

- bei der Gründung oder Erweiterung des Betriebes aufgrund gestiegener Nachfrage
- bei einer Produktionsverlagerung ins Ausland
- bei Ersatz einer defekten oder abgenutzten Maschine
- zur Rationalisierung des Fertigungsprozesses, z.B. um konkurrenzfähiger zu werden
- bei der Aufnahme eines neuen Produktes in das Produktionsprogramm, z. B. für Forschung und Entwicklung, Anschaffung zusätzlicher Maschinen, Fortbildung der Mitarbeiter, Werbung zur Bekanntmachung des neuen Produktes
- bei der Anpassung an neue gesetzliche Regelungen wie z. B. Emissionsgrenzen für den CO_2-Ausstoß (Investitionen in Umweltschutzmaßnahmen)
- zur Verbesserung der Arbeitsbedingungen (z.B. Lärmschutz)
- Erhöhung der Energieeffizienz aufgrund steigender Energiepreise
- zur Reduzierung des Materialverbrauchs, Erhöhung des Anteils recycelbarer Materialien usw.

5.2.2 Ziele und Arten von Investitionen

➢ Ziele

Investitionsziele	Beispiele
wirtschaftliche (ökonomische)	➢ Kostenreduzierung, ➢ Gewinnsteigerung, ➢ Erhöhung der Rentabilität, ➢ Verkürzung der Amortisationsdauer etc. (z. B. durch Ersatz-, Erweiterungs- und Rationalisierungsinvestitionen).
ökologische	Erhöhtes Umweltbewusstsein (z. B. durch Reduzierung des Materialeinsatzes, des Energieverbrauchs, Erhöhung des Anteils wiederverwertbarer Materialien, Reduzierung von umweltschädlichen Emissonen).
soziale	Verbesserung der Arbeitsbedingungen (z. B. Verminderung der Lärmbelastung, Schaffung ergonomischer Arbeitsplätze).

➢ Arten

<table>
<tr><td>Finanzinvestitionen</td><td>z. B. durch
➢ Beteiligungen an anderen Unternehmen
➢ Kauf von Wertpapieren</td></tr>
<tr><td>Immaterielle Investitionen</td><td>z. B. durch
➢ Fortbildung der Mitarbeiter
➢ Forschung und Entwicklung
➢ Werbemaßnahmen
➢ Öffentlichkeitsarbeit
➢ Erwerb von Lizenzen</td></tr>
<tr><td>Sachinvestitionen
➢ in das Anlagevermögen</td><td>z. B. Kauf von Grundstücken, Gebäuden, Maschinen als Gründungsinvestition oder:
<table>
<tr><th>Ersatz-investition</th><th>Erweiterungs-investition</th><th>Rationalisierungs-investition</th></tr>
<tr><td>Abgenutzte Maschinen werden durch gleichartige neue Maschinen ersetzt, dabei bleibt die Produktionskapazität gleich.</td><td>Weitere gleichartige Maschinen werden angeschafft zur Ausweitung der Kapazität; dies schafft i. d. R. neue Arbeitsplätze.</td><td>Alte Maschinen werden durch neue, schnellere bzw. effizienter arbeitende Maschinen ersetzt, wodurch häufig Arbeitsplätze verloren gehen.</td></tr>
</table></td></tr>
<tr><td>➢ in das Umlaufvermögen</td><td>z. B. Kauf von Roh-, Hilfs- und Betriebsstoffen oder Erhöhung des Bestandes an unfertigen und fertigen Erzeugnissen (Vorräte) mit dem Ziel der Verbesserung der Lieferbereitschaft.</td></tr>
</table>

5.2.3 Investitionsrechnung als Entscheidungsinstrument

5.2.3.1 Überblick

Die **Investitionsrechnung** befasst sich mit dem Vergleich verschiedener Investitionsalternativen und anschließender Entscheidung für ein Investitionsobjekt.[1] Man unterscheidet die statischen und die dynamischen Methoden der Investitionsrechnung:

Statische Verfahren	Dynamische Verfahren
➢ Kostenvergleichsrechnung ➢ Gewinnvergleichsrechnung ➢ Rentabilitätsvergleichsrechnung ➢ Amortisationsvergleichsrechnung	➢ Kapitalwertmethode ➢ Methode des internen Zinssatzes

	Statische Verfahren	Dynamische Verfahren
Grundlegende Unterschiede	➢ Zeitliche Unterschiede im Anfall der Kosten und Erlöse werden nicht berücksichtigt. ➢ Es wird davon ausgegangen, dass die **Kosten** und **Erlöse** während der gesamten Nutzungsdauer unverändert bleiben.	➢ Sie berücksichtigen im Gegensatz zu den statischen Verfahren den Zeitfaktor. Dies bedeutet, dass alle Zahlungen durch Abzinsung auf den Anschaffungszeitpunkt vergleichbar gemacht werden. ➢ Es liegt nahe, dass sich die jährlichen **Ein- und Auszahlungen** im Zeitablauf verändern. Bei den dynamischen Verfahren werden für jedes Nutzungsjahr die Einzahlungsüberschüsse (Einzahlungen – Auszahlungen) geschätzt, sodass diese Verfahren einen längeren Betrachtungszeitraum realitätsnäher erfassen.
Gemeinsame Kritikpunkte	➢ Die Datenermittlung beruht auf Schätzwerten (Unsicherheit der Daten). ➢ Es wird unterstellt, dass das Kapital in der erforderlichen Höhe zum Kalkulationszinssatz beschafft bzw. angelegt werden kann[2] (unrealistisch, auch schwanken die Zinssätze). ➢ Es wird eine identische Nutzungsdauer für die Investitionsalternativen vorausgesetzt (unrealistisch). ➢ Problematisch sind unterschiedliche Anschaffungskosten der Investitionsobjekte (es wären Differenzinvestitionen[3] notwendig). ➢ Die Erlöse sind nicht zwangsläufig dem Investitionsobjekt zuzuordnen (sie können auch z. B. durch Werbung, Trends oder die Konjunktur beeinflusst worden sein). ➢ Der Kalkulationszinssatz hängt von den Zielvorstellungen des Investors ab (subjektive Größe).	
Gesamtbeurteilung[4]	Trotz der Kritikpunkte weisen die dynamischen Verfahren im Gegensatz zu den statischen eine deutlich höhere Realitätsnähe auf, da mehrere Zeitabschnitte in die Betrachtung einbezogen werden und der Zeitfaktor durch die Abzinsung der Einzahlungsüberschüsse auf den Anschaffungszeitpunkt berücksichtigt wird.	

1 Dabei sollten die Investitionsalternativen z. B. hinsichtlich ihrer Laufzeit miteinander vergleichbar sein.

2 Vgl. Götze, U./Bloech, J.: Investitionsrechnung, Heidelberg 1993, S. 56 ff.

3 Falls Maschine 1 Anschaffungskosten von 100.000 € und Maschine 2 von 80.000 € hat, müsste aufgrund der Vergleichbarkeit für Maschine 2 eine **Differenzinvestition** in Höhe von 20.000 € erfolgen. Dann wird die Summe der Rendite von Maschine 2 und der Differenzinvestition mit der Rendite von Maschine 1 verglichen.

4 Qualitative Unterschiede zwischen verschiedenen Investitionsalternativen bleiben im Folgenden unberücksichtigt.

5.2.3.2 Statische Verfahren der Investitionsrechnung

Kostenvergleichsrechnung

↓

vergleicht die pro Jahr anfallenden **Gesamtkosten** verschiedener Investitionsobjekte miteinander.

Variable Kosten, z. B.
- Material- und Energiekosten,
- Löhne in Abhängigkeit von der geplanten Menge

führen i. d. R. zu Auszahlungen.

Fixkosten

Auszahlungswirksame Fixkosten sind z. B.
- Raumkosten,
- Gehälter oder
- Gebühren.

Nicht auszahlungswirksame Fixkosten sind z. B.
- kalkulatorische Abschreibungen und
- kalkulatorische Zinsen.

Berechnung der **kalkulatorischen Abschreibung** pro Jahr:

$$\frac{\text{Kapitaleinsatz}}{\text{Nutzungsdauer}}$$

bzw.

$$\frac{\text{Anschaffungskosten}^{1} - \text{Restwert}}{\text{Nutzungsdauer}}$$

Berechnung der **kalkulatorischen Zinsen** pro Jahr:

$$\text{durchschn. Kapitalbindung} \cdot \text{Kalkulationszinssatz (in \%)}^{2}$$

bzw.

$$\frac{(\text{Anschaffungskosten}^{3} + \text{Restwert}^{4})}{2} \cdot \text{Kalkulationszinssatz (in \%)}$$

Man kann die jährlich anfallenden Kosten beider Alternativen absolut miteinander vergleichen oder auch die kritische Menge ermitteln (durch Gleichsetzen der Kostenfunktionen und Auflösen nach x), ab der die eine oder andere Variante kostengünstiger ist.

Gewinnvergleichsrechnung

Sie baut auf der Kostenvergleichsrechnung auf und vergleicht die jährlichen Gewinne verschiedener Investitionsobjekte miteinander:

$$\text{jährlicher Gewinn} = \text{Jahresumsatz} - \text{jährliche Kosten}$$

Auch hier kann man den Jahresgewinn verschiedener Alternativen miteinander vergleichen bzw. die Gewinnschwellen bestimmen.

1 Einschließlich Nebenkosten wie z. B. Transport oder Verpackung und abzüglich Minderungen wie z. B. Skonto; falls die **Wiederbeschaffungskosten** bekannt sind, sollte man diese zur Berechnung verwenden; einen eventuellen **Restwert (Liquidationserlös)** muss man **subtrahieren**, da er nicht zum Kapitaleinsatz gehört.

2 **Kalkulationszinssatz** = Zinssatz, der als Mindestverzinsung gefordert wird. Er wird subjektiv festgelegt und richtet sich i. d. R. nach dem Zinssatz für alternative Geldanlagen. Bei einem Zinssatz von z. B. 6 % setzt man den Wert 0,06 bzw. $\frac{6}{100}$ ein.

3 Einschließlich Nebenkosten, abzüglich Minderungen.

4 Einen eventuellen **Restwert (Liquidationserlös)** muss man **addieren,** da dieses Kapital im Unternehmen gebunden ist.

Rentabilitätsvergleichsrechnung

Sie baut auf der Gewinnvergleichsrechnung auf und vergleicht die durchschnittliche jährliche Verzinsung verschiedener Investitionsobjekte miteinander bzw. mit einem vorgegebenen Zielwert.

$$\text{Rentabilität} = \frac{\text{jährlicher Gewinn} + \text{kalkulatorische Zinsen}}{\text{durchschnittliche Kapitalbindung}} \cdot 100$$

bzw.

$$\text{Rentabilität} = \frac{\text{jährlicher Gewinn} + \text{kalkulatorische Zinsen}}{\frac{\text{Anschaffungskosten}^1 + \text{Restwert}}{2}} \cdot 100$$

Amortisationsvergleichsrechnung

Sie ergänzt die Rentabilitätsvergleichsrechnung und ermittelt die Zeit in Jahren, die benötigt wird, bis der Kapitaleinsatz über die jährlichen Rückflüsse wieder in das Unternehmen zurückgeflossen ist. Sie vergleicht die unterschiedlichen Amortisationszeiten verschiedener Investitionsobjekte miteinander bzw. mit einem vorgegebenen Zielwert.

$$\text{Amortisationsdauer} = \frac{\text{Kapitaleinsatz}}{\text{jährliche Rückflüsse}}$$

bzw.

$$\text{Amortisationsdauer} = \frac{\text{Anschaffungskosten}^1 - \text{Restwert}}{\text{jährlicher Gewinn} + \text{kalkulatorische Abschreibungen}^2}$$

5.2.3.3 Dynamische Verfahren der Investitionsrechnung

5.2.3.3.1 Kapitalwertmethode

Sie berücksichtigt im Gegensatz zu den statischen Verfahren den Zeitfaktor. Dies bedeutet, dass alle Zahlungen durch Abzinsung auf den Anschaffungszeitpunkt vergleichbar gemacht werden. Denn Ein- und Auszahlungen sind zu unterschiedlichen Zeitpunkten verschieden zu bewerten.

➤ **Definition**

Der **Kapitalwert** ist die Summe der auf den Anschaffungszeitpunkt abgezinsten Einzahlungsüberschüsse.

---

1 Einschließlich Nebenkosten, abzüglich Minderungen.

2 Vgl. Götze/Bloech, a. a. O., S. 67 f. Die **kalkulatorischen Abschreibungen** werden den jährlichen Rückflüssen hinzugerechnet, weil sie vorher als Kosten vom Gewinn abgezogen wurden, jedoch nicht zu einer Auszahlung führen. In der Literatur wird diskutiert, ob im Nenner auch die **kalkulatorischen Zinsen** hinzugerechnet werden müssen. Da Zinsen bei der Aufnahme von Fremdkapital gleichzeitig zu Auszahlungen führen, ist eine Hinzurechnung der kalkulatorischen Zinsen zu den jährlichen Rückflüssen bei Fremdfinanzierung der Investition nicht notwendig. Im Folgenden wird die oben dargestellte Formel verwendet.

➤ Berechnung

➤ Man berechnet den Kapitalwert, indem man zunächst die jährlichen Einzahlungsüberschüsse ermittelt:

	Einzahlungen	(z. B. aus jährlich erzielten Umsatzerlösen oder dem Liquidationserlös am Ende der Nutzungsdauer)
–	Auszahlungen	(z. B. Anschaffungskosten zum Anschaffungszeitpunkt, jährlich wiederkehrende auszahlungswirksame Kosten)[1]
=	**jährlicher Einzahlungsüberschuss**	

➤ Die jeweiligen jährlichen Einzahlungsüberschüsse werden *bei jährlich unterschiedlichen Einzahlungsüberschüssen* und jährlicher Verzinsung durch Multiplikation mit dem

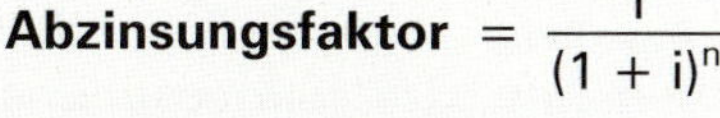

$$\textbf{Abzinsungsfaktor} = \frac{1}{(1+i)^n}$$

i = Kalkulationszinssatz (in %)[2] n = Anzahl der Abzinsungsperioden (Jahre)

auf den Anschaffungszeitpunkt abgezinst. Den abgezinsten Betrag nennt man **Barwert.**

➤ Bleiben die *jährlichen Einzahlungsüberschüsse unverändert,* gibt die Multiplikation des jährlich gleichbleibenden Einzahlungsüberschusses mit dem

$$\textbf{Rentenbarwertfaktor} = \frac{(1+i)^n - 1}{i \cdot (1+i)^n}$$

bei jährlicher Verzinsung den Wert aller betrachteter Einzahlungsüberschüsse zum Anschaffungszeitpunkt an.[3]

➤ Die Summe der Barwerte aller betrachteten Jahre ergibt dann den **Kapitalwert.**

➤ Ökonomische Bedeutung[4]

Eine Investition ist vorteilhaft, wenn der Kapitalwert größer oder gleich null ist. Bei der Entscheidung zwischen verschiedenen Investitionsobjekten ist die Investition mit dem höheren Kapitalwert unter rein wirtschaftlichen Aspekten daher vorzuziehen.

Der Kapitalwert bringt die zu erwartende Erhöhung oder Verminderung des Geldvermögens bei vorgegebener Verzinsung in Höhe des Kalkulationszinssatzes, wertmäßig bezogen auf den Beginn des Planungszeitraums, zum Ausdruck.

➤ Ein Kapitalwert von null bedeutet, dass, bezogen auf den Anschaffungszeitpunkt, der Unternehmer sein eingesetztes Kapital zurückgewonnen und zusätzlich die angestrebte Mindestverzinsung in Höhe des Kalkulationszinssatzes erzielt hat.

➤ Ein positiver Kapitalwert bedeutet, dass sich das gebundene Kapital zum Kalkulationszinssatz verzinst und darüber hinaus ein Vermögenszuwachs erzielt wird.

---

1 **Achtung:** Kalkulatorische Kosten sind nicht auszahlungswirksam.

2 Bei einem Kalkulationszinssatz von z. B. 6 % setzt man für i den Wert 0,06, d. h. $\frac{6}{100}$ ein.

3 Man könnte die gleichbleibenden Einzahlungsüberschüsse zwar auch einzeln mit dem jeweiligen Abzinsungsfaktor multiplizieren und anschließend addieren, diese Methode ist jedoch aufwendiger.

4 Vgl. Blohm, H.; Lüder, K.; Schaefer, Chr.: Investition, 9. überarb. u. aktualis. Auflage, München 2006, S. 51 ff.

5.2.3.3.2 Methode des internen Zinssatzes

Die Berechnung des internen Zinssatzes baut auf der Kapitalwertmethode auf.

➤ Definition

Der interne Zinssatz ist derjenige, der zu einem Kapitalwert von null führt. Er gibt die tatsächliche Verzinsung des Investitionsobjekts an.

➤ Bestimmung des internen Zinssatzes

Durch Abzinsung der Einzahlungsüberschüsse mit zwei frei wählbaren unterschiedlichen Abzinsungsfaktoren und Addition der jeweiligen Einzelbarwerte erhält man zwei unterschiedliche Kapitalwerte, aus denen sich der interne Zinssatz per **Formel, mathematisch und/oder grafisch** bestimmen lässt.

➤ Formellösung

Man ermittelt die Kapitalwerte einer Investition für zwei verschiedene Kalkulationszinssätze und bestimmt dann mithilfe folgender Formel den internen Zinssatz des Investitionsobjekts:

$$\text{Interner Zinssatz} = i_1 - C_1 \cdot \frac{(i_2 - i_1)}{(C_2 - C_1)},$$

wobei $i_{1,2}$ = Probierzinssatz (Kalkulationszinssatz in %) 1 bzw. 2 und
$C_{1,2}$ = Kapitalwerte zum jeweiligen Kalkulationszinssatz.

➤ Mathematische Lösung

Mathematisch kann man den internen Zinssatz mithilfe der Funktion

$$y = m \cdot x + b, \quad \text{wobei } m = \frac{(y_2 - y_1)}{(x_2 - x_1)}$$

bestimmen. Man ermittelt mithilfe von zwei Punkten Punkt 1 $(x_1; y_1)$ und Punkt 2 $(x_2; y_2)$ (für den x-Wert den Kalkulationszinssatz, für den y-Wert den entsprechenden Kapitalwert) die Steigung m und durch Einsetzen für einen beliebigen der beiden Kapitalwerte den Wert für b. Setzt man für y, d. h. für den Kapitalwert, dann null ein und löst nach x auf, erhält man den internen Zinssatz.

➤ Grafische Lösung

Man kann den internen Zinssatz auch grafisch näherungsweise bestimmen, indem man im Koordinatensystem (x-Achse Zinssatz, y-Achse Kapitalwert) die beiden Punkte Punkt 1 $(i_1; C_1)$ und Punkt 2 $(i_2; C_2)$ einträgt und miteinander verbindet. Der Schnittpunkt der Funktionsgeraden mit der x-Achse gibt dann den internen Zinssatz näherungsweise an.

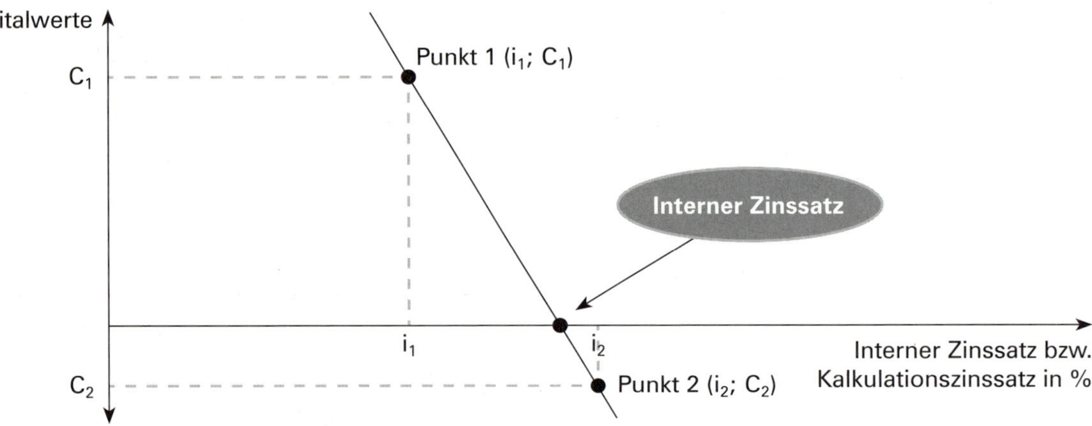

➤ Ökonomische Bedeutung

Eine Investition ist absolut vorteilhaft, wenn der interne Zinssatz größer ist als der Kalkulationszinssatz (geforderte Mindestrendite) und relativ vorteilhaft, wenn ihr interner Zinssatz größer ist als der des anderen Investitionsobjekts.

5.2.4 Trainingsaufgabe mit Musterlösung zur Investitionsrechnung

In der Verpackungsprofi (Verpro) AG muss zum 01.01.00 eine neue Produktionsanlage angeschafft werden, mit der Spezialflaschen für einen Hersteller exklusiver Spirituosen angefertigt werden sollen. Da sich das Design der Flaschen ca. alle drei Jahre grundlegend verändert, wird mit einer Nutzungsdauer der Produktionsanlage von nur drei Jahren geplant. Die Produktionsanlage soll fremdfinanziert werden. Zur Anschaffung der Produktionsanlage liegen zwei Angebote vor, wobei die Qualität der produzierten Flaschen bei Produktion auf Anlage I höherwertig ist. Der Kunde der Verpro AG wäre auch bereit, für die höherwertigen Flaschen 0,05 €/Flasche mehr zu bezahlen.

Folgende Informationen liegen der Verpro AG als Entscheidungsgrundlage vor:

	Anlage I	Anlage II
Geplante Produktions- und Absatzmenge in Stück	2.000.000	2.000.000
Anschaffungskosten in € am 01.01.00	1.000.000,00	800.000,00
Restwert in € am 31.12.02	100.000,00	80.000,00
Nutzungsdauer in Jahren (01.01.00–31.12.02)	3	3
Kalkulationszinssatz in %	4,00	4,00
Sonstige Fixkosten in € (auszahlungswirksam)	120.000,00	110.000,00
Rohstoffaufwand in €/Stück	0,05	0,05
Lohnkosten in €/Stück	0,47	0,47
Sonstige variable Kosten bei Vollauslastung in €	40.000,00	35.000,00
Maximale Kapazität in Stück	2.500.000	2.200.000
Nettoverkaufspreis in €/Stück	0,80	0,75

Aus Vereinfachungsgründen wird auf eine Differenzinvestition verzichtet.

Weitere Informationen für die Anwendung der dynamischen Verfahren:

Die angestrebte Mindestverzinsung beträgt 6 %. Die regelmäßigen Ein- und Auszahlungen der Geschäftsjahre sollen aus Vereinfachungsgründen in jedem Geschäftsjahr gleich sein und der statischen Investitionsrechnung des Jahres 00 entnommen werden. Die Anschaffungskosten und der Restverkaufserlös müssen zusätzlich erfasst werden. Die Probierzinssätze (Kalkulationszinssätze) betragen 5 % und 12 %. Die Abzinsungs- bzw. Rentenbarwertfaktoren können folgender Tabelle entnommen werden:

n (Jahr)	Abzinsungsfaktor (i = 5 %)	Abzinsungsfaktor (i = 12 %)	Rentenbarwertfaktor (i = 5 %)	Rentenbarwertfaktor (i = 12 %)
0	1,0000	1,0000	1,0000	1,0000
1	0,9524	0,8929	0,9524	0,8929
2	0,9070	0,7972	1,8594	1,6901
3	0,8638	0,7118	2,7232	2,4018

Arbeitsaufträge:

1. **Vergleichen Sie (II)** die Produktionsanlagen I und II mithilfe der statischen Verfahren der Investitionsrechnung für die geplante Produktionsmenge im Jahr 00 in Höhe von 2.000.000 Stück.

Bearbeitungshinweis:

Lösen Sie die Arbeitsaufträge entweder mithilfe der abgedruckten Formulare oder mit Excel (Vorlagen als Download). Weitere Lösungen sollten Sie selbstständig auf eigenem Papier vornehmen und anschließend mit den **Musterlösungen im Anhang auf S. 193 ff.** vergleichen.

16 Winkler - ISBN 978-3-8120-0374-2

2. **Ermitteln Sie (I)** jeweils die Kapitalwerte für beide Produktionsanlagen zu den angegebenen Probierzinssätzen.
3. **Berechnen Sie (I)** aus den Kapitalwerten
   3.1 für Anlage I den internen Zinssatz mithilfe der Formellösung sowie
   3.2 für Anlage II den internen Zinssatz mithilfe der mathematischen Lösung.
4. **Entscheiden Sie (III)** sich für eine Produktionsanlage.

Zu Arbeitsauftrag 1:

Statische Verfahren	Lösungsweg für Anlage I	Anlage I	Anlage II

Zu Arbeitsauftrag 2: Ermittlung der Kapitalwerte

Anlage I								
Datum	Jahr	einzahlungswirksame Erlöse	auszahlungswirksame Kosten	geschätzte Einzahlungsüberschüsse in €	Abzinsungsfaktor (i = 5 %)	Barwert in € (i = 5 %)	Abzinsungsfaktor (i = 12 %)	Barwert in € (i = 12 %)
01.01.00 (Anschaffungszeitpunkt)	0							
31.12.00	1							
31.12.01	2							
31.12.02	3							
Summe der Barwerte = Kapitalwert								

Anlage II								
Datum	Jahr	einzahlungswirksame Erlöse	auszahlungswirksame Kosten	geschätzte Einzahlungsüberschüsse in €	Abzinsungsfaktor (i = 5 %)	Barwert in € (i = 5 %)	Abzinsungsfaktor (i = 12 %)	Barwert in € (i = 12 %)
01.01.00 (Anschaffungszeitpunkt)	0							
31.12.00	1							
31.12.01	2							
31.12.02	3							
Summe der Barwerte = Kapitalwert								

5.3 Finanzierung[1]

5.3.1 Begriff und Ziel der Finanzierung

➤ Begriff Finanzierung

Unter Finanzierung versteht man die **Beschaffung von Eigen- bzw. Fremdkapital**. (Das Gegenteil der Finanzierung ist damit der Kapitalabfluss, z. B. die Tilgung von Krediten, die Entnahme von Gewinnen durch Ausschüttung einer Dividende, die Auflösung von offenen Rücklagen bei Aktiengesellschaften oder auch das Erwirtschaften von Verlusten.)

➤ Ziel der Finanzierung

Das Ziel der Finanzierung ist die Bereitstellung von Kapital für **Finanzierungsanlässe,** z. B.

- zur Aufrechterhaltung der betrieblichen Abläufe sowie
- für Investitionen.

5.3.2 Finanzcontrolling (Finanzplan, Leverage-Effekt)

➤ Finanzplan

Die Sicherstellung der Zahlungsfähigkeit ist für die Überlebensfähigkeit von Unternehmen unabdingbar. Daher ist das oberste Ziel der Finanzplanung die **Aufrechterhaltung der Liquidität.**[2] Diese muss in Finanzplänen dauernd überwacht werden. Liquiditätsengpässe sollen rechtzeitig erkennbar werden. Ein Unternehmen ist dann liquide, wenn es seinen Zahlungsverpflichtungen gegenüber Gläubigern, Arbeitnehmern, Lieferanten usw. termingerecht nachkommen kann.

In der operativen Finanzplanung werden die Ausgaben- und Einnahmenströme für einen bestimmten Zeitraum geplant und abgestimmt. Dabei sollen Überschüsse und Defizite aufgedeckt werden.

Von besonderer Bedeutung ist das Offenlegen einer **finanziellen Unterdeckung,** da hier Finanzierungsbedarfe entstehen, die unternehmerische Entscheidungen verlangen. Aber auch eine hohe **finanzielle Überdeckung** soll vermieden werden, wenn der Liquiditätsüberschuss anderweitig gewinnbringender angelegt werden kann. In diesem Zusammenhang entsteht ein **Zielkonflikt zwischen** der **Rentabilität und** der **Liquidität** eines Unternehmens, der nur in einem finanziellen Gleichgewicht seine Lösung findet.

Die Aufstellung von Finanzplänen wird allerdings dadurch erschwert, dass

- zukünftige Ein- und Auszahlungen z. T. schwer vorhersehbar sind (z. B. müssen Veränderungen von Absatzpreisen und -mengen, Preis- und Mengenveränderungen des Materialverbrauchs sowie Anzahl und Lohnentwicklung der Arbeitskräfte geschätzt werden) und
- künftige Ein- und Auszahlungen auch von bilanziellen Größen, wie z. B. vom Kapitalbedarf im Anlage- und Umlaufvermögen,[3] Forderungen und Verbindlichkeiten aus Lieferungen und Leistungen, Steuerzahlungen und Dividenden, abhängen.

---

1 Vgl. Drukarczyk, J./Lobe, S.: Finanzierung, 11., völlig neu bearbeitete Auflage, Konstanz und München 2015, S. 50 ff.

2 Unter **Liquidität** versteht man die Fähigkeit des Unternehmens, jederzeit seine Zahlungsverpflichtungen erfüllen zu können.

3 **Beispiel für die Ermittlung des Kapitalbedarfs für das Umlaufvermögen**

Materialaufwand (MEK)	= täglicher Materialaufwand · (Lagerdauer für Rohstoffe + Produktionsdauer + Lagerdauer für Fertigerzeugnisse + Kundenziel − Lieferantenziel)
+ MGK	= MEK · MGK-Zuschlagssatz in %
+ Lohnaufwand (FEK)	= täglicher Lohnaufwand · (Produktionsdauer + Lagerdauer für Fertigerzeugnisse + Kundenziel)
+ FGK	= FEK · FGK-Zuschlagssatz in %
+ SEK Fertigung	
= Herstellkosten	
+ VerwGK + VertrGK	= Herstellkosten · VerwGKZ + Herstellkosten · VertrGKZ in %
+ SEK Vertrieb	
= **Kapitalbedarf für das Umlaufvermögen**	

Möglicher Aufbau eines Finanzplans:

Positionen	**31.12.00**	**31.12.01**	**...**
1. Einzahlungen aus:			
Umsatzerlösen			
Mittelzufluss aus Kapitalerhöhung			
Darlehensaufnahme			
Sonstige Einzahlungen (z.B. Zinsen, Anlagenverkäufe)			
Summe Einzahlungen			
2. Auszahlungen für:			
Materialaufwand			
Personalaufwand			
Investitionen			
Auszahlung der Dividende			
Zinsen für Darlehen			
Tilgung des Darlehens			
Sonstige Auszahlungen			
Summe Auszahlungen			
Ergebnis der Finanzplanung (Überschuss/Defizit)			
Kontostand Kontokorrentkonto			
Nicht genutzte Kredite (z.B. Kontokorrentkredite)			

➤ Leverage-Effekt[1]

Funktionsweise	Die Eigenkapitalrentabilität kann durch eine zusätzliche Kreditaufnahme solange gesteigert werden, wie der Zinssatz für das zusätzlich aufgenommene Fremdkapital unterhalb der Gesamtkapitalrentabilität liegt (Hebelwirkung des Fremdkapitals).
Tipps zur Berechnung (Formeln siehe folgende Seite)	1. Man berechnet die Fremdkapitalzinsen p.a., die Gesamtkapitalrentabilität und die Eigenkapitalrentabilität vor der zusätzlichen Kreditaufnahme. 2. Anschließend berechnet man die Verzinsung des Gesamtkapitals in Euro nach der zusätzlichen Kreditaufnahme mit der in 1. ermittelten, konstanten Gesamtkapitalrentabilität. Dabei muss man beachten, dass sich die Fremdkapitalzinsen und das Gesamtkapital durch die zusätzliche Kreditaufnahme erhöhen. 3. Von der in 2. berechneten Verzinsung des Gesamtkapitals in Euro subtrahiert man die Fremdkapitalzinsen p.a. für das alte und für das zusätzliche Fremdkapital. 4. Als Saldo verbleibt die Verzinsung des Eigenkapitals in Euro nach der zusätzlichen Fremdkapitalaufnahme, aus der man die neue Eigenkapitalrentabilität berechnet.
Kritik	➤ Es wird von einer konstanten Gesamtkapitalrentabilität vor und nach der Kreditaufnahme ausgegangen, diese hängt jedoch z.B. von sich ändernden Trends oder der gesamtwirtschaftlichen Konjunkturentwicklung ab. ➤ Die Annahme, dass der Fremdkapitalzinssatz für das zusätzliche Fremdkapital unterhalb der Gesamtkapitalrentabilität liegt, entspricht nicht zwangsläufig der Realität. ➤ Eine übertriebene Kreditaufnahme führt zu einer langfristigen Abhängigkeit von Gläubigern und zu Liquiditätsengpässen, die im Extremfall zur Zahlungsunfähigkeit führen kann. ➤ Die Kreditsicherheiten sind für eine zunehmende Kreditaufnahme irgendwann erschöpft.

1 Vgl. Wöhe, G./Bilstein, J. u.a.: Grundzüge der Unternehmensfinanzierung, 11., überarbeitete Auflage, München 2013, S. 44ff., S. 275f.

Kennzahlen zur Berechnung des Leverage-Effekts[1]		
Kennzahl	**Formel**	**Bedeutung der Kennzahl**
Fremdkapitalzinsen (FK-Zinsen in €)	$\text{Fremdkapital in €} \cdot \frac{\text{Fremdkapitalzinssatz p. a.}}{100}$ bzw. $\frac{\text{Fremdkapitalzinsen in €} \cdot 100}{\text{Fremdkapital in €}}$	Die FK-Zinsen sind für die aufgenommenen Kredite zu zahlen.
Gesamtkapital-rentabilität (GKR) in %	$\frac{(\text{Jahresergebnis in €} + \text{Fremdkapitalzinsen in €}) \cdot 100}{\text{durchschnittliches Gesamtkapital}^{2} \text{ in €}}$	Die GKR gibt die Verzinsung des durchschnittlichen Gesamtkapitals im Unternehmen an.
Eigenkapital-rentabilität (EKR) in %	$\frac{\text{Jahresergebnis}^{3} \text{ in €} \cdot 100}{\text{durchschnittliches Eigenkapital in €}}$	Die EKR gibt an, zu wie viel Prozent sich das durchschnittlich eingesetzte Eigenkapital im Unternehmen verzinst hat.
Verzinsung des Gesamtkapitals in €	$\text{durchschnittliches Gesamtkapital in €} \cdot \frac{\text{GKR}}{100}$	Ertrag, den das durchschnittlich eingesetzte Gesamtkapital pro Jahr erwirtschaftet.
Verzinsung des Eigenkapitals in €	Verzinsung des Gesamtkapitals in € − Fremdkapitalzinsen in €	Ertrag, den das durchschnittlich eingesetzte Eigenkapital pro Jahr erwirtschaftet.

Der Leverage-Effekt kann auch mithilfe folgender Formel ermittelt werden:

$$EKR = GKR + (GKR - i) \cdot \frac{FK}{EK}$$

i = Fremdkapitalzins

5.3.3 Finanzierungsregeln und -arten

Finanzierungsregeln

Bei Finanzierungsentscheidungen sollten grundsätzlich folgende Finanzierungsregeln Beachtung finden:[4]

Goldene Bankregel	Diese Regel besagt, dass das Vermögen entsprechend seiner Verweildauer im Unternehmen finanziert werden sollte. Das heißt z. B., dass langfristige Vermögensgegenstände (Anlagevermögen) auch langfristig finanziert werden sollten. Mit dieser Regel soll sichergestellt werden, dass die Zahlungsfähigkeit des Unternehmens erhalten bleibt.
Goldene Bilanzregel	➢ **Enge Fassung:** Diese Regel besagt, dass das Anlagevermögen möglichst mit Eigenkapital finanziert sein sollte, um die Unabhängigkeit gegenüber Gläubigern zu erhalten. ➢ **Erweiterte Fassung:** Das Anlagevermögen kann zusätzlich zum Eigenkapital mit langfristigem Fremdkapital finanziert werden. Auch eine Deckung der eisernen Vorräte durch langfristiges Kapital ist für die Sicherstellung der Betriebsbereitschaft sinnvoll.
Vertikale Kapitalstrukturregel	Diese Regel besagt, dass das Verhältnis von Eigen- zu Fremdkapital im Idealfall 1:1 betragen sollte. Diese Kennzahl ist insbesondere bei der Bilanzanalyse von Bedeutung. Dies wird damit begründet, dass die Eigentümer des Betriebes mindestens genauso viel durch Kapitaleinlagen oder Selbstfinanzierung beitragen müssen wie die Gläubiger. Dieses Verhältnis wird in der Realität jedoch meist nicht eingehalten.

1 Auf die Ermittlung von Durchschnittswerten wird aus Vereinfachungsgründen verzichtet.

2 Gesamtkapital = Eigenkapital + Fremdkapital.

3 Bzw. Verzinsung des eingesetzten Eigenkapitals in €.

4 Vgl. Wöhe/Bilstein, J. u. a., a. a. O., S. 39 ff.

➢ Finanzierungsarten für Aktiengesellschaften

Wichtige Finanzierungsarten für Aktiengesellschaften	**Innenfinanzierung** (darunter versteht man, dass das Kapital im Unternehmen erwirtschaftet wurde)	**Außenfinanzierung** (darunter versteht man, dass das Kapital dem Unternehmen von außen zugeführt wurde)
Eigenfinanzierung (darunter versteht man, dass Eigenkapital gebildet wurde)	➢ offene Selbstfinanzierung (Gewinnverwendungsrechnung) ➢ stille Selbstfinanzierung ➢ Finanzierung aus Kapitalfreisetzung (Abschreibungsrückflüsse)	➢ Beteiligungsfinanzierung (ordentliche/genehmigte Kapitalerhöhung)
Fremdfinanzierung (darunter versteht man, dass Fremdkapital gebildet wurde)	➢ Finanzierung aus Rückstellungsgegenwerten	➢ kurzfristige Fremdfinanzierung (Kontokorrent-, Lieferantenkredit) ➢ langfristige Fremdfinanzierung (Darlehen mit einer Laufzeit von mindestens 5 Jahren, Industrieobligationen)

Die Abiturschwerpunkte 2019 sind Innenfinanzierung und Finanzcontrolling.

5.3.4 Innenfinanzierung am Beispiel der offenen Selbstfinanzierung

Wichtiger Hinweis:
Im Gegensatz zur Außenfinanzierung ist mit der Innenfinanzierung i. d. R. kein Zufluss an flüssigen Mitteln verbunden.[1]

➢ Grundlagen der offenen Selbstfinanzierung

Definition	Unter **offener Selbstfinanzierung** versteht man, dass Gewinne, die im Unternehmen erwirtschaftet wurden, nicht ausgeschüttet werden, sondern im Unternehmen bleiben.
Voraussetzung	Voraussetzung der Selbstfinanzierung ist die **Erwirtschaftung von Gewinn.** Der Gewinn ist dem Unternehmen im Laufe der Zeit, z.B. über den Absatz der Produkte in Form von Umsatzerlösen und Erhöhung des Bankguthabens, zugeflossen.
Entstehung	In Aktiengesellschaften trägt die **Bildung von offenen Rücklagen**[2] durch Einbehaltung von erzielten Gewinnen zur offenen Selbstfinanzierung bei, denn durch die Bildung bzw. Erhöhung offener Rücklagen bleibt das Kapital im Unternehmen bzw. steigt das Eigenkapital.
Zweck der Bildung offener Rücklagen[3]	➢ Sie erhöhen die Haftungsbasis des Unternehmens und geben den Gläubigern zusätzliche Sicherheit.[4] ➢ Sie tragen indirekt zu einer Liquiditätsverbesserung bei, da Gläubiger bei einer verbesserten Kapitalstruktur eher bereit sind, Kredite zu gewähren. ➢ Bei der Rücklagenbildung fließen in der entsprechenden Höhe keine flüssigen Mittel für die Gewinnausschüttung ab.

Hinweis:
Als Einstieg zu den folgenden **Tipps zur Gewinnverwendungsrechnung/offenen Selbstfinanzierung,** die an einem Beispiel dargestellt werden, sollten Sie bei Bedarf vorab das Kapitel 1.7 Struktur des Eigenkapitals auf S. 33 ff. wiederholen.

1 Ausnahme: Finanzierung aus Kapitalfreisetzung.
2 Zu den offenen Rücklagen gehören die Kapital- und die Gewinnrücklagen (z. B. Gesetzliche Rücklage, Andere Gewinnrücklagen).
3 Vgl. Baetge, J./Kirsch, H.-J. u. a., a. a. O., S. 485 f.
4 Vgl. Wöhe: Bilanzierung und Bilanzpolitik, a. a. O., S. 594.

➤ Tipps: Gewinnverwendungsrechnung[1]/offene Selbstfinanzierung mit Standardbeispiel

Beispiel:

Der vorläufige Jahresabschluss **vor Berücksichtigung der Verwendung des Jahresergebnisses** enthält folgende Informationen: Gezeichnetes Kapital 45.000.000 €, Kapitalrücklage 3.000.000 €, Gesetzliche Rücklage 1.000.000 €, Andere Gewinnrücklagen 3.000.000 €, Gewinnvortrag 500.000 €, Erträge 14.000.000 €, Aufwendungen 8.000.000 €, Nennwert 5 € je Aktie. Vorstand und Aufsichtsrat haben entschieden, den höchstmöglichen Betrag in die Rücklagen einzustellen (maximale Selbstfinanzierung, minimaler Bilanzgewinn). Die Hauptversammlung der Aktionäre beschließt die maximale Ausschüttung des Bilanzgewinns als Dividende.

Erstellen Sie (II) gemäß obiger Angaben die Ergebnisverwendungsrechnung, **stellen Sie** die Eigenkapitalpositionen vor, nach teilweiser und nach vollständiger Ergebnisverwendung **dar (I)** und **berechnen Sie (I)** die erzielte offene Selbstfinanzierung.

Vorgehensweise	Beschreibung laut Gesetz	Nebenrechnungen	Ergebnisverwendungsrechnung im Überblick
1. Prüfen, ob eine Erhöhung der gesetzlichen Rücklage erfolgen muss	**§ 150 (2) AktG: Gesetzliche Rücklage** In diese ist der zwanzigste Teil des um einen Verlustvortrag aus dem Vorjahr geminderten Jahresüberschusses einzustellen, bis die gesetzliche Rücklage und die Kapitalrücklagen [...] zusammen den zehnten oder den in der Satzung bestimmten höheren Teil des Grundkapitals erreichen.	**Maximal notwendige gesetzliche Rücklage:** 10 % des Grundkapitals 4.500.000 € – bislang gebildete gesetzliche Rücklage 1.000.000 € – bislang gebildete Kapitalrücklage 3.000.000 € = noch zu bildende gesetzliche Rücklage im Laufe der Jahre durch Vorstand/Aufsichtsrat (Obergrenze) 500.000 €	Jahresüberschuss 6.000.000 € – Verlustvortrag (Vorjahr) 0 € = Zwischensumme ❶ 6.000.000 €
2. Falls die maximal notwendige Höhe der gesetzlichen Rücklagenbildung nicht ausreicht (vgl. Schritt 1), dann muss eine Erhöhung der gesetzlichen Rücklage erfolgen (aber die Obergrenze aus 1. beachten!)		**Die dann zu bildende maximale gesetzliche Rücklage in dem entsprechenden Jahr:** Jahresüberschuss 6.000.000 € – Verlustvortrag, falls vorhanden 0 € = Saldo : 20 (6.000.000 € : 20) 300.000 € (mögliche Einstellung in die gesetzliche Rücklage im jeweiligen Jahr, aber Obergrenze (500.000 €) beachten!)	– Einstellung in die gesetzliche Rücklage 300.000 € = Zwischensumme ❷ 5.700.000 €

1 Annahmen: Vorstand und Aufsichtsrat stellen den Bilanzgewinn fest (vereinfachte Darstellung); ohne Entnahmen aus Rücklagen, da sie nicht zur Selbstfinanzierung führen; es wird von einer Gewinnsituation ausgegangen.

Vorgehensweise	Beschreibung laut Gesetz	Nebenrechnungen	Ergebnisverwendungsrechnung im Überblick
3. Prüfen, ob Vorstand/ Aufsichtsrat weitere Einstellungen in die anderen Gewinnrücklagen vornehmen (ist abhängig von der Höhe der angestrebten Selbstfinanzierung)[1]	**§ 58 (2) AktG**: Stellen Vorstand und Aufsichtsrat den Jahresabschluss fest, so könnenn sie einen Teil des Jahresüberschusses, höchstens jedoch die Hälfte, in andere Gewinnrücklagen einstellen. Die Satzung kann Vorstand und Aufsichtsrat zur Einstellung eines größeren oder kleineren Teils des Jahresüberschusses ermächtigen. Aufgrund einer solchen Satzungsbestimmung dürfen Vorstand und Aufsichtsrat keine Beträge in andere Gewinnrücklagen einstellen, wenn die anderen Gewinnrücklagen die Hälfte des Grundkapitals übersteigen oder soweit sie nach der Einstellung die Hälfte übersteigen würden. Absatz 1 Satz 3 gilt sinngemäß.	Jahresüberschuss 6.000.000 € – Verlustvortrag (falls vorhanden) 0 € – Einstellung in die gesetzliche Rücklage (vgl. Schritt 2) 300.000 € = Saldo : 2 = Einstellung in die anderen Gewinnrücklagen 5.700.000 € : 2 2.850.000 € **(bzw. Zwischensumme ❷ : 2)** Bei der Einstellung in die anderen Gewinnrücklagen ist zu beachten, dass diese insgesamt nicht die Hälfte des Grundkapitals übersteigen dürfen.	Zwischensumme ❷ 5.700.000 € – Einstellung in andere Gewinnrücklagen 2.850.000 € = Zwischensumme ❸ 2.850.000 €
4. Bilanzgewinn ermitteln	**§ 268 (1) AktG**: [...] Wird die Bilanz unter Berücksichtigung der teilweisen Verwendung des Jahresergebnisses aufgestellt, so tritt an die Stelle der Posten „Jahresüberschuss/ Jahresfehlbetrag" und „Gewinnvortrag/Verlustvortrag" der Posten „Bilanzgewinn/Bilanzverlust"; ein vorhandener Gewinn- oder Verlustvortrag ist in den Posten „Bilanzgewinn/ Bilanzverlust" einzubeziehen und in der Bilanz oder im Anhang gesondert anzugeben.		+ Gewinnvortrag (altes Jahr) 500.000 € = Bilanzgewinn 3.350.000 € (Grundlage für den Gewinnverwendungsbeschluss der Hauptversammlung der Aktionäre)
5. Die Hauptversammlung der Aktionäre entscheidet über die Verwendung des Bilanzgewinns	**§ 58 (3) AktG**: Die Hauptversammlung kann im Beschluss über die Verwendung des Bilanzgewinns weitere Beträge in Gewinnrücklagen einstellen oder als Gewinn vortragen [...] **(4)** Die Aktionäre haben Anspruch auf den Bilanzgewinn, [...] **§ 174 (1) AktG)**: Die Hauptversammlung beschließt über die Verwendung des Bilanzgewinns. Sie ist hierbei an den festgestellten Jahresabschluss gebunden.	**Maximale Dividendenausschüttung** $= \frac{\text{Bilanzgewinn}}{\text{Anzahl der Aktien}} = \frac{3.350.000\ €}{9\ \text{Mio. Aktien}}$ = 0,3722 €/Aktie (abrunden auf 0,37, da sonst ein Verlustvortrag entsteht!) Dividende = 0,37 €/Aktie · 9 Mio. Aktien = 3.330.000 € $\text{Anzahl der Aktien} = \frac{\text{Gezeichnetes Kapital}}{\text{Nennwert}}$ **Bruttodividende in Prozent** $= \frac{\text{Dividende je Aktie} \cdot 100}{\text{Nennwert je Aktie}} = \frac{0{,}37 \cdot 100}{5} = 7{,}4\ \%$	Bilanzgewinn 3.350.000 € – weitere Einstellung in andere Gewinnrücklagen keine – Dividende 3.330.000 € Gewinnvortrag (neues Jahr) 20.000 €

1 Vgl. S. 130 unten.

17 Winkler - ISBN 978-3-8120-0374-2

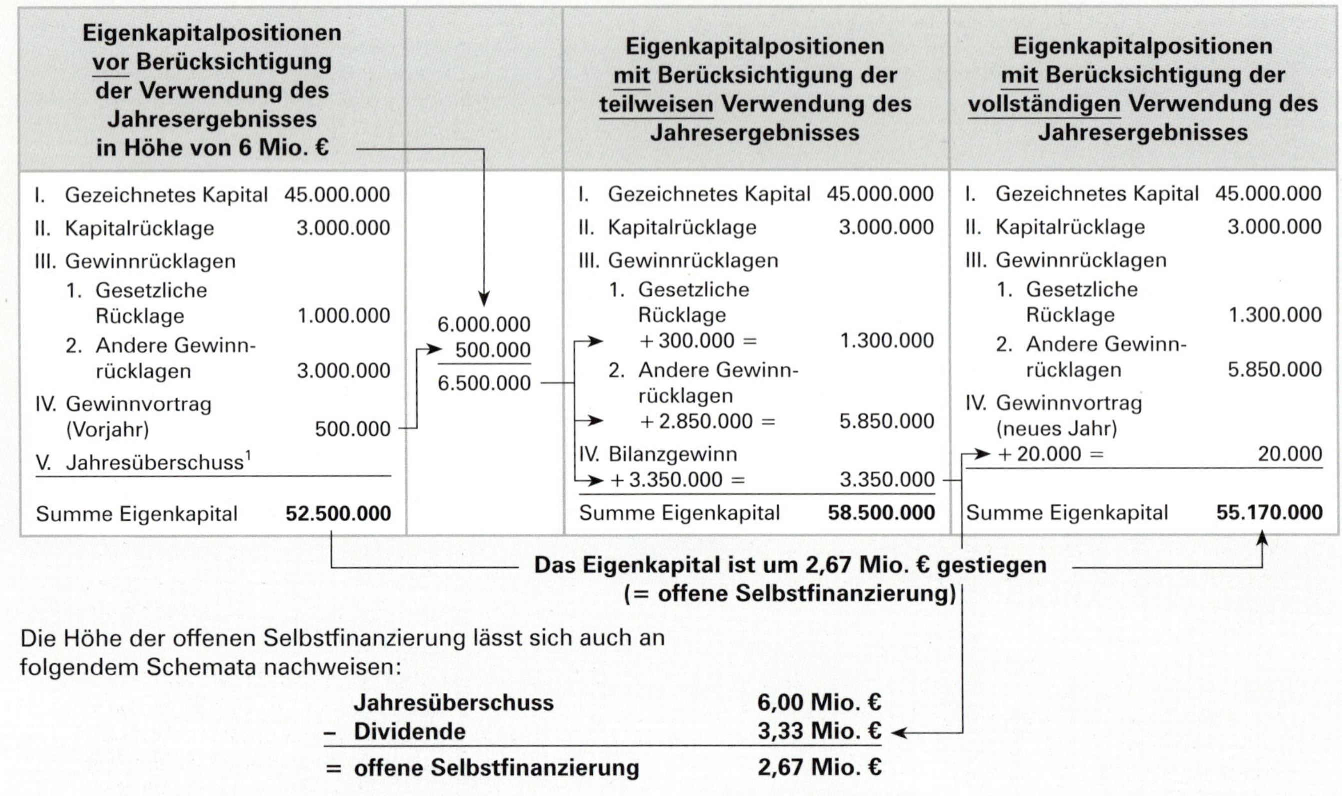

Eigenkapitalpositionen vor Berücksichtigung der Verwendung des Jahresergebnisses in Höhe von 6 Mio. €			Eigenkapitalpositionen mit Berücksichtigung der teilweisen Verwendung des Jahresergebnisses		Eigenkapitalpositionen mit Berücksichtigung der vollständigen Verwendung des Jahresergebnisses	
I. Gezeichnetes Kapital	45.000.000		I. Gezeichnetes Kapital	45.000.000	I. Gezeichnetes Kapital	45.000.000
II. Kapitalrücklage	3.000.000		II. Kapitalrücklage	3.000.000	II. Kapitalrücklage	3.000.000
III. Gewinnrücklagen			III. Gewinnrücklagen		III. Gewinnrücklagen	
1. Gesetzliche Rücklage	1.000.000	6.000.000	1. Gesetzliche Rücklage + 300.000 =	1.300.000	1. Gesetzliche Rücklage	1.300.000
2. Andere Gewinnrücklagen	3.000.000	500.000	2. Andere Gewinnrücklagen + 2.850.000 =	5.850.000	2. Andere Gewinnrücklagen	5.850.000
IV. Gewinnvortrag (Vorjahr)	500.000	6.500.000	IV. Bilanzgewinn + 3.350.000 =	3.350.000	IV. Gewinnvortrag (neues Jahr) + 20.000 =	20.000
V. Jahresüberschuss[1]						
Summe Eigenkapital	**52.500.000**		Summe Eigenkapital	**58.500.000**	Summe Eigenkapital	**55.170.000**

Das Eigenkapital ist um 2,67 Mio. € gestiegen (= offene Selbstfinanzierung)

Die Höhe der offenen Selbstfinanzierung lässt sich auch an folgendem Schemata nachweisen:

Jahresüberschuss	**6,00 Mio. €**
– Dividende	**3,33 Mio. €**
= offene Selbstfinanzierung	**2,67 Mio. €**

Berechnungsschema für die Ermittlung der offenen Selbstfinanzierung (Beispiel)		
(+)	Ausgleich eines eventuellen alten Verlustvortrages	0 €
(+)	Einstellung in die gesetzliche Rücklage	300.000 € (gesetzlich erzwungen)
(+)	Einstellung in die anderen freien Gewinnrücklagen durch Vorstand/Aufsichtsrat und ggf. Hauptversammlung der Aktionäre	2.850.000 € (freiwillig) 0 €
(–)	Entnahme aus Rücklagen	0 €
(+)	neuer Gewinnvortrag	20.000 €
(–)	ggf. alter Gewinnvortrag	500.000 €
=	**gesamter Betrag der offenen Selbstfinanzierung**	**2.670.000 €**

Die **Obergrenze der offenen Selbstfinanzierung** wird durch die Höhe des Jahresüberschusses begrenzt: Vorstand/Aufsichtsrat weisen den minimalen Bilanzgewinn durch maximale Rücklagenbildung aus, die Hauptversammlung der Aktionäre verzichtet auf die Ausschüttung einer Dividende[2] und stellt den Bilanzgewinn in die anderen freien Gewinnrücklagen ein. Für das oben dargestellte Beispiel beträgt die Obergrenze der offenen Selbstfinanzierung daher 6.000.000 €.

Streben Vorstand/Aufsichtsrat den Ausweis des **maximalen Bilanzgewinns** an, sollen die Aktionäre durch eine hohe Dividendenausschüttung zufrieden gestellt werden. Allerdings muss dabei die Pflicht zur Bildung der gesetzlichen Rücklage und der Ausgleich eines eventuell aus dem Vorjahr vorliegenden Verlustvortrages beachtet werden. Durch die hohe Dividendenausschüttung vermindert sich der Betrag der offenen Selbstfinanzierung.[3]

1 Bei der Darstellung des bilanziellen Eigenkapitals in einer Aktiengesellschaft gemäß §§ 266, 268 (1) HGB erscheint der Jahresüberschuss unter der Position **V. Jahresüberschuss/Jahresfehlbetrag**. Er wird hier nicht aufgeführt, um die Erhöhung des Eigenkapitals von 52,5 auf 55,17 Mio. € zu verdeutlichen.

2 Der Beschluss gemäß § 58 (3) AktG über die Verwendung des Bilanzgewinns kann angefochten werden, wenn [...] dadurch unter die Aktionäre kein Gewinn in Höhe von mindestens vier vom Hundert des Grundkapitals abzüglich von noch nicht eingeforderten Einlagen verteilt werden kann (vgl. § 254 (1) AktG).

3 Unter bestimmten handels- und aktiengesetzlichen Vorschriften (§ 272 HGB, § 150 AktG) können sogar Rücklagen zur Ausschüttung einer höheren Dividende aufgelöst werden. Dieser Vorgang führt jedoch zu einer Verminderung des Eigenkapitals und damit zum Gegenteil der offenen Selbstfinanzierung und bleibt daher **außerhalb der Betrachtung**.

5.3.5 Stille (verdeckte) Selbstfinanzierung

Stille (verdeckte) Selbstfinanzierung entsteht durch die Nutzung von handelsrechtlichen Ansatz- und Bewertungsvorschriften bzw. -wahlrechten. Dadurch können im Unternehmen befristet Gewinne einbehalten werden, die nicht aus dem Jahresabschluss erkennbar sind, da sie nicht ausgewiesen werden.

Stille Rücklagen entstehen

auf der Aktivseite der Bilanz durch die Unterbewertung der Aktiva

z.B. durch Anwendung des Anschaffungswertprinzips gemäß § 253 (1) HGB (Vermögensgegenstände dürfen höchstens zu ihren Anschaffungs- bzw. Herstellungskosten, vermindert um die Abschreibungen, angesetzt werden).

Beispiel:

Wurde ein Grundstück am 31.12.00 zu Anschaffungskosten in Höhe von 100.000 € gekauft und hat es zum 31.12.05 einen Wert von 150.000 €, dann darf diese Wertsteigerung in der Bilanz nicht ausgewiesen werden. Dadurch entsteht eine stille Reserve, die erst bei Verkauf des Aktivpostens sichtbar wird.

auf der Passivseite der Bilanz durch die Überbewertung der Passiva

Beispiele:

- Bei den Fremdwährungsverbindlichkeiten mit einer Restlaufzeit von mehr als einem Jahr gem. § 256a Satz 1 HGB muss von zwei möglichen Wertansätzen der höhere angesetzt werden. Die Verbindlichkeit wird also möglicherweise zu hoch ausgewiesen.
- Auch eine überhöhte Bildung von Rückstellungen, die in ihrer Höhe gemäß § 253 (1) Satz 2 HGB „nach vernünftiger kaufmännischer Beurteilung" vorzunehmen, d.h. ggf. zu schätzen ist, führt zu einer stillen Rücklage. Da für Rückstellungen Aufwendungen gebildet werden, kann der Gewinn geschmälert werden, ohne dass Liquidität abfließt.
- Auch die Nichtaktivierung geringwertiger Wirtschaftsgüter, indem die volle Buchung der Anschaffungskosten als Aufwand im Jahr der Anschaffung vorgenommen wird, führt zu einer stillen Reserve (Aktivierungswahlrecht für geringwertige Wirtschaftsgüter im Sinne des § 6 (2) EStG).

Folgen

- Bei stillen Rücklagen sind die entsprechenden gewinnabhängigen Steuern erst bei Auflösung der stillen Reserve, also z.B. bei einem eventuellen späteren Verkauf der Aktiva, zu zahlen.
- Den Aktionären wird dadurch ein Teil des Gewinns vorenthalten, ohne dass die Aktionäre dieses merken, da nicht ausgewiesene Gewinne logischerweise nicht als Bilanzgewinn erscheinen und nicht an die Aktionäre ausgeschüttet werden können.
- Die Auflösung einer stillen Rücklage in Krisenzeiten kann sogar dazu führen, dass das Unternehmen damit einen eigentlich in dem Geschäftsjahr entstehenden Verlust verschleiern kann.
- Die Gläubiger (z.B. Banken, Lieferanten) werden aufgrund des Prinzips der Vorsicht geschützt.

5.3.6 Vergleich offener und stiller Selbstfinanzierung

Offene Selbstfinanzierung (Innenfinanzierung)	
Vorteile	**Nachteile**
➢ Innenfinanzierung ist die sicherste Art der Finanzierung, da das **(Eigen-)Kapital** im Unternehmen bleibt. ➢ Keine Zins- und Tilgungszahlungen, dadurch wird die Liquidität geschont. ➢ Unabhängigkeit von Gläubigern bleibt bestehen. ➢ Erhöhung der Kreditwürdigkeit, Kreditsicherheiten sind nicht erforderlich. ➢ Keine Verschiebung von Mehrheitsverhältnissen. ➢ Kostenlos (keine Emissionskosten oder Bearbeitungsgebühren).	➢ Unzufriedenheit von Aktionären, die an einer hohen Dividendenausschüttung interessiert sind. ➢ Attraktivität der Aktie sinkt durch Vermeidung einer Dividendenausschüttung. ➢ Keine langfristige Planungssicherheit, da die Höhe u. a. von der Gewinnerzielung abhängig ist. ➢ Ist nicht formfrei, da über die Verwendung des Bilanzgewinns auf der Hauptversammlung der Aktionäre entschieden wird. ➢ Fehlinvestitionen sind möglich, da eine Kontrollinstanz fehlt.

Vorteile der stillen im Vergleich zur offenen Selbstfinanzierung
➢ Steuerstundung, da gewinnabhängige Steuern erst bei Auflösung der stillen Rücklage fällig werden. ➢ Schutz von Gläubigern aufgrund des Prinzips der Vorsicht. ➢ Vorstand/Aufsichtsrat haben die Möglichkeit, den Bilanzgewinn durch Ausnutzung von Bewertungsspielräumen zu beeinflussen. Dadurch können den Aktionären Gewinnanteile vorenthalten werden. ➢ Möglichkeit der Verschleierung einer Verlustsituation durch Auflösung stiller Rücklagen in Krisenzeiten. ➢ Unterliegt keinem Formzwang.

5.3.7 Finanzierung aus Kapitalfreisetzung (Abschreibungsrückflüsse)[1]

➢ **Beispiele zur Vermögensumschichtung**[2]

	Erläuterung	Wirkung
Verkauf nicht betriebsnotwendiger Vermögensgegenstände	Nicht genutzte Gebäude, Maschinen oder Finanzanlagen werden verkauft.	Die finanziellen Gegenwerte der verkauften Vermögensgegenstände fließen dem Unternehmen in Form von flüssigen Mitteln zu. Bei dieser Art der Kapitalfreisetzung werden vielfach auch stille Rücklagen sichtbar, wenn nämlich der Verkaufserlös oberhalb des Buchwertes liegt.
Sale-and-Lease-Back-Verfahren	Ein Unternehmen verkauft betriebsnotwendiges Anlagevermögen, z. B. den Fuhrpark, an eine Leasinggesellschaft und least den Fuhrpark dann im Rahmen eines Leasingvertrages zurück.	Kurzfristig steigt die Liquidität durch den Verkauf (Kapitalfreisetzung) stark an, Abschreibungen, Zinsen und Kredittilgungen entfallen. Stattdessen werden Leasingraten gezahlt, die sowohl aufwands- als auch liquiditätswirksam sind und das Unternehmen zukünftig belasten.

1 Vgl. Wöhe, G./Bilstein, J. u. a., a. a. O., S. 459 ff.

2 Zur Finanzierung aus Kapitalfreisetzung gehört auch die Finanzierung aus Vermögensumschichtung. Neben den oben dargestellten Beispielen führt z. B. auch eine Verkürzung des Zahlungsziels oder die Reduzierung von Lagerbeständen zu einem Mittelzufluss.

➢ Finanzierung durch Abschreibungsrückflüsse (Kapitalfreisetzungseffekt)

	Bilanzielle Abschreibungen	Kalkulatorische Abschreibungen
Bedeutung[1]	werden für Wertminderungen der Anschaffungs- bzw. Herstellungskosten des abnutzbaren Anlagevermögens in der Gewinn- und Verlustrechnung (GuV) als Aufwand erfasst und wirken sich in einer Gewinnsituation steuermindernd aus.	werden zur Finanzierung von Ersatzinvestitionon zu eventuell hoheren Wiederbeschaffungskosten als Kosten in die Verkaufspreise einkalkuliert und fließen über die Umsatzerlöse in das Unternehmen zurück.
Abschreibungs-kreislauf	Die im Soll des GuV-Kontos gebuchten bilanziellen Abschreibungen führen erst zum Zeitpunkt der Reinvestition (Ersatz des abgenutzten Anlagegutes) zu einem Abfluss des Zahlungsmittelbestandes. Eine abgenutzte Maschine kann sogar durch eine teurere Maschine ersetzt werden, weil die in den Verkaufspreis einkalkulierten und über die Umsatzerlöse ins Haben des GuV-Kontos zurückgeflossenen kalkulatorischen Abschreibungen ggf. einen höheren Gewinnausweis[2] und einen höheren Zufluss an flüssigen Mitteln bewirken, der dann zusätzlich zur kalkulatorischen Abschreibung zur Finanzierung einer Ersatzinvestition verwendet werden kann.	
Voraussetzungen	➢ Die Wiederbeschaffungskosten, die für die Reinvestition anfallen, wurden korrekt geschätzt und als kalkulatorische Abschreibung in der Preiskalkulation berücksichtigt. ➢ Die Kunden akzeptieren die kalkulierten Preise und kaufen die produzierten Erzeugnisse. ➢ Die beim Verkauf erzielten Forderungen werden von den Kunden beglichen, sodass sich die flüssigen Mittel erhöhen. ➢ Die Abschreibungsrückflüsse werden in neue Maschinen investiert.	

➢ Kapazitätserweiterungseffekt (Lohmann-Ruchti-Effekt)

➢ Prinzip

Man „spart" die in die Kosten einkalkulierten und über die Umsatzerlöse in das Unternehmen zurückfließenden Abschreibungsrückflüsse so lange an, bis davon neue Maschinen gekauft werden können. Durch diesen Effekt kann man nicht nur die gleiche Anzahl Maschinen ersetzen, sondern darüber hinaus noch weitere Maschinen kaufen. Auf Dauer bleibt die Gesamtkapazität des Unternehmens allerdings unverändert, da sich mit zunehmender Anzahl der Maschinen die durchschnittliche Restnutzungsdauer vermindert.[3]

➢ Annahmen

- Die Erstinvestition muss mit Eigenkapital erfolgen.
- Die Abschreibungen erfolgen linear, entsprechen dem Wertminderungsverlauf und werden vom Markt vergütet.
- Die Periodenkapazität, wirtschaftliche Nutzungsdauer und technische Leistungsfähigkeit jeder Anlage bleibt bis zum Ende der Nutzungsdauer gleich.
- Technik und Wiederbeschaffungskosten von alten und neuen Anlagen sind konstant.
- Sobald durch die Abschreibungen genügend Mittel in das Unternehmen zurückgeflossen sind, werden diese zur Ersatz- oder Erweiterungsinvestition eingesetzt.

➢ Kritik zum Kapazitätserweiterungseffekt (Lohmann-Ruchti-Effekt)

- Da die dargestellten Annahmen in der Realität häufig nicht erfüllt sind, ist die Aussagefähigkeit des Kapazitätserweiterungseffekts stark eingeschränkt.
- Eine Kapazitätserweiterung ist nur sinnvoll, wenn auch entsprechende Absatzchancen bestehen.
- Die Kapazitätserweiterung bringt zusätzliche Kosten mit sich, z.B. durch zusätzliche Arbeitskräfte oder die Vergrößerung der Lagerkapazität.
- Die Abschreibungsgegenwerte stehen nicht immer sofort in flüssiger Form zur Verfügung, sondern sind zunächst in Forderungen gebunden.

---

1 Vgl. Kapitel 2.3.3.2 auf S. 40.

2 Unter Vernachlässigung einer daraus resultierenden höheren Zahlung gewinnabhängiger Steuern bzw. einer höheren Dividendenausschüttung.

3 Rollwage, Nikolaus: Finanzierung, 3., aktualisierte Auflage, Köln: WRW-Verlag, 2004, S. 54.

Beispiel zum Kapazitätserweiterungseffekt (Lohmann-Ruchti-Effekt):

Ein Unternehmen kauft an vier aufeinanderfolgenden Jahren einen Lkw für 200.000 €, 4 Jahre Nutzungsdauer, lineare Abschreibung. Weiterhin gelten die vorstehend abgedruckten Annahmen:

Abschreibungen pro Jahr in € für:	31.12.01	31.12.02	31.12.03	31.12.04	31.12.05	31.12.06	31.12.07	31.12.08	...
1. Lkw (Anschaffung am 01.01.01)	50.000	50.000	50.000	50.000	1. Lkw ist abgeschrieben				
2. Lkw (Anschaffung am 01.01.02)		50.000	50.000	50.000	50.000	2. Lkw ist abgeschrieben			
3. Lkw (Anschaffung am 01.01.03)			50.000	50.000	50.000	50.000	3. Lkw ist abgeschrieben		
4. Lkw (Anschaffung am 01.01.04)				50.000	50.000	50.000	50.000	4. Lkw ist abgeschrieben	
5. Lkw (Reinvestition am 01.01.04)				50.000	50.000	50.000	50.000	5. Lkw ist abgeschrieben	
6. Lkw (Reinvestition am 01.01.05)					50.000	50.000	50.000	50.000	
7. Lkw (Reinvestition am 01.01.06)						50.000	50.000	50.000	
8. Lkw (Reinvestition am 01.01.06)						50.000	50.000	50.000	
9. Lkw (Reinvestition am 01.01.07)							50.000	50.000	
10. Lkw (Reinvestition am 01.01.08)								50.000	
11. Lkw (Reinvestition am 01.01.08)								50.000	
Summe jährliche Abschreibung in €	50.000	100.000	150.000	250.000	250.000	300.000	300.000	300.000	
		↓	↓	↓	↓	↓	↓	↓	
Liquide Mittel am Jahresende in €	50.000	150.000	300.000	350.000	400.000	300.000	400.000	300.000	
– Reinvestition in €	0	0	200.000	200.000	400.000	200.000	400.000	200.000	
Restliche liquide Mittel in €	50.000	150.000	100.000	150.000	0	100.000	0	100.000	
Anzahl Lkws	1	2	3	5	5	6	6	6	

Auswertung des Beispiels:

Die lineare Abschreibung pro Lkw beträgt 50.000 € pro Jahr. Sobald aus den Abschreibungsrückflüssen wieder 200.000 € an flüssigen Mitteln zur Verfügung stehen, wird entweder ein abgeschriebener Lkw ersetzt oder ein weiterer hinzugekauft. Zeitweise befinden sich dann maximal sechs Lkws im Fuhrpark.

5.3.8 Finanzierung aus Rückstellungsgegenwerten[1]

Durch die Bildung von Rückstellungen entsteht i.d.R. **Fremdkapital.**[2] Z.B. muss der Aufwand für die im abzuschließenden Geschäftsjahr entstandenen ungewissen Verbindlichkeiten oder drohenden Verluste aus schwebenden Geschäften geschätzt und in entsprechender Höhe eine Rückstellung gebildet werden.

Die **Voraussetzung** für die im Folgenden dargestellten Finanzierungseffekte ist, dass das Unternehmen Gewinn erzielt, der mindestens der Höhe der Rückstellungsbildung entspricht.

Der **Finanzierungseffekt durch die Bildung von Rückstellungen** besteht aus einem:

- **Steuerspareffekt:** Der durch die Rückstellungsbildung entstehende Aufwand vermindert den steuerpflichtigen Gewinn im Jahr der Rückstellungsbildung.
- **Liquiditätseffekt:** Solange Rückstellungen gebildet, steht der den Rückstellungen zugeführte Betrag dem Unternehmen in voller Höhe für Finanzierungszwecke zur Verfügung.
- **Ausschüttungssperreffekt:** Da sich durch die Rückstellungsbildung der Aufwand erhöht und sich damit der Gewinnausweis verkleinert, sinkt der mögliche Ausschüttungsbetrag an die Aktionäre.

Der größte Finanzierungseffekt bei der Bildung von Rückstellungen kann durch die **Bildung von Pensionsrückstellungen** erreicht werden, da diese dem Unternehmen oft über Jahrzehnte zu Finanzierungszwecken zur Verfügung stehen. Sie entstehen z.B., wenn sich ein Unternehmen verpflichtet, seinen Arbeitnehmern eine Altersversorgung zu gewähren. Während der aktiven Beschäftigungszeit der Arbeitnehmer bildet das Unternehmen Pensionsrückstellungen, die zwar für das Unternehmen Aufwendungen darstellen, aber deren finanzielle Gegenwerte bis zum Ausscheiden der Arbeitnehmer im Unternehmen bleiben. Erst nach dem Ausscheiden der Arbeitnehmer werden diese Beträge ausgezahlt.

---

1 Vgl. Wöhe, G./Bilstein, J. u.a., a.a.O., S. 447 ff.

2 Durch eine zu hohe Schätzung und Bildung von Rückstellungen entstehen allerdings **stille Rücklagen** und damit **Eigenkapital**.

Phasen des Finanzierungseffekts aus Pensionsrückstellungen			
Positiver Finanzierungseffekt	Bildung der Rückstellungen für die aktiven Mitarbeiter	>	Pensionszahlungen für die ausgeschiedenen Mitarbeiter
Neutraler Finanzierungseffekt	Bildung der Rückstellungen für die aktiven Mitarbeiter	=	Pensionszahlungen für die ausgeschiedenen Mitarbeiter
Negativer Finanzierungseffekt	Bildung der Rückstellungen für die aktiven Mitarbeiter	<	Pensionszahlungen für die ausgeschiedenen Mitarbeiter

5.3.9 Trainingsaufgabe mit Musterlösung zur Finanzierung

Die Verpackungsprofi (kurz Verpro AG) ist ein führender Hersteller von Verpackungen. Im Geschäftsjahr 02 stehen verschiedene Investitionen an, für welche nach Finanzierungsmöglichkeiten gesucht wird.

Bearbeitungshinweise:

Lösen Sie die folgenden Arbeitsaufträge mithilfe der abgedruckten Formulare. Weitere Lösungen sollten Sie selbstständig auf eigenem Papier vornehmen und anschließend mit den **Musterlösungen im Anhang auf S. 196 ff. vergleichen.**

Arbeitsauftrag 1: Gewinnverwendung/offene Selbstfinanzierung[1]

Der Vorstand der Verpro AG hat beschlossen, zunächst die Möglichkeiten der Innenfinanzierung auszuschöpfen.

Vorstand und Aufsichtsrat stellen den Jahresabschluss gemäß § 150 (2) und § 58 (2) AktG (gesetzliche Regelung) zum 31. 12. 01 auf.

1.1 **Stellen Sie** die Gewinnverwendungsrechnung 01 in der Verpro AG übersichtlich nach folgenden Angaben **dar (I), vergleichen Sie (II)** die Höhe des Eigenkapitals vor, nach teilweiser und nach vollständiger Gewinnverwendung miteinander und **ermitteln Sie (I)** den Betrag der offenen Selbstfinanzierung:

- Der Nennwert je Aktie beträgt 10 €.
- Vorstand und Aufsichtsrat beschließen bei der Erstellung des Jahresabschlusses die maximale Einstellung in die andere freie Rücklage.
- Die Hauptversammlung der Aktionäre beschließt die höchstmögliche Ausschüttung der Dividende.

Aktiva — vereinfachte Schlussbilanz zum 31. 12. 01 in € vor Ergebnisverwendung — Passiva

Aktiva		Passiva	
A. Anlagevermögen		A. Eigenkapital	
I. Sachanlagen		I. Gezeichnetes Kapital	3.650.000
1. Grundstücke/Gebäude	3.500.000	II. Kapitalrücklagen	170.000
2. TAM	2.000.000	III. Gewinnrücklagen	
II. Finanzanlagen	10.000	1. Gesetzliche Rücklagen	150.000
B. Umlaufvermögen		2. Andere Gewinnrücklagen	1.500.000
I. Vorräte	323.000	IV. Jahresüberschuss	371.000
II. Forderungen a. L. u. L.	1.450.000	B. Rückstellungen	
III. Flüssige Mittel	540.000	1. Pensionsrückstellungen	332.000
		2. Steuerrückstellungen	100.000
		C. Verbindlichkeiten	
		1. Langfristige Darlehen	900.000
		2. Verbindlichkeiten a. L. u. L.	650.000
	7.823.000		7.823.000

1 **Tipp:** Schema zur Verwendung des Jahresüberschusses in Kapitel 5.3.4 auf S. 128 ff.

1.2 **Nehmen Sie** zur Entscheidung über die Gewinnverwendung aus der Perspektive des Vorstands/ Aufsichtsrats und der Aktionäre **Stellung (III).**

Darstellung des Gewinnverwendungsprozesses/der offenen Selbstfinanzierung (1.1):

Eigenkapitalpositionen vor Berücksichtigung der Verwendung des Jahresergebnisses in Höhe von 371.000 €		Eigenkapitalpositionen mit Berücksichtigung der teilweisen Verwendung des Jahresergebnisses	Eigenkapitalpositionen mit Berücksichtigung der vollständigen Verwendung des Jahresergebnisses
	371.000		

Arbeitsauftrag 2: Stille Selbstfinanzierung

Die Verpro AG schreibt einen für 15.000 € gekauften Pkw in der Gewinn- und Verlustrechnung in fünf Jahren ab. Nach 5 Jahren, am 31.12.01, steht er also in der Bilanz noch mit einem Erinnerungswert von 1 €, könnte aber für 6.000 € verkauft werden. **Berechnen Sie (I)** für dieses Beispiel die Höhe der stillen Selbstfinanzierung und **erläutern Sie (I)** die Auswirkungen auf den Jahresabschluss 01.

Arbeitsauftrag 3: Finanzierung durch Kapitalfreisetzung

In der Position Sachanlagen der Verpro AG befindet sich ein nicht genutztes Grundstück. Die Anschaffungskosten betrugen vor 10 Jahren 100.000 €. Aufgrund eines stillgelegten Autobahnanschlusses, der an das Grundstück grenzt, beträgt der erzielbare Verkaufspreis für das Grundstück auch im April 02 100.000 €. Das Grundstück wird im April 02 verkauft. **Beschreiben Sie (I),** wie sich der Verkauf dieses Grundstücks im April 02 im Jahresabschluss 02 widerspiegelt.

Arbeitsauftrag 4: Leverage-Effekt[1]

Die Verpro AG hat sich zur Finanzierung weiterer Investitionen für die Aufnahme eines Abzahlungsdarlehens in Höhe von 1.250.000 € entschieden.

Annahmen:

Der Jahresüberschuss beträgt 371.000 €.

Vor der Aufnahme des zusätzlichen Fremdkapitals in Höhe von 1.250.000 € zu einem jährlichen Zinssatz von 4 % p.a. beträgt die Höhe

- des Eigenkapitals 7.043.550 €,
- des Fremdkapitals 4.157.200 €,
- der Fremdkapitalzinssatz p.a. 3,50 %

Weisen Sie rechnerisch **nach (II),** dass sich die Eigenkapitalrentabilität durch die Aufnahme des Abzahlungsdarlehens verbessert hat (Betrachtungszeitraum 1. Jahr). Gehen Sie von einer konstanten Gesamtkapitalrentabilität aus.

1 **Tipp:** Vgl. Hinweise auf S. 125.

18 Winkler - ISBN 978-3-8120-0374-2

6.1 Industriestandort Deutschland

Die Situation Deutschlands als Industriestandort ist z. B. durch folgende Faktoren gekennzeichnet:

- **hohes Bildungsniveau**
- **gut ausgebaute Infrastruktur**
- **hohe Importabhängigkeit bei Rohstoffen**
- **demografischer Wandel**: Es ist eine Tendenz zur Überalterung der Gesellschaft festzustellen. Immer weniger jüngere Menschen müssen für immer mehr ältere Menschen die Rente finanzieren. Der demografische Wandel könnte u. U. durch den Flüchtlingszustrom abgefedert werden.[1]
- **Mangel an Fachkräften**: Dieser resultiert sowohl aus dem demografischen Wandel als auch aus dem Trend zur Akademisierung (immer mehr junge Menschen ziehen ein Studium einer Ausbildung vor). Sowohl bei hoch qualifizierten Experten als auch bei nichtakademischen Fachkräften ist z. B. in einigen technischen Berufsgruppen wie Maschinen- und Fahrzeugtechnik, Mechatronik, Automatisierung, Energietechnik, Informatik und Softwareentwicklung ein Fachkräftemangel zu verzeichnen.[2]
- **Deindustrialisierung**: Während der Anteil der Produktion an der Wertschöpfung der heutigen EU im Jahre 1970 rund 27 % betrug, ist der Anteil in den letzten Jahren auf ca. 16 % gesunken. Die Ursachen dieses Trends liegen vor allem in der Überregulierung (hohe Bürokratie) und hohen Abgaben und Steuern auf Arbeit und Energie, besonders durch die angestrebte Energiewende in Deutschland.[3]

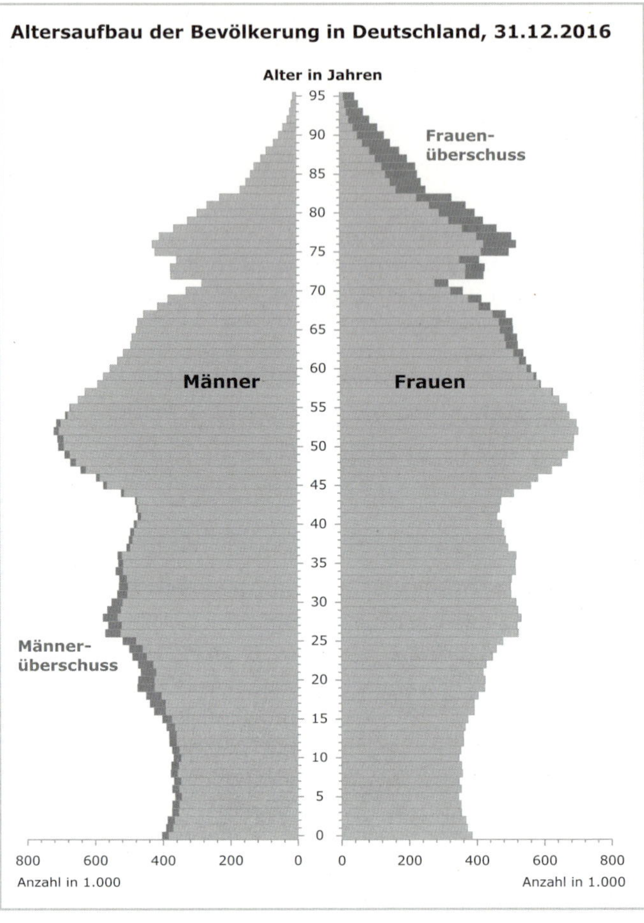

Quelle: https://www.bib.bund.de/Permalink.html?id=10193730 (Bundesinstitut für Bevölkerungsforschung) [30.05.2018].

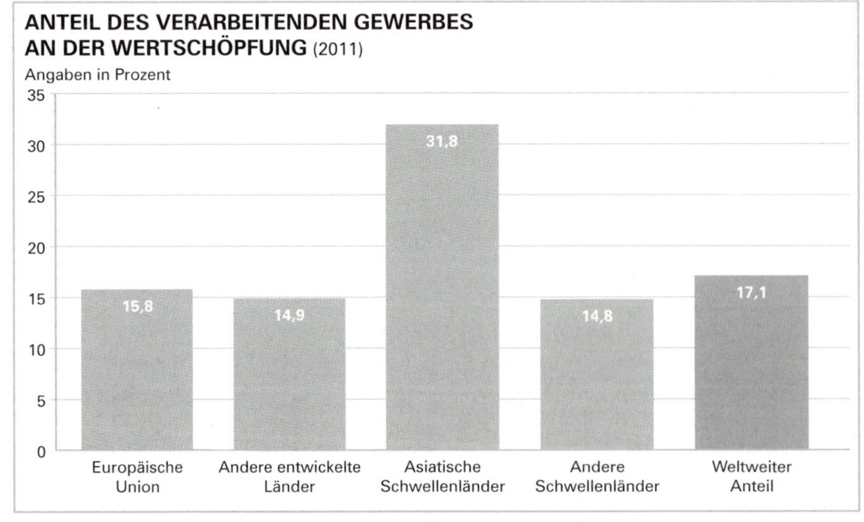

Quelle: WIOD 2013; INSTITUT DER DT. WIRTSCHAFT KÖLN.

1 Vgl. www.zeit.de/wirtschaft/2015-06/ausbildung-fluechtling-fachkraeftemangel/Seite2

2 Vgl. Statistik der Bundesagentur für Arbeit: Arbeitsmarktberichterstattung@arbeitsagentur.de für Dezember 2013.

3 Vgl. www.welt.de/Wirtschaft/article124283677/Deindustrialisierung.

➢ Hohe Arbeitskosten[1]

	Facharbeiter Industrie Bruttoeinkommen p. a (€) im Industriesektor	Arbeitszeit/ Jahr
Frankfurt a. M.	39.491 €	1.757 Tage
Kiew (Ukraine)	2.611 €	1.817 Tage
Mumbai (Indien)	4.653 €	2.277 Tage

➢ Einführung des gesetzlichen Mindestlohns in Deutschland

Daher besteht eine Tendenz zur Verlagerung der Produktion ins Ausland

Dafür spricht/sprechen z. B.
- niedrigere Lohnkosten/Sozialabgaben
- geringere umweltpolitische Auflagen
- weniger Bürokratie
- geringere Steuersätze
- eingeschränkte Mitbestimmungsrechte von Arbeitnehmern/Arbeitnehmerschutzgesetze
- Erschließung neuer Absatzmärkte
- verfügbares Fachpersonal

im Ausland.

Dagegen spricht/sprechen z. B.
- die gute Infrastruktur
- gute Ausbildungsstruktur
- stabile politische Verhältnisse
- gutes Netz an zuverlässigen Zulieferern
- „Technologieklau" bei Produktionsverlagerung
- hohe Innovationsfähigkeit
- staatliche Förderungen

in Deutschland.

➢ Zunehmende Digitalisierung

Mittlerweile hat die Digitalisierung in alle Wirtschaftsbereiche Einzug genommen. Dadurch befindet sich die Wirtschaft in einem strukturellen Wandel, der großen Einfluss auf die Arbeitswelt nimmt, insbesondere auf die Produktionsprozesse und die Arbeitsbedingungen.

6.2 Globalisierung

Veränderungsprozesse im Unternehmen haben ihre Hauptursache im zunehmenden Globalisierungsprozess. Unter **Globalisierung** versteht die OECD (Organization for Economic Cooperation and Development = Zusammenschluss der großen Industriestaaten) einen „Prozess, durch den Märkte und Produktion in verschiedenen Ländern immer mehr voneinander abhängig werden – dank der Dynamik des Handels mit Gütern und Dienstleistungen und durch die Bewegung von Kapital und Technologie."[2]

Ursachen der Globalisierung sind z. B.:	➢ Technischer Fortschritt: auch aufwendige industrielle Arbeitsprozesse können in verschiedene Produktionsstufen zerlegt werden, sodass die einzelnen Produktionsteile am weltweit günstigsten Ort hergestellt werden können. ➢ Liberalisierung der Märkte. ➢ Sinkende Transportkosten, z. B. durch die Containerschifffahrt. ➢ Weltweit einfache und günstige Kommunikationsmöglichkeiten durch das Internet.
Folgen der Globalisierung sind insbesondere:	➢ Zusammenschlüsse von Unternehmen. ➢ Abbau von Sozialstandards zum Erhalt der Wettbewerbsfähigkeit. ➢ Zunehmende Umweltbelastung. ➢ Wandel der Lebens- und Arbeitsverhältnisse.

1 Vgl. docs.dpaq.de/9617-ubs-priceandearnings-2015-de.pdf

2 Informationen zur politischen Bildung: Globalisierung, 3. Quartal 2003, S. 3.

Daraus lassen sich z. B. folgende **Vor- bzw. Nachteile der Globalisierung für Deutschland** ableiten:

	Vorteile	Nachteile
Für Arbeitgeber/ Unternehmen	➢ Öffnung neuer Absatzmärkte durch zunehmenden Export ➢ niedrigere Lohnkosten ➢ niedrigere Beschaffungskosten, z. B. von Rohstoffen ➢ Umgehung von Umweltschutz-, Sicherheitsvorschriften, Mitbestimmungsgesetzen etc.	➢ Verschärfung des internationalen Wettbewerbs, dadurch Zwang zur Kostensenkung, Rationalisierung, Innovationen ➢ Anpassung an veränderte Kundenbedürfnisse
Für Arbeitnehmer	➢ Schaffung von Arbeitsplätzen mit hohem Qualitätsstandard ➢ Arbeitsmöglichkeiten im Ausland	➢ Verlust von Arbeitsplätzen im Niedriglohnbereich ➢ Zwang zur Kostensenkung führt zur Kürzung von Sozialleistungen ➢ ggf. Zwang zur Mobilität, zum Erlernen von Fremdsprachen etc.
Für Konsumenten	➢ niedrigere Preise ➢ höhere Warenvielfalt ➢ Qualitätsverbesserungen ➢ mehr Kundenfreundlichkeit ➢ verbesserte Reisemöglichkeiten	➢ höheres Verkehrsaufkommen, dadurch höhere Umweltbelastung

Aufgrund aktueller internationaler politischer Entwicklungen bleibt allerdings abzuwarten, wie sich die Globalisierung entwickeln wird.

6.3 Unternehmenskonzentrationen

Um den Konkurrenzkampf zu begrenzen, schließen sich Unternehmen häufig zusammen. Dabei sind zwei Grundformen voneinander zu unterscheiden:[1]

Konzern:
Unternehmen schließen sich durch Kapitalbeteiligung zusammen, wobei die beteiligten Unternehmen zwar wirtschaftlich zusammenarbeiten, aber ihre rechtliche Selbstständigkeit behalten.

Trust:
Unternehmen schließen sich durch Verschmelzung des Vermögens (Fusion) zusammen, wobei die beteiligten Unternehmen sowohl ihre wirtschaftliche als auch ihre rechtliche Selbstständigkeit verlieren.

Gründe für Unternehmenszusammenschlüsse sind z. B.:[2]	Negative Folgen von Unternehmenszusammenschlüssen für die Verbraucher sind z. B.:
➢ Erhöhung von Marktanteilen ➢ Verbesserung der Wettbewerbsfähigkeit ➢ Vergrößerung des Leistungsspektrums ➢ Kostenvorteile ➢ Bündelung der Finanzkraft ➢ Sicherung von Arbeitsplätzen ➢ Erschließung neuer Beschaffungs- und Absatzmärkte	➢ Höhere Preise durch größere Marktmacht der Unternehmen, ggf. sogar künstliche Verknappung des Angebots (vgl. Preisbildung beim Monopol), dadurch Gefahr des Marktmissbrauchs ➢ Eingeschränkter Wettbewerb vermindert Produktvielfalt ➢ Kundenwünsche werden ggf. nicht befriedigt

Allerdings dürfen Unternehmen laut Gesetz (Gesetz gegen Wettbewerbsbeschränkungen [GWB], Gesetz gegen unlauteren Wettbewerb [UWG]) ihre Marktmacht nicht zum Nachteil der Verbraucher und Konkurrenten ausnutzen.

1 Vgl. Boller, E./Hartmann, G.B.: Volkswirtschaftslehre für das Berufskolleg – Berufliches Gymnasium, 3. Auflage, Rinteln 2015, S. 304.
2 Vgl. Boller/Hartmann, a. a. O., S. 305.

7.1 Beispielklausur I: Abiturprüfung 2019

Profilbildender Leistungskurs

Fach Betriebswirtschaftslehre

Fachbereich Wirtschaft und Verwaltung

Bearbeitungshinweise:

- Nehmen Sie sich für die Lösung dieser Klausur 255 Minuten Zeit.
- Vergleichen Sie Ihre Ergebnisse mit den **Musterlösungen auf S. 199ff.** und bewerten Sie Ihre Ergebnisse selbstständig mithilfe der nachfolgend beigefügten Punkteverteilung **(siehe S. 149f.)**.

Beschreibung der Ausgangssituation der Mobil AG im Januar 2019

Die Mobil AG ist ein weltweit orientiertes Unternehmen der Fahrzeugindustrie und stellt in Serienfertigung in ihrem **Stammwerk in München** Automobile her. Bekannt geworden ist das Unternehmen vor vielen Jahren durch seinen geräumigen Mobilvan, der als komfortables Familienauto mit Benzinmotor und langer Reichweite vornehmlich in die USA exportiert wird.

Seit einigen Jahren gehören zum Produktions- und Absatzprogramm des **Stammwerkes in München** auch der Mobilmikro und der Mobilflexi. Beim Mobilmikro handelt es sich um einen kleinen Stadtflitzer, der speziell für den chinesischen Markt entwickelt wurde. Der Mobilflexi ist ein Mittelklassewagen, der im Innenraum durch große Flexibilität vielen individuellen Kundenansprüchen gerecht wird und in erster Linie auf dem deutschen und europäischen Markt abgesetzt wird.

Anfang 2018 wurde der Mobilhybrid als abgasarmes Kurzstreckenfahrzeug in das Produktions- und Absatzprogramm aufgenommen. Seit Februar 2019 können die Kunden der Mobil AG auch den Mobilelektro erwerben, der durch seinen niedrigen Emissionsausstoß besonders umweltschonend ist. Die Zubehörteile für die Fahrzeuge werden von den Mitarbeitern des Betriebes teils manuell bzw. mit maschineller Unterstützung in eingespielten Teams montiert.

Außerdem gehört zur Mobil AG ein Werk in **Frankfurt am Main,** in dem hochwertige, besonders schmutzabweisende Fußmatten für Fahrzeuge hergestellt werden. Es handelt sich um einen Traditionsbetrieb, der seit mehr als 40 Jahren besteht und über einen guten Ruf in der Branche verfügt. Die Fußmatten werden sowohl für die Fahrzeuge der Mobil AG verwendet als auch an verschiedene andere Automobilhersteller verkauft. Aus Wettbewerbsgründen plant die Unternehmensleitung eine Produktionsverlagerung nach Mumbai (Indien).

Das Ziel der Mobil AG ist es, langfristig erfolgreiche Geschäftsfelder für das Unternehmen zu sichern. Dabei ist die Mobil AG einem weltweit zunehmenden Wettbewerb ausgesetzt, dem sie weiterhin standhalten möchte. Um die dividendenberechtigten Aktionäre zufriedenzustellen, hat sich der Vorstand der Mobil AG das Ziel gesetzt, das Unternehmen sowohl zum Jahresabschluss 2018 als auch in den kommenden Jahren möglichst positiv darzustellen.

Kurzfristig stehen in der Mobil AG folgende Aufgaben zur Erreichung der Unternehmensziele an:

- Zunächst soll das Produktionsprogramm der Mobil AG des Stammwerkes in München untersucht und mithilfe produktpolitischer Maßnahmen optimiert werden **(Aufgabe 1)**.
- Aus Wettbewerbsgründen plant der Vorstand der Mobil AG eine Verlagerung des Werkes von Frankfurt am Main nach Mumbai (Indien). Zur Diskussion dieser Entscheidung sollen verschiedene Kennzahlen zum Produktionscontrolling herangezogen werden **(Aufgabe 2)**.
- Schließlich müssen für die Erstellung der Handelsbilanz zum 31. 12. 2018 noch einige Entscheidungen zur Bewertung einzelner Vermögens- und Schuldenpositionen getroffen werden **(Aufgabe 3)**.

Hinweis:

Rechnerische Lösungen sind auf zwei Stellen hinter dem Komma kaufmännisch zu runden. Rechenwege sind nachvollziehbar anzugeben.

Aufgabe 1 (56 Punkte)

Eine Analyse des Produktionsprogramms des **Stammwerkes in München** soll die wirtschaftliche Entwicklung der einzelnen Fahrzeuge in der Mobil AG verdeutlichen, um produktpolitische Maßnahmen für das folgende Geschäftsjahr 2019 ergreifen zu können.

Neben der **Ausgangssituation** und den **Quellen M 1** und **M 2** in der **Anlage 2** liegen die beiden folgenden Informationen vor:

Information 1:

Aus der Abteilung Kosten- und Leistungsrechnung stehen aus dem **Geschäftsjahr 2018** folgende Daten zur Verfügung:

Produkte	**1**	**2**	**3**	**4**	**Summe**
	Mobilvan	**Mobilmikro**	**Mobilflexi**	**Mobilhybrid**	
Produktions- und Absatzmenge in Stück	10.000	50.000	25.000	5.000	
Variable Stückkosten in €/Stück	20.000	4.000	7.000	17.000	
Stückpreis in €/Stück	25.000	10.000	15.000	18.000	
Umsatzentwicklung	fallend	stark steigend	stagnierend	steigend	
Gewinnentwicklung	fallend	stark steigend	leicht rückläufig	leicht steigend	
Gesamte Fixkosten in €					250.000.000

Information 2:

Ein unabhängiges Marktforschungsinstitut hat für das **Geschäftsjahr 2019** folgende Daten prognostiziert:

Produktgruppe	**Mobilvan (V) (Familienauto)**	**Mobilmikro (M) (Stadtauto)**	**Mobilflexi (F) (Mittelklasseauto)**	**Mobilhybrid (H) (Autos mit Hybridmotor)**	**Mobilelektro (E) (Autos mit Elektromotor)**
Marktwachstum (Gesamtmarkt)	2 %	16 %	7 %	13 %	12 %
Relativer Marktanteil	0,45	1,10	1,50	0,50	0,20
Umsatzanteile in %	17 %	43 %	30 %	9 %	1 %

	Aufgabenstellung	Punkte
1.1	**Berechnen** Sie das Betriebsergebnis gemäß der Angaben in **Information 1** für das Stammwerk München im Geschäftsjahr 2018 mithilfe der Deckungsbeitragsrechnung in der **Anlage 1.**	8
1.2	**Erstellen Sie** auf der Grundlage der Daten aus **Information 2** eine Marktwachstums-Marktanteils-Matrix für die 5 Produkte des Stammwerkes München in **Anlage 1.** Orientieren Sie sich bei der Kreisgröße am prozentualen Umsatz.	6
1.3	**Beschreiben Sie** die grundsätzlich in den Matrixfeldern anzuwendenden produktpolitischen Marketingstrategien.	12
1.4	**Analysieren Sie** das Produktionsprogramm des Stammwerkes München unter Einbeziehung der **Ergebnisse aus 1.1 und 1.2**, der **Ausgangssituation** sowie der **Quellen M 1** und **M 2 (Anlage 2)** ausführlich.	24
1.5	**Entwickeln Sie** jeweils zwei produktpolitische Maßnahmen für den Mobilmikro, -flexi und -van.	6

Aufgabe 2 (56 Punkte)

Im Werk in **Frankfurt am Main** werden hochwertige Fußmatten für Fahrzeuge hergestellt. Aus Wettbewerbsgründen plant die Unternehmensleitung jedoch eine Produktionsverlagerung nach Mumbai (Indien). Dazu würden zwar zunächst ca. 5 Mio. € an Kapital benötigt, dieses könnte aber durch die Aufnahme eines Darlehens bei der Bank finanziert werden.[1] Herr Stark, Vorstandsmitglied der Mobil AG, meint, dass sich die Produktionsverlagerung langfristig lohne. Während er das Werk in Frankfurt am Main schließen möchte, kämpft der Betriebsrat, vertreten durch Herrn Fuchs, für den Fortbestand des Produktionsstandortes Frankfurt am Main.

Um die Diskussionsgrundlagen vorzubereiten, liegen der Abteilung Controlling folgende geschätzte Daten für das Geschäftsjahr 2019 vor:

Angaben	Frankfurt a. M.	Mumbai
hergestellte und abgesetzte Menge in Stück	500.000	500.000
Bearbeitungszeit/Stück in Minuten/Stück	15,16[2]	17,02[2]
durchschnittlicher Nettoverkaufspreis in €/Stück	31	27
Fixkosten in € (ohne Fremdkapitalzinsen)	10.000.000	7.000.000
jährlich benötigte Mitarbeiterzahl in der Produktion	73	63
geleistete Arbeitsstunden je Mitarbeiter pro Jahr[3]	1.731	2.251
durchschnittlich eingesetztes Eigenkapital in €	5.000.000	5.000.000
durchschnittlich eingesetztes Fremdkapital in €	5.000.000	10.000.000
Fremdkapitalzinsen (Fixkosten)	3 %	3 %
Lohnkosten pro Stunde und Mitarbeiter[3] einschließlich geschätzter Sozialkosten	17,47	0,51
Materialkosten in € je Stück	6	5

1 Die Kosten für die Produktionsverlagerung sind in den Angaben enthalten.

2 Wert gerundet.

3 www.ubs.com/global/de/wealth_management_research/prices_earnings.

	Aufgabenstellung	Punkte
2.1	Zur Vorbereitung dieser Entscheidung sollen verschiedene Kennzahlen zum Produktionscontrolling herangezogen werden. **Ermitteln Sie** mithilfe der vorliegenden Angaben ➢ die Wirtschaftlichkeit, ➢ die Arbeitsproduktivität je Stunde, ➢ die Eigen- und Gesamtkapitalrentabilität sowie ➢ die Gewinnschwelle für die Werke in Frankfurt am Main und in Mumbai und **vergleichen Sie** die Ergebnisse miteinander.	20 8
2.2	**Analysieren Sie** mögliche Ursachen für die unterschiedlichen Umsatzerlöse und Kostenbestandteile in den Werken Frankfurt am Main bzw. Mumbai.	12
2.3	Herr Stark und Herr Fuchs sind sich hinsichtlich der Produktionsverlagerung des Werkes von Frankfurt am Main nach Mumbai nicht einig. **Prüfen Sie** die Standpunkte von Herrn Stark und Herrn Fuchs.	12
2.4	Der Vorstand der Mobil AG lässt sich von den Einwänden des Betriebsrates überzeugen und hat sich gegen eine Produktionsverlagerung nach Mumbai entschieden. Allerdings ist er der Meinung, dass sich insbesondere die Wirtschaftlichkeit im Werk Frankfurt am Main verbessern muss, damit die Mobil AG dem Wettbewerbsdruck langfristig standhalten kann. **Nennen Sie** vier Maßnahmen zur Verbesserung der Wirtschaftlichkeit.	4

Aufgabe 3 (68 Punkte)

Schließlich stehen in der Mobil AG zum Jahresabschluss des Geschäftsjahres 2018 noch einige Entscheidungen zur Bewertung einzelner Vermögens- und Schuldenpositionen an, um die Bilanz nach handelsrechtlichen Vorschriften zu erstellen.

	Aufgabenstellung	Punkte
3.1	Für die in 3.1.1 bis 3.1.5 dargestellten Vermögens- bzw. Schuldenpositionen sind jeweils die folgenden Arbeitsaufträge zu bearbeiten: **Ermitteln Sie** auf der Grundlage der handelsrechtlichen Vorschriften **(Anlage 3)** die Wertansätze zum 31. 12. 2018 in der Mobil AG und **entscheiden Sie** sich auf der Grundlage der handelsrechtlichen Vorschriften sowie unter Berücksichtigung der bilanzpolitischen Zielsetzung des Vorstandes der Mobil AG für einen Wertansatz.	18 34
3.1.1	Die Mobil AG hat am 01. 10. 2018 Rohstoffe bestellt, die am 01. 02. 2019 geliefert werden. Mit der Lieferung wird der Rechnungsbetrag in Höhe von 100.000,00 € netto fällig. Am 31. 12. 2018 stellt der Buchhalter der Mobil AG fest, dass die Rohstoffpreise gesunken sind und die Rohstoffe nun zum 31. 12. 2018 für nur 90.000,00 € netto zum Liefertermin am 01. 02. 2019 bestellt werden könnten.	1 (I)/ 4 (III)
3.1.2	Die Abschreibung einer Stanzmaschine, die am 13. 06. 2018 angeschafft wurde, ist zum 31. 12. 2018 noch nicht gebucht worden. Die Maschine hat eine betriebsgewöhnliche Nutzungsdauer von 8 Jahren, die bilanzielle Abschreibung erfolgt linear. Die Stanzmaschine wurde zum Listeneinkaufspreis in Höhe von 155.000,00 € netto (zuzgl. 19 % USt) erworben. Der Lieferer gewährte einen Rabatt in Höhe von 5 % auf den Listeneinkaufspreis. Zusätzlich fielen Transportkosten in Höhe von 1.200,00 € netto sowie Montagekosten in Höhe von 1.071,00 € einschließlich 19 % Umsatzsteuer an.	4 (I)/ 5 (III)

	Aufgabenstellung	Punkte
3.1.3	Die Mobil AG hat den Wert der im Laufe des Jahres 2018 selbst erstellten unfertigen Erzeugnisse noch nicht ermittelt. Folgende Daten sind gegeben:	5 (I)/ 8 (III)

Fertigungsmaterial	1.000.000,00 EUR
Fertigungslöhne	1.400.000,00 EUR
Sondereinzelkosten der Fertigung	400.000,00 EUR
Materialgemeinkostenzuschlagssatz	10 %
Fertigungsgemeinkostenzuschlagssatz	120 %
Verwaltungsgemeinkostenzuschlagssatz	12,0 %
Vertriebsgemeinkostenzuschlagssatz	9,2 %

	Die Ermittlung der Zuschlagssätze erfolgte unter Berücksichtigung angemessener Teile der Gemeinkosten. Das eingekaufte Material wurde unter Abzug von 2 % Skonto bezahlt. Diese Tatsache wurde noch nicht berücksichtigt.	
3.1.4	Die Mobil AG hat am 02. 01. 2018 zum Kaufpreis von 1.500.000,00 € ein zum Stammwerk in München benachbartes und mit einer Fabrikhalle bebautes Grundstück gekauft, um eine geplante Betriebserweiterung umzusetzen. Die Fabrikhalle wird im Kaufvertrag mit einem Wert in Höhe von 500.000,00 EUR ausgewiesen. An Grunderwerbsteuern fielen zusätzlich 3,5 % des Kaufpreises an, der Bruttorechnungsbetrag des Notars betrug insgesamt 10.710,00 €. Jährlich sind für dieses bebaute Grundstück Grundsteuern in Höhe von 3.000,00 € zu zahlen. Die Fabrikhalle hat eine betriebsgewöhnliche Nutzungsdauer von 25 Jahren.	6 (I)/ 9 (III)
3.1.5	Die Mobil AG erhielt im November 2018 eine Lieferung Stahl von ihrem Lieferanten, der China Steel Ltd. aus Peking. Der Rechnungsbetrag beläuft sich auf 5.000.000 Chinesische Renminbi Yuan, Zahlungsziel 3 Monate. Der Devisenkurs (Devisenkassamittelkurs) betrug bei Lieferung im November 2018 7,70 Chinesische Renminbi Yuan/€. Zum Bilanzstichtag ist der Rechnungsbetrag noch nicht beglichen, der Devisenkurs beträgt 7,80 Chinesische Renminbi Yuan/€.	2 (I)/ 8 (III)
3.2	Bei der Erstellung des Jahresabschlusses 2018 sollen mögliche handelsrechtliche Bewertungsspielräume so genutzt werden, dass ein möglichst hoher Gewinnausweis erreicht wird. **Erläutern Sie,** inwiefern der Mobil AG durch das Anschaffungswert-, das Höchstwert-, das Realisations- und das Imparitätsprinzip dabei Grenzen gesetzt sind.	16 (II)

Viel Erfolg !!!

19 Winkler - ISBN 978-3-8120-0374-2

Anlage 1 (zu den Arbeitsaufträgen 1.1 und 1.2):

Anlage zu Aufgabe 1.1:

Produkte	1	2	3	4	Summe
	Mobilvan	Mobilmikro	Mobilflexi	Mobilhybrid	

Anlage zu Aufgabe 1.2:

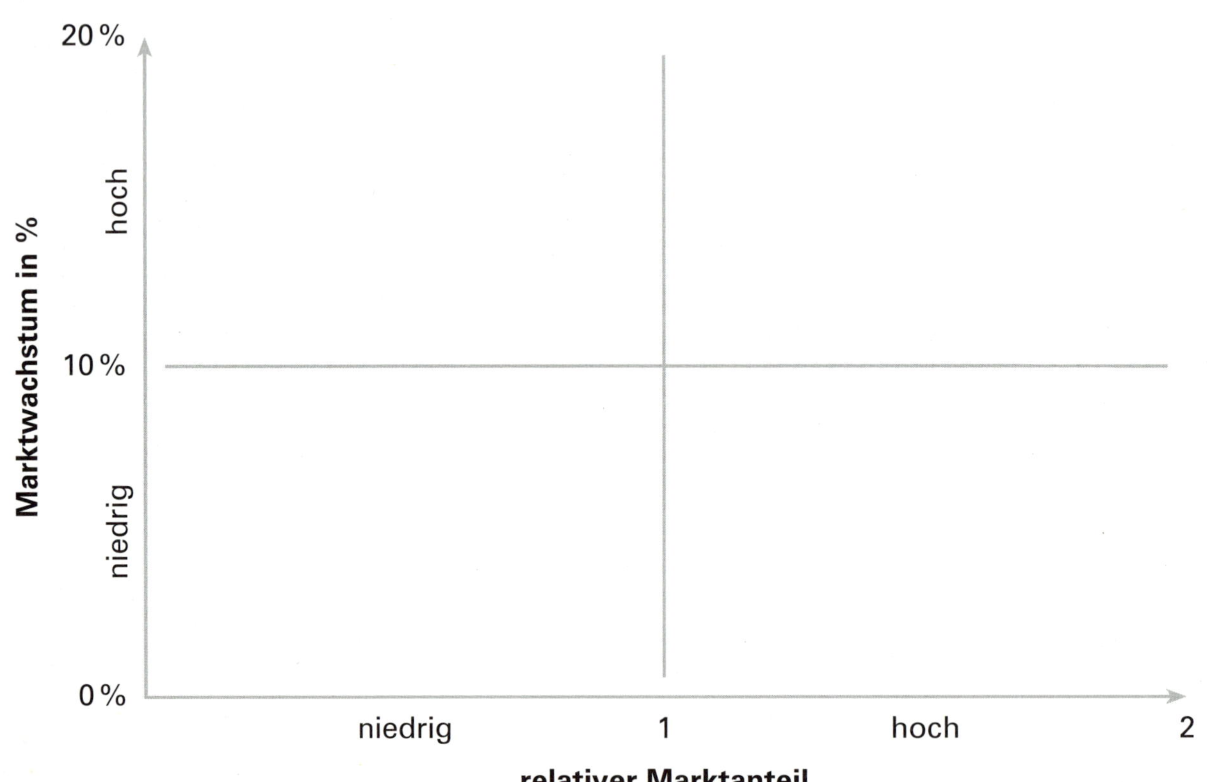

Anlage 2 (zu Arbeitsauftrag 1.4):

Quelle M1

Deutsche kaufen mehr E-Autos als je zuvor, China an der Spitze[1]

[...] Der Trend hin zur Elektromobilität hält an. In den ersten acht Monaten des Jahres 2017 stieg der Absatz batteriebetriebener Elektroautos weltweit um 52 Prozent auf insgesamt 339.419 Fahrzeuge. Dies geht aus dem internationalen Trendbericht zur E-Mobilität von PwC Autofacts hervor.

Laut der Untersuchung erhöhten sich zudem die Auslieferungen von Hybriden ohne externe Lademöglichkeit um 36 Prozent auf 541.526 Fahrzeuge. Der Absatz von Plug-in-Hybriden mit externer Ladevorrichtung legte um 21,2 Prozent auf 182.655 Fahrzeuge zu. Verglichen mit dem Absatz von Fahrzeugen mit Verbrennungsmotor machen die alternativen Antriebe zwar weiter nur einen Bruchteil der Neuzulassungen weltweit aus, die Zuwächse sind jedoch konstant hoch.

„Die Internationale Automobil-Ausstellung in Frankfurt hat gezeigt, dass E-Mobilität sich mittel- bis langfristig zum neuen Branchenstandard entwickeln könnte. Nahezu alle Hersteller weltweit fokussieren sich mittlerweile auf dieses Thema und haben auf der Leitmesse innovative Elektro- oder Hybridmodelle sowie neue Technologien präsentiert", resümiert Felix Kuhnert, Partner und Global Automotive Leader bei PwC.

In den USA stieg die Zahl der Plug-in-Hybriden in den ersten acht Monaten des Jahres um 35,4 Prozent auf 57.920 Fahrzeuge. Das größte Segment bildet in den USA der klassische Hybrid mit 241.653 Fahrzeugen und einem Zuwachs von 6,8 Prozent. [...]

Quelle M2

E-Auto-Kaufprämie auf 8.000 Euro?[2]

Die kommende Regierung fasst eine Erhöhung der Kaufprämie für E- und Hybridautos ins Auge. Schon mehr als 50.000 Anträge auf Umweltbonus wurden bislang gestellt.

Im Ringen um bessere Luft in den Städten hat die SPD eine Kaufprämie von 8.000 Euro für Taxen und Lieferfahrzeuge ins Gespräch gebracht. Im Koalitionsvertrag haben Union und SPD zwar eine Erhöhung der Elektroauto-Kaufprämie für Taxis und leichte Nutzfahrzeuge vereinbart, aber noch keine konkrete Summe genannt. Die 2016 eingeführte Prämie beträgt bislang für reine Elektroautos („vollelektrisch") 4.000 Euro, für Plug-in-Hybridautos sind es 3.000 Euro. Finanziert wird dies je zur Hälfte vom Bund und vom jeweiligen Hersteller. Die Nachfrage ist bisher eher schleppend. Im Koalitionsvertrag haben Union und SPD unter anderem vereinbart, bis 2020 mindestens 100.000 zusätzliche Ladepunkte für E-Fahrzeuge zu fördern. Die wenigen Ladepunkte in Deutschland gelten als ein wichtiges Hindernis auf dem Weg zur Verbreitung von E-Autos.

Bis zum 31. Januar 2018 wurden exakt 50.963 Anträge auf den Umweltbonus beim zuständigen Bundesamt für Ausfuhrkontrolle (BAFA) gestellt. Damit wurde seit Einführung der Prämie im Juli 2016 erstmals die Marke von 50.000 Autos übersprungen. Davon fallen 29.465 Anträge auf 4.000 Euro Zuschuss für reine E-Autos, 21.482 Anträge auf 3.000 Euro Zuschuss für Plug-in-Hybride und 16 für Brennstoffzellenfahrzeuge. Mit dem Fördervolumen von knapp 182 Millionen Euro sind erst 15 Prozent der zur Verfügung stehenden 1,2 Milliarden Euro ausgeschöpft. Die Kaufprämie zur Förderung von Elektromobilität in Deutschland endet nach jetzigem Stand am 30. Juni 2019.

1 Quelle: https://www.automobilwoche.de/article/20171025/NACHRICHTEN/310259952/analyse-weltweiter-neuzulassungen-alternativer-antriebe-deutsche-kaufen-mehr-e-autos-als-je-zuvor-china-an-der-spitze, Mittwoch, 25. Oktober 2017, 13:15 Uhr

2 Quelle: http://www.autobild.de/artikel/e-autos-kaufpraemie-foerderung-und-antragsformular-8535657.html, 12.02.2018

Anlage 3 (zu Aufgabe 3): Auszug aus dem Handelsgesetzbuch:[1]

§ 249 Rückstellungen

(1) Rückstellungen sind für ungewisse Verbindlichkeiten und für drohende Verluste aus schwebenden Geschäften zu bilden. Ferner sind Rückstellungen zu bilden für

1. im Geschäftsjahr unterlassene Aufwendungen für Instandhaltung, die im folgenden Geschäftsjahr innerhalb von drei Monaten, oder für Abraumbeseitigung, die im folgenden Geschäftsjahr nachgeholt werden,

2. Gewährleistungen, die ohne rechtliche Verpflichtung erbracht werden.

(2) Für andere als die in Absatz 1 bezeichneten Zwecke dürfen Rückstellungen nicht gebildet werden. Rückstellungen dürfen nur aufgelöst werden, soweit der Grund hierfür entfallen ist.

§ 252 Allgemeine Bewertungsgrundsätze

(1) Bei der Bewertung der im Jahresabschluss ausgewiesenen Vermögensgegenstände und Schulden gilt insbesondere Folgendes:

1. Die Wertansätze in der Eröffnungsbilanz des Geschäftsjahrs müssen mit denen der Schlussbilanz des vorhergehenden Geschäftsjahrs übereinstimmen.

2. Bei der Bewertung ist von der Fortführung der Unternehmenstätigkeit auszugehen, sofern dem nicht tatsächliche oder rechtliche Gegebenheiten entgegenstehen.

3. Die Vermögensgegenstände und Schulden sind zum Abschlussstichtag einzeln zu bewerten.

4. Es ist vorsichtig zu bewerten, namentlich sind alle vorhersehbaren Risiken und Verluste, die bis zum Abschlussstichtag entstanden sind, zu berücksichtigen, selbst wenn diese erst zwischen dem Abschlussstichtag und dem Tag der Aufstellung des Jahresabschlusses bekanntgeworden sind; Gewinne sind nur zu berücksichtigen, wenn sie am Abschlussstichtag realisiert sind.

5. Aufwendungen und Erträge des Geschäftsjahrs sind unabhängig von den Zeitpunkten der entsprechenden Zahlungen im Jahresabschluss zu berücksichtigen.

6. Die auf den vorhergehenden Jahresabschluss angewandten Bewertungsmethoden sind beizubehalten.

(2) Von den Grundsätzen des Absatzes 1 darf nur in begründeten Ausnahmefällen abgewichen werden.

§ 253 Zugangs- und Folgebewertung

(1) Vermögensgegenstände sind höchstens mit den Anschaffungs- oder Herstellungskosten, vermindert um die Abschreibungen nach den Absätzen 3 bis 5, anzusetzen. Verbindlichkeiten sind zu ihrem Erfüllungsbetrag und Rückstellungen in Höhe des nach vernünftiger kaufmännischer Beurteilung notwendigen Erfüllungsbetrages anzusetzen. (...)

(3) Bei Vermögensgegenständen des Anlagevermögens, deren Nutzung zeitlich begrenzt ist, sind die Anschaffungs- oder die Herstellungskosten um planmäßige Abschreibungen zu vermindern. Der Plan muss die Anschaffungs- oder Herstellungskosten auf die Geschäftsjahre verteilen, in denen der Vermögensgegenstand voraussichtlich genutzt werden kann. Kann in Ausnahmefällen die voraussichtliche Nutzungsdauer eines selbst geschaffenen immateriellen Vermögensgegenstands des Anlagevermögens nicht verlässlich geschätzt werden, sind planmäßige Abschreibungen auf die Herstellungskosten über einen Zeitraum von zehn Jahren vorzunehmen. Satz 3 findet auf einen entgeltlich erworbenen Geschäfts- oder Firmenwert entsprechende Anwendung. Ohne Rücksicht darauf, ob ihre Nutzung zeitlich begrenzt ist, sind bei Vermögensgegenständen des Anlagevermögens bei voraussichtlich dauernder Wertminderung außerplanmäßige Abschreibungen vorzunehmen, um diese mit dem niedrigeren Wert anzusetzen, der ihnen am Abschlussstichtag beizulegen ist. Bei Finanzanlagen können außerplanmäßige Abschreibungen auch bei voraussichtlich nicht dauernder Wertminderung vorgenommen werden.

§ 255 Bewertungsmaßstäbe

(1) Anschaffungskosten sind die Aufwendungen, die geleistet werden, um einen Vermögensgegenstand zu erwerben und ihn in einen betriebsbereiten Zustand zu versetzen, soweit sie dem Vermögensgegenstand einzeln zugeordnet werden können. Zu den Anschaffungskosten gehören auch die Nebenkosten sowie die nachträglichen Anschaffungskosten. Anschaffungspreisminderungen, die dem Vermögensgegenstand einzeln zugeordnet werden können, sind abzusetzen.

(2) Herstellungskosten sind die Aufwendungen, die durch den Verbrauch von Gütern und die Inanspruchnahme von Diensten für die Herstellung eines Vermögensgegenstands, seine Erweiterung oder für eine über seinen ursprünglichen Zustand hinausgehende wesentliche Verbesserung entstehen. Dazu gehören die Materialkosten, die Fertigungskosten und die Sonderkosten der Fertigung sowie angemessene Teile der Materialgemeinkosten, der Fertigungsgemeinkosten und des Werteverzehrs des Anlagevermögens, soweit dieser durch die Fertigung veranlasst ist. Bei der Berechnung der Herstellungskosten dürfen angemessene Teile der Kosten der allgemeinen Verwaltung sowie angemessene Aufwendungen für soziale Einrichtungen des Betriebs, für freiwillige soziale Leistungen und für die betriebliche Altersversorgung einbezogen werden, soweit diese auf den Zeitraum der Herstellung entfallen. Forschungs- und Vertriebskosten dürfen nicht einbezogen werden. [...]

(3) Zinsen für Fremdkapital gehören nicht zu den Herstellungskosten. Zinsen für Fremdkapital, das zur Finanzierung der Herstellung eines Vermögensgegenstands verwendet wird, dürfen angesetzt werden, soweit sie auf den Zeitraum der Herstellung entfallen; in diesem Falle gelten sie als Herstellungskosten des Vermögensgegenstands. [...]

§ 256a Währungsumrechnung

Auf fremde Währung lautende Vermögensgegenstände und Verbindlichkeiten sind zum Devisenkassamittelkurs am Abschlussstichtag umzurechnen. Bei einer Restlaufzeit von einem Jahr oder weniger sind § 253 Abs. 1 Satz 1 und § 252 Abs. 1 Nr. 4 Halbsatz 2 nicht anzuwenden.

---

1 http://www.gesetze-im-internet.de/hgb/index.html

Punkteverteilung Beispielklausur I: Abiturprüfung 2019:

Nr.	Beschreibung	Anforderungsbereich I	Punkte	Anforderungsbereich II	Punkte	Anforderungsbereich III	Punkte	Summe	Eigene Punktzahl
1.1	Berechnung Betriebsergebnis mit Deckungsbeitragsrechnung	X	8					8	
1.2	Erstellen Marktanteils-Marktwachstums-Portfolio			X	6			6	
1.3	Beschreibung grundsätzlicher produktpolitischer Marketingstrategien	X	12					12	
1.4	Analyse des Produktionsprogramms			X	24			24	
1.5	Entwicklung produktpolitischer Maßnahmen für M-Mikro, -Flexi, -Van					X	6	6	
	Summe Aufgabe 1		**20**		**30**		**6**	**56**	
2.1	Ermittlung/Vergleich der Kennzahlen/der Gewinnschwellen	X	20	X	8			28	
2.2	Analyse möglicher Ursachen			X	12			12	
2.3	Diskussion der Standpunkte					X	12	12	
2.4	Nennen von 4 Maßnahmen (Verbesserung der Wirtschaftlichkeit)	X	4					4	
	Summe Aufgabe 2		**24**		**20**		**12**	**56**	
3.1.	Ermittlung, Entscheidung für Wertansätze zum 31. 12. 2018	X	18			X	34	52	
3.2	Erläuterung Grenzen Bewertungsspielräume			X	16			16	
	Summe Aufgabe 3		**18**		**16**		**34**	**68**	
	Summe Punkte in Aufgaben		**62**		**66**		**52**	**180**	
	Prozent		34,44 %		36,67 %		28,89 %		
	Darstellungsleistung							**19**	
	Gesamtsumme							**199**	

Darstellungsleistung – aufgabenübergreifend

Hinweise zur Benotung

	Anforderungen	Punkte
1	**Strukturierte Darstellung** ➤ Der Prüfling gliedert die Lösung sachlogisch (ein „roter Faden" ist erkennbar) ➤ Der Prüfling stellt den Lösungsweg nachvollziehbar und stringent dar	**4**
2	**Einhaltung formaler Regeln** ➤ Der Prüfling stellt Inhalte bzw. Ergebnisse übersichtlich und gut lesbar dar ➤ Der Prüfling berücksichtigt formale Darstellungsregeln bei der Lösung in angemessener Weise	**8**
3	**Stilistische Qualität und Wortwahl** ➤ Der Prüfling ist in der Wortwahl präzise und differenziert (Ausdruck) ➤ Der Prüfling konstruiert Satzgefüge angemessen, wobei die Argumentation logische Zusammenhänge erkennen lässt	**3**
4	**Verwendung von Fachsprache** ➤ Der Prüfling verwendet Fachbegriffe problemgerecht ➤ Der Prüfling setzt fachliche Symbole, Formeln, Maßeinheiten sachgerecht ein	**4**

	Summe Darstellungsleistung	**19**

Notenfindung

%-Anteil erbrachter Leistung		Notenpunkte
von	bis	
95 %	100 %	15
90 %	<95 %	14
85 %	<90 %	13
80 %	<85 %	12
75 %	<80 %	11
70 %	<75 %	10
65 %	<70 %	9
60 %	<65 %	8
55 %	<60 %	7
50 %	<55 %	6
45 %	<50 %	5
40 %	<45 %	4
33 %	<40 %	3
27 %	<33 %	2
20 %	<27 %	1
0 %	<20 %	0

Hinweis:

Gemäß § 8 (4) APO-BK Anlage D führen gehäufte Verstöße gegen die sprachliche Richtigkeit in der deutschen Sprache und gegen die äußere Form zu einer Absenkung der Leistungsbewertung um bis zu zwei Notenpunkte.

7.2 Beispielklausur II: Abiturprüfung 2019

Profilbildender Leistungskurs

Fach Betriebswirtschaftslehre

Fachbereich Wirtschaft und Verwaltung

Bearbeitungshinweise:

- Nehmen Sie sich für die Lösung dieser Klausur 255 Minuten Zeit.
- Zum Arbeitsauftrag 2 stehen – anders als in den Abiturprüfungen – Excel-Tabellen zum Download bereit.
- Vergleichen Sie Ihre Ergebnisse mit den **Musterlösungen auf S. 206 ff.** und bewerten Sie Ihre Ergebnisse selbstständig mithilfe der nachfolgend beigefügten Punkteverteilung **(S. 160 f.).**

Beschreibung der Ausgangssituation der Fit & Fun AG

Die Fit & Fun AG (kurz Fifu AG) stellt Nahrungsergänzungsprodukte für den Kraftsport sowie Hantel-Stationen her, die an Fitnessstudios verkauft werden. Die Aktien der Fifu AG werden an der Börse gehandelt.

Das Unternehmen verfolgt das Ziel, langfristig erfolgreich am Markt zu bestehen. Diesbezüglich ist die Unternehmensleitung auch sehr optimistisch, da gemäß einer Studie[1] Fitnessclubs seit Ende 2010 mehr Mitglieder zählen als der bislang größte deutsche Sportbund, der DFB.[2] Aufgrund dieser Entwicklung sind die Zukunftsaussichten in der Branche positiv. Diese Tendenz spiegelt sich auch in einer guten geschäftlichen Lage der Fifu AG wider. Fortschreitend guter Erfolg führt jedoch auch dazu, dass langfristig Erweiterungsinvestitionen anstehen. Bei wirtschaftlichen Entscheidungen spielen für den Vorstand auch soziale und ökologische Aspekte eine wichtige Rolle.

In der Fifu AG stehen zunächst einige preispolitische Entscheidungen an.

Der Forschungs- und Entwicklungsabteilung der Fifu AG ist es gelungen, ein nahezu kalorienfreies Proteinpulver, das „Power-muscle-zero“ (kurz: PMZ) zu entwickeln. Mit der Herstellung dieses Produktes soll kurzfristig begonnen werden. In der Marketingabteilung ist eine Diskussion um eine geeignete Strategie zur Bestimmung des Einführungspreises für das neue Proteinpulver entstanden.

Außerdem ist der Marketingleiter der Ansicht, dass der Gewinn durch Preisdifferenzierung bei den herkömmlichen Nahrungsergänzungsprodukten gesteigert werden könnte.

Auf dem Markt der Hersteller für Hantel-Stationen haben sich die Fifu AG sowie einige, wenige andere Konkurrenzunternehmen etabliert, die zusammen ca. 80 % des deutschen Marktes beliefern. Eine Preiserhöhung soll hier zu einer weiteren Verbesserung der Erfolgssituation führen **(Aufgabe 1).**

Für die Herstellung des neuen Proteinpulvers „Power-muscle-zero“ muss eine weitere Produktionsanlage angeschafft werden. Diese Investitionsentscheidung soll mithilfe der statischen und dynamischen Verfahren der Investitionsrechnung getroffen werden **(Aufgabe 2).**

Schließlich müssen Entscheidungen zur Verwendung des Jahresüberschusses 2018 und in diesem Zusammenhang zur Finanzierung zukünftiger Investitionen, zu denen u. a. die benötigte Produktionsanlage für das neue Proteinpulver „Power-muscle-zero“ gehört, getroffen werden **(Aufgabe 3).**

Hinweis:
Rechnerische Lösungen sind auf zwei Stellen hinter dem Komma kaufmännisch zu runden. Rechenwege sind nachvollziehbar anzugeben.

1 http://www.creditreformmuenchen.de/Deutsch/Creditreform/Presse/Archiv/Branchenreport_Fitnesswirtschaft/2011/Branchenreport_Fitness wirtschaft_2011.pdf vom 08. 11. 2011.

2 Deutscher Fußball Bund e. V.

Aufgabe 1 (55 Punkte)

	Aufgabenstellung	Punkte
1.1	Für das neue Produkt, das nahezu kalorienfreie Proteinpulver **„Power-muscle-zero" (PMZ),** existieren in der Marketingabteilung der Fifu AG unterschiedliche Meinungen hinsichtlich der Festsetzung des Einführungspreises. Während sich Herr Müller für die Skimming-Strategie einsetzt, meint Herr Schmidt, dass die Penetrationspreis-Strategie langfristig erfolgversprechender sei.	
1.1.1	**Beschreiben Sie** die Preisentwicklung bei der Skimming- und der Penetrationspreis-Strategie.	6
1.1.2	**Vergleichen Sie** die unterschiedlichen Standpunkte von Herrn Müller und Herrn Schmidt.	8
1.1.3	**Unterbreiten Sie** der Geschäftsleitung einen **Entscheidungsvorschlag** für eine geeignete Preisstrategie.	3
1.2	An **herkömmlichen Nahrungsergänzungsprodukten** für den Kraftsport bietet die Fifu AG bislang folgendes Produktions- und Absatzprogramm an: ➤ Proteinpulver für Milchshakes in den Geschmacksrichtungen Vanille, Erdbeere und Schokolade in 500-Gramm-Packungen ➤ Müsli-Power-Riegel mit Nüssen Der Marketingleiter ist der Ansicht, dass der Gewinn durch Preisdifferenzierung dieser Produkte noch gesteigert werden kann.	
1.2.1	**Erklären Sie** das Prinzip der Preisdifferenzierung.	6
1.2.2	**Entwickeln Sie** drei Vorschläge für Preisdifferenzierung für die in 1.2 beschriebenen Produkte.	6
1.3	Um die Erfolgssituation für die Produktion und den Verkauf der **Hantel-Stationen** zu verbessern, soll eine Preiserhöhung erfolgen. Bislang konnte die Fifu AG jährlich 5.000 Hantel-Stationen zu einem Nettoverkaufspreis von 4.000 €/Stück absetzen. Die Marketingabteilung der Fifu AG hat in einer Studie herausgefunden, dass durch eine Preiserhöhung um 5 % die jährliche Nachfragemenge auf 4.500 Hantel-Stationen sinkt und rät dem Vorstand dringend von dem Vorhaben der Preiserhöhung ab. Die Kosten der Herstellung für die Hantel-Stationen verhalten sich wie folgt: variable Stückkosten je Hantel-Station: 500 €, jährliche Fixkosten: 12.000.000 €.	
1.3.1	**Berechnen Sie** den Gewinn vor und nach der Preiserhöhung sowie die Preiselastizität der Nachfrage.	12
1.3.2	**Erläutern Sie** Ihre Ergebnisse aus 1.3.1.	6
1.3.3	**Nehmen Sie** zum Vorschlag der Preissenkung mit dem Ziel der Verbesserung der Erfolgssituation in der Fifu AG unter Berücksichtigung der vorliegenden Marktform **Stellung.**	8

Aufgabe 2 (63 Punkte)

Da zur Herstellung des neuen Proteinpulvers „Power-muscle-zero" ein spezielles Filterverfahren notwendig ist, muss in der Fifu AG eine neue Produktionsanlage angeschafft werden.

Die Herstellung mit der Produktionsanlage in Angebot 2 ist zwar lohnintensiver, allerdings weist das mit dieser Anlage hergestellte Proteinpulver einen um 5 % höheren Proteingehalt als das mit Anlage 1 (Angebot 1) hergestellte Proteinpulver auf, wodurch ein höherer Stückerlös erzielt werden kann. Allerdings ist der Energieverbrauch der Produktionsanlage aus Angebot 1 geringer.

Für die Anschaffung der neuen Produktionsanlage zur Herstellung des neuen Proteinpulvers „Power-muscle-zero" liegen der Fifu AG zwei Angebote vor:[1]

	Angebot 1	Angebot 2
Anschaffungskosten	3.800.000 €	4.000.000 €
Nutzungsdauer	5 Jahre	4 Jahre
Jahreskapazität	2.000.000 Stück	2.500.000 Stück
Kalkulationszinssatz p. a.	6 %	6 %
jährliche Fixkosten ohne kalkulatorische Abschreibung und kalkulatorische Zinsen	150.000 €	100.000 €
Rohstoffaufwand je Stück	0,10 €/Stück	0,10 €/Stück
Lohnkosten je 1.000 Stück	100 €	200 €
sonstige variable Kosten bei Vollauslastung	200.000 €	250.000 €
Stückerlös	1,00 €/Stück	1,20 €/Stück

Weitere Informationen für die statische Investitionsrechnung:

Restwerte werden in die Berechnungen nicht einbezogen. Auf die Durchführung einer Differenzinvestition wird verzichtet. Aus Vereinfachungsgründen gehen Sie bei Ihren Berechnungen davon aus, dass der Anschaffungszeitpunkt der Produktionsanlage der 02.01.2019 ist. Die geplante Produktionsmenge im Jahr 2019 beträgt 1.800.000 Stück.

Weitere Informationen für die für die Anwendung der internen Zinssatzmethode:

Die angestrebte Mindestverzinsung beträgt 6 %. Die Ein- und Auszahlungen des Geschäftsjahres 2019 für Angebot 2 sind der statischen Investitionsrechnung für das Jahr 2019 zu entnehmen. Außerdem liegen folgende Daten vor:

Die Probierzinssätze (Kalkulationszinssätze) betragen 10 % und 14 %.

Jahr	geschätzte Einzahlungen Angebot 2	geschätzte Auszahlungen Angebot 2
2019	?	?
2020	2.200.000 €	850.000 €
2021	2.200.000 €	900.000 €
2022	2.250.000 €	940.000 €

1 Nur zur Information: Ein Stück entspricht 100 Gramm. Die Berechnungen führen Sie bitte in Stück durch.

20 Winkler - ISBN 978-3-8120-0374-2

	Aufgabenstellung	Punkte
2.1.1	**Überprüfen Sie** für die geplante Produktionsmenge die Vorteilhaftigkeit beider Alternativen mithilfe der Kosten-, Gewinn-, Rentabilitäts- und Amortisationsvergleichsrechnung im Geschäftsjahr 2019 (siehe Anlage 1).	18
2.1.2	**Beurteilen Sie** Ihre Ergebnisse aus 2.1.1.	12
2.2.1	**Ermitteln Sie** für Angebot 2 den internen Zinssatz wahlweise per Formel oder mathematisch (in Anlage 2).	16
2.2.2	**Erläutern Sie** Ihr Ergebnis aus 2.2.1.	4
2.2.3	Der interne Zinssatz für Angebot 1 beträgt 13,9 %. **Entscheiden Sie** sich anhand der vorliegenden Informationen für ein Angebot.	4
2.3	**Vergleichen Sie** allgemein die Aussagefähigkeit der statischen mit denen der dynamischen Methoden der Investitionsrechnung.	9

Aufgabe 3 (62 Punkte)

Die Fifu AG strebt an, notwendige Investitionen, zu denen u. a. die benötigte Produktionsanlage für das neue Proteinpulver „Power-muscle-zero" gehört, durch Innenfinanzierung aus eigenen Mitteln zu finanzieren. Der Finanzierungsbedarf für 2019 wird insgesamt auf 4,5 Mio. € geschätzt.

Auf dieser Grundlage bereiten Vorstand/Aufsichtsrat der Fifu AG den Jahresabschluss zum 31. 12. 2018 für die Hauptversammlung der Aktionäre vor.

Die Bilanz wurde gemäß handelsrechtlicher Bestimmungen vor Berücksichtigung der Verwendung des Jahresergebnisses erstellt:

Bilanz der Fit & Fun AG zum 31. 12. 2018 in €

Aktiva			Passiva
Bebaute Grundstücke	20.000.000	Gezeichnetes Kapital	26.500.000
Maschinen	18.100.000	Kapitalrücklagen	180.000
Vorräte	2.500.000	Gesetzliche Rücklagen	1.400.000
Forderungen a. L. u. L.	3.500.000	Andere freie Gewinnrücklagen	700.000
Liquide Mittel	1.174.000	Gewinnvortrag	40.000
		Jahresüberschuss	6.800.000
		Pensionsrückstellungen	28.000
		Kurzfristige Rückstellungen	30.000
		Darlehensschulden	9.000.000
		Verbindlichkeiten a. L. u. L.	596.000
Summe Aktiva	45.274.000	Summe Passiva	45.274.000

3.1 Zunächst sollen in der Fifu AG Möglichkeiten der Kapitalfreisetzung und der stillen (verdeckten) Selbstfinanzierung betrachtet werden.

	Aufgabenstellung	Punkte
3.1.1	**Beschreiben Sie** anhand von zwei Maßnahmen, wie durch Kapitalfreisetzung Mittel für Investitionen bereitgestellt werden könnten.	6
3.1.2	**Erläutern Sie** je anhand eines Beispiels, bezogen auf die Aktiv- und Passivseite der Bilanz, wie durch verdeckte Selbstfinanzierung stille Rücklagen gesetzlich erzwungen sein können.	12
3.1.3	**Nennen Sie** zwei Vorteile aus der Perspektive des Vorstands der Fifu AG, die eine verdeckte (stille) Selbstfinanzierung gegenüber der offenen Selbstfinanzierung hätte.	4

3.2 Es wird angenommen, dass in der Fifu AG im Geschäftsjahr 2019 insgesamt 615.000 € durch die Maßnahmen der Kapitalfreisetzung finanziert werden können. Den Restbetrag in Höhe von 3.885.000 € zur Finanzierung des Investitionsbedarfs möchten Vorstand/Aufsichtsrat durch offene Selbstfinanzierung finanzieren.

	Aufgabenstellung	Punkte
3.2.1	**Berechnen Sie** unter Anwendung der Vorschriften aus dem Aktiengesetz (Anlage 3) die Obergrenze der offenen Selbstfinanzierung (minimaler Bilanzgewinn), soweit Vorstand und Aufsichtsrat darüber beschließen.	10
3.2.2	**Unterbreiten Sie** der Hauptversammlung der Aktionäre **einen Vorschlag,** in welcher Höhe eine Dividendenausschüttung insgesamt und je 10-€-Aktie möglich ist, ohne die angestrebte Höhe der offenen Selbstfinanzierung in Höhe von 3.885.000 € zu gefährden.	8
3.2.3	Die Hauptversammlung der Aktionäre muss über die Verwendung des Bilanzgewinns entscheiden. Der Vorstand der Fifu AG konnte die Aktionäre davon überzeugen, den zur Finanzierung der Investitionen benötigten Restbetrag von 3.885.000 € durch die Bildung von offenen Rücklagen zu finanzieren. **Berechnen Sie** den Betrag, den die Hauptversammlung der Aktionäre aus dem Bilanzgewinn in die anderen freien Gewinnrücklagen einstellen muss.	6
3.2.4	Für die Fifu AG wäre auch eine Kreditfinanzierung infrage gekommen. Allerdings verlangen die Banken bei Kreditvergaben in Unternehmen der Fitnessbranche hohe Sicherheiten.	
	Beschreiben Sie das Zahlungsausfallrisiko und die Zahlungsverzugsdauer in der Fitnessbranche anhand der Informationen aus Anlage 4 und	4
	erläutern Sie jeweils drei Vor- und Nachteile der offenen Selbstfinanzierung, zu der sich der Vorstand der Fifu AG entschieden hat.	12

Viel Erfolg !!!

Anlage 1 (zu Arbeitsauftrag 2.1.1)

Statische Verfahren der Investitionsrechnung		**Angebot 1**	**Angebot 2**
Kostenvergleichsrechnung im Jahr 2019 für 1.800.000 Stück	**Lösungsweg für Angebot 1**		

Anlage 2 (zu Arbeitsauftrag 2.2.1)

Angebot 2								
Datum	**Jahr**	**einzahlungs-wirksame Erlöse in €**	**auszahlungs-wirksame Kosten in €**	**geschätzte Einzah-lungsüber-schüsse in €**	**Abzin-sungs-faktor (i = 10 %)**	**Barwert in € (i = 10 %)**	**Abzin sungs-faktor (i = 14 %)**	**Barwert in € (i = 14 %)**
Anschaffungszeitpunkt 02.01.2019	0		?		?		?	
31.12.2019	1	?	?		0,909091		0,877193	
31.12.2020	2	2.200.000,00	850.000,00		0,826446		0,769468	
31.12.2021	3	2.200.000,00	900.000,00		0,751315		0,674972	
31.12.2022	4	2.250.000,00	940.000,00		0,683013		0,592080	
Kapitalwert								

Anlage 3 (zu Aufgabe 3.2) Auszug aus dem Aktiengesetz:[1]

§ 58 Verwendung des Jahresüberschusses

(1) Die Satzung kann nur für den Fall, dass die Hauptversammlung den Jahresabschluss feststellt, bestimmen, dass Beträge aus dem Jahresüberschuss in andere Gewinnrücklagen einzustellen sind. Auf Grund einer solchen Satzungsbestimmung kann höchstens die Hälfte des Jahresüberschusses in andere Gewinnrücklagen eingestellt werden. Dabei sind Beträge, die in die gesetzliche Rücklage einzustellen sind, und ein Verlustvortrag vorab vom Jahresüberschuss abzuziehen.

(2) Stellen Vorstand und Aufsichtsrat den Jahresabschluss fest, so können sie einen Teil des Jahresüberschusses, höchstens jedoch die Hälfte, in andere Gewinnrücklagen einstellen. Die Satzung kann Vorstand und Aufsichtsrat zur Einstellung eines größeren oder kleineren Teils des Jahresüberschusses ermächtigen. Auf Grund einer solchen Satzungsbestimmung dürfen Vorstand und Aufsichtsrat keine Beträge in andere Gewinnrücklagen einstellen, wenn die anderen Gewinnrücklagen die Hälfte des Grundkapitals übersteigen oder soweit sie nach der Einstellung die Hälfte übersteigen würden. Absatz 1 Satz 3 gilt sinngemäß.

(2a) Unbeschadet der Absätze 1 und 2 können Vorstand und Aufsichtsrat den Eigenkapitalanteil von Wertaufholungen bei Vermögensgegenständen des Anlage- und Umlaufvermögens und von bei der steuerrechtlichen Gewinnermittlung gebildeten Passivposten, die nicht im Sonderposten mit Rücklageanteil ausgewiesen werden dürfen, in andere Gewinnrücklagen einstellen. Der Betrag dieser Rücklagen ist entweder in der Bilanz gesondert auszuweisen oder im Anhang anzugeben.

(3) Die Hauptversammlung kann im Beschluss über die Verwendung des Bilanzgewinns weitere Beträge in Gewinnrücklagen einstellen oder als Gewinn vortragen. Sie kann ferner, wenn die Satzung sie hierzu ermächtigt, auch eine andere Verwendung als nach Satz 1 oder als die Verteilung unter die Aktionäre beschließen.

(4) Die Aktionäre haben Anspruch auf den Bilanzgewinn, soweit er nicht nach Gesetz oder Satzung, durch Hauptversammlungsbeschluss nach Absatz 3 oder als zusätzlicher Aufwand auf Grund des Gewinnverwendungsbeschlusses von der Verteilung unter die Aktionäre ausgeschlossen ist.

§ 60 Gewinnverteilung

(1) Die Anteile der Aktionäre am Gewinn bestimmen sich nach ihren Anteilen am Grundkapital.

§ 150 Gesetzliche Rücklage. Kapitalrücklage

(1) In der Bilanz des nach den §§ 242, 264 des Handelsgesetzbuchs aufzustellenden Jahresabschlusses ist eine gesetzliche Rücklage zu bilden.

(2) In diese ist der zwanzigste Teil des um einen Verlustvortrag aus dem Vorjahr geminderten Jahresüberschusses einzustellen, bis die gesetzliche Rücklage und die Kapitalrücklagen nach § 272 Abs. 2 Nr. 1 bis 3 des Handelsgesetzbuchs zusammen den zehnten oder den in der Satzung bestimmten höheren Teil des Grundkapitals erreichen.

(3) Übersteigen die gesetzliche Rücklage und die Kapitalrücklagen nach § 272 Abs. 2 Nr. 1 bis 3 des Handelsgesetzbuchs zusammen nicht den zehnten oder den in der Satzung bestimmten höheren Teil des Grundkapitals, so dürfen sie nur verwandt werden

1. zum Ausgleich eines Jahresfehlbetrags, soweit er nicht durch einen Gewinnvortrag aus dem Vorjahr gedeckt ist und nicht durch Auflösung anderer Gewinnrücklagen ausgeglichen werden kann;

2. zum Ausgleich eines Verlustvortrags aus dem Vorjahr, soweit er nicht durch einen Jahresüberschuss gedeckt ist und nicht durch Auflösung anderer Gewinnrücklagen ausgeglichen werden kann.

(4) Übersteigen die gesetzliche Rücklage und die Kapitalrücklagen nach § 272 Abs. 2 Nr. 1 bis 3 des Handelsgesetzbuchs zusammen den zehnten oder den in der Satzung bestimmten höheren Teil des Grundkapitals, so darf der übersteigende Betrag verwandt werden

1. zum Ausgleich eines Jahresfehlbetrags, soweit er nicht durch einen Gewinnvortrag aus dem Vorjahr gedeckt ist;

2.zum Ausgleich eines Verlustvortrags aus dem Vorjahr, soweit er nicht durch einen Jahresüberschuss gedeckt ist; [...]

1 http://www.gesetze-im-internet.de/aktg/_150.html.

Anlage 4 (zu Arbeitsauftrag 3.2.4)

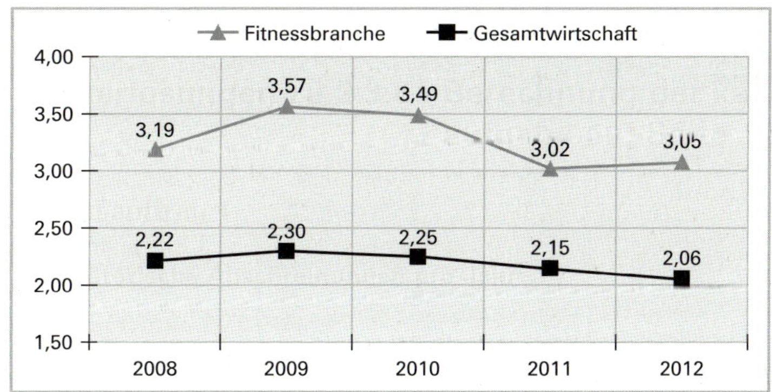

Quelle: M1: (Zahlungsausfallrisiko bzw. Insolvenzquote in Prozent)[1]

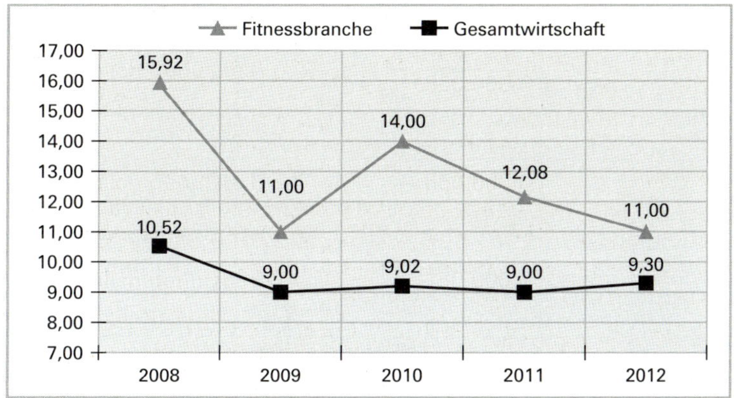

Quelle: M2: (Zahlungsverzugsdauer in Tagen)[2]

1 http://www.dresdencreditreform.de/files/fitnessreport_2013.pdf.

2 http://www.dresdencreditreform.de/files/fitnessreport_2013.pdf.

Punkteverteilung Beispielklausur II

Nr.	Beschreibung	Anforderungsbereich I	Punkte	Anforderungsbereich II	Punkte	Anforderungsbereich III	Punkte	Summe	Eigene Punktzahl
1.1.1	Beschreibung der Preisstrategien	X	6					6	
1.1.2	Vergleich der Standpunkte			X	8			8	
1.1.3	Unterbreitung Entscheidungsvorschlag					X	3	3	
1.2.1	Erklärung Preisdifferenzierung			X	6			6	
1.2.2	Entwicklung von drei Vorschlägen					X	6	6	
1.3.1	Berechnung Gewinn	X	6					6	
	Berechnung Preiselastizität	X	6					6	
1.3.2	Erläuterung der Ergebnisse			X	6			6	
1.3.3	Stellungnahme zum Vorschlag					X	8	8	
	Summe Aufgabe 1		**18**		**20**		**17**	**55**	
2.1.1	Überprüfung der Vorteilhaftigkeit			X	18			18	
2.1.2	Beurteilung der Ergebnisse aus 2.1.1					X	12	12	
2.2.1	Ermittlung interner Zinssatz	X	16					16	
2.2.2	Erläuterung Ergebnis aus 2.2.1			X	4			4	
2.2.3	Entscheidung für ein Angebot					X	4	4	
2.3	Vergleich Aussagefähigkeit			X	9			9	
	Summe Aufgabe 2		**16**		**31**		**16**	**63**	
3.1.1	Beschreibung Maßnahmen zur Kapitalfreisetzung	X	6					6	
3.1.2	Erläuterung Beispiele zur stillen Selbstfinanzierung			X	12			12	
3.1.3	Nennung von Vorteilen der stillen Selbstfinanzierung	X	4					4	
3.2.1	Berechnung des minimalen Bilanzgewinns	X	10					10	
3.2.2	Unterbreitung Vorschlag an HV der Aktionäre					X	8	8	
3.2.3	Berechnung Einstellung in Rücklage	X	6					6	
3.2.4	Beschreibung Zahlungsausfallrisiko, -verzugsdauer	X	4					4	
3.2.4	Erläuterung Vor-/Nachteile offene Selbstfinanzierung			X	12			12	
	Summe Aufgabe 3		**30**		**24**		**8**	**62**	
	Summe Punkte in Aufgaben		**64**		**75**		**41**	**180**	
	Prozent		35,56 %		41,67 %		22,78 %		
	Darstellungsleistung							**19**	
	Gesamtsumme							**199**	

Darstellungsleistung – aufgabenübergreifend

Hinweise zur Benotung

	Anforderungen	Punkte
1	**Strukturierte Darstellung** ➤ Der Prüfling gliedert die Lösung sachlogisch (ein „roter Faden" ist erkennbar) ➤ Der Prüfling stellt den Lösungsweg nachvollziehbar und stringent dar	4
2	**Einhaltung formaler Regeln** ➤ Der Prüfling stellt Inhalte bzw. Ergebnisse übersichtlich und gut lesbar dar ➤ Der Prüfling berücksichtigt formale Darstellungsregeln bei der Lösung in angemessener Weise	8
3	**Stilistische Qualität und Wortwahl** ➤ Der Prüfling ist in der Wortwahl präzise und differenziert (Ausdruck) ➤ Der Prüfling konstruiert Satzgefüge angemessen, wobei die Argumentation logische Zusammenhänge erkennen lässt	3
4	**Verwendung von Fachsprache** ➤ Der Prüfling verwendet Fachbegriffe problemgerecht ➤ Der Prüfling setzt fachliche Symbole, Formeln, Maßeinheiten sachgerecht ein	4
	Summe Darstellungsleistung	**19**

Notenfindung

%-Anteil erbrachter Leistung		Notenpunkte
von	**bis**	
95 %	100 %	15
90 %	<95 %	14
85 %	<90 %	13
80 %	<85 %	12
75 %	<80 %	11
70 %	<75 %	10
65 %	<70 %	9
60 %	<65 %	8
55 %	<60 %	7
50 %	<55 %	6
45 %	<50 %	5
40 %	<45 %	4
33 %	<40 %	3
27 %	<33 %	2
20 %	<27 %	1
0 %	<20 %	0

Hinweis:

Gemäß § 8 (4) APO-BK Anlage D führen gehäufte Verstöße gegen die sprachliche Richtigkeit in der deutschen Sprache und gegen die äußere Form zu einer Absenkung der Leistungsbewertung um bis zu zwei Notenpunkte.

21 Winkler - ISBN 978-3-8120-0374-2

1 Abiturschwerpunkt: Gliederung und Bewertung von Aktiva und Passiva

Musterlösungen zu 1.5.3: Bewertung von Vermögensgegenständen zur Trainingsaufgabe auf Seite 27 f.

Arbeitsauftrag 1

1.1

1.1.1

Berechnung (I) der Anschaffungskosten:

	Listenpreis, netto	500.000 €	
+	Transport/Verpackung, netto	12.000 €	Anschaffungsnebenkosten
+	Aufbau, netto	6.000 €	
–	4 % Sofortrabatt vom Listenpreis	20.000 €	Anschaffungspreisminderung
	Rechnungsbetrag, netto	498.000 €	
–	2 % Skonto (hier vom Nettorechnungsbetrag)	9.960 €	Anschaffungspreisminderung
=	Anschaffungskosten	488.040 €	

Die Finanzierungskosten gehören nicht zu den Anschaffungskosten.

1.1.2

Ermittlung (I) des Wertansatzes:

	Anschaffungskosten am 02.01.02	488.040 €	
–	planmäßige Abschreibung Jahr 02	48.804 €	
=	Wertansatz zum 31.12.02	439.236 €	(fortgeführte Anschaffungskosten)

Erläuterung (II) des Ergebnisses:

Die Metallpresse gehört zum abnutzbaren Anlagevermögen der Mobil AG. Daher muss sie gemäß § 253 (3) Satz 1 HGB planmäßig abgeschrieben werden (488.040 € : 10 Jahre = 48.804 €/Jahr). Da der Bedienungsfehler des Mitarbeiters behoben werden kann, handelt es sich nur um eine vorübergehende Wertminderung, sodass gem. § 253 (3) Satz 5 HGB zusätzlich zur planmäßigen Abschreibung keine außerplanmäßige Abschreibung vorgenommen werden darf.

1.2

1.2.1

Ermittlung (I) der Wertober-/-untergrenze:

Zunächst ist die Berechnung der Gemeinkostenzuschlagssätze notwendig:

Materialgemeinkostenzuschlagssatz	$\frac{240.000}{3.000.000} \cdot 100 = 8\,\%$
Fertigungsgemeinkostenzuschlagssatz	$\frac{5.040.000}{2.800.000} \cdot 100 = 180\,\%$
Verwaltungsgemeinkostenzuschlagssatz	$\frac{1.108.000}{(3\text{ Mio.} + 0{,}24\text{ Mio.} + 2{,}8\text{ Mio.} + 5{,}04\text{ Mio})} \cdot 100 = 10\,\%$

Da für Vertriebskosten ein Aktivierungsverbot besteht, kann auf die Ermittlung des Vertriebsgemeinkostenzuschlagssatzes verzichtet werden.

Für einen **Spezialsitz** gilt:

Materialeinzelkosten	10.000 €	
+ Fertigungseinzelkosten	15.000 €	
+ Sondereinzelkosten der Fertigung	–	
+ Materialgemeinkosten	800 €	(8 % von den MEK)
+ Fertigungsgemeinkosten	27.000 €	(180 % von den FEK)
= Wertuntergrenze der Herstellungskosten	52.800 €	
+ Verwaltungsgemeinkosten	5.280 €	(10 % von 52.800 €)
= Wertobergrenze der Herstellungskosten	58.080 €	

1.2.2

Beurteilung (III) der unterschiedlichen Gewinnauswirkung:

Der Ansatz der Wertobergrenze wirkt sich erfolgsneutral aus. Dem gesamten Herstellungsaufwand (aufwandsgleiche Selbstkosten) von 464.640 € (8 Sitze · 58.080 €) steht eine ebenso hohe aktivierte Eigenleistung gegenüber. Daher bleibt der Gewinn bei 2,5 Mio. €:

Soll		GuV (Wertobergrenze)	Haben
Bisher gebuchte Aufwendungen	10.000.000 €	Bisher gebuchte Erträge	12.500.000 €
Gesamter Aufwand der Herstellung	464.640 €	Aktivierte Eigenleistung	464.640 €
Gewinn	2.500.000 €		
	12.964.640 €		12.964.640 €

Der Ansatz der Wertuntergrenze wirkt sich dagegen gewinnmindernd aus, da dem gesamten Aufwand der Herstellung nur eine geringere aktivierte Eigenleistung von 422.400 € (8 Sitze · 52.800 €) gegenübersteht:

Soll		GuV (Wertuntergrenze)	Haben
Bisher gebuchte Aufwendungen	10.000.000 €	Bisher gebuchte Erträge	12.500.000 €
Gesamter Aufwand der Herstellung	464.640 €	Aktivierte Eigenleistung	422.400 €
Gewinn	2.457.760 €		
	12.922.400 €		12.922.400 €

Die Wertuntergrenze führt damit zu einem um 42.240 € geringeren Gewinnausweis als der Ansatz der Wertobergrenze. Da laut Ausgangssituation für das Geschäftsjahr 02 ein möglichst geringer Gewinnausweis angestrebt wird, sollte man den Ansatz der Wertuntergrenze wählen.[1]

1.3

Herausarbeiten (II) des Wertansatzes:

Die tragbaren Navigationsgeräte sind für die Mobil AG Handelswaren, da sie unverändert an die Kunden mit dem Kauf eines Fahrzeugs weiterverkauft werden. Damit gehören sie zum Umlaufvermögen. Die Bewertungsobergrenze stellen gemäß § 253 (1) HGB die Anschaffungskosten dar. Eine planmäßige Abschreibung ist nicht erlaubt. Allerdings gilt für das Umlaufvermögen das strenge Niederstwertprinzip gemäß § 253 (4) HGB, das besagt, dass sowohl für vorübergehende als auch für dauerhafte Wertminderungen außerplanmäßige Abschreibungen vorzunehmen sind.

Die Anschaffungskosten für die 200 am 31.12.02 noch vorhandenen Navigationsgeräte betragen 8.000 € (200 Stück · 40 €/Stück). Es muss eine außerplanmäßige Abschreibung in Höhe von 2.000 € (200 Stück · 10 €/Stück) auf 6.000 € vorgenommen werden.

1.4

Ermittlung (I) der Anschaffungskosten:

Kaufpreis	500.000 €
+ Grunderwerbsteuer	17.500 €
+ Maklerprovision (netto)	12.500 €
+ Beurkundung Grundstück	2.000 €
+ Eigentumsübertragung Grundbuch	1.500 €
= Anschaffungskosten	533.500 €

1 Unter Vernachlässigung der planmäßigen Abschreibung.

Da es sich bei der Vorsteuer um einen „durchlaufenden Posten" handelt, Finanzierungskosten gemäß § 255 I HGB nicht zu den Anschaffungskosten gehören und die Grundsteuer einen jährlich wiederkehrenden Aufwand darstellt, gehören diese Positionen nicht zu den Anschaffungskosten.[1]

Erläuterung des Wertansatzes:

Der Wertansatz zum Jahresabschluss 02 beträgt gemäß § 253 (1) HGB 533.500 €, da die Anschaffungskosten nicht überschritten werden dürfen. Da es sich um einen nicht abnutzbaren Vermögensgegenstand handelt, entfällt eine planmäßige Abschreibung.

2.1.5

Zum 31. 12. 01 durfte noch keine Aktivierung der Herstellkosten in Höhe von 1.200.000 € (12 Monate · 100.000 €) erfolgen, da zu diesem Zeitpunkt noch nicht sichergestellt war, dass die Entwicklung mit hoher Wahrscheinlichkeit zu einem Vermögensgegenstand führen würde. Die Herstellkosten für das Geschäftsjahr 01 sind daher als Aufwand gebucht worden.

Da am 30. 11. 02 ein erfolgreicher Projektabschluss für die Entwicklung der Batterie gelungen ist, könnte die Aktivierung der Entwicklung zum 01. 12. 02 gemäß § 248 (2) Satz 1 HBG mit 1.100.000 € (11 Monate · 100.000 €) erfolgen. Eine Nachaktivierung der im Geschäftsjahr 01 bereits als Aufwand gebuchten Herstellkosten in Höhe von 1.200.000 € ist nicht möglich. Sollte sich die Mobil AG für eine Aktivierung des selbst geschaffenen immateriellen Vermögensgegenstandes entscheiden, dann besteht die Pflicht zur planmäßigen Abschreibung gemäß § 253 (3) HGB. Die jährliche Abschreibung beträgt 137.500 € (1.100.000 €/8 Jahre). Da seit dem 01. 12. 02 eine Nutzung der Entwicklung der Batterie stattfindet, muss zum 31. 12. 02 eine planmäßige Abschreibung in Höhe von 11.458,33 € (137.500 €/Jahr/12 Monate/Jahr · 1 Monat) erfolgen. Der Buchwert zum 31. 12. 02 würde dann 1.088.541,67 € (1.100.000 € – 11.458,33 €) betragen.

Da die Mobil AG jedoch einen möglichst niedrigen Gewinnausweis anstrebt, wird sie von ihrem Aktivierungswahlrecht keinen Gebrauch machen. Eine sofortige Buchung der Entwicklungskosten als Aufwand führt zu einem geringeren Gewinnausweis als die Aktivierung mit anschließender planmäßiger Abschreibung.

Arbeitsauftrag 2

2.1

2.1.1

Beschreibung (I) des Vermögensgegenstandes:

Da die Stahlbau AG in Form von 2.000 Stammaktien eine Beteiligung an der Mobil AG besitzt, handelt es sich hier um die Vermögensart des nicht abnutzbaren Anlagevermögens, insbesondere handelt es sich um eine Finanzanlage. (Falls Aktien zu Spekulationszwecken gehalten werden, gehören sie zum Umlaufvermögen.)

Erläuterung (II) der anwendbaren Bewertungsprinzipien:

- **Anschaffungswertprinzip:** Gemäß § 253 (1) HGB bilden die Anschaffungs- bzw. Herstellungskosten die Obergrenze der Bewertung. Daher dürfen die Finanzanlagen höchstens mit 166.000 € (83 €/Aktie · 2.000 Aktien) bewertet werden.
- **Gemildertes Niederstwertprinzip:** Bei Finanzanlagen können außerplanmäßige Abschreibungen auch bei voraussichtlich vorübergehender Wertminderung vorgenommen werden (§ 253 (3) Satz 6 HGB). Es handelt sich bei Wertminderungen von Aktien i. d. R. um vorübergehende Wertminderungen. Daher besteht ein Bewertungswahlrecht.

2.1.2

Entscheidung (III) zum 31. 12. 02

Zum 31. 12. 02 müssen die Finanzanlagen mit 166.000 € (2.000 Aktien · 83 €/Aktie) angesetzt werden, da die Anschaffungskosten die Bewertungsobergrenze bilden (§ 253 (1) HGB). Die Kurssteigerung darf nicht berücksichtigt werden. Eine planmäßige Abschreibung ist nicht erlaubt, da Finanzanlagen nicht abnutzbar sind.

Erläuterung (II) der Entscheidung unter Berücksichtigung des Bilanzansatzes zum Geschäftsjahresende 01: Bei Finanzanlagen gilt das gemilderte Niederstwertprinzip, das besagt, dass außerplanmäßige Abschreibungen sowohl bei dauernder als auch bei vorübergehender Wertminderung erlaubt sind (§ 253 (3) Satz 6 HGB). Da sich Abschreibungen gewinnmindernd auswirken und das Unternehmen das Ziel hat, einen möglichst geringen Gewinn auszuweisen (vgl. Ausgangssituation), wurde zum Jahresabschluss 01 eine außerplanmäßige Abschreibung in Höhe von 36.000 € ([83 €/Aktie – 65 €/Aktie] · 2.000 Aktien) vorgenommen. Dieser niedrige Wertansatz darf aber nicht beibehalten werden, daher erfolgt zum 31. 12. 02 eine Zuschreibung in Höhe von 36.000 € bis auf die ursprünglichen Anschaffungskosten von 166.000 € (strenges Wertaufholungsgebot gem. § 253 (5) HGB).

1 Vgl. Meyer, a. a. O., S. 370.

2.2

Entscheidung (III) über den Wertansatz:

Grundstück: gehört zum nicht abnutzbaren Anlagevermögen, daher ist keine planmäßige Abschreibung erlaubt. Gemäß § 253 (3) Satz 5 HGB gilt jedoch das strenge Niederstwertprinzip, das besagt, dass bei einer voraussichtlich dauerhaften Wertminderung eine außerplanmäßige Abschreibung vorgenommen werden muss.

	Anschaffungskosten des Grundstücks	104.400 €
–	außerplanmäßige Abschreibung	62.640 €
=	Wertansatz zum 31. 12. 02	41.760 €

Gebäude: gehört zum abnutzbaren Anlagevermögen und muss gemäß § 253 (3) Satz 1 HGB zunächst planmäßig abgeschrieben werden. Da es sich um eine voraussichtlich dauerhafte Wertminderung handelt, muss ebenso wie beim Grundstück zusätzlich eine außerplanmäßige Abschreibung vorgenommen werden (§ 253 (3) Satz 5 HGB).

	Anschaffungskosten des Gebäudes	313.200 €	
–	planmäßige Abschreibung für 02	6.264 €	(313.200 €/50 Jahre)
		306.936 €	
–	außerplanmäßige Abschreibung	184.161,60 €	
=	Wertansatz zum 31. 12. 02	122.774,40 €	

Musterlösungen zu 1.6.2: Bewertung der Schulden zur Trainingsaufgabe auf Seite 32f.

Arbeitsauftrag 1.1

Nennung des Wertansatzes:

Die Verbindlichkeit ist gemäß § 253 (1) Satz 2 HGB mit 11.900 € anzusetzen.

Arbeitsauftrag 1.2

Entscheidung über den Bilanzansatz:

Der Kredit muss zum Erfüllungsbetrag in Höhe von 100.000 € angesetzt werden (§ 253 (1) Satz 2 HGB). Da ein hoher Gewinnausweis angestrebt wird, erfolgt die Aufnahme des Disagios in die Aktive Rechnungsabgrenzung (ARA) mit anschließender planmäßiger Abschreibung für die Monate Oktober bis Dezember 02:

Buchungssatz für die Aufnahme des Kredits:

Bank	95.000 €			
ARA	5.000 €	an	Langfristige Bankschulden	100.000 €

Buchungssatz für die Abschreibung des Disagios:

Sonstiger zinsähnlicher Aufwand	250 €	an	ARA	250 €

(5.000 € : 5 Jahre · 3 Monate : 12 Monate/Jahr)

Nennung der Bilanzansätze am 31. 12. 02:

Bank	95.000 €
ARA	4.750 €
Darlehen	100.000 €

Arbeitsauftrag 1.3

Ermittlung Zugangsbewertung:

Die Fremdwährungsverbindlichkeit muss gemäß § 256 a HGB bei ihrer Entstehung zum Devisenkassamittelkurs am 18. 12. 02 umgerechnet werden (5.000 US$: 1,225 US$/€ = 4.081,63 €).

Entscheidung Bilanzansatz:

Da die Laufzeit für diese Verbindlichkeit ein Jahr übersteigt, muss der Euro-Wert der Fremdwährungsverbindlichkeit mit dem zum Bilanzstichtag verglichen und davon der höhere Euro-Wert angesetzt werden (§ 256a HGB). Die Zugangsbewertung beträgt (5.000 € : 1,225 US$/€) 4.081,63 €, der Euro-Wert zum Bilanzstichtag (5.000 US$: 1,275 US$/€) 3.921,57 €. Der am 31. 12. 02 noch nicht realisierte Verlust in Höhe von 160,06 € wird ausgewiesen, da der Wertansatz für die Verbindlichkeit bei 4.081,63 € bestehen bleibt.

Erläuterung:

Läge das Zahlungsziel **innerhalb der Jahresfrist,** hätte der Kurs des Bilanzstichtages von 1,275 US$/€ bzw. die Verbindlichkeit mit 3.921,57 € angesetzt werden müssen. Dann wären das Anschaffungskostenprinzip (§ 253 Abs. 1 Satz 1 HGB) und das Realisationsprinzip (§ 252 Abs. 1 Nr. 4 Halbsatz 2 HGB) gemäß § 256a Satz 2 HGB nicht anzuwenden.

Arbeitsauftrag 2.1

Nach § 249 (1) Satz 2 HGB muss eine Rückstellung wegen unterlassener Aufwendungen für Instandhaltung zum 31. 12. 02 gebildet werden, da die Reparatur im neuen Geschäftsjahr innerhalb von drei Monaten nachgeholt wird (Passivierungspflicht). Man bucht bei Bildung der Rückstellung den Nettowert (3.570 € : 119 · 100) am 31. 12. 02:[1]

Fremdinstandsetzung	3.000 €	an	Sonstige Rückstellungen	3.000 €.

Arbeitsauftrag 2.2

Die Rückstellung für die Rechts- und Beratungskosten muss im November 02 aufgelöst werden, da der Grund für die Rückstellung entfallen ist (§ 249 (2) HGB). Der im Geschäftsjahr 01 um 2.000 € zu hoch angesetzte Aufwand muss im Geschäftsjahr 02 korrigiert werden:

Sonstige Rückstellungen	10.000 €	an	Bank	8.000 €
		an	Erträge aus der Auflösung von Rückstellungen	2.000 €

Anmerkung: Falls die tatsächlichen Rechts- und Beratungskosten 11.000 € betragen würden, müsste man buchen:

Sonstige Rückstellungen	10.000 €			
Rechts- und Beratungskosten	1.000 €	an	Bank	11.000 €

Arbeitsauftrag 2.3

Da die Restlaufzeit für diese Rückstellung 3 Jahre beträgt, muss sie gemäß § 253 (2) HGB auf den jeweiligen Barwert abgezinst werden. Die Verbindlichkeit hat am 31. 12. 02 noch eine Restlaufzeit von 2 Jahren. Sie muss daher mit $(100.000 \cdot (1 : (1 + 5 : 100)^2))$ 90.702,95 € am 31.12.02 bilanziert werden.[2] Dabei sind die Erträge und Aufwendungen aus der Abzinsung der Rückstellungen unter den Posten „sonstige Zinsen und ähnliche Erträge" bzw. „Zinsen und ähnliche Aufwendungen" (§ 275 (2) HGB) in der GuV auszuweisen (§ 277 (5) Satz 1 HGB).

Jahr	Rückstellungshöhe am Jahresanfang	Zinsaufwand	Rückstellungshöhe am Jahresende
02	$100.000 \cdot (1 : (1 + 5 : 100)^3) = 86.383,76$ €	4.319,19 €	90.702,95 €

1 Vgl. Meyer, a. a. O., S. 389.

2 Vgl. Coenenberg, a. a. O., S. 427.

2 Abiturschwerpunkt: Kosten- und Leistungsrechnung

Musterlösungen zu 2.3.6: Berechnung der kalkulatorischen Kosten zur Trainingsaufgabe auf Seite 45 ff.

Arbeitsauftrag 1

Kalkulatorische Abschreibungen pro Jahr:

	Wiederbeschaffungskosten	Voraussichtliche Nutzungsdauer in Jahren	Kalkulatorische Abschreibung pro Jahr
Grundstücke	800.000 €	50 Jahre	Nicht abnutzbar, wird daher nicht planmäßig abgeschrieben!
Betrieblich genutztes Gebäude	800.000 €	20 Jahre	40.000 €
Betrieblich genutzte BGA	650.000 €	5 Jahre	130.000 €
Betrieblich genutzte BGA	150.000 €	3 Jahre	50.000 €
Summe			**220.000 €**

Kalkulatorische Zinsen pro Jahr (der landesübliche Zinssatz für langfristige Kredite beträgt 3 % p. a.).

	Betriebsnotwendiges Anlagevermögen (ohne das brachliegende Grundstück, das vermietete Gebäude und die stillgelegte Maschine)	1.100.000 €
+	Betriebsnotwendiges Umlaufvermögen (ohne die Wertpapiere des Umlaufvermögens)	580.000 €
=	Betriebsnotwendiges Vermögen	1.680.000 €
–	Abzugskapital (Steuerrückstellungen, Verbindlichkeiten a. L. u. L.)	180.000 €
=	Betriebsnotwendiges Kapital	1.500.000 €

Kalkulatorische Zinsen pro Jahr = 1.500.000 € · 3 : 100 = **45.000 €/Jahr**

Kalkulatorische Wagnisse pro Jahr:

Für die kalkulatorischen Wagnisse wird der Durchschnittswert der Branche der letzten 5 Jahre angesetzt, da eigene Daten noch nicht vorliegen. Die Verluste aus Schadensfällen betrugen in den letzten 5 Jahren insgesamt 60.000 € (durchschnittliche Branchenwerte):

Kalkulatorische Wagnisse pro Jahr: 60.000 € : 5 Jahre = **12.000 €/Jahr**

Kalkulatorischer Unternehmerlohn pro Jahr:

Dafür werden hier **80.000 €/Jahr** angesetzt (Durchschnittsjahresgehalt eines Angestellten in vergleichbarer Position wie Brad Stark). Der kalkulatorische Unternehmerlohn wird hier angesetzt, weil Brad Stark Einzelunternehmer ist und seine Arbeitsleistung in Form eines Gehalts nicht in der Buchhaltung erfasst wurde.

Arbeitsauftrag 2

Ergebnistabelle Brad Stark e. K. Geschäftsjahr 01									
Buchführung (Rechnungskreis I)			Kosten- und Leistungsrechnung (Rechnungskreis II)						
			Abgrenzungsrechnung				Betriebsergebnisrechnung		
			Unternehmensbezogene Abgrenzungen		Kostenrechnerische Korrekturen				
Konto	Aufwand	Ertrag	neutrale Aufw.	neutrale Erträge	betrieblicher Aufwand	verrechn. Kosten	Kosten	Leistungen	
Umsatzerlöse		1.350.000						1.350.000	
Minderbestand	200.000						200.000		
Erträge aus Vermögensabgang		56.000		56.000					
Erträge aus Wertpapieren des UV		35.000		35.000					
Zinserträge		66.000		66.000					
Aufw. f. Rohstoffe	310.000						310.000		} Einzelkosten[1]
Aufw. f. Hilfsstoffe	80.000						80.000		} Gemeinkosten[2]
Aufw. f. Betr.stoffe	14.000						14.000		
Fremdinstandhalt.	25.000						25.000		
Löhne	250.000						250.000		} Einzelkosten[1]
Gehälter	55.000						55.000		} Gemeinkosten[2]
Abschreib. auf Sachanlagen	230.000				230.000	220.000	220.000		
Mietaufwand	25.000						25.000		
Rechts-/Beratungskosten	24.000						24.000		
Büromaterial	7.700						7.700		
Beiträge zu Wirtschaftsverbänden	300						300		
Verluste aus Schadensfällen	15.000				15.000	12.000	12.000		
Zinsaufwand	49.500				49.500	45.000	45.000		
Abschreibungen auf Finanzanlagen	35.000		35.000						
Kalk. Unternehmerlohn						80.000	80.000		
Summe	1.320.500	1.507.000	35.000	157.000	294.500	357.000	1.348.000	1.350.000	
Saldo	186.500		122.000		62.500		**2.000**		
Summe	1.507.000	1.507.000	157.000	157.000	357.000	357.000	1.350.000	1.350.000	
Abstimmung der Ergebnisse									
(1) Gesamtergebnis im Rechnungskreis I (Fibu)				186.500					
(2) Ergebnis aus untern.bez. Abgrenzungen					122.000				
(3) Ergebnis aus kostenrechn. Korrekturen					62.500				
(4) = (2) + (3) Neutrales Ergebnis					184.500				
(5) Betriebsergebnis					2.000				
(6) Gesamtergebnis im Rechnungskreis II (KLR)					186.500				

1 Einzelkosten: Sie dienen im Betriebsabrechnungsbogen als Zuschlagsgrundlage.

2 Gemeinkosten: Sie werden im BAB mithilfe von Verteilungsschlüsseln auf die Kostenstellen verteilt.

Arbeitsauftrag 3

Auswertung der Ergebnistabelle des Sportgeräteherstellers Brad Stark e. K.:

Aus der Ergebnistabelle seines ersten Geschäftsjahres geht hervor, dass er ein Unternehmensergebnis in Höhe von 186.500 € erzielt hat. Dieses setzt sich aus dem Ergebnis aus unternehmensbezogenen Abgrenzungen in Höhe von 122.000 €, dem Ergebnis aus kostenrechnerischen Korrekturen in Höhe von 62.500 € und dem Betriebsergebnis von 2.000 € zusammen. Besonders auffällig ist hier, dass Brad Stark den meisten Gewinn durch neutrale Erträge, wie z. B. durch Zinserträge, und durch die Verrechnung der kalkulatorischen Kosten erzielt, er aber aus seiner eigentlichen betrieblichen Tätigkeit, also der Herstellung und dem Verkauf der Sportgeräte, nur 2.000 € erwirtschaftet.

Dennoch muss man festhalten, dass er bereits in seinem ersten Geschäftsjahr (hier ist der Bezug zur Ausgangssituation wichtig!) etwas mehr als alle Kosten decken konnte. Seine längerfristige Existenz ist gesichert, da er Ersatzinvestitionen mithilfe der in den Verkaufspreis einkalkulierten kalkulatorischen Abschreibungen finanzieren kann, ebenso ist sein Lebensunterhalt über den kalkulatorischen Unternehmerlohn, den er als Kosten ansetzt, gesichert. Dies wird auch durch die Wirtschaftlichkeitskennzahl von 1,0015 (1.350.000 € : 1.348.000 €) deutlich. Sein Betrieb arbeitet wirtschaftlich, er erzielt je 1 € eingesetzten Kosten Leistungen in Höhe von 1,0015 €.

Musterlösungen zu 2.4.4: Zusammenhängende Trainingsaufgabe zur Vollkostenrechnung auf Seite 55 ff.

Arbeitsauftrag 1: Kostenstellenrechnung

Erstellung (II) des BAB und **Ermittlung (I)** der Kostenüber- und -unterdeckungen:

Berechnung der Herstellkosten des Umsatzes	auf Istkostenbasis	auf Normalkostenbasis
Fertigungsmaterial (MEK)	310.000,00	310.000,00
+ Materialgemeinkosten (MGK)	55.894,44	62.000,00
= Materialkosten	365.894,44	372.000,00
Fertigungslöhne (FEK)	250.000,00	250.000,00
+ Fertigungsgemeinkosten	315.722,22	275.000,00
+ SEK Fertigung	0,00	0,00
= Fertigungskosten	565.722,22	525.000,00
Materialkosten + Fertigungskosten = Herstellkosten der Erzeugung	931.616,67	897.000,00
– Mehrbestand/+ **Minderbestand** (siehe Ergebnistab.)	200.000,00	200.000,00
= **Herstellkosten des Umsatzes**	1.131.616,67	1.097.000,00
+ Verwaltungsgemeinkosten	109.744,44	93.245,00
+ Vertriebsgemeinkosten	106.638,89	87.760,00
+ SEK Vertrieb	0	0
= **Selbstkosten des Umsatzes**	1.348.000,00	1.278.005,00

22 Winkler - ISBN 978-3-8120-0374-2

Arbeitsblatt zu Arbeitsauftrag 1: Kostenstellenrechnung (Betriebsabrechnungsbogen) für Brad Stark e.K. 01 auf Ist- und Normalkostenbasis

Gemeinkostenarten	in €[1]	Verteilungsschlüssel	Kostenstellen				
			Material	Fertigung	Verwaltung	Vertrieb	Summe
Aufw. f. Hilfsstoffe	80.000,00	Entnahmescheine		80.000,00			80.000,00
Aufw. f. Betriebsstoffe	14.000,00	kWh 3000:9000:1000:1000	3.000,00	9.000,00	1.000,00	1.000,00	14.000,00
Fremdinstandhaltung	25.000,00	Rechnungen		18.000,00	2.000,00	5.000,00	25.000,00
Gehälter	55.000,00	Gehaltslisten 1:3:5:2	5.000,00	15.000,00	25.000,00	10.000,00	55.000,00
Kalk. Abschreibungen	220.000,00	Anlagenkartei 2:10:2:4	24.444,44	122.222,22	24.444,44	48.888,89	220.000,00
Mietaufwand	25.000,00	m^2 300:1200:200:300	3.750,00	15.000,00	2.500,00	3.750,00	25.000,00
Rechts-/Beratungskosten	24.000,00	Schätzung	4.000,00	2.000,00	6.000,00	12.000,00	24.000,00
Büromaterial	7.700,00	Schätzung	2.700,00	500,00	2.500,00	2.000,00	7.700,00
Beiträge	300,00	Schätzung			300,00		300,00
Kalk. Wagnisse	12.000,00	Schätzung 3:4:1:4	3.000,00	4.000,00	1.000,00	4.000,00	12.000,00
Kalk. Zinsen	45.000,00	Anlagewerte 1:6:1:1	5.000,00	30.000,00	5.000,00	5.000,00	45.000,00
Kalk. Unternehmerlohn	80.000,00	Schätzung	5.000,00	20.000,00	40.000,00	15.000,00	80.000,00
Summe Istgemeinkosten	588.000,00		55.894,44	315.722,22	109.744,44	106.638,89	588.000,00
Zuschlagsgrundlagen auf Istkostenbasis			Fertigungsmaterial	Fertigungslöhne	Herstellkosten des Umsatzes (Berechnung Seite 55 bzw. Seite 169)		
			310.000,00	250.000,00	1.131.616,67	1.131.616,67	
Zuschlagssätze (IST)			18,03 %	126,29 %	9,70 %	9,42 %	
Normal-Gemeinkostenzuschlagssätze			20,00 %	110,00 %	8,50 %	8,00 %	
Zuschlagsgrundlagen auf Normalkostenbasis			310.000,00	250.000,00	1.097.000,00	1.097.000,00	
Normalgemeinkosten			62.000,00	275.000,00	93.245,00	87.760,00	
Kostenüber-/Kostenunterdeckung			6.105,56	−40.722,22	−16.499,44	−18.878,89	−69.995,00

1 Gemeinkosten laut Ergebnistabelle auf Seite 48 bzw. Seite 168.

Auswertung des Betriebsabrechnungsbogens:

Beurteilung (III) der festgestellten Abweichungen: Insgesamt liegt für das Geschäftsjahr 01 eine Kostenunterdeckung im BAB in Höhe von 69.995 € vor, d.h., die Gemeinkosten waren insgesamt höher als sie normalerweise hätten sein sollen. In der Kostenstelle Material liegt allerdings sogar eine Kostenüberdeckung in Höhe von 6.105,56 € vor. Hier hat der Kostenstellenleiter gut gewirtschaftet. Sollte dauerhaft mit einer Kostenüberdeckung in der Kostenstelle Material zu rechnen sein, könnte der Materialgemeinkostenzuschlagssatz gesenkt werden, was sich positiv auf die Gestaltung des Verkaufspreises und damit auf die Nachfrage auswirken könnte. Allerdings sind in den anderen Kostenstellen Kostenunterdeckungen zu erkennen. Besonders hoch ist die Kostenunterdeckung in der Kostenstelle Fertigung (–40.722,22 €). Preissteigerungen z.B. bei Hilfsstoffen (Preisabweichungen) könnten eine mögliche Ursache sein oder ein Mehrverbrauch aufgrund einer verbesserten Auftragslage (Beschäftigungsabweichungen), für die der Kostenstellenleiter i.d.R. nicht verantwortlich gemacht werden kann. Es wäre allerdings auch möglich, dass die Fertigungsgemeinkosten höher ausgefallen sind, als sie es normalerweise sollten, weil Fehler bei der Produktion entstanden sind, die zu einem Mehrverbrauch geführt haben, schlechte Motivation der Mitarbeiter oder ähnliches (Verbrauchsabweichungen). Diese Kostenabweichungen hätte der Kostenstellenleiter zu verantworten. Für genauere Analysen wäre eine Abweichungsanalyse sinnvoll, die aber gemäß unterrichtlicher Vorgaben nicht vorgesehen ist. Daher muss es hier bei Vermutungen bleiben. Die Abweichungen in den Kostenstellen Verwaltung (–16.499,44 €) und Vertrieb (–18.878,89 €) könnten ebenfalls auf Preis-, Beschäftigungs- oder Verbrauchsabweichungen zurückzuführen sein. Sollten die Kostenunterdeckungen in den Kostenstellen Fertigung, Verwaltung und Vertrieb nicht behoben werden können, müssten die jeweiligen Gemeinkostenzuschlagssätze angehoben werden, damit der Betrieb kostendeckend arbeitet.

Arbeitsauftrag 2: Kostenträgerstückrechnung – Zuschlagskalkulation Hanteln

2.1 Kostenträgerstückrechnung als Zuschlagskalkulation (Vor- und Nachkalkulation): Hanteln

Erstellung des Angebotspreises für ein Hantelpaar, **Berechnung** des tatsächlichen Gewinns in € und %:

Brad Stark e.K.: Kostenträgerstückrechnung für ein Hantelpaar: Zuschlagskalkulation

Kalkulationsschema	Normal-Gemeinkosten-zuschlagssatz	Vorkalkulation	Ist-Gemeinkosten-zuschlagssatz	Nach-kalkulation	Kosten-abweichung
Fertigungsmaterial		3,50 €		3,50 €	0,00 €
+ Materialgemeinkosten	20,00 %	0,70 €	18,03 %	0,63 €	0,07 €
= Materialkosten		4,20 €		4,13 €	0,07 €
Fertigungslöhne		2,72 €		2,72 €	0,00 €
+ Fertigungsgemeinkosten	110,00 %	2,99 €	126,29 %	3,44 €	–0,45 €
+ SEK Fertigung		0,00 €		0,00 €	0,00 €
= Fertigungskosten		5,71 €		6,16 €	–0,45 €
Herstellkosten		9,91 €		10,29 €	–0,38 €
+ Verwaltungsgemeinkosten	8,50 %	0,84 €	9,70 %	1,00 €	–0,16 €
+ Vertriebsgemeinkosten	8,00 %	0,79 €	9,42%	0,97 €	–0,18 €
+ SEK Vertrieb		0,00 €		0,00 €	0,00 €
= Selbstkosten		11,54 €		12,26 €	–0,72 €
+ Gewinn	5,00 %	0,58 €	**–1,14 %**	**–0,14 €**	
= Barverkaufspreis		12,12 €	→	12,12 €	
+ Kundenskonto	2,00 %	0,26 €			
+ Vertreterprovision	3,00 %	0,38 €			
= Zielverkaufspreis		12,76 €			
+ Kundenrabatt	8,00 %	1,11 €			
= Angebotspreis		**13,87 €**			

Darstellung der Lösungswege:

Kostenträgerstückrechnung: Zuschlagskalkulation als Vor- und Nachkalkulation					
Kalkulationsschema (€)	**Normal-Gemeinnkosten-zuschlagssatz**	**Vorkalkulation (Normalkosten)**	**Ist-Gemeinkosten-zuschlagssatz**	**Nachkalkulation (Istkosten)**	**Kostenabweichung**
Fertigungsmaterial (MEK)		Wert ist gegeben		Wert ist gegeben	Normalkosten – Istkosten
+ Materialgemeinkosten (MGK)	MGKZ (Normal)	MEK · MGKZ (Normal)/100	MGKZ (Ist)	MEK · MGKZ (Ist)/100	Normalkosten – Istkosten
= Materialkosten (MK)		MEK + MGK		MEK + MGK	Normalkosten – Istkosten
Fertigungslöhne (FEK)		Wert ist gegeben		Wert ist gegeben	Normalkosten – Istkosten
+ Fertigungsgemeinkosten (FGK)	FGKZ (Normal)	FEK · FGKZ (Normal)/100	FGKZ (Ist)	FEK · FGKZ (Ist)/100	Normalkosten – Istkosten
+ SEK Fertigung		Wert ist gegeben		Wert ist gegeben	Normalkosten – Istkosten
= Fertigungskosten (FK)		FEK + FGK + SEK Fertigung		FEK + FGK + SEK Fertigung	Normalkosten – Istkosten
Herstellkosten (HK)		MK + FK		MK + FK	Normalkosten – Istkosten
+ Verwaltungsgemeinkosten	VerwGKZ (Normal)	HK · VerwGKZ (Normal)/100	VerwGKZ (Ist)	HK · VerwGKZ (Ist)/100	Normalkosten – Istkosten
+ Vertriebsgemeinkosten	VertrGKZ (Normal)	HK · VertrGKZ (Normal)/100	VertrGKZ (Ist)	HK · VertrGKZ (Ist)/100	Normalkosten – Istkosten
+ SEK Vertrieb		Wert ist gegeben		Wert ist gegeben	Normalkosten – Istkosten
= Selbstkosten (SK)		HK + VerwGK + VertrGK + SEK Vertr. = gepl. Selbstkosten		HK + VerwGK + VertrGK + SEK Vertr. = tatsächliche Selbstkosten	Normalkosten – Istkosten
+ Gewinn	geplanter Gewinn in % (gegeben)	geplante SK · geplanter Gewinn in %/100	tatsächlicher Gewinn in % = tatsächlicher Gewinn in € / tatsächliche SK · 100	tatsächlicher Gewinn in € = BarVP – tatsächliche Selbstkosten	
= Barverkaufspreis (BarVP)		geplante SK + geplanter Gewinn in €		**Wertübernahme aus Vorkalkulation (Barverkaufspreis)**[1]	
+ Kundenskonto	Skonto in % (gegeben)	BarVP/(100 %-Skonto in % – Provision in %) · Skonto in %			
+ Vertreterprovision	Provision in % (gegeben)	BarVP/(100 %-Skonto in % – Provision in %) · Provision in %			
= Zielverkaufspreis (ZielVP)		BarVP + Skonto in € + Provision in €			
+ Kundenrabatt	Rabatt in % (gegeben)	ZielVP/(100 %-Rabatt in %) · Rabatt in %			
= Angebotspreis		ZielVP + Rabatt in €			

Auswertung der Kostenüber- und -unterdeckungen: Das Fertigungsmaterial weist keine Kostenabweichung auf. Preiserhöhungen bei den Rohstoffen hat es wohl nicht gegeben, ebenso wurden die Materialvorgaben bei den Rohstoffen eingehalten. Bei den Materialgemeinkosten ist sogar eine Kostenüberdeckung festzustellen, es könnte sein, dass die Preise z. B. für Hilfs- und Betriebsstoffe leicht gesunken sind oder diese Stoffe effektiver eingesetzt werden konnten. Bei den Fertigungslöhnen liegt keine Kostenabweichung vor, sodass scheinbar keine Lohnerhöhung stattgefunden hat, auch wurden die geplanten Zeitvorgaben eingehalten. Allerdings liegen Kostenunterdeckungen bei den Fertigungsgemeinkosten (–0,45 €/Stück), den Verwaltungsgemeinkosten (–0,16 €/Stück) und den Vertriebsgemeinkosten (-0,18 €/Stück) vor, was insgesamt zu einer Kostenunterdeckung von –0,72 €/Stück führt. Gestiegene Preise beim Gemeinkostenmaterial, Gehaltserhöhungen, ein uneffizienter Einsatz oder Mehrverbrauch an Betriebsstoffen könnten Ursachen dafür sein. Für die Verbrauchsabweichungen müssen die Kostenstellenleiter Verantwortung tragen und geeignete Gegenmaßnahmen ergreifen, z. B. günstiger einkaufen, Angebotsvergleiche erstellen, Preisverhandlungen mit Lieferanten führen etc.

Statt des geplanten Gewinns in Höhe von 0,58 €/Stück entsteht ein Verlust in Höhe von 0,14 €/Stück, d. h., es werden nicht alle Kosten der Herstellung für die Hanteln gedeckt.

2.2 Kostenträgerstückrechnung als Rückwärtskalkulation: Medizinball

Kalkulationsschema	Normal-Gemeinkostenzuschlagssatz	Rückwärtskalkulation
Fertigungsmaterial		**4,38 €**
+ Materialgemeinkosten	20,00 %	0,88 €
= Materialkosten		❸ 5,26 €
Fertigungslöhne		6,00 €
+ Fertigungsgemeinkosten	110,00 %	❷ 6,60 €
Zwischensumme 1		12,60 €
+ SEK Fertigung		0,00 €
= Fertigungskosten		12,60 €
Herstellkosten		17,86 €
+ Verwaltungsgemeinkosten	8,50 %	1,52 €
+ Vertriebsgemeinkosten	8,00 %	1,43 €
Zwischensumme 2		20,81 €
+ SEK Vertrieb		0,00 €
= Selbstkosten		20,81 €
+ Gewinn	5,00 %	1,04 €
= Barverkaufspreis		21,85 €
+ Kundenskonto	2,00 %	0,46 €
+ Vertreterprovision	3,00 %	0,69 €
= Zielverkaufspreis		23,00 €
+ Kundenrabatt	8,00 %	2,00 €
= Angebotspreis		❶ 25,00 €

Darstellung der Lösungswege:

Kalkulationsschema für die Rückwärtskalkulation	Normal-Gemeinkostenzuschlagssatz	Rückwärtskalkulation
Fertigungsmaterial (MEK)		MK – MGK in €
+ Materialgemeinkosten (MGK)	MGKZ (Normal)	MK/(100 + MGKZ) · MGKZ
= Materialkosten (MK)	❸	HK – FK
Fertigungslöhne (FEK)		Wert ist gegeben
+ Fertigungsgemeinkosten (FGK)	FGKZ (Normal) ❷	FEK · FGKZ (Normal)/100
Zwischensumme 1		FEK + FGK
+ SEK Fertigung		Wert ist gegeben
= Fertigungskosten (FK)		Zwischensumme 1 + SEK Fertigung
Herstellkosten (HK)		Zwischensumme 2 – VerwGK in € – VertrGK in €
+ Verwaltungsgemeinkosten	VerwGKZ (Normal)	Zwischensumme 2/(100 + VerwGKZ + VertrGKZ) · VerwGKZ
+ Vertriebsgemeinkosten	VertrGKZ (Normal)	Zwischensumme 2/(100 + VerwGKZ + VertrGKZ) · VertrGKZ
Zwischensumme 2		SK – SEK Vertrieb
+ SEK Vertrieb		Wert ist gegeben
= Selbstkosten (SK)		BarVP – Gewinn in €
+ Gewinn	Gewinn in % (gegeben)	BarVP/(100 + Gewinn in %) · Gewinn in %
= Barverkaufspreis (BarVP)		ZielVP – Skonto in € – Provision in €
+ Kundenskonto	Skonto in % (gegeben)	ZielVP ·Skonto in %/100
+ Vertreterprovision	Provision in % (gegeben)	ZielVP · Provision in %/100
= Zielverkaufspreis (ZielVP)		Angebotspreis – Rabatt in €
+ Kundenrabatt	Rabatt in % (gegeben)	Angebotspreis · Rabatt in %/100
= Angebotspreis	❶	Ausgangspunkt (Wert in gegeben)

Stellungnahme (III), ob die Annahme des Kundenauftrages sinnvoll ist, wenn die Kosten für das benötigte Fertigungsmaterial je Medizinball 5,00 € (mittlere Qualität) betragen:

Die maximal für einen Medizinball anfallenden Kosten für das Fertigungsmaterial werden in der Rückwärtskalkulation mit 4,38 €/Stück errechnet. Laut Aufgabenstellung kosten die Rohstoffe für einen Medizinball jedoch 5,00 €/Stück, sodass der angestrebte Gewinn von 5 % nicht erreicht werden kann. Wenn sich tatsächlich kein anderer, günstigerer Zulieferer finden lässt, die Verwendung von Material schlechterer Güte nicht vertretbar ist und/oder Brad Stark e. K. auf dem angestrebten Gewinnzuschlag von 5 % besteht, muss dieser Auftrag abgelehnt werden. Da jedoch alle Kosten gedeckt sind und sich aus diesem Auftrag heraus ggf. eine neue Geschäftsbeziehung entwickeln kann, ist auch eine Entscheidung zugunsten der Auftragsannahme möglich. Eigentlich müsste hier die Teilkostenrechnung (Deckungsbeitragsrechnung) als Entscheidungsinstrument hinzugezogen werden.

2.3 Kostenträgerstückrechnung als Differenzkalkulation: Expander

Kalkulationsschema	Normal-Gemeinkostenzuschlagssatz	Differenzkalkulation
Fertigungsmaterial		1,50 €
+ Materialgemeinkosten	20,00 %	0,30 €
= Materialkosten		1,80 €
Fertigungslöhne		1,00 €
+ Fertigungsgemeinkosten	110,00 %	1,10 €
+ SEK Fertigung		0,00 €
= Fertigungskosten		2,10 €
Herstellkosten		3,90 €
+ Verwaltungsgemeinkosten	8,50 %	0,33 €
+ Vertriebsgemeinkosten	8,00 %	0,31 €
+ SEK Vertrieb		0,00 €
= Selbstkosten		4,54 €
+ Gewinn	**5,94 %**	0,27 €
= Barverkaufspreis		4,81 €
+ Kundenskonto	2,00 %	0,10 €
+ Vertreterprovision	3,00 %	0,15 €
= Zielverkaufspreis		5,06 €
+ Kundenrabatt	8,00 %	0,44 €
= Angebotspreis		5,50 €

Darstellung der Lösungswege:

Kalkulationsschema für die Differenzkalkulation	Normal-Gemeinkostenzuschlagssatz	Differenzkalkulation
Fertigungsmaterial (MEK)		Wert ist gegeben
+ Materialgemeinkosten (MGK)	MGKZ (Normal)	MEK · MGKZ (Normal)/100
= Materialkosten (MK)		MEK + MGK
Fertigungslöhne (FEK)		Wert ist gegeben
+ Fertigungsgemeinkosten (FGK)	FGKZ (Normal)	FEK · FGKZ (Normal)/100
+ SEK Fertigung		Wert ist gegeben
= Fertigungskosten (FK)		FEK + FGK + SEK Fertigung
Herstellkosten (HK)		MK + FK
+ Verwaltungsgemeinkosten	VerwGKZ (Normal)	HK · VerwGKZ (Normal)/100
+ Vertriebsgemeinkosten	VertrGKZ (Normal)	HK · (VertrGKZ (Normal)/100
+ SEK Vertrieb		Wert ist gegeben
= Selbstkosten (SK)		HK + VerwGK + VertrGK + SEK Vertrieb
+ Gewinn	Gewinn in €/SK · 100	Bar VP – SK
= Barverkaufspreis (BarVP)		ZielVP – Skonto in € – Provision in €
+ Kundenskonto	Skonto in % (gegeben)	ZielVP · Skonto in %/100
+ Vertreterprovision	Provision in % (gegeben)	ZielVP · Provision in %/100
= Zielverkaufspreis (ZielVP)		Angebotspreis – Rabatt in €
+ Kundenrabatt	Rabatt in % (gegeben)	Angebotspreis · Rabatt in %/100
= Angebotspreis		Ausgangspunkt (Wert ist gegeben)

Diskussion (III), ob der Sportartikelhersteller Brad Stark e. K. den Kundenauftrag annehmen sollte:

Hier kann das gleiche Fazit gezogen werden wie bei der Entscheidung zum Medizinball. Da der Arbeitsauftrag aber auf einer Diskussion basiert, sollte man die Pro- und Contra-Argumente einander gegenüberstellen. Streng genommen müsste man den Auftrag ablehnen, da mit der Herstellung und dem Verkauf der Expander nur ein Gewinn von 5,94 % erzielt wird im Vergleich zu den angestrebten 6 %. Nimmt Brad Stark e. K. den Auftrag jedoch an, kann er nicht nur alle Kosten decken, sondern erzielt darüber hinaus noch 5,94 % Gewinn, also nur 0,06 % weniger als den geplanten Gewinn. Damit könnte er ggf. den Verlust aus der Herstellung der Hanteln decken. Mit der Ablehnung des Auftrages verbaut man sich ggf. eine bisher langjährige und gute Geschäftsbeziehung oder lässt neue Geschäftsbeziehungen erst gar nicht entstehen. Daher sollte die Entscheidung für die Annahme des Auftrages ausfallen, obwohl auch hier die Teilkostenrechnung (Deckungsbeitragsrechnung) als Entscheidungsinstrument hinzugezogen werden müsste.

Arbeitsauftrag 3: Kostenträgerzeitrechnung

Brad Stark e. K.: Kostenträgerzeitrechnung auf Normalkostenbasis

Kalkulationsschema	Lösungswege	Hantelpaar	Medizinball	Expander	Summe
Fertigungsmaterial	MEK/Stk. · Herstellmenge	175.000,00	45.000,00	90.000,00	310.000,00
+ Materialgemeinkosten	MEK · MGKZ (20 %) / 100	35.000,00	9.000,00	18.000,00	62.000,00
= Materialkosten	MEK + MGK	210.000,00	54.000,00	108.000,00	372.000,00
Fertigungslöhne	FEK/Stk. · Herstellmenge	136.000,00	54.000,00	60.000,00	250.000,00
+ Fertigungsgemeinkosten	FEK · FGKZ (110 %) / 100	149.600,00	59.400,00	66.000,00	275.000,00
+ SEK Fertigung	gegeben	0,00	0,00	0,00	0,00
= Fertigungskosten	FEK + FGK + SEK Fertigung	285.600,00	113.400,00	126.000,00	525.000,00
Herstellkosten der Erzeugung	MK + FK	495.600,00	167.400,00	234.000,00	897.000,00
– Mehrbestand bzw. + Minderbestand	gegeben	100.000,00	50.000,00	50.000,00	200.000,00
= Herstellkosten des Umsatzes	Herstellkosten der Erzeugung – Mehrbestand + Minderbestand	595.600,00	217.400,00	284.000,00	1.097.000,00
+ Verwaltungsgemeinkosten	Herstellkosten des Umsatzes · VerwGKZ (8,5 %) / 100	50.626,00	18.479,00	24.140,00	93.245,00
+ Vertriebsgemeinkosten	Herstellkosten des Umsatzes · VertrGKZ (8 %) / 100	47.648,00	17.392,00	22.720,00	87.760,00
+ SEK Vertrieb	gegeben	0,00	0,00	0,00	0,00
= Selbstkosten des Umsatzes	Herstellkosten des Umsatzes + VerwGK + VertrGK + SEK Vertrieb	693.874,00	253.271,00	330.860,00	1.278.005,00
Nettoumsatzerlöse	gegeben bzw. Absatzmenge · Stückpreis	656.000,00	214.000,00	480.000,00	1.350.000,00
Umsatzergebnis	Nettoumsatzerlöse – Selbstkosten des Umsatzes	–37.874,00	–39.271,00	+ 149.140,00	71.995,00
+ Kostenüberdeckung/ – Kostenunterdeckung aus dem BAB (vgl. S. 170)					–69.995,00
= Betriebsergebnis (vgl. Ergebnistabelle auf Seite 168)					**2.000,00**

Darstellung der Lösungswege: Kostenträgerzeitrechnung

Kalkulationsschema	Zuschlagssätze	Produkt A	Produkt B	Produkt C	Summe
Fertigungsmaterial		MEK/Stk. · Herstellmenge	MEK/Stk. · Herstellmenge	MEK/Stk. · Herstellmenge	Zeilensumme
+ Materialgemeinkosten	gegeben	MEK · MGKZ/100	MEK · MGKZ/100	MEK · MGKZ/100	Zeilensumme
= Materialkosten		MEK + MGK	MEK + MGK	MEK + MGK	Zeilensumme
Fertigungslöhne		FEK/Stk. · Herstellmenge	FEK/Stk. · Herstellmenge	FEK/Stk. · Herstellmenge	Zeilensumme
+ Fertigungsgemeinkosten	gegeben	FEK · FGKZ/100	FEK · FGKZ/100	FEK · FGKZ/100	Zeilensumme
+ SEK Fertigung		gegeben	gegeben	gegeben	Zeilensumme
= Fertigungskosten		FEK + FGK + SEK Fertigung	FEK + FGK + SEK Fertigung	FEK + FGK + SEK Fertigung	Zeilensumme
Herstellkosten der Erzeugung		MK + FK	MK + FK	MK + FK	Zeilensumme
– Mehrbestand bzw. + Minderbestand		gegeben	gegeben	gegeben	Zeilensumme
= Herstellkosten des Umsatzes		HK d. E. – Mehrbestand + Minderbestand	HK d. E. – Mehrbestand + Minderbestand	HK d. E. – Mehrbestand + Minderbestand	Zeilensumme
+ Verwaltungsgemeinkosten	gegeben	HK d. U. · VerwGKZ/100	HK d. U. · VerwGKZ/100	HK d. U. · VerwGKZ/100	Zeilensumme
+ Vertriebsgemeinkosten	gegeben	HK d. U. · VertrGKZ/100	HK d. U. · VertrGKZ/100	HK d. U. · VertrGKZ/100	Zeilensumme
+ SEK Vertrieb		gegeben	gegeben	gegeben	Zeilensumme
= Selbstkosten des Umsatzes		HK d. U. + VerwGK + VertrGK + SEK Vertrieb	HK d. U. + VerwGK + VertrGK + SEK Vertrieb	HK d. U. + VerwGK + VertrGK + SEK Vertrieb	Zeilensumme
Nettoumsatzerlöse		gegeben bzw. Absatzmenge · Stückpreis	gegeben bzw. Absatzmenge · Stückpreis	gegeben bzw. Absatzmenge · Stückpreis	Zeilensumme
Umsatzergebnis		Nettoumsatzerlöse – Selbstkosten des Umsatzes	Nettoumsatzerlöse – Selbstkosten des Umsatzes	Nettoumsatzerlöse – Selbstkosten des Umsatzes	Zeilensumme
+ Kostenüberdeckung/ – Kostenunterdeckung aus dem BAB					Übernahme aus dem BAB
= Betriebsergebnis					Umsatzergebnis + Kostenüberdeckung – Kostenunterdeckung, vergleiche mit Ergebnistabelle!

Auswertung der Kostenträgerrechnung auf Normalkostenbasis:

Berechnung der Kennzahlen	Lösungsweg für Hantelpaar	Hantelpaar	Medizinball	Expander
Geplante Umsatzrendite	$\frac{-37.874}{656.000} \cdot 100$	–5,77 %	–18,35 %	+31,07 %
Wirtschaftlichkeit	$\frac{656.000}{693.874}$	0,95	0,84	1,45

Die Expander erzielen 31,07 € Gewinn je 100 € Umsatz, die Hantelpaare und die Medizinbälle erwirtschaften einen Verlust. Das spiegelt sich auch in der Wirtschaftlichkeit wider. Die Wirtschaftlichkeit der Expander ist am größten, die Herstellung und der Verkauf der Hanteln und Medizinbälle sind nicht wirtschaftlich. Langfristig sollten alle Produkte ein positives Umsatzergebnis aufweisen. Es liegt also nahe, die Hanteln und Medizinbälle aus dem Produktionsprogramm herauszunehmen. Diese Entscheidung müsste jedoch mithilfe der Teilkostenrechnung (Deckungsbeitragsrechnung) überprüft werden. Außerdem müssten nähere Informationen aus dem Marketing zu den einzelnen Produkten vorliegen, um produktpolitische Entscheidungen treffen zu können.

Insgesamt war die Herstellung und der Verkauf der Sportgeräte im Unternehmen Brad Stark e. K. im Geschäftsjahr 01 erfolgreich, da das Betriebsergebnis mit 2.000 € positiv war. Die negativen Umsatzergebnisse der Hanteln und Medizinbälle werden durch den Erfolg der Expander ausgeglichen. Der Betrieb arbeitet insgesamt wirtschaftlich, da alle Kosten gedeckt wurden **(Vollkostenrechnung).**

Allerdings können kurzfristige, marktorientierte Entscheidungen nur mithilfe der **Teilkostenrechnung** getroffen werden. Hinzu kommen **weitere Mängel der Vollkostenrechnung.**

23 Winkler - ISBN 978-3-8120-0374-2

Musterlösungen zu 2.5.2.2: Teilkostenrechnung in Ein-Produkt-Unternehmen zur Trainingsaufgabe auf Seite 66ff.

Arbeitsauftrag 1

Ermittlung der fixen und variablen Kosten:

Kostenart	Kosten	Variable Kosten	Fixkosten	Mischkosten
Aufwendungen für Rohstoffe	130.000 €	130.000 €		
Aufwendungen für Hilfsstoffe	26.500 €	26.500 €		
Aufwendungen für Betriebsstoffe	4.500 €			4.500 €
Zeitlöhne	84.000 €	84.000 €		
Gehälter	56.000 €		56.000 €	
Soziale Abgaben	38.000 €			38.000 €
Mietaufwand	25.000 €		25.000 €	
Energiekosten	6.300 €			6.300 €
Aufw. f. Kommunikation (Flatrate)	2.700 €		2.700 €	
Kalkulatorische Abschreibung	12.400 €		12.400 €	
Kalkulatorische Zinsen	6.700 €		6.700 €	
Summe	392.100 €	240.500 €	102.800 €	48.800 €
		↓	↓	
Verteilung der Mischkosten		19.520 €	29.280 €	
Summe	**392.100 €**	**260.020 €**	**132.080 €**	

Herausarbeiten der Kostenfunktion:

$k_v = K_V : x = 260.020 : 65.005 = 4$ €/Stück

$K(x) = k_v \cdot x + K_F = 4 \cdot x + 132.080$

Arbeitsauftrag 2

Berechnung der fehlenden Tabellenwerte:

x (St.)	K_F (€)	K_V (€)	K(x) (€)	U(x) (€)	G(x) (€)	k_v (€/St.)	k_f (€/St.)	k (€/St.)	p (€/St.)	g (€/St.)
0	132.080	0	132.080	0	–132.080	#DIV/0!	#DIV/0!	#DIV/0!	#DIV/0!	#DIV/0!
20.000	132.080	80.000	212.080	140.000	–72.080	4,00	6,60	10,60	7,00	–3,60
40.000	132.080	160.000	292.080	280.000	–12.080	4,00	3,30	7,30	7,00	–0,30
60.000	132.080	240.000	372.080	420.000	47.920	4,00	2,20	6,20	7,00	0,80
80.000	132.080	320.000	452.080	560.000	107.920	4,00	1,65	5,65	7,00	1,35
100.000	132.080	400.000	532.080	700.000	167.920	4,00	1,32	5,32	7,00	1,68

Arbeitsauftrag 3

Berechnung der Gewinnschwelle:

Die Gewinnschwelle ist die Menge, von der an ein Unternehmen Gewinn erzielt. Der Berechnungsansatz ist folgender:

G (x) = 0, daraus folgt: U (x) = K (x)

Beschäftigungsgrad = genutzte Kapazität : technische Maximalkapazität · 100

Für die Gewinnschwelle ergibt sich: 7 x = 4 x + 132.080 I – 4 x
3 x = 132.080 I : 132.080
x = 44.026,67 Stück (auf 44.027 Stück aufrunden!)

Der Beschäftigungsgrad an der Gewinnschwelle beträgt: 44.027 / 100.000 · 100 = 44,03 %

Da bei linearem Verlauf der Kostenfunktion der maximale Gewinn an der Kapazitätsgrenze liegt, sollte eine Produktions- und Absatzmenge von 100.000 Zentnern angestrebt werden.

Arbeitsauftrag 4

Ermittlung des Betriebsergebnisses:

	Umsatzerlöse (65.005 Zentner · 7 €/Zentner)	455.035 €
–	variable Kosten (65.005 Zentner · 4 €/Zentner)	260.020 €
=	Deckungsbeitrag	195.015 €
–	Fixkosten	132.080 €
=	Betriebsergebnis	62.935 €

Musterlösungen zu 2.5.3.2: Teilkostenrechnung in Mehr-Produkt-Unternehmen zur Trainingsaufgabe auf Seite 72ff.

Situation 1: Gabelstapler (Werk Stuttart)

1.1

Erstellung der Fixkostendeckungsrechnung des Werkes in Stuttgart für das Geschäftsjahr 02:

Ergebnisbereich	V10	X20	Y30	Z40	Gesamt
Umsatzerlöse	36.400.000,00 €	18.200.000,00 €	36.100.000,00 €	21.000.000,00 €	111.700.000,00 €
Variable Kosten	20.800.000,00 €	9.800.000,00 €	17.100.000,00 €	15.000.000,00 €	62.700.000,00 €
Deckungsbeitrag I	15.600.000,00 €	8.400.000,00 €	19.000.000,00 €	6.000.000,00 €	49.000.000,00 €
Erzeugnisfixe Kosten	12.000.000,00 €	3.000.000,00 €	6.000.000,00 €	7.000.000,00 €	28.000.000,00 €
Deckungsbeitrag II	3.600.000,00 €	5.400.000,00 €	13.000.000,00 €	– 1.000.000,00 €	21.000.000,00 €
Erzeugnisgruppen-fixe Kosten	5.000.000,00 €		4.000.000,00 €		9.000.000,00 €
Deckungsbeitrag III	4.000.000,00 €		8.000.000,00 €		12.000.000,00 €
Unternehmensfixe Kosten (Werk Stuttgart)					5.000.000,00 €
Betriebsergebnis					7.000.000,00 €
db II in €/Stück	2.769,23 €	3.857,14 €	6.842,11 €	– 1.000,00 €	
Rangfolge	3	2	1	4	

1.2

Beurteilung des Produktionsprogramms:

Entscheidungsrelevant für die Förderungswürdigkeit der Gabelstapler ist der **Stückdeckungsbeitrag II (db II = DB II : x)**. Er kann als letzter für ein einzelnes Produkt berechnet werden. Er sagt aus, wie viel € je Stück zur Verfügung stehen, um die erzeugnisgruppen- und die unternehmensfixen Kosten zu decken. Um das Betriebsergebnis zu steigern, müsste der Absatz des Modells Y30 besonders gefördert werden, z. B. durch Werbung. Es liegt nahe, den Z40 aus dem Produktionsprogramm zu nehmen, jedoch weist die **Ausgangssituation** darauf hin, dass dieses Produkt erst kürzlich **am Markt neu eingeführt wurde.** Wahrscheinlich sind die Forschungs- und Entwicklungskosten noch nicht gedeckt. Falls alle erzeugnisfixen Kosten des Modells Z40 kurzfristig abgebaut werden könnten, würde das Betriebsergebnis um 1.000.000 € auf 8.000.000 € steigen, da der negative DB II von Z40 in Höhe von 1.000.000 € wegfiele.

Allerdings sind nicht alle erzeugnisfixen Kosten dieses Modells kurzfristig abbaubar **(Problem der Kostenremanenz fixer Kosten).** Zwar können 4.240.000 € an Erzeugnisfixkosten von Z40 abgebaut werden, aber die anderen Produkte müssen die nicht abbaubaren Fixkosten des Modells Z40 mittragen, sodass 2.760.000 € verbleiben. Da der DB II von Z40 (– 1.000.000 €) bei der Herausnahme dieses Produktes aus dem Produktionsprogramm wegfiele, die nicht abbaubaren erzeugnisfixen Kosten jedoch bestehen bleiben, würde eine Herausnahme von Z40 das Betriebsergebnis um 1.760.000 €, also auf 5.240.000 € verschlechtern:

DB II von Z40 entfällt	+ 1.000.000 €
Nicht abbaubare erzeugnisfixe Kosten	– 2.760.000 €
	– 1.760.000 €
Betriebsergebnis (vor Herausnahme von Z40)	+ 7.000.000 €
Betriebsergebnis (nach Herausnahme von Z40)	+ 5.240.000 €

Fazit: Da es sich bei dem Gabelstapler vom Typ Z40 um ein neu eingeführtes Produkt handelt (hier ist der Bezug zur Ausgangssituation wichtig) und sich das Betriebsergebnis bei Herausnahme aus dem Produktionsprogramm verschlechtern würde, bleibt der Z40 im Produktionsprogramm der Autotec AG.

1.3

Erklärung der Ursachen und Folgen der Kostenremanenz:

Wird z.B. die Eliminierung eines Produktes aus dem Produktionsprogramm aufgrund eines negativen Deckungsbeitrages in Betracht gezogen, dann muss berücksichtigt werden, dass sich die dem Produkt zurechenbaren Fixkosten meist nur langsam und zeitverzögert abbauen lassen.[1] Beispielsweise ist man an Lieferverträge längerfristig gebunden, speziell für das Produkt vorgehaltene Maschinen, Lager- oder Produktionsflächen können nicht oder nur nach und nach abgebaut werden, beim Personalabbau müssen Kündigungsschutzfristen eingehalten werden etc.

Situation 2: Karosserien und Fahrzeugachsen für Lkws (Werk Duisburg)

Situation 2.1: Gewinnmaximales Produktionsprogramm bei den Karosserien

Ermittlung des gewinnmaximalen Produktionsprogramms bei ausreichender Kapazität und/oder gleichen Bearbeitungszeiten der Produkte im Engpass:

Da die Bearbeitungszeiten für alle Karosserien identisch sind, ist für die Reihenfolge der Förderungswürdigkeit der Produkte die Höhe des Stückdeckungsbeitrages maßgeblich:

Ergebnisbereich	Truck	Trailer	Turbo	Gesamt
Stückpreis (€/Stück)	13.000	19.000	23.000	
– Variable Stückkosten (€/Stück)	8.000	13.000	14.400	
= Stückdeckungsbeitrag (€/Stück)	5.000	6.000	8.600	
Rangfolge der Förderungswürdigkeit der Produkte	3	2	1	
Gewinnmaximales Produktionsprogramm (Stück)[2]	100	180	200	
Umsatzerlöse (€)	1.300.000	3.420.000	4.600.000	9.320.000
– Variable Gesamtkosten (€)	800.000	2.340.000	2.880.000	6.020.000
= Deckungsbeitrag (€)	500.000	1.080.000	1.720.000	3.300.000

Nebenrechnungen zur Ermittlung des optimalen Produktionsprogramms:

Maximale Kapazität: 800 Stunden: 48.000 Minuten
– 20.000 Minuten für 200 Stück von Rang 1 (Turbo)
= 28.000 restliche Minuten
– 18.000 Minuten für 180 Stück von Rang 2 (Trailer)
= 10.000 restliche Minuten

10.000 Minuten Restkapazität : benötigte Minuten je Stück (100 Minuten) von Rang 3 (Truck) ⟶ 100 Stück von Truck

1 Vgl. Eisele/Knobloch, a.a.O., S. 907.

2 Siehe Nebenrechnung.

Situation 2.2: Gewinnmaximales Produktionsprogramm bei den Fahrzeugachsen

2.2.1 Berechnung des gewinnmaximalen Produktionsprogramms bei nicht ausreichender Kapazität

Da die Bearbeitungszeiten für die Fahrzeugachsen unterschiedlich sind und ein Engpass in der Schweißabteilung vorliegt, ist für die Reihenfolge der Förderungswürdigkeit der Produkte die Höhe des relativen Stückdeckungsbeitrages maßgeblich:

Ergebnisbereich	Heavy	Comfort	Flexi	Gesamt
Stückpreis (€/Stück)	15.000	13.000	12.000	
– Variable Stückkosten (€/Stück)	11.000	9.000	8.400	
= Stückdeckungsbeitrag (€/Stück)	4.000	4.000	3.600	
: Engpassbelastung (Min./Stück)	50	40	30	
= rd (€/Engpasseinheit)	80	100	120	
Rangfolge der Förderungswürdigkeit der Produkte	3	2	1	
Gewinnmaximales Produktionsprogramm (Stück)[1]	300	405	400	
Umsatzerlöse (€)	4.500.000	5.265.000	4.800.000	14.565.000
– Variable Gesamtkosten (€)	3.300.000	3.645.000	3.360.000	10.305.000
= Deckungsbeitrag (€)	1.200.000	1.620.000	1.440.000	4.260.000

Nebenrechnungen zur Ermittlung des optimalen Produktionsprogramms:

Zur Verfügung stehende Kapazität: 720 Stunden:	43.200 Minuten
– benötigte Zeit für Mindestmengen	6.000 Minuten für 200 Stück Rang 1 (Flexi) 16.000 Minuten für 400 Stück Rang 2 (Comfort) 15.000 Minuten für 300 Stück Rang 3 (Heavy)
= Restkapazität bis zur Höchstmenge von Rang 1	6.200 restliche Minuten – 6.000 Minuten für Rest von Rang 1 (200 Stück Flexi)
= Restkapazität bis zur Höchstmenge von Rang 2	= 200 Minuten (reichen für weitere 200 Stück von Rang 2 [Comfort] nicht aus)

$$\frac{\text{200 Minuten Restkapazität}}{\text{benötigte Minuten je Stück von Rang 2}} = \text{5 Stück von Rang 2 (Comfort)}$$

Von Rang 3 (Heavy) wird nur die Mindestmenge hergestellt.

2.2.2 Erläuterung

Eine Abweichung vom gewinnmaximalen Produktionsprogramm könnte z. B. sinnvoll sein, wenn ein Stammkunde dringend andere Produkte benötigt. Um diesen Stammkunden zu halten, sollte ein Unternehmen nicht nach dem gewinnmaximalen Produktionsprogramm herstellen, sondern mehr Wert auf die langfristige Kundenbindung legen. Außerdem kann eine Abweichung vom optimalen Produktionsprogramm sinnvoll sein, wenn es gelingt, Neukunden zu gewinnen.

Auch ein Ausfall von Produktionsanlagen, eine plötzliche Nachfrageänderung oder Änderung gesetzlicher Vorschriften, kann eine Abweichung vom gewinnmaximalen Produktionsprogramm nach sich ziehen.

1 Siehe Nebenrechnung.

Situation 3: Kapazitätserweiterung und Absatzsteigerung im Werk Duisburg

Situation 3.1: Anschaffung einer neuen Schweißanlage

Kostenvergleich: Manuelles bzw. automatisiertes Verfahren (Berechnung der „kritischen Menge")

K(manuelles Verfahren) = 140.000 + 28 · x
K(automatisiertes Verfahren) = 260.000 + 16 · x

K(manuelles Verfahren) = K(automatisiertes Verfahren)

$$140.000 + 28 \cdot x = 260.000 + 16 \cdot x$$
$$12 \cdot x = 120.000$$
$$x = 10.000 \text{ Stunden}$$

Bei einer jährlichen Laufzeit von 10.000 Stunden besteht Kostengleichheit zwischen beiden Verfahren.

Unter wirtschaftlichen Aspekten sollte das automatisierte Verfahren angeschafft werden, weil dieses bei einer Erweiterung der Kapazität auf 12.500 Stunden die geringsten Kosten in Höhe von (260.000 + 16 · 12.500) 460.000 € verursacht. Die Anschaffung der Schweißanlage im manuellen Verfahren würde bei einer Laufzeit von 12.500 Stunden Kosten in Höhe von (140.000 + 28 · 12.500) 490.000 € verursachen. Dies entspricht einer Einsparung von 30.000 € pro Jahr.

Situation 3.2: Preissenkung bei den Fahrzeugachsen

3.2.1 Berechnung der kurzfristigen und liquiditätsorientierten Preisuntergrenzen (PU-Grenzen)

➤ *Kurzfristige (absolute) Preisuntergrenze* $= k_v$

Heavy: 11.000 €/St. Comfort: 9.000 €/St. Flexi: 8.400 €/St.

Bei Ansatz der kurzfristigen Preisuntergrenze entsteht ein Verlust in Höhe der gesamten Fixkosten.

Kurzfristige Preisuntergrenze	Heavy	Comfort	Flexi	Gesamt
Produktions- bzw. Absatzmenge	500	600	400	
Variable Stückkosten (€/Stück) = kurzfristige PU-Grenze	11.000	9.000	8.400	
Umsatzerlöse (€) bei kurzfristiger PU-Grenze	5.500.000	5.400.000	3.360.000	14.260.000
– Variable Gesamtkosten (€)	5.500.000	5.400.000	3.360.000	14.260.000
= Deckungsbeitrag (€)	0	0	0	0
– Fixkosten (€)				260.000
= Betriebsergebnis bei Ansatz der kurzfristigen Preisuntergrenze (€)				–260.000

Es entsteht ein Verlust in Höhe der gesamten Fixkosten.

➤ *Liquiditätsorientierte Preisuntergrenze* $= k_v + \frac{\text{ausgabewirksame Fixkosten}}{\text{Menge}}$

Fixkosten, die zu Ausgaben führen: Gehälter 140.000 €
Kammerbeiträge (IHK) 10.000 €

Die ausgabewirksamen fixen Kosten verteilen sich im Verhältnis 5:3:2 auf die Fahrzeugachsen (150.000 € : 10 Teile = 15.000 € für einen Teil)

Liquiditätsorientierte Preisuntergrenze	Heavy	Comfort	Flexi	Gesamt
Produktions- bzw. Absatzmenge	500	600	400	
Variable Stückkosten (€/Stück)	11.000	9.000	8.400	
Gesamte variable Kosten (€)	5.500.000	5.400.000	3.360.000	
Ausgabewirksame Fixkosten (€)	75.000	45.000	30.000	
Zwischensumme aus variablen Kosten und ausgabewirksamen Fixkosten	5.575.000	5.445.000	3.390.000	
: Menge	500	600	400	
= Liquiditätsorientierte Preisuntergrenze (€/Stück)	11.150	9.075	8.475	
Umsatzerlöse (€) bei liquiditätsorientierter PU-Grenze	5.575.000	5.445.000	3.390.000	14.410.000
– Variable Gesamtkosten (€)	5.500.000	5.400.000	3.360.000	14.260.000
= Deckungsbeitrag (€)	75.000	45.000	30.000	150.000
– Fixkosten (€)				260.000
= Betriebsergebnis bei Ansatz der liquiditätsorientierten Preisuntergrenze (€)				–110.000

Es entsteht ein Verlust in Höhe der nicht ausgabewirksamen Fixkosten.

3.2.2 Erläuterung: Chancen und Risiken der kurzfristigen und liquiditätsorientierten Preisuntergrenzen

➤ **Chancen der kurzfristigen Preisuntergrenze:**

Das Unternehmen hat bessere Absatzchancen als bei liquiditätsorientierter oder langfristiger Preisuntergrenze, durch einen „Kampfpreis" kann der Markteintritt der Konkurrenz ggf. verhindert werden.

➤ **Risiken der kurzfristigen Preisuntergrenze:**

Das Unternehmen kann in Zahlungsschwierigkeiten geraten, da auch die ausgabewirksamen Fixkosten wie z.B. Gehälter nicht gezahlt werden können. Ersatzinvestitionen können aus eigener Kraft nicht finanziert werden, da die kalkulatorischen Kosten nicht gedeckt werden. Es entsteht ein Verlust in Höhe der gesamten Fixkosten.

➤ **Chancen der liquiditätsorientierten Preisuntergrenze:**

Das Unternehmen hat bessere Absatzchancen als bei der langfristigen Preisuntergrenze und wahrt seine Zahlungsfähigkeit.

➤ **Risiken der liquiditätsorientierten Preisuntergrenze:**

Das Unternehmen erwirtschaftet auf Dauer Verluste in Höhe der nicht ausgabewirksamen Fixkosten, kann also z.B. Ersatzinvestitionen nicht aus eigener Kraft finanzieren, da die kalkulatorischen Kosten (kalkulatorische Abschreibungen) nicht gedeckt werden.

Situation 3.3: Preissenkung bei den Fahrzeugsitzen

3.3.1 Ermittlung des Betriebsergebnisses (Fahrzeugsitze)

Listenverkaufspreis	280 €/Stück
Kundenrabatt	10 %
Kundenskonto	2 %
Variable Stückkosten	120 €/Stück

Fahrzeugsitze	1 Stück	800 Stück
Listenverkaufspreis	280,00 €	224.000,00 €
– 10 % Rabatt	28,00 €	22.400,00 €
= Zielverkaufspreis	252,00 €	201.600,00 €
– 2 % Skonto	5,04 €	4.032,00 €
= Barverkaufspreis	246,96 €	197.568,00 €
– Variable Kosten	120,00 €	96.000,00 €
= Deckungsbeitrag	126,96 €	101.568,00 €
– Fixkosten		50.000,00 €
= Betriebsergebnis		51.568,00 €

3.3.2 Herausarbeiten des neuen Barverkaufspreises bei langfristiger Preisuntergrenze

Variable Stückkosten	120,00 €/Stück
+ Fixkosten/Menge	62,50 €/Stück
= Langfristige Preisuntergrenze	182,50 €/Stück

Oder: Zur Preissenkung stehen 51.568 € zur Verfügung. Teilt man diese durch 800 Stück, erhält man eine Preissenkung von 64,46 €/Stück. Subtrahiert man diese vom ursprünglichen Barverkaufspreis von 246,96 €/Stück, ergibt sich ein kostendeckender Preis von 182,50 €/Stück.

Probe:

Fahrzeugsitze	1 Stück	800 Stück
Listenverkaufspreis		
– 10 % Rabatt		
= Zielverkaufspreis		
– 2 % Skonto		
= Barverkaufspreis	182,50 €	146.000,00 €
– Variable Kosten	120,00 €	96.000,00 €
= Deckungsbeitrag	62,50 €	50.000,00 €
– Fixkosten		50.000,00 €
= Betriebsergebnis		0

3.3.3 Erläuterung der langfristigen Preisuntergrenze

Langfristige PU: $p = k$

Die Umsatzerlöse decken alle anfallenden Kosten.

➤ **Chancen der langfristigen Preisuntergrenze:**

Das Unternehmen sichert langfristig seine Existenz und die Zahlungsfähigkeit, da alle Kosten gedeckt werden. Die Finanzierung von Ersatzinvestitionen ist aus eigener Kraft möglich, da die kalkulatorischen Abschreibungen gedeckt werden.

➤ **Risiken der langfristigen Preisuntergrenze:**

Das Unternehmen hat schlechtere Absatzchancen als bei der liquiditätsorientierten oder kurzfristigen Preisuntergrenze.

24 Winkler - ISBN 978-3-8120-0374-2

Situation 4: Entscheidung über die Annahme eines Zusatzauftrages

Vorschlag bezüglich der Annahme des Zusatzauftrages:

Zusatzauftrag über 100 Fahrzeugachsen „Flexi“:

Umsatzerlöse (100 Stück · 10.000 €/Stück)	1.000.000 €
– variable Kosten (100 Stück · 8.400 €/Stück)	840.000 €
= Deckungsbeitrag (des Zusatzauftrages)	160.000 €

Der Zusatzauftrag führt zu einem positiven Deckungsbeitrag. Das Betriebsergebnis wird um 160.000 € erhöht. Das liegt daran, dass die Kapazität besser ausgenutzt wird und sich die Fixkosten auf eine größere Menge verteilen. Da die Kapazität ausreicht, sollte der Zusatzauftrag unter wirtschaftlichen Gesichtspunkten angenommen werden.

Allerdings kommt der Kunde aus Griechenland, das sich derzeit von der Schuldenkrise noch nicht vollständig erholt hat, sodass man ggf. Abschlags- oder Vorauszahlung vereinbaren sollte. Falls sich die Geschäftsverbindung dauerhaft positiv gestaltet, könnte dadurch die Autotec AG ihren Marktanteil in Europa vergrößern. Unter diesen Aspekten sollte der Zusatzauftrag angenommen werden.

Situation 5: Entscheidungen zur Eigenfertigung bzw. zum Fremdbezug

Situation 5.1: Eigenfertigung oder Fremdbezug der Schaltgetriebe

Entscheidung: Eigenfertigung bzw. Fremdbezug bei ausreichender Kapazität

Da eine ausreichende Kapazität vorhanden ist, müssen die variablen Stückkosten bei Eigenfertigung mit dem Bezugspreis bei Fremdbezug verglichen werden:

Fremdbezug:			**Eigenfertigung:**	**Einzelkosten**	**Gemeinkosten**	
Listeneinkaufspreis	1.000 €		Kostenstellen		fixe Kosten	variable Kosten
Skonto	2 %		Material	400 €	15 €	50 €
Rabatt	10 %		Fertigung	250 €	40 €	120 €
Frachtkosten	50 €		Verwaltung/Vertrieb		30 €	

Kosten Fremdbezug in €/Stück:

Listeneinkaufspreis	1.000,00
– Rabatt	100,00
= Zieleinkaufspreis	900,00
– Skonto	18,00
= Bareinkaufspreis	882,00
+ Transportkosten	50,00
= Einstandspreis	932,00

Kosten Eigenfertigung in €/Stück:

MEK	400,00
+ variable MGK	50,00
+ FEK	250,00
+ variable FGK	120,00
= variable HK	820,00

Die **Schaltgetriebe** sollten weiterhin selbst hergestellt werden, da die variablen Stückkosten bei Eigenfertigung unterhalb des Fremdbezugspreises liegen. Das Unternehmen wird besser ausgelastet und bleibt flexibler.

Situation 5.2: Eigenfertigung oder Fremdbezug der Kunststoffverkleidungen für die Mittelkonsolen

Ermittlung: Eigenfertigung bzw. Fremdbezug bei nicht ausreichender Kapazität

Die Eigenfertigung ist wirtschaftlich sinnvoller als der Fremdbezug, wenn die relative Kostenersparnis bei Eigenfertigung positiv ist.

Da maximal 5.000 Stunden (300.000 Minuten) zur Verfügung stehen, können nicht alle Kunststoffverkleidungen selbst hergestellt werden.

Es werden die Produkte vorgezogen, die den höchsten engpassbezogenen Kostenvorteil bringen.

	Slim	Sporty	Modern	Elegance	Summe
Bedarfsmenge in Stück	10.000	15.000	18.000	22.000	
Bezugspreis in €/Stück	24,00	20,00	18,00	16,00	
Variable Stückkosten in €	20,00	21,00	13,00	14,00	
Fertigungszeit in Min./Stück	11,00	5,00	6,00	8,00	
Kapazitätsbedarf in Min.	110.000	75.000	108.000	176.000	469.000
absolute Kostenersparnis je Stück bei Eigenfertigung	4,00	–1,00	5,00	2,00	
		Fremdbezug			
relative Kostenersparnis in €/Min. bei Eigenfertigung	0,36		0,83	0,25	
Rangfolge	2		1	3	
Eigenfertigung in Stück	**10.000**		**18.000**	**10.250**[1]	
für EF ben. Zeit in Min.	110.000		108.000	82.000	300.000
Fremdbezug in Stück	**0**	**15.000**	**0**	**11.750**	

Die **Kunststoffverkleidungen** vom Typ Sporty werden komplett fremdbezogen, da der Fremdbezugspreis unterhalb der variablen Stückkosten liegt. Es wird von den Produkten mit der höchsten relativen Kostenersparnis so viel wie möglich hergestellt. Da ein Engpass vorliegt, können die Mittelkonsolen vom Typ Elegance nicht vollständig selbst hergestellt werden, sondern es müssen 11.750 Stück zusätzlich fremd bezogen werden.

1 Restkapazität (300.000 Min. – 108.000 Min. für Modern – 110.000 Min. für Slim) 82.000 Min. : ben. Zeit/Stück für Elegance (8 Min.) = 10.250 Stück können von Elegance selbst hergestellt werden, demnach müssen 11.750 Stück zugekauft werden.

3 Abiturschwerpunkt: Prozess der Leistungserstellung

Musterlösungen zu 3.3.4.2: Ermittlung der optimalen Losgröße zur Trainingsaufgabe auf Seite 85 f.

Arbeitsauftrag 1

Ermittlung der optimalen Losgröße:

Losgröße	Anzahl der Lose	Rüstkosten in €	durchschnittlicher Lagerbestand		Lagerhaltungskosten in €	Gesamtkosten in €
Jahresbedarf: Anzahl der Lose	Jahresbedarf: Losgröße	Anzahl der Lose · Kosten je Rüstvorgang	Losgröße : 2 in Stück	Losgröße : 2 · Herstellkosten in €	Hier: 10 % vom durchschnittlichen Lagerwert + fixe Lagerkosten	Summe der Rüst- und Lagerhaltungskosten
100 Stück	200,00	400.000,00 €	50 Stück	250.000,00 €	45.000,00 €	445.000,00 €
200 Stück	100,00	200.000,00 €	100 Stück	500.000,00 €	70.000,00 €	270.000,00 €
300 Stück	66,67	133.333,33 €	150 Stück	750.000,00 €	95.000,00 €	228.333,33 €
400 Stück	50,00	100.000,00 €	200 Stück	1.000.000,00 €	120.000,00 €	220.000,00 €
500 Stück	40,00	80.000,00 €	250 Stück	1.250.000,00 €	145.000,00 €	225.000,00 €
600 Stück	33,33	66.666,67 €	300 Stück	1.500.000,00 €	170.000,00 €	236.666,67 €
700 Stück	28,57	57.142,86 €	350 Stück	1.750.000,00 €	195.000,00 €	252.142,86 €
800 Stück	25,00	50.000,00 €	400 Stück	2.000.000,00 €	220.000,00 €	270.000,00 €
900 Stück	22,22	44.444,44 €	450 Stück	2.250.000,00 €	245.000,00 €	289.444,44 €
1.000 Stück	20,00	40.000,00 €	500 Stück	2.500.000,00 €	270.000,00 €	310.000,00 €
Punkte	2	3	2	3	3	2

Arbeitsauftrag 2

Grafische Darstellung der Rüst-, Lagerhaltungs- und Gesamtkostenfunktion und Kennzeichnung der optimalen Losgröße:

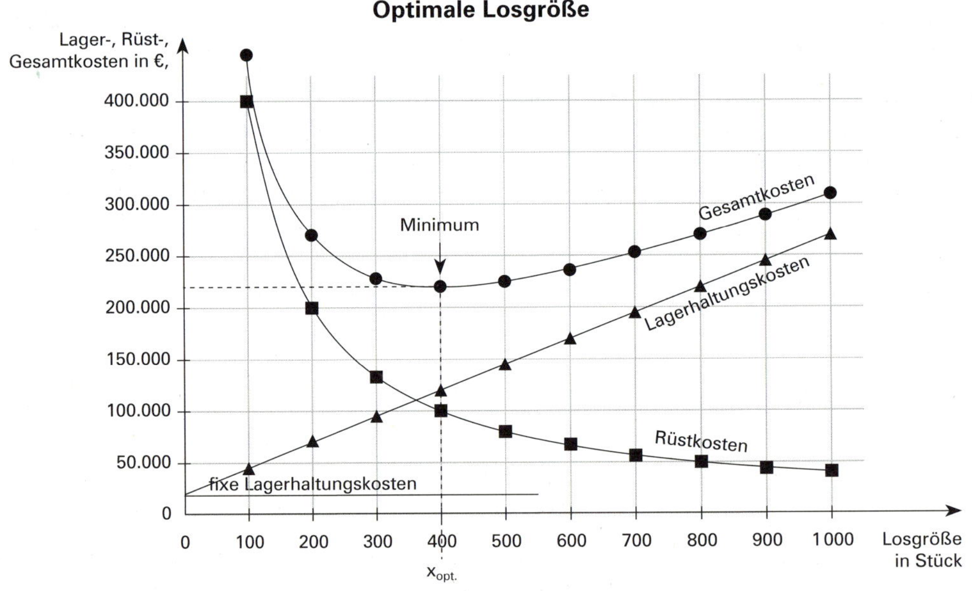

Arbeitsauftrag 3

Betriebswirtschaftliche Erläuterung:

Da die Rüstkosten mit zunehmender Losgröße **degressiv sinken** und die Lagerhaltungskosten mit zunehmender Losgröße **linear ansteigen,** liegt die optimale Losgröße beim **Minimum der Summe aus Rüst- und Lagerhaltungskosten,** also bei einer Losgröße von 400 Stück. Durch die Umstellung auf die optimale Losgröße können bei der Herstellung der Lkw-Motoren jährlich **225.000 € eingespart** werden (445.000 € Gesamtkosten bei Losgröße 100 Stück – 220.000 € Gesamtkosten bei Losgröße 400 Stück).

Allerdings

- ist der Jahresbedarf nur geschätzt,
- Zusatzaufträge von Neu- oder Stammkunden können kurzfristig eintreffen,
- Materialkosten können sich ändern etc.,

sodass die betriebswirtschaftliche Bedeutung der optimalen Losgröße in der Praxis eingeschränkt ist.

4 Abiturschwerpunkt: Prozess der Leistungsverwertung

Musterlösungen zu 4.4.6: Preispolitik zur Trainingsaufgabe auf Seite 109 ff.

Arbeitsauftrag 1: Kostenorientierte Preispolitik

1.1/1.2

	Gesamtkosten	davon variabel
Materialeinzelkosten	50.000 €	50.000 €
+ Materialgemeinkosten (40 % von MEK)	20.000 €	12.000 €
+ Fertigungseinzelkosten	20.000 €	20.000 €
+ Fertigungsgemeinkosten (120 % von FEK)	24.000 €	14.400 €
= Herstellkosten für 100.000 Stück	114.000 €	
+ Verwaltungsgemeinkosten (10 % von den HK)	11.400 €	
+ Vertriebsgemeinkosten (10 % von den HK)	11.400 €	
= Selbstkosten für 100.000 Plastikflaschen **= langfristige Preisuntergrenze (1.1)***	**136.800 €**	
= kurzfristige Preisuntergrenze (1.2)		**96.400 €**

* Der Gewinnzuschlag darf bei der Ermittlung der langfristigen Preisuntergrenze nicht beachtet werden.

1.3

➤ **Chancen der Preissenkung auf die kurzfristige Preisuntergrenze:**

Das Unternehmen hat bessere Absatzchancen als bei der langfristigen Preisuntergrenze, durch einen „Kampfpreis“ kann der Markteintritt der Konkurrenz ggf. verhindert werden.

➤ **Risiken der Preissenkung auf die kurzfristige Preisuntergrenze:**

Das Unternehmen kann in Zahlungsschwierigkeiten geraten, da auch die ausgabewirksamen Fixkosten wie z.B. Gehälter oder Miete nicht gezahlt werden können. Ersatzinvestitionen können aus eigener Kraft nicht finanziert werden, da die kalkulatorischen Kosten nicht gedeckt werden. Es entsteht ein Verlust in Höhe der gesamten Fixkosten. Ebenfalls besteht die Gefahr, dass Kunden spätere Preiserhöhungen nicht mehr akzeptieren.

Arbeitsauftrag 2: Nachfrageorientierte Preispolitik im Angebotsmonopol

2.1 Preis-Absatz-Funktion

Die Preis-Absatz-Funktion ist eine lineare Funktion vom Typ $y = b + m \cdot x$.

p (GE)	50	40	30	20	10
x (ME)	0	20	40	60	80

Zur mathematischen Ermittlung der Preis-Absatz-Funktion sucht man sich zwei Punkte ($P_1[x_1; y_1]$ und $P_2[x_2; y_2]$) auf der PAF mit den entsprechenden x- und y-Werten und berechnet zunächst die Steigung

$$m = \frac{(y_2 - y_1)}{(x_2 - x_1)}$$

durch Einsetzen der Punktwerte.

Die Fixkosten (b) kann man entweder an der Grafik (Schnittpunkt der Preis-Absatz-Funktion mit der y-Achse) ablesen oder man berechnet b für einen beliebigen Punkt der PAF durch Einsetzen und Auflösen der PAF nach b.

Für die Steigung m gilt bei folgenden Punkten P_1 (20; 40) und P_2 (60; 20)

$m = \frac{(y_2 - y_1)}{(x_2 - x_1)}$, also $m = \frac{(20 - 40)}{(60 - 20)} = -0{,}5$

Für $y = 40$ bzw. $p = 40$ und $x = 20$ gilt: $40 = -0{,}5 \cdot 20 + b$, d. h. $b = 50$

Daraus ergibt sich folgende PAF $p(x) = b + m \cdot x$, d. h. $p(x) = 50 - 0{,}5 \cdot x$

2.2 Gewinnmaximum

Tabellarische Lösung:

p (GE)	50	40	30	20	10
x (ME)	0	20	40	60	80
U(x)	0	800	1.200	1.200	800
K(x)	100	500	900	1.300	1.700
G(x)	–100	300	300	–100	–900

Tabellarisch lässt sich das Gewinnmaximum nicht eindeutig bestimmen. Es liegt bei 20 bzw. 40 ME.

Mathematische Lösung:

Ermittlung des **Gewinnmaximums** unter der Voraussetzung, dass folgende Kostenfunktion $K(x) = 20x + 100$ und folgende Preis-Absatz-Funktion $p(x) = 50 - 0{,}5 \cdot x$ gilt.

$G(x) = U(x) - K(x)$ $U(x) = p(x) \cdot x$ $U(x) = 50 \cdot x - 0{,}5x^2$ $K(x) = 20x + 100$
$G(x) = p(x) \cdot x - K(x)$ $G(x) = 50x - 0{,}5\,x^2 - (20x + 100)$
$G(x) = -0{,}5x^2 + 30x - 100$

$G'(x) = 0$ $G'(x) = -x + 30 = 0$ $| + x$
$x = 30$ (gewinnmaximale Menge)

$G''(x) < 0$ $G''(x) = -1 < 0$
$p(30) = 50 - 0{,}5 \cdot 30 = 35$ (gewinnmaximaler Preis)

Im Gewinnmaximum bei der Produktions- und Absatzmenge von 30 Stück wird folgender Gewinn erzielt:
$G(30) = -0{,}5 \cdot 30^2 + 30 \cdot 30 - 100 = 350$ GE

2.3 Bildung von Teilmärkten

	Lösungsweg	Ergebnis
Umsatzerlöse Teilmarkt I	45 GE/ME · 10 ME	450 GE
Umsatzerlöse Teilmarkt II	35 GE/ME · 20 ME	700 GE
Umsatzerlöse Teilmarkt III	25 GE/ME · 20 ME	500 GE
Summe Umsatzerlöse (GE)		1.650 GE
Gesamtkosten (GE)	20 · 50 + 100	1.100 GE
Gesamtgewinn mit Preisdifferenzierung (GE)		550 GE

Durch Preisdifferenzierung bzw. Abschöpfen der Konsumentenrente kann der Gewinn von 350 auf 550 Geldeinheiten gesteigert werden.

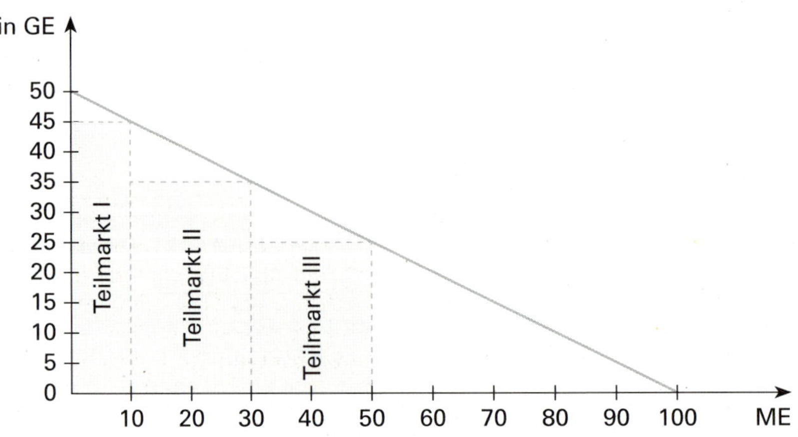

Arbeitsauftrag 3: Konkurrenzorientierte Preispolitik im Angebotsoligopol

3.1 Gewinnmaximaler Absatzpreis

Nettoverkaufspreis je Kiste in €	13,00	12,00	11,00	10,00	9,00
Produktions- bzw. Absatzmenge in Kisten pro Jahr	10.000	50.000	52.500	55.000	57.500
Umsatzerlöse in €	130.000	600.000	577.500	550.000	517.500
Kosten in €	340.000	500.000	510.000	520.000	530.000
Gewinn in €	−210.000	100.000	67.500	30.000	−12.500

Es wird der höchste Gewinn bei einem Nettoverkaufspreis von 12,00 € je Kiste erzielt.

3.2 Preiselastizitäten der Nachfrage

3.2.1

Bei Preisanhebung von 12,00 € auf 13,00 € je Kiste reagiert die Nachfrage elastisch:

$$\text{Direkte Preiselastizität} = \frac{\text{prozentuale Mengenänderung}}{\text{prozentuale Preisänderung}}$$

$$\frac{-40.000 \cdot 100}{50.000} : \frac{+1,00 \cdot 100}{12} = \frac{-80\,\%}{8,33\,\%} = |-9,6|$$

oder

$$\text{Direkte Preiselastizität} = \frac{(x_{neu} - x_{alt}) \cdot p_{alt}}{(p_{neu} - p_{alt}) \cdot x_{alt}} = \frac{(10.000 - 50.000) \cdot 12}{(13 - 12) \cdot 50.000} = |-9,6|$$

Die direkte Preiselastizität liegt deutlich über |1|, d.h., die Nachfrage ist elastisch. Eine kleine Preiserhöhung bewirkt einen sehr starken Absatzrückgang. Für die Breit OHG ist es nicht sinnvoll, den Nettoverkaufspreis anzuheben, da viele Kunden zur Konkurrenz abwandern würden, sodass der starke Umsatzrückgang sogar zu einem Verlust in Höhe von 210.000 € führen würde.

3.2.2

Bei Preissenkung von 12,00 € auf 10,00 € je Kiste reagiert die Nachfrage unelastisch:

$$\text{Direkte Preiselastizität} = \frac{\text{prozentuale Mengenänderung}}{\text{prozentuale Preisänderung}}$$

$$\frac{+5.000 \cdot 100}{50.000} : \frac{-2,00 \cdot 100}{12} = \frac{10\,\%}{-16,67\,\%} = |-0,6|$$

oder

$$\text{Direkte Preiselastizität} = \frac{(x_{neu} - x_{alt}) \cdot p_{alt}}{(p_{neu} - p_{alt}) \cdot x_{alt}} = \frac{(55.000 - 50.000) \cdot 12}{(10 - 12) \cdot 50.000} = |-0,6|$$

Die direkte Preiselastizität liegt unter |1|, d.h., die Nachfrage ist unelastisch. Eine Preissenkung bewirkt nur einen relativ kleinen Absatzzuwachs. Für die Breit OHG ist es nicht sinnvoll, den Nettoverkaufspreis zu senken, da die Konkurrenz ebenfalls den Preis senken würde und die Breit OHG damit nur eine geringe Absatzsteigerung erreicht. Außerdem führt die Preissenkung zur Gewinnschmälerung von 32.500 € auf 67.500 €.

3.3 Preisabsprachen aus Sicht der betroffenen Brauereien und der Verbraucher

Aus Sicht der betroffenen Brauereien wirken sich die Preisabsprachen positiv auf den Gewinn aus. Während sich die Preiserhöhung nur eines Anbieters für diesen negativ auf Absatz und Gewinn auswirkt (vgl. Lösung zu Aufgabe 3.2.1), sind die Auswirkungen positiv, wenn alle Anbieter gleichermaßen ihre Preise anheben: Während die jeweiligen Marktanteile und Kosten auf ihrem ursprünglichen Niveau bleiben, steigen die Umsatzerlöse und damit auch die Gewinne. Da fallen auch die vom Bundeskartellamt verhängten Strafen nicht weiter ins Gewicht.

Für die Verbraucher haben die Preisabsprachen der Brauereien ausschließlich negative Folgen. Sie müssen einen höheren Preis zahlen oder ihren Bierkonsum einschränken. Das Bundeskartellamt muss einschreiten, um die Verbraucher zu schützen, sofern die Preisabsprachen nachgewiesen werden können.

Arbeitsauftrag 4: Konkurrenzorientierte Preispolitik im Polypol

4.1 Auswirkungen von Preisänderungen

- Bei Überschreitung der oberen Preisgrenze: Die Nachfragereaktion ist erheblich, wenn der Getränkemarkt den Stückpreis über 6 € anhebt. Preispolitik ist hier nicht möglich, da die Preiserhöhung zu einem kompletten Kundenverlust an die Konkurrenz führen würde.
- Im monopolistischen Preisspielraum: Zwischen einem Stückpreis von 2 € bis 6 € kann der Getränkemarkt seinen Preis anheben oder senken, ohne dass er Käufer an die Konkurrenz verliert oder Käufer von der Konkurrenz abzieht. Er sollte mithilfe absatzpolitischer Instrumente (z. B. besonderer Service beim Einladen) versuchen, einen Stückpreis von 4 € je Kiste zu erzielen, weil bei diesem Preis das Gewinnmaximum liegt. Durch Preisdifferenzierung ließe sich der Gewinn noch weiter steigern.
- Bei Unterschreitung der unteren Preisgrenze: Bei einem Stückpreis von 2 € wollen auch die Kunden der Konkurrenz beim Getränkemarkt „Trink dich fit" kaufen. Da dieser jedoch nur über eine eingeschränkte Lagerkapazität verfügt, gehen einige Kunden leer aus und suchen sich auf Dauer einen anderen Getränkemarkt, sodass eine weitere Preissenkung sinnlos ist.

4.2 Akquisitorisches Potenzial

Unter dem akquisitorischen Potenzial[1] versteht man die Auswirkungen aller jemals eingesetzten absatzpolitischen Aktivitäten eines Unternehmens und aller sonstigen, z. T. nicht rational erfassbaren, kaufrelevanten Faktoren, die bei den Käufern Vorlieben für das Unternehmen oder für das Produkt bewirken. Man kann das akquisitorische Potenzial auch als „Goodwill", Image oder Ruf des Unternehmens bezeichnen. Die Kunden können sachliche Vorlieben hinsichtlich der Produkteigenschaften, zeitliche Vorlieben (z. B. durch kurze Lieferzeiten), örtliche Vorlieben (z. B. durch schnelle Erreichbarkeit) und/oder persönliche (z. B. freundliche Bedienung) haben. Aufgrund dieser Vorlieben sind die Käufer bereit, einen höheren Preis als für Konkurrenzprodukte zu zahlen.

1 Vgl. Meffert, H./Burmann, Chr./Kirchgeorg, M.: Marketing Arbeitsbuch, 10., vollst. überarb. u. erw. Auflage, Wiesbaden 2009, S. 197.

5 Abiturschwerpunkt: Investition und Finanzierung

Musterlösungen zu 5.2.4: Investitionsrechnung zur Trainingsaufgabe auf Seite 121 ff.

Arbeitsauftrag 1

	Anlage I	Anlage II
Geplante Produktions- und Absatzmenge in Stück	2.000.000	2.000.000
Anschaffungskosten in € am 01.01.00	1.000.000,00	800.000,00
Restwert in € am 31.12.02	100.000,00	80.000,00
Nutzungsdauer in Jahren (01.01.00–31.12.02)	3	3
Kalkulationszinssatz in %	4,00	4,00
Sonstige Fixkosten in € (auszahlungswirksam)	120.000,00	110.000,00
Rohstoffaufwand in €/Stück	0,05	0,05
Lohnkosten in €/Stück	0,47	0,47
Sonstige variable Kosten bei Vollauslastung in €	40.000,00	35.000,00
Maximale Kapazität in Stück	2.500.000	2.200.000
Nettoverkaufspreis in €/Stück	0,80	0,75

Vergleich der Produktionsanlagen I und II mithilfe der statischen Verfahren

Statische Verfahren	Lösungsweg für Anlage I	Anlage I	Anlage II
Kostenvergleichsrechnung im Jahr 00 für 2.000.000 Stück			
Kalk. Abschreibungen (nicht auszahlungswirksame Fixkosten) in €/Jahr	$\frac{(1.000.000\ € - 100.000\ €)}{3\ \text{Jahre}}$	300.000,00 €	240.000,00 €
Kalk. Zinsen (nicht auszahlungswirksame Fixkosten) in €/Jahr	$\frac{(1.000.000\ € + 100.000\ €)}{2} \cdot \frac{4}{100}$	22.000,00 €	17.600,00 €
Sonstige Fixkosten (auszahlungswirksam) in €/Jahr	z. B. Wartungskosten, Gehälter	120.000,00 €	110.000,00 €
Summe Fixkosten in €/Jahr		442.000,00 €	367.600,00 €
Sonstige variable Kosten in €/Jahr	$\frac{40.000\ €}{2.500.000\ \text{Stück}} \cdot 2.000.000\ \text{Stück}$	32.000,00 €	31.818,18 €
Rohstoffaufwand in €/Jahr	0,05 €/Stück · 2.000.000 Stück	100.000,00 €	100.000,00 €
Löhne in €/Jahr	0,47 €/Stück · 2.000.000 Stück	940.000,00 €	940.000,00 €
Summe variable Kosten in € für 2.000.000 Stück		1.072.000,00 €	1.071.818,18 €
Gesamtkosten in €/Jahr	442.000 € + 1.072.000 €	1.514.000,00 €	1.439.418,18 €
Umsatzerlöse in €/Jahr	0,80 €/Stück · 2.000.000 Stück	1.600.000,00 €	1.500.000,00 €
Gewinn (Gewinnvergleichsrechnung) in €/Jahr	1.600.000 € – 1.514.000 €	86.000,00	60.581,82 €
Rentabilität in % (Rentabilitätsvergleichsrechnung)	$\frac{(86.000\ € + 22.000\ €)}{(1.000.000\ € + 100.000\ €) : 2} \cdot 100$	19,64 %	17,77 %
Amortisationsdauer in Jahren (Amortisationsvergleichsrechnung)	$\frac{(1.000.000\ € - 100.000\ €)}{(86.000\ € + 300.000\ €)}$	2,33 Jahre	2,40 Jahre

Zwar sind die Gesamtkosten pro Jahr bei Anlage II niedriger als bei Anlage I, jedoch liegt der jährliche Gewinn bei Anlage I um 25.418,18 € höher als bei Anlage II. Außerdem ist die durchschnittliche jährliche Verzinsung (Rentabilität) bei Anlage I höher und der Kapitaleinsatz fließt über die jährlichen Rückflüsse schneller in das Unternehmen zurück (kürzere Amortisationsdauer). Nach den statischen Verfahren sollte man daher Produktionsanlage I wählen.

25 Winkler - ISBN 978-3-8120-0374-2

Arbeitsauftrag 2

Ermittlung der Kapitalwerte

Anlage I								
Datum	Jahr	einzahlungswirksame Erlöse	auszahlungswirksame Kosten	geschätzte Einzahlungsüberschüsse in €	Abzinsungsfaktor (i = 5 %)	Barwert in € (i = 5 %)	Abzinsungsfaktor (i = 12 %)	Barwert in € (i = 12 %)
01.01.00 (Anschaffungszeitpunkt)	0		1.000.000,00	−1.000.000,00	1,0000	−1.000.000,00	1,0000	−1.000.000,00
31.12.00	1	1.600.000,00	1.192.000,00*	408.000,00	0,9524	388.579,20	0,8929	364.303,20
31.12.01	2	1.600.000,00	1.192.000,00	408.000,00	0,9070	370.056,00	0,7972	325.257,60
31.12.02	3	1.600.000,00	1.192.000,00	408.000,00	0,8638	352.430,40	0,7118	290.414,40
Restverkaufserlös am 31.12.02	3	100.000,00	0,00	100.000,00	0,8638	86.380,00	0,7118	71.180,00
Summe der Barwerte = Kapitalwert						197.445,60		51.155,20

* Ohne kalkulatorische Kosten.

Anlage II								
Datum	Jahr	einzahlungswirksame Erlöse	auszahlungswirksame Kosten	geschätzte Einzahlungsüberschüsse in €	Abzinsungsfaktor (i = 5 %)	Barwert in € (i = 5 %)	Abzinsungsfaktor (i = 12 %)	Barwert in € (i = 12 %)
01.01.00 (Anschaffungszeitpunkt)	0		800.000,00	−800.000,00	1,0000	−800.000,00	1,0000	−800.000,00
31.12.00	1	1.500.000,00	1.181.818,18*	318.181,82	0,9524	303.036,37	0,8929	284.104,55
31.12.01	2	1.500.000,00	1.181.818,18	318.181,82	0,9070	288.590,91	0,7972	253.654,55
31.12.02	3	1.500.000,00	1.181.818,18	318.181,82	0,8638	274.845,46	0,7118	226.481,82
Restverkaufserlös am 31.12.02	3	80.000,00	0,00	80.000,00	0,8638	69.104,00	0,7118	56.944,00
Summe der Barwerte = Kapitalwert						135.576,74		21.184,92

* Ohne kalkulatorische Kosten.

Die Kapitalwerte können alternativ auch folgendermaßen berechnet werden (hier am Beispiel für Anlage I bei einem Kalkulationszinssatz von 5 %):

- Entweder durch Multiplikation der Einzahlungsüberschüsse mit dem jeweiligen Abzinsungsfaktor und Addition der Einzelergebnisse zum Kapitalwert:

  Kapitalwert Anlage I (i = 5 %) = –1.000.000 · 1 + 408.000 · 0,9524 + 408.000 · 0,9070 + 408.000 · 0,8638 + 100.000 · 0,8638 = 197.445,60 €

- oder durch Multiplikation der jährlich in unterschiedlicher Höhe anfallenden Einzahlungsüberschüsse mit dem jeweiligen Abzinsungsfaktor und des gleichbleibenden Einzahlungsüberschusses mit dem Rentenbarwertfaktor sowie Addition der Einzelergebnisse zum Kapitalwert:

  Kapitalwert Anlage I (i = 5 %) = –1.000.000 · 1 + 408.000 · 2,7232 + 100.000 · 0,8638 = 197.445,60 €

Arbeitsauftrag 3

3.1 Für Anlage I den internen Zinssatz mithilfe der Formellösung:

$$\text{Interner Zinssatz I} = 0{,}05 - 197.445{,}60 \cdot \frac{(0{,}12 - 0{,}05)}{(51.155{,}20 - 197.445{,}60)} = 0{,}1445$$

Das entspricht einem internen Zinssatz von 14,45 %

3.2 Für Anlage II den internen Zinssatz mithilfe der mathematischen Lösung:

$$y = m \cdot x + b, \text{ wobei } m = \frac{(y_2 - y_1)}{(x_2 - x_1)}$$

Punkt 1 (0,05; 135.576,74), Punkt 2 (0,12; 21.184,92)

$$m = \frac{(21.184{,}92 - 135.576{,}74)}{(0{,}12 - 0{,}05)} = -1.634.168{,}86$$

Um b auszurechnen, setzt man z. B. Punkt 1 in $y = m \cdot x + b$ ein und löst nach b auf:

135.576,74 = –1.634.168,86 · 0,05 + b, daraus folgt b = 217.285,18

Daher gilt: y = –1.634.168,86 · x + 217.285,18

Da der interne Zinssatz einem Kapitalwert von null entspricht, setzt man nun für y den Wert null ein:

0 = –1.634.168,86 · x + 217.285,18, daraus folgt x = 0,1330

Dies entspricht einem internen Zinssatz für Anlage II beträgt 13,30 %.

Arbeitsauftrag 4

Entscheidung: Bereits an der Höhe der Kapitalwerte erkennt man, dass Anlage I zu einem besseren Ergebnis führt als Anlage II, da sowohl bei einem Abzinsungsfaktor zum Zinssatz von 5 % als auch bei einem Zinssatz von 12 % die Kapitalwerte von Anlage I höher sind.

Angesichts der angestrebten Mindestrendite von 6 % wäre die Anschaffung beider Alternativen sinnvoll. Da Anlage I jedoch mit 14,45 % die höhere Verzinsung erwirtschaftet als Anlage II mit einem internen Zinssatz von 13,30 %, sollte Anlage I unter rein wirtschaftlichen Aspekten vorgezogen werden. Dies entspricht auch der Investitionsentscheidung nach den statischen Verfahren.

Weiterhin ist die Kapazität bei Anlage I höher als bei Anlage II, sodass die Verpro AG auch in der Lage wäre, 500.000 Flaschen zusätzlich für den Kunden zu produzieren. Außerdem können mit Anlage I höherwertige Spezialflaschen hergestellt werden als mit Anlage II, was dem Image des Kunden der Verpro AG, einem Hersteller exklusiver Spirituosen, entgegenkäme.

Musterlösungen zu 5.3.9: Trainingsaufgabe zur Finanzierung auf Seite 135 ff.

Arbeitsauftrag 1: Gewinnverwendung/offene Selbstfinanzierung

1.1

Ergebnisverwendungsrechnung		Nebenrechnungen	
		10 % des gez. Kapitals	365.000 €
		– Kapitalrücklage	170.000 €
		– gesetzliche Rücklage	150.000 €
Jahresüberschuss	371.000 €	= max. notwendige gesetzl. Rücklage	45.000 €
– Verlustvortrag (Vorjahr)	0 €		
= Zwischensumme ❶	371.000 €	**Zwischensumme ❶ : 20 = 18.550 €**	
– Einstellung in die gesetzl. Rücklage	18.550 € ←		
= Zwischensumme ❷	352.450 €	**Zwischensumme ❷ : 2 = 176.225 €**	
– Einstellung in andere Gewinnrücklagen	176.225 € ←		
= Zwischensumme ❸	176.225 €	$\frac{3.650.000\ €}{10\ €/\text{Aktie}}$ = 365.000 Aktien	
+ Gewinnvortrag (altes Jahr)	0 €	$\frac{176.225\ €}{365.000\ \text{Aktien}}$ = 0,4828 €/Aktie	
= Bilanzgewinn	176.225 €	0,48 €/Aktie · 365.000 Aktien = 175.200 €	
– weitere Einstellung in and. Gewinnrück.	0 €		
– Dividende	175.200 € ←		
= Gewinnvortrag (neues Jahr)	1.025 €		

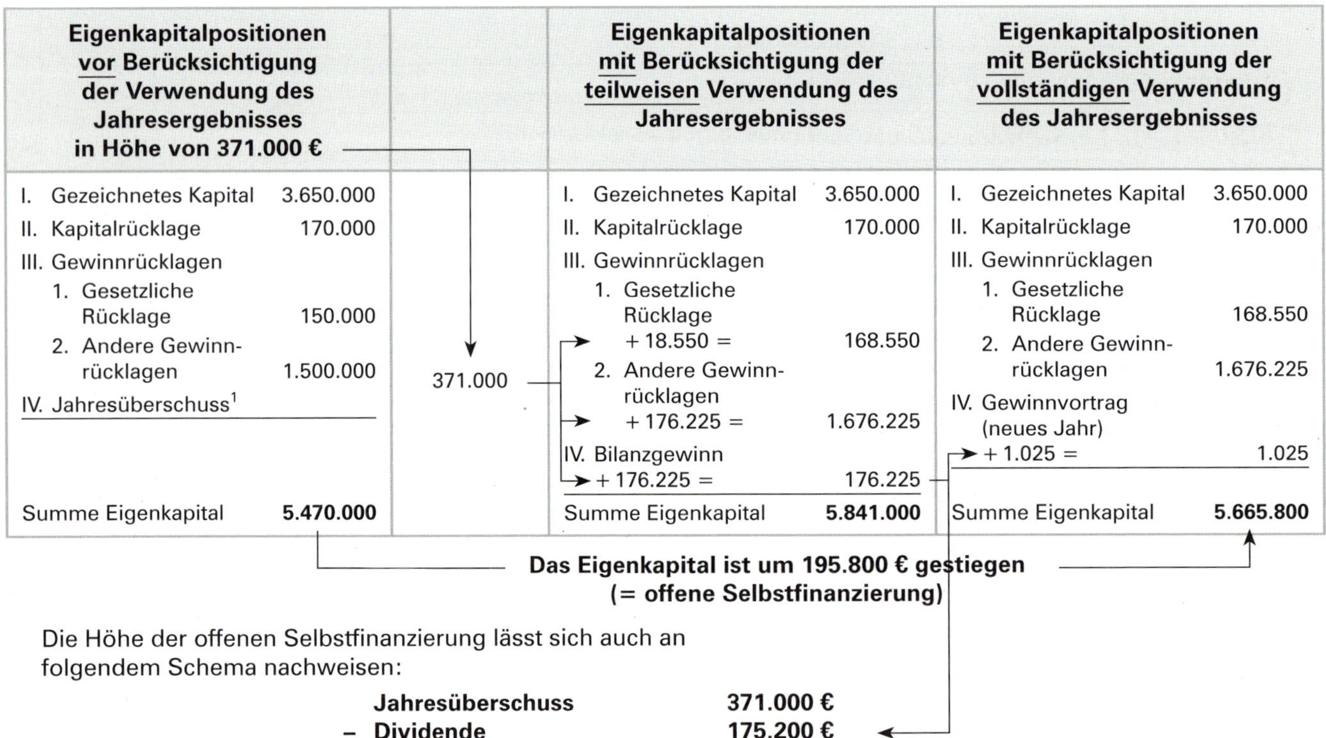

Eigenkapitalpositionen vor Berücksichtigung der Verwendung des Jahresergebnisses in Höhe von 371.000 €			**Eigenkapitalpositionen mit Berücksichtigung der teilweisen Verwendung des Jahresergebnisses**		**Eigenkapitalpositionen mit Berücksichtigung der vollständigen Verwendung des Jahresergebnisses**	
I. Gezeichnetes Kapital	3.650.000		I. Gezeichnetes Kapital	3.650.000	I. Gezeichnetes Kapital	3.650.000
II. Kapitalrücklage	170.000		II. Kapitalrücklage	170.000	II. Kapitalrücklage	170.000
III. Gewinnrücklagen			III. Gewinnrücklagen		III. Gewinnrücklagen	
1. Gesetzliche Rücklage	150.000		1. Gesetzliche Rücklage + 18.550 =	168.550	1. Gesetzliche Rücklage	168.550
2. Andere Gewinnrücklagen	1.500.000	371.000	2. Andere Gewinnrücklagen + 176.225 =	1.676.225	2. Andere Gewinnrücklagen	1.676.225
IV. Jahresüberschuss[1]			IV. Bilanzgewinn + 176.225 =	176.225	IV. Gewinnvortrag (neues Jahr) + 1.025 =	1.025
Summe Eigenkapital	**5.470.000**		Summe Eigenkapital	**5.841.000**	Summe Eigenkapital	**5.665.800**

Das Eigenkapital ist um 195.800 € gestiegen (= offene Selbstfinanzierung)

Die Höhe der offenen Selbstfinanzierung lässt sich auch an folgendem Schema nachweisen:

Jahresüberschuss	**371.000 €**
– Dividende	**175.200 €**
= offene Selbstfinanzierung	**195.800 €**

1 Bei der Darstellung des bilanziellen Eigenkapitals in einer Aktiengesellschaft gemäß §§ 266, 268 (1) HGB erscheint der Jahresüberschuss unter der Position IV. bzw. V. **Jahresüberschuss/Jahresfehlbetrag.** Er wird hier nicht aufgeführt, um die Erhöhung des Eigenkapitals von 5.470.000 € auf 5.665.800 € zu verdeutlichen.

Berechnungsschema für die Ermittlung der offenen Selbstfinanzierung	
(+) Ausgleich eines eventuellen alten Verlustvortrages	0 €
(+) Einstellung in die gesetzliche Rücklage	18.550 € (gesetzlich erzwungen)
(+) Einstellung in die andere freie Gewinnrücklage durch Vorstand/Aufsichtsrat	176.225 € (freiwillig)
und ggf. Hauptversammlung der Aktionäre	0 €
(–) Entnahme auf Rücklagen	0 €
(+) neuer Gewinnvortrag	1.025 €
(–) ggf. alter Gewinnvortrag	0 €
= **gesamter Betrag der offenen Selbstfinanzierung**	**195.800 €**

Vom Jahresüberschuss (371.000 €) werden 175.200 € als Dividende ausgeschüttet, d.h. 195.800 € bleiben im Unternehmen und stehen zur offenen Selbstfinanzierung zur Verfügung.

1.2 Stellungnahme zur Entscheidung über die Gewinnverwendung

Die Entscheidung des Vorstands/Aufsichtsrats, die höchstmögliche Bildung offener Rücklagen vorzunehmen, dient der finanziellen Unabhängigkeit und Stabilität des Unternehmens und ist aus ihrer Sichtweise sinnvoll.

Allerdings sind vor allem kurzfristig orientierte Aktionäre an einer hohen Dividendenausschüttung und geringen Rücklagenbildung interessiert. Dies führt ggf. zu einer Schwächung der Unternehmung.

Die in 1.1 dargestellte Lösung bildet einen Kompromiss zwischen den möglichen Extremfällen der maximalen und minimalen offenen Selbstfinanzierung.

Arbeitsauftrag 2: Stille Selbstfinanzierung

Die Höhe der stillen Selbstfinanzierung für dieses Beispiel beträgt 5.999 €.

Dieser „Gewinn“ ist aus dem Jahresabschluss heraus nicht erkennbar, der Jahresüberschuss 01 bleibt unverändert. Es entsteht eine stille Reserve, die erst bei Verkauf des Aktivpostens sichtbar wird. Die stille Rücklage entsteht aus der Unterbewertung des Aktivpostens.

Arbeitsauftrag 3: Finanzierung durch Kapitalfreisetzung

In der Bilanz findet ein Aktivtausch statt. Das Anlagevermögen nimmt um 100.000 € ab, das Umlaufvermögen um 100.000 € zu. Durch diesen Vorgang werden der Jahresüberschuss und die GuV-Rechnung nicht beeinflusst.

Arbeitsauftrag 4: Leverage-Effekt

Daten vor der zusätzlichen Darlehensaufnahme:

Kennzahl	Lösungsweg	Ergebnis
Fremdkapzitalzinsen in € p. a. vor der zusätzlichen Kreditaufnahme	$\frac{4.157.200 \cdot 3,5}{100}$	145.502,00 €
Gesamtkapitalrentabilität in %	$\frac{(371.000 + 145.502) \cdot 100}{(7.043.550 + 4.157.200)}$	4,61 %
Eigenkapitalrentabilität in %	$\frac{371.000 \cdot 100}{7.043.550}$	5,27 %

Daten nach der zusätzlichen Darlehensaufnahme bei konstanter GKR von 4,61 %:

Kennzahl	Lösungsweg	Ergebnis
Verzinsung des Gesamtkapitals in € p. a.	$\frac{(7.043.550 + 4.157.200 + 1.250.000) \cdot 4,61}{100}$	573.979,58 €
– Fremdkapitalzinsen pro Jahr vor der zusätzlichen Kreditaufnahme	$\frac{4.157.200 \cdot 3,5}{100}$	145.502,00 €
– zusätzliche Fremdkapitalzinsen pro Jahr	$\frac{1.250.000 \cdot 4}{100}$	50.000,00 €
= Verzinsung des Eigenkapitals in € p. a.	573.979,58 – 145.502,00 – 50.000,00	378.477,58 €
Eigenkapitalrentabilität in % nach der zusätzlichen Kreditaufnahme	$\frac{378.477,58}{7.043.550} \cdot 100$	5,37 %

Die Eigenkapitalrentabilität konnte unter der Annahme einer konstanten Gesamtkapitalrentabilität (4,61 %) von 5,27 % auf 5,37 % gesteigert werden, da der Zinssatz für die zusätzliche Darlehensaufnahme in Höhe von 4 % unterhalb der Gesamtkapitalrentabilität von 4,61 % liegt.

Berechnung des Leverage-Effekts mit Formel:

$$EKR = GKR + (GKR - i) \cdot \frac{FK}{EK}$$

$$EKR_{alt} = 4,61 + (4,61 - 3,5) \cdot \frac{4.157.200}{7.043.550} = 5,265\,\%$$

$$EKR_{neu} = 4,61 + (4,61 - 3,5) \cdot \frac{4.157.200}{7.043.550} + \underbrace{(4,61 - 4,0) \cdot \frac{1.250.000}{7.043.550}}_{0,108}$$

$$5,265 + 0,108 = 5,373\,\%$$

7 Beispielklausuren: Abiturprüfung 2019

Musterlösungen zu 7.1: Beispielklausur I von Seite 141 ff.

Teilleistungen – Kriterien

Inhaltliche Leistung

Aufgabe 1

	Anforderungen	Punkte
1.1	**Berechnen Sie** das Betriebsergebnis für das Stammwerk München gemäß der Angaben in **Information 1** im Geschäftsjahr 2018 mithilfe der Deckungsbeitragsrechnung in der **Anlage 1.**	8 (I)

Produkte	1 Mobilvan	2 Mobilmikro	3 Mobilflexi	4 Mobilhybrid	Summe	Punkte
Umsatzerlöse in €	250.000.000	500.000.000	375.000.000	90.000.000	1.215.000.000	2
– Variable Kosten in €	200.000.000	200.000.000	175.000.000	85.000.000	660.000.000	2
= Deckungsbeitrag in €	50.000.000	300.000.000	200.000.000	5.000	555.000.000	2
– Fixkosten in €					250.000.000	
= Betriebsergebnis in €					305.000.000	2
Stückdeckungsbeitrag in €/Stück	5.000	6.000	8.000	1.000		

	Anforderungen	Punkte
1.2	**Erstellen Sie** auf der Grundlage der Daten aus **Information 2** eine Marktwachstums-Marktanteils-Matrix für die 5 Produkte des Stammwerkes München in **Anlage 1.** Orientieren Sie sich bei der Kreisgröße am prozentualen Umsatz.	6 (II)

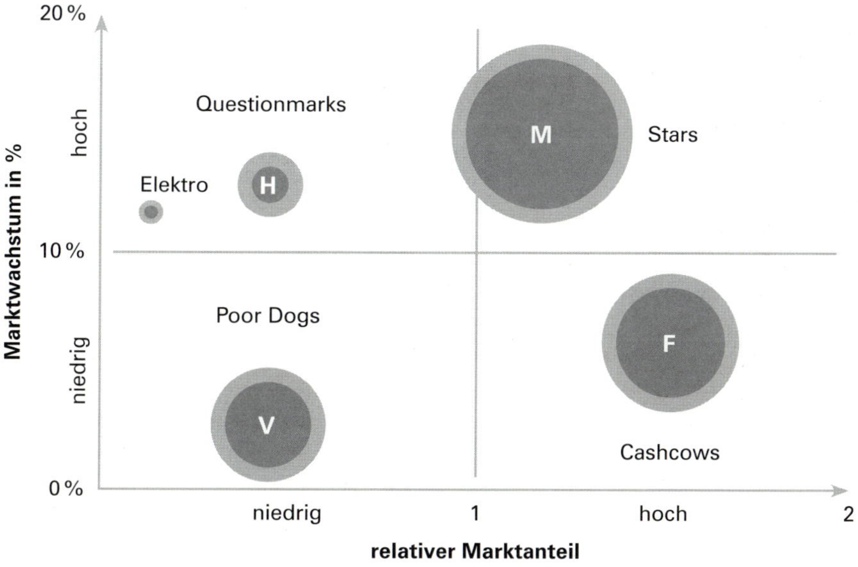

Je Produkt 1 Punkt zuzüglich 1 Punkt für die Kreisgröße.

	Anforderungen	Punkte
1.3	**Beschreiben Sie** die grundsätzlich in den Matrixfeldern anzuwendenden produktpolitischen Marketingstrategien.	**12 (I)**
	➤ **Fragezeichen (Questionmarks):** Es handelt sich um Nachwuchsprodukte, die neu auf dem Markt sind. Sie befinden sich in der Einführungs- bzw. frühen Wachstumsphase des Produktlebenszyklus. Man verspricht sich gute Wachstumschancen, insbesondere wegen steigender Benzinpreise bzw. erhöhtem Umweltbewusstsein der Kunden. Allerdings ist der Marktanteil (noch) relativ gering. Sie sollten deshalb besonders stark gefördert werden (Offensiv-Strategie), was aber einen hohen Finanzmittelbedarf zur Folge hat.	**3**
	➤ **Sterne (Stars):** Diese Produkte befinden sich i.d.R. in der Wachstumsphase. Aus dem anfänglichen Fragezeichen wird (idealtypisch) ein „Star". Er weist einen hohen Marktanteil und ein hohes Marktwachstum aus. Generell sollte eine Strategie zur (leichten) Stabilisierung des Marktanteils eingeschlagen werden (Investitionsstrategie).	**3**
	➤ **Kühe (Cashcows):** Das Produkt befindet sich in der Reifephase. Der Markt wächst kaum bzw. stagniert. Es kommt darauf an, durch gezielte Erhaltungsinvestitionen die Marktposition zu erhalten (Abschöpfungsstrategie), wodurch sich Finanzmittel zur Förderung der Questionmarks erwirtschaften lassen.	**3**
	➤ **Arme Hunde:** Es handelt sich um Produkte, die kaum noch Wachstumschancen bei nur noch geringem Marktanteil haben und sich in der (späten) Reifephase bzw. Degenerationsphase befinden. Restliche Gewinne sollten mitgenommen bzw. die Herstellung dieser Produkte sollte langfristig eingestellt werden (Desinvestitionsstrategie).	**3**
1.4	**Analysieren Sie** das Produktionsprogramm des Stammwerkes München unter Einbeziehung der **Ergebnisse aus 1.1 und 1.2, der Ausgangssituation** sowie der **Quellen M 1 und M 2 (Anlage 2)** ausführlich.	**24 (II)**
	➤ **Fragezeichen (Questionmarks): Mobilhybrid, Mobilelektro** Da der Mobilhybrid bereits einen Teil der Fixkosten deckt, befindet er sich als relativ neu eingeführtes Produkt bereits auf dem Weg in die Wachstumsphase des Produktlebenszyklus. Für den Mobilelektro liegen noch keine Daten vor. Es handelt sich um ein im Februar 2019 neu eingeführtes Produkt, das sich im Produktlebenszyklus noch in der Einführungsphase befindet. Vermutlich befindet es sich noch in der Verlustzone, doch wäre hier eine Elimination aus dem Produktionsprogramm verfrüht. Man setzt darauf, dass sich die Produkte zu Stars entwickeln, da der Trend zur Elektromobilität (+ 52 % weltweit) und zu Hybridfahrzeugen (+ 36 % bzw. + 21,2 %) laut Quelle M 1 anhält. Allerdings ist der Anteil der Neuzulassungen dieser Fahrzeuge im Vergleich zu denen mit herkömmlichem Verbrennungsmotor noch gering. Außerdem ist die Mobil AG mit dem Mobilelektro im Vergleich zur Konkurrenz sehr spät auf den Markt gekommen, da die Kaufprämie zur Förderung von Elektromobilität nach Information der Quelle M 2 bereits 2016 eingeführt wurde und am 30.06.2019 endet.	**10**
	➤ **Sterne (Stars): Mobilmikro** Das hohe Umsatzwachstum wird ggf. ausgelöst durch die guten Exportchancen nach China, von denen die Mobil AG profitiert. Der Stückdeckungsbeitrag ist mit 6.000 € vergleichsweise hoch, daher sollte dieses Produkt gefördert werden. Der Mobilmikro ist zwar schon seit einigen Jahren im Produktions- bzw. Absatzprogramm der Mobil AG, kann aber aufgrund der stark steigenden Umsatz- und Gewinnentwicklung noch der Wachstumsphase zugeordnet werden.	**4**
	➤ **Kühe (Cashcows): Mobilflexi** Der Mobilflexi weist den höchsten Stückdeckungsbeitrag in Höhe von 8.000 € auf, der möglichst gehalten werden sollte, da er finanziell zusammen mit dem Mobilmikro die Förderung des Mobilhybrid und des Mobilelektro unterstützen muss. Aufgrund seiner stagnierenden Umsatz- und leicht rückläufigen Gewinnentwicklung ist dieses seit einigen Jahren im Produktions- bzw. Absatzprogramm befindliche Produkt der Reifephase zuzuordnen.	**4**

	Anforderungen	Punkte
	➤ **Arme Hunde: Mobilvan** Der Mobilvan ist das älteste Produkt der Mobil AG. Zwar ist das Marktwachstum des Mobilvan mit zwei Prozent sehr gering, aber er erzielt einen positiven Deckungsbeitrag von 5.000 € je Fahrzeug. Daher sollte auch dieses Produkt im Produktionsprogramm bleiben. Außerdem ist er für den amerikanischen Markt gut geeignet, da es sich um ein Fahrzeug mit Benzinmotor und großer Reichweite handelt. Die fallende Umsatz- und Gewinnentwicklung sprechen jedoch dafür, dass der Mobilvan am Ende der Reifephase angekommen ist.	4
	➤ **Gesamtbeurteilung** Generell gilt ein Portfolio dann als ausgeglichen, wenn das Wachstum eines Unternehmens gesichert und ein Risikoausgleich zwischen den verschiedenen Produkten besteht. Dieses Unternehmen weist ein ausgeglichenes Portfolio aus. Insgesamt wurde 2018 ein positives Betriebsergebnis in Höhe von 305 Mio. € erzielt. Erfolgversprechende Innovationen (Mobilhybrid, Mobilelektro) sind vorgenommen worden, die, falls sie zu Stars werden, das Wachstum der Mobil AG prägen werden. *(Die volle Punktzahl kann nur vergeben werden, wenn ein Bezug zu den Aufgaben 1.1, 1.2, der Ausgangssituation und den Quellen M1 und M2 hergestellt wurde.)*	2
1.5	**Entwickeln Sie** jeweils zwei produktpolitische Maßnahmen für den Mobilmikro, -flexi und -van.	**6 (III)**
	➤ **Sterne (Stars): Mobilmikro** Hier sind nur leichte Veränderungen notwendig, da die Umsatz- und Gewinnentwicklung positiv ist. Es könnten z. B. Typen mit unterschiedlicher PS-Zahl oder Sonderfarben angeboten werden.	2
	➤ **Kühe (Cashcows): Mobilflexi** Aufgrund der stagnierenden Umsatz- und leicht rückläufigen Gewinnentwicklung sind produktpolitische Veränderungen in etwas größerem Umfang notwendig. Z. B. könnten Modelle mit geringerem Spritverbrauch oder eine Sparversion mit einfacher Innenausstattung angeboten werden.	2
	➤ **Arme Hunde: Mobilvan** Aufgrund der fallenden Umsatz- und Gewinnentwicklung muss das Produkt für die Kunden attraktiver gestaltet werden, man könnte z. B. ein Facelift vornehmen, einen größeren Tank für lange Strecken in den USA einbauen oder das Fahrzeug als Hybrid anbieten. *(Auch andere plausible Maßnahmen können zur vollen Punktzahl führen.)*	2
	Summe Aufgabe 1	**56**

Aufgabe 2

	Anforderungen	Punkte
2.1	**Ermitteln Sie** mithilfe der vorliegenden Angaben ➤ die Wirtschaftlichkeit, ➤ die Arbeitsproduktivität je Stunde, ➤ die Eigen- und Gesamtkapitalrentabilität sowie ➤ die Gewinnschwelle für die Werke in Frankfurt am Main und in Mumbai und	**20 (I)**
	vergleichen Sie die Ergebnisse miteinander.	**8 (II)**

26 Winkler - ISBN 978-3-8120-0374-2

	Anforderungen	Punkte
	Ermitteln Sie	

	Frankfurt a. M.	Mumbai	Punkte
Umsatzerlöse = Stückpreis · Menge	15.500.000,00	13.500.000,00	1
Fixkosten = Fixkosten (ohne Fremdkapitalzinsen) + durchschnittliches FK · FK-Zinssatz	10.150.000,00	7.300.000,00	1
Lohnkosten = Arbeitsstunden je Mitarbeiter/Jahr · Lohnkosten je Stunde und Mitarbeiter · Anzahl Mitarbeiter	2.207.561,61	72.324,63	2
Materialkosten = Materialkosten in € je Stück · Menge	3.000.000,00	2.500.000,00	1
Gesamtkosten = Fixkosten + variable Kosten (Lohnkosten + Materialkosten)	15.357.561,61	9.872.324,63	2
Jahresergebnis = Umsatzerlöse – Gesamtkosten	142.438,39	3.627.675,37	2
Wirtschaftlichkeit = Leistungen/Kosten, hier: Umsatzerlöse/Kosten	1,01	1,37	2
Arbeitsproduktivität = Ausbringungsmenge/Arbeitsstunden pro Jahr (Anzahl Mitarbeiter · Arbeitsstunden je Mitarbeiter im Jahr)	3,96	3,53	2
EKR = Jahresergebnis/durchschn. EK · 100	2,85 %	72,55 %	2
GKR = (Jahresergebnis + Fremdkapitalzinsen)/ durchschn. GK · 100	2,92 %	26,18 %	2
variable Gesamtkosten (Lohnkosten + Materialkosten)	5.207.561,61	2.572.324,63	
variable Stückkosten (variable Gesamtkosten/Menge)	10,42	5,14	1
Fixkosten	10.150.000,00	7.300.000,00	
Umsatzfunktion	U(x) = 31 · x	U(x) = 27 · x	
Kostenfunktion	K(x) = 10,42x + 10.150.000	K(x) = 5,14x + 7.300.000	
Gewinnschwelle (U[x] = K[x] bzw. G[x] = 0)	493.197,28	333.943,28	2

Vergleichen Sie

- **Wirtschaftlichkeit:** Liegt in beiden Werken über 1, d.h., beide Werke arbeiten wirtschaftlich, wobei die Wirtschaftlichkeit bei einer Produktionsverlagerung nach Mumbai um 35,64 % ([1,37 – 1,01] : 1,01 · 100) höher wäre. — 2
- **Arbeitsproduktivität:** Ist im Werk Frankfurt am Main (3,96 Stück/Stunde) höher als im Werk Mumbai (3,53 Stück/Stunde). — 2
- **Eigenkapitalrentabilität:** Hier weist das Werk Mumbai eine deutlich höhere EKR mit 72,55 % im Vergleich zum Werk Frankfurt a. M. mit 2,85 % auf. Trotzdem wird im Werk Frankfurt a. M. noch eine höhere Verzinsung des eingesetzten Eigenkapitals erreicht als zurzeit bei einer risikoarmen alternativen Anlageform erzielt werden könnte. — 2
- **Gesamtkapitalrentabilität:** Auch die Verzinsung des durchschnittlichen Gesamtkapitals ist im Werk Mumbai mit 26,18 % im Vergleich zum Werk Frankfurt a. M. mit 2,92 % deutlich höher. — 2
- **Gewinnschwelle:** Diese wird im Werk Mumbai bereits ab einer Produktions- bzw. Absatzmenge von 333.944 Stück/Jahr erreicht, im Werk Frankfurt am Main erst bei 493.198 Stück/Jahr.

	Anforderungen	Punkte
2.2	**Analysieren Sie** mögliche Ursachen für die unterschiedlichen Umsatzerlöse und Kostenbestandteile in den Werken Frankfurt a. M. und Mumbai.	12 (II)
	➤ **Umsatzerlöse:** Der durchschnittliche Nettoverkaufspreis im Werk Frankfurt a. M. ist höher, dies könnte an der höheren Qualität bzw. dem Image liegen, weil die Produkte in Deutschland hergestellt wurden.	3

	Anforderungen	Punkte
	➢ **Kostenbestandteile:** ➣ Die **variablen Kosten** sind in Mumbai niedriger, weil einerseits die **Materialkosten** geringer sind, was an den wegfallenden Transportkosten für die Rohstoffe liegen könnte. Andererseits sind dort vor allem die **Lohnkosten** geringer, weil die Lohnkosten je Stunde in Mumbai deutlich geringer sind und aufgrund einer höheren Anzahl geleisteter Arbeitsstunden pro Jahr weniger Mitarbeiter benötigt werden. Zwar ist die Bearbeitungszeit pro Stück in Mumbai etwas höher, dies lässt sich jedoch mit der längeren Arbeitszeit pro Tag zu begründen. ➣ Die **Fixkosten** sind in Mumbai um 2.850.000 € pro Jahr geringer als in Frankfurt a. M. Dies könnte z. B. daran liegen, dass die Gehälter der Verwaltungsangestellten oder die Miete niedriger sind.	2 2
2.3	**Prüfen Sie** die Standpunkte von Herrn Stark und Herrn Fuchs.	12 (III)
	Die **Kennzahlen** Wirtschaftlichkeit, Eigen- und Gesamtkapitalrentabilität sprechen klar für den Standpunkt von Herrn Stark. Auch das **späte Erreichen der Gewinnschwelle** im Werk Frankfurt a. M. unterstützt die Ansicht von Herrn Stark. Außerdem könnten die Aktionäre der Mobil AG durch die Produktionsverlegung nach Mumbai durch den damit verbundenen Gewinn eher zufriedengestellt werden. Herr Fuchs dagegen wird den erreichten Erfolg im Werk Frankfurt a. M. für zufriedenstellend erachten. Schließlich handelt es sich um einen **Traditionsbetrieb,** der die Autositze in **hoher Qualität** herstellt und das **gute Image** durch die Produktionsverlagerung verlieren könnte. Als **Mitglied des Betriebsrates** ist sich Herr Fuchs außerdem der **sozialen Verantwortung** gegenüber den Kolleginnen und Kollegen bewusst. *(Auch andere schlüssige Argumente können zur vollen Punktzahl führen.)*	4 8
2.4	**Nennen Sie** vier Maßnahmen zur Verbesserung der Wirtschaftlichkeit. Eine **Verbesserung dieser Kennzahl** kann z. B. durch ➢ **geringere Kosten,** z. B. durch Rationalisierungsmaßnahmen, höhere Kapazitätsauslastung (Fixkostendegressionseffekt), optimale Losgrößen bzw. optimale Bestellmengen, Optimierung der Fertigungsabläufe (Minimierung von Ausfallzeiten, optimales Produktionsprogramm), Angebotsvergleiche, erhaltene Mengenrabatte, Preisverhandlungen, höhere Automation etc.) bzw. ➢ **höhere Umsatzerlöse,** z. B. durch den effektiven Einsatz von Marketingmaßnahmen (z. B. Werbung) erreicht werden.	4 (I)
	Summe Aufgabe 2	56

Aufgabe 3

	Anforderungen	Punkte
3.1	**Ermitteln Sie** auf der Grundlage der handelsrechtlichen Vorschriften **(Anlage 3)** die Wertansätze zum 31.12.2018 in der Mobil AG und	18 (I)
	entscheiden Sie sich auf der Grundlage der handelsrechtlichen Vorschriften sowie unter Berücksichtigung der bilanzpolitischen Zielsetzung des Vorstandes der Mobil AG für einen Wertansatz.	34 (III)
3.1.1	Der Wertansatz für die Rückstellung beträgt 10.000 € (100.000 € – 90.000 €). Es handelt sich um einen drohenden Verlust aus einem schwebenden Geschäft, da der Kaufvertrag am 01. 10. 2018 geschlossen, die Rohstoffe aber am Bilanzstichtag noch nicht geliefert wurden und aus diesem Geschäft ein Verlust in Höhe von 10.000 € netto droht. Daher muss gemäß § 249 (1) Satz 1 HGB eine Rückstellung gebildet (passiviert) werden. Dieser Vorgang führt zu einer Erhöhung der Aufwendungen, die den Gewinn mindern. (Ein Wahlrecht für den Wertansatz besteht nicht.)	1 (I) 4 (III)

	Anforderungen	Punkte
3.1.2		4 (I)

Anschaffungspreis netto (= LEP netto)	155.000,00 €	
– Liefererrabatt (5 %) auf LEP netto	7.750,00 €	1 Punkt
+ Anschaffungsnebenkosten: Transportkosten netto	1.200,00 €	
Montagekosten netto	900,00 €	1 Punkt
= Anschaffungskosten netto	149.350,00 €	
jährliche Abschreibung (8 Jahre Nutzungsdauer)	18.668,75 €	
Abschreibung für das Jahr 2018 (Anschaffung 13.06.2018)	10.890,10 €	1 Punkt
Wertansatz zum 31.12.2018	138.459,90 €	1 Punkt

Die Stanzmaschine ist am 31.12.2018 mit 138.459,90 € anzusetzen, weil: **5 (III)**

- § 253 (1) HGB: Vermögensgegenstände sind höchstens mit den Anschaffungs- oder Herstellungskosten, vermindert um Abschreibungen, anzusetzen.
- § 253 (3) HGB: Bei Vermögensgegenständen des Anlagevermögens, deren Nutzung zeitlich begrenzt ist, sind die Anschaffungskosten um planmäßige Abschreibungen zu vermindern.
- Anschaffungskosten vgl. § 255 (1) HGB: Zu den Anschaffungskosten gehören die Anschaffungsnebenkosten. Anschaffungspreisminderungen sind abzusetzen.

(Hinsichtlich der Abschreibung der Produktionsanlage bestehen keine Bewertungsspielräume.)

3.1.3 **5 (I)**

MEK – 2 % Skonto	980.000 €	1 Punkt
FEK	1.400.000 €	
SEK Fertigung	400.000 €	
angemessene Teile der MGK 10 %	98.000 €	1 Punkt
angemessene Teile der FGK 120 %	1.680.000 €	1 Punkt
angemessene Teile des Werteverzehrs für das Anlagevermögen	0 €	
Wertuntergrenze der Herstellungskosten	4.558.000 €	1 Punkt
Verwaltungs-GK 12 %	546.960 €	
Wertobergrenze der Herstellungskosten	5.104.960 €	1 Punkt

Der Wertansatz beträgt 4.558.000 € oder 5.104.960 €.

Gem. § 255 (2) HGB müssen angesetzt werden (Aktivierungspflicht): **8 (III)**

- Materialkosten (MEK + angemessene Teile der MGK)
- Fertigungskosten (FEK + angemessene Teile der FGK)
- Sonderkosten der Fertigung

Ein Aktivierungswahlrecht besteht bei den Kosten der allgemeinen Verwaltung (§ 255 (2) HGB).

Für Vertriebskosten besteht ein Aktivierungsverbot (§ 255 (2) HGB).

Da die Mobil AG einen möglichst hohen Gewinn ausweisen möchte, fällt die Entscheidung auf die Wertobergrenze von 5.104.960 €, da diese eine erfolgsneutrale Wirkung aufweist. Der Ansatz der Wertuntergrenze würde zu einer Erfolgsschmälerung führen.

	Anforderungen	Punkte

3.1.4

Grundstück (2/3)			Gebäude (1/3)		
Kaufpreis	1.000.000 €		Kaufpreis	500.000 €	
+ Grunderwerbsteuer	35.000 €		+ Grunderwerbsteuer	17.500 €	(1 Punkt)
+ Notarkosten, netto	6.000 €	(1 Punkt)	+ Notarkosten netto	3.000 €	(1 Punkt)
= Anschaffungskosten	1.041.000 €		= Anschaffungskosten	520.500 €	
= Wertansatz 31.12.2018	1.041.000 €	(1 Punkt)	– planm. Abschreibung	20.820 €	(1 Punkt)
			= Wertansatz 31.12.2018	499.680 €	(1 Punkt)

6 (I)

Gemäß § 252 (1) Nr. 3 HGB sind Vermögensgegenstände einzeln zu bewerten. Daher wird das Grundstück zum 31.12.2018 mit 1.041.000 € und die Halle mit 499.680 € angesetzt.

- Nach § 255 (1) HGB sind Anschaffungskosten die Aufwendungen, die geleistet werden, um einen Vermögensgegenstand zu erwerben und ihn in einen betriebsbereiten Zustand zu versetzen, soweit sie dem Vermögensgegenstand einzeln zugeordnet werden können. Zu den Anschaffungskosten gehören daher auch die Nebenkosten, allerdings nicht
  - die Vorsteuer, da es sich um einen „durchlaufenden Posten" handelt, und
  - die Grundsteuer, da sie einen jährlich wiederkehrenden Aufwand darstellt.
- Nach § 253 (1) HGB sind Vermögensgegenstände höchstens mit den Anschaffungskosten, vermindert um die Abschreibungen, anzusetzen.
- Nach § 253 (3) HGB sind bei Vermögensgegenständen des Anlagevermögens, deren Nutzung zeitlich begrenzt ist, die Anschaffungskosten um planmäßige Abschreibungen zu vermindern. Daher wird beim Gebäude für das Jahr 2018 eine planmäßige lineare Abschreibung vorgenommen, aber nicht bei dem Grundstück.

(Ein Bewertungswahlrecht liegt nicht vor.) **9 (III)**

3.1.5

Die Mobil AG erhielt im November 2018 eine Lieferung Stahl von ihrem Lieferanten, der China Steel Ltd. aus Peking. Der Rechnungsbetrag beläuft sich auf 5.000.000 Chinesische Renminbi Yuan, Zahlungsziel 3 Monate.

Der Devisenkurs (Devisenkassamittelkurs) betrug bei Lieferung im November 2018 7,70 Chinesische Renminbi Yuan/€. Zum Bilanzstichtag ist der Rechnungsbetrag noch nicht beglichen, der Devisenkurs beträgt 7,80 Chinesische Renminbi Yuan/€.

Der Wert der Fremdwährungsverbindlichkeit beträgt im November 2018 umgerechnet (5.000.000 Chinesische Renminbi Yuan : 7,7 CRY/€) 649.350,65 €, am 31.12.2018 (5.000.000 Chinesische Renminbi Yuan : 7,8 CRY/€) 641.025,64 €. **2 (I)**

Die Fremdwährungsverbindlichkeit muss gemäß § 256 a Satz 1 HGB bei ihrer Entstehung zum Devisenkassamittelkurs im November 2018 umgerechnet werden (649.350,65 €). Weil das Zahlungsziel innerhalb der Jahresfrist liegt, muss die Fremdwährungsverbindlichkeit zum 31.12.2018 mit 641.025,64 € angesetzt werden. Da der Kurs (Fremdwährung/€) steigt, bekommt man mehr Fremdwährung pro €. Dadurch sinkt der Wert der Fremdwährungsverbindlichkeit in €. In diesem Fall sind das Anschaffungskostenprinzip (§ 253 (1) Satz 1 HGB) und das Realisationsprinzip (§ 252 (1) Nr. 4 Halbsatz 2 HGB) gemäß § 256 a Satz 2 HGB nicht anzuwenden. **8 (III)**

(Es besteht kein Bewertungsspielraum.)

3.2

Erläutern Sie, inwiefern der Mobil AG durch das Anschaffungswert-, das Höchstwert-, das Realisations- und das Imparitätsprinzip dabei Grenzen gesetzt sind. **16 (II)**

Anschaffungswertprinzip: **4 (II)**

- Vermögensgegenstände dürfen höchstens mit ihren Anschaffungs- bzw. Herstellungskosten angesetzt werden.
- Damit dürfen Wertsteigerungen nicht berücksichtigt werden. Somit widerspricht dieses Prinzip der Zielsetzung der Mobil AG.

	Anforderungen	Punkte
	Höchstwertprinzip: ➤ Ändert sich während der Laufzeit eine Verbindlichkeit in ihrer Höhe, dann darf eine Minderung des Erfüllungsbetrages in der Bilanz nicht beachtet werden. Eine Erhöhung des Erfüllungsbetrages der Verbindlichkeit, z.B. durch Preis- oder Kostensteigerung, muss mit dem höheren Wert in die Bilanz eingehen (außer bei Fremdwährungsverbindlichkeiten mit einer Laufzeit von bis zu einem Jahr). ➤ Schulden werden daher grundsätzlich eher zu hoch angesetzt. Auch durch dieses Prinzip wird der Zielsetzung der Mobil AG widersprochen.	**4 (II)**
	Realisationsprinzip: ➤ Gewinne dürfen nur ausgewiesen werden, wenn sie am Abschlussstichtag tatsächlich erzielt worden sind. Dies entspricht dem Grundsatz der Vorsicht. ➤ Vermögensgegenstände werden damit ggf. zu niedrig angesetzt. Damit widerspricht dieses Prinzip der Zielsetzung der Mobil AG.	**4 (II)**
	Imparitätsprinzip: ➤ Es besagt, dass noch nicht erzielte Verluste weitgehend ausgewiesen werden müssen, Gewinne aber erst berücksichtigt werden dürfen, wenn sie auch tatsächlich eingetreten sind. Daher ist das Imparitätsprinzip als ein Prinzip der Ungleichheit bei der Bewertung von Vermögensteilen und Schulden zu verstehen. Auch dies entspricht dem Grundsatz der Vorsicht. ➤ Da sich die Mobil AG möglichst positiv darstellen möchte, widersprechen sowohl der Ausweis noch nicht erzielter Verluste als auch das Verbot des Ausweises noch nicht realisierter Gewinne ihrer Zielsetzung.	**4 (II)**
	Summe Aufgabe 3	**68**
	Summe inhaltliche Leistung	**180**

Zur Berechnung der eigenen Arbeitsleistung beachten Sie bitte die Hinweise zur Darstellungsleistung und Notenfindung auf Seite 149f.

Musterlösungen zu 7.2: Beispielklausur II von Seite 151ff.

Teilleistungen – Kriterien

Inhaltliche Leistung

Aufgabe 1

	Anforderungen	Punkte
1.1.1	**Beschreiben Sie** die Preisentwicklung bei der Skimming- und der Penetrationspreis-Strategie.	**6 (I)**
	➤ **Skimming-Strategie** Es handelt sich um eine Strategie zur Abschöpfung des Marktes. Daher wird in der Einführungsphase ein relativ hoher Preis angesetzt, der bei nachlassender Nachfrage im Zeitablauf gesenkt wird.	**3**
	➤ **Penetrationspreis-Strategie** Es handelt sich um eine Durchsetzungsstrategie. Daher wird in der Einführungsphase ein relativ niedriger Preis angesetzt, der nach erfolgreicher Markterschließung erhöht wird.	**3**
1.1.2	**Vergleichen Sie** die unterschiedlichen Standpunkte von Herrn Müller und Herrn Schmidt.	**8 (II)**
	Einerseits ist der Standpunkt von Herrn Müller nachvollziehbar. Die Entwicklung des neuen Produktes hat vermutlich hohe Forschungs- und Entwicklungslosten verursacht, welche durch die Skimming-Strategie schnell wieder gedeckt werden. Dadurch könnte es früher gelingen, die Gewinnzone zu erreichen. Außerdem hätte man bei nachlassender Nachfrage noch einen Preisspielraum „nach unten“.	**4**

	Anforderungen	Punkte
	Andererseits ist auch der Standpunkt von Herrn Schmidt plausibel. Durch einen niedrigen Einführungspreis kann der Markt schnell erschlossen werden. Sobald die Kunden von der Qualität und Wirkung des Produktes überzeugt sind, kann der Preis angehoben werden. Das zahlt sich dann auf Dauer aus, da diese Produkte i. d. R. von Sportlern regelmäßig konsumiert werden.	4
1.1.3	**Unterbreiten Sie** der Geschäftsleitung einen **Entscheidungsvorschlag** für eine geeignete Preisstrategie.	3 (III)
	Da das Unternehmen das Ziel verfolgt, langfristig erfolgreich am Markt zu bestehen, sollte sich die Fifu AG für die Penetrationspreis-Strategie entscheiden. Viele Kunden können durch den niedrigen Einführungspreis schnell von der Wirkung des Produktes überzeugt werden und der regelmäßige Verzehr zu einem steigenden Preis verspricht eher einen langfristigen Erfolg als die Skimming-Strategie. *(Auch ein anderer plausibler Vorschlag kann zur vollen Punktzahl führen.)*	3
1.2.1	**Erklären Sie** das Prinzip der Preisdifferenzierung.	6 (II)
	Bei der Preisdifferenzierung werden gleiche oder ähnliche Produkte an verschiedene Konsumenten zu unterschiedlichen Preisen verkauft. Dadurch können zusätzlich auch Käufer angesprochen werden, die bislang nicht bereit waren, das Produkt zu kaufen. Durch die Abschöpfung der Konsumentenrente gelingt es Unternehmen, ihren Gewinn zu vergrößern.	6
1.2.2	**Entwickeln Sie** drei Vorschläge für Preisdifferenzierung für die in 1.2 beschriebenen Produkte.	6 (III)
	➤ Das Proteinpulver für Milchshakes kann in den Standard-Geschmacksrichtungen Vanille, Erdbeere und Schokolade zum Normalpreis, in besonderen Geschmacksrichtungen, z. B. Cappuccino, teurer angeboten werden.	2
	➤ Das Proteinpulver für Milchshakes kann in unterschiedlichen Packungsgrößen angeboten werden, z. B. Portionspackungen zum Mitnehmen zu einem verhältnismäßig hohen Preis oder verhältnismäßig günstige Großpackungen zu je 2 Kilo.	2
	➤ Die Müsli-Power-Riegel können mit Zutaten aus biologischem Anbau und/oder mit fair gehandelten Zutaten teurer angeboten werden. *(Auch andere plausible Beispiele können zur vollen Punktzahl führen.)*	2
1.3.1	**Berechnen Sie** den Gewinn vor und nach der Preiserhöhung sowie die Preiselastizität der Nachfrage.	12 (I)

	Absatzmenge	Nettoverkaufspreis je Stück	Umsatz	Kosten	Gewinn
Ausgangssituation	5.000 Stück	4.000 €	20.000.000 €	14.500.000 €	5.500.000 €
Situation nach der Preiserhöhung	4.500 Stück	4.200 €	18.900.000 €	14.250.000 €	4.650.000 €

6

$$\text{Direkte Preiselastizität} = \frac{\text{prozentuale Mengenänderung}}{\text{prozentuale Preisänderung}}$$

6

$$\frac{\frac{-500 \cdot 100}{5.000}}{\frac{+200 \cdot 100}{4.000}} = \left|\frac{-10\,\%}{5\,\%}\right| = |-2|$$

1.3.2	**Erläutern Sie** Ihre Ergebnisse aus 1.3.1.	6 (II)
	Eine Preiserhöhung um 5 % von 4.000 € auf 4.200 € führt zu einem Absatzrückgang von 5.000 Stück auf 4.500 Stück, d. h., die Absatzmenge geht um 10 % zurück. Die Nachfrage reagiert elastisch, die relativ kleine Preiserhöhung zieht einen relativ starken Absatzrückgang nach sich. Dadurch sinkt der Jahresgewinn von 5.500.000 € auf 4.650.000 €.	6
1.3.3	**Nehmen Sie** zum Vorschlag der Preissenkung mit dem Ziel der Verbesserung der Erfolgssituation in der Fifu AG unter Berücksichtigung der vorliegenden Marktform **Stellung.**	8 (III)

	Anforderungen	Punkte
	Da die Fifu AG zusammen mit einigen, wenigen Konkurrenzunternehmen ca. 80 % des deutschen Marktes mit Hantel-Stationen beliefert, handelt es sich um ein Angebotsoligopol. Sollte die Fifu AG ihren Absatzpreis erhöhen, dann würde die Konkurrenz vermutlich keine Preiserhöhung vornehmen, weil sie die von der Fifu AG abspringenden Kunden hinzugewinnen könnte. Die Fifu AG hätte dann mit einer Gewinneinbuße von 850.000 € pro Jahr zu rechnen. Daher war die Warnung der Marketingabteilung korrekt und die Fifu AG sollte ihren Nettoverkaufspreis konstant halten.	8
	Summe Aufgabe 1	**55**

Aufgabe 2

	Anforderungen	Punkte
2.1.1	**Überprüfen Sie** für die geplante Produktionsmenge die Vorteilhaftigkeit beider Alternativen mithilfe der Kosten-, Gewinn-, Rentabilitäts- und Amortisationsvergleichsrechnung im Geschäftsjahr 2019 (siehe Anlage 1).	18 (II)

Statische Verfahren der Investitionsrechnung		Angebot 1	Angebot 2	Punkte
Kostenvergleichsrechnung im Jahr 2019 für 1.800.000 Stück	**Lösungsweg für Angebot 1**			
Kalk. Abschreibungen (nicht auszahlungswirksame Fixkosten)	$\frac{3.800.000{,}00\ €}{5\ \text{Jahre}} =$	760.000,00	1.000.000,00	→ 2
Kalk. Zinsen (nicht auszahlungswirksame Fixkosten)	$\frac{3.800.000{,}00\ €}{2} \cdot \frac{6}{100} =$	114.000,00	120.000,00	→ 2
Sonstige Fixkosten (auszahlungswirksam)	z. B. Wartungskosten	150.000,00	100.000,00	
Summe Fixkosten pro Jahr		1.024.000,00	1.220.000,00	→ 1
Sonstige variable Kosten	$\frac{200.000{,}00\ €}{2.000.000\ \text{Stück}} \cdot 1.800.000\ \text{Stück}$	180.000,00	180.000,00	→ 1
Rohstoffaufwand (variable Kosten)	0,10 €/Stück · 1.800.000 Stück	180.000,00	180.000,00	→ 1
Löhne (variable Kosten)	$\frac{100{,}00\ €}{1.000\ \text{Stück}} \cdot 1.800.000\ \text{Stück}$	180.000,00	360.000,00	→ 2
Summe var. Kosten für 1.800.000 Stück		540.000,00	720.000,00	
Gesamtkosten	1.024.000,00 € + 540.000,00 €	1.564.000,00	1.940.000,00	→ 1
Umsatzerlöse	1,00 €/Stück · 1.800.000 Stück	1.800.000,00	2.160.000,00	→ 1
jährl. Gewinn (Gewinnvergleichsrechnung)	1.800.000,00 € – 1.564.000,00 €	236.000,00	220.000,00	→ 1
Rentabilität in % (Rentabilitätsvergleichsrechnung)	$\frac{(236.000{,}00\ € + 114.000{,}00\ €)}{\left(\frac{3.800.000{,}00\ €}{2}\right)} \cdot 100$	18,42 %	17,00 %	→ 3
Amortisationsdauer in Jahren (Amortisationsvergleichsrechnung)	$\frac{3.800.000{,}00\ €}{(236.000{,}00\ € + 760.000{,}00\ €)}$	3,82	3,28	→ 3

2.1.2	**Beurteilen Sie** Ihre Ergebnisse aus 2.1.1.	12 (III)
	➤ **Kostenvergleichsrechnung:** Die Gesamtkosten pro Jahr sind bei Angebot 1 deutlich niedriger (um 376.000 €) als bei Angebot 2.	1
	Es lässt sich keine sinnvolle kritische Menge berechnen, da bei Angebot 1 sowohl die variablen Stückkosten als auch die Fixkosten niedriger sind ($K_1 = 0{,}30 \cdot x + 1.024.000$) als bei Angebot 2 ($K_2 = 0{,}40 \cdot x + 1.220.000$).	1
	➤ **Gewinnvergleichsrechnung:** Der jährliche Gesamtgewinn ist bei Angebot 1 um 16.000 € höher als bei Angebot 2.	1
	Die Gewinnschwelle liegt bei Angebot 1 bei 1.462.857,14 Stück ($0{,}30 \cdot x + 1.024.000 = 1 \cdot x$), d. h., Angebot 1 erzielt ab einer Menge von 1.462.858 Stück Gewinn, während Angebot 2 erst bei einer Menge von 1.525.000 Stück ($0{,}40 \cdot x + 1.220.000 = 1{,}20 \cdot x$) die Gewinnschwelle erreicht.	1
	➤ **Rentabilitätsvergleichsrechnung:** Auch die Rentabilität ist bei Angebot 1 mit 18,42 % höher als bei Angebot 2 mit 17 %.	2
	➤ **Amortisationsvergleichsrechnung:** Allerdings dauert es bei Angebot 1 mit 3,82 Jahren etwas länger als bei Angebot 2 mit 3,28 Jahren, bis der Kapitaleinsatz über die jährlichen Rückflüsse wieder in das Unternehmen zurückgeflossen ist.	2

	Anforderungen	Punkte
	Nach den Ergebnissen der statischen Investitionsrechnung sollte man sich für Angebot 1 entscheiden, da sowohl die Kosten-, die Gewinn- als auch die Rentabilitätsvergleichsrechnung bessere Ergebnisse aufweisen. Auch reicht die Kapazität von Angebot 1 für die Herstellung der geplanten Menge aus. Außerdem weist die Produktionsanlage aus Angebot 1 einen geringeren Energieverbrauch auf, was der ökologischen Verantwortung des Vorstands entgegenkommt. Aufgrund der kritischen Aspekte der statischen Investitionsrechnung sollte aber unbedingt eine Überprüfung der Entscheidung mithilfe der dynamischen Verfahren der Investitionsrechnung erfolgen.	4
2.2.1	**Ermitteln Sie** für Angebot 2 den internen Zinssatz wahlweise per Formel oder mathematisch in Anlage 2.	16 (I)

Angebot 2

Datum	Jahr	einzahlungswirksame Erlöse in €	auszahlungswirksame Kosten in €	geschätzte Einzahlungsüberschüsse in €	Abzinsungsfaktor (i = 10 %)	Barwert in € (i = 10 %)	Abzinsungsfaktor (i = 14 %)	Barwert in € (i = 14 %)
Anschaffungszeitpunkt 02.01.2019	0		**4.000.000,00**	–4.000.000,00	1	–4.000.000,00	1,000000	–4.000.000,00
31.12.2019	1	**2.160.000,00**	**820.000,00***	1.340.000,00	0,909091	1.218.181,94	0,877193	1.175.438,62
31.12.2020	2	2.200.000,00	850.000,00	1.350.000,00	0,826446	1.115.702,10	0,769468	1.038.781,80
31.12.2021	3	2.200.000,00	900.000,00	1.300.000,00	0,751315	976.709,50	0,674972	877.463,60
31.12.2022	4	2.250.000,00	940.000,00	1.310.000,00	0,683013	894.747,03	0,592080	775.624,80
Kapitalwert						205.340,57		–132.691,18

* Ohne kalkulatorische Abschreibungen und kalkulatorische Zinsen, da diese nicht zu Auszahlungen führen.

Formellösung:

$$\text{Interner Zinssatz} = 0{,}10 - 205.340{,}57 \cdot \frac{(0{,}14 - 0{,}10)}{(-132.691{,}18 - 205.340{,}57)} = 0{,}1243$$

Dies entspricht einem internen Zinssatz von 12,43 %

Mathematische Lösung für Angebot 2: P1(0,10; 205.340,57), P2(0,14; –132.691,18).

Es gilt: $y = m \cdot x + b,\ m = \frac{(y_2 - y_1)}{(x_2 - x_1)}$

$$m = \frac{(-132.691{,}18 - 205.340{,}57)}{(0{,}14 - 0{,}10)} = -8.450.793{,}75$$

Für $y = 205.340{,}57 = -8.450.793{,}75 \cdot 0{,}10 + b$ gilt: $b = 1.050.419{,}95$

Daher gilt $y = -8.450.793{,}75 \cdot x + 1.050.419{,}95$

Bei einem Kapitalwert von null wird der interne Zinssatz berechnet:

$0 = -8.450.793{,}75 \cdot x + 1.050.419{,}95 = 0{,}1243$

Dies entspricht einem internen Zinssatz von 12,43 %

Es werden 16 Punkte alternativ für die Formellösung oder die mathematische Lösung vergeben.

2.2.2	**Erläutern Sie** Ihr Ergebnis aus 2.2.1.	4 (II)
	Der interne Zinssatz gibt den Zinssatz an, der zu einem Kapitalwert von null führt. Angebot 2 erzielt eine Verzinsung von 12,43 %. Damit liegt die Verzinsung oberhalb der geforderten Mindestrendite von 6 % (Kalkulationszinssatz).	4
2.2.3	Der interne Zinsssatz für Angebot 1 beträgt 13,9 %. **Entscheiden Sie** sich anhand der vorliegenden Informationen für ein Angebot.	4 (III)
	Beide Investitionsalternativen liegen deutlich oberhalb der angestrebten Mindestrendite von 6 % (Kalkulationszinssatz). Da der interne Zinssatz von Angebot 1 höher ist als der von Angebot 2, entscheidet man sich für Angebot 1. Diese Entscheidung deckt sich zum Großteil mit den statischen Verfahren der Investitionsrechnung. Außerdem ist die Kapazität von Angebot 1 ausreichend, um die geplante jährliche Produktionsmenge herstellen zu können und der Energieverbrauch ist geringer. Allerdings ist das mit Anlage 2 hergestellte Proteinpulver höherwertig. Außerdem liegen bei den Angeboten unterschiedliche Nutzungsdauern und Anschaffungskosten vor, die bei der Berechnung nicht berücksichtigt wurden.	4

27 Winkler - ISBN 978-3-8120-0374-2

2.3	**Vergleichen Sie** allgemein die Aussagefähigkeit der statischen mit denen der dynamischen Methoden der Investitionsrechnung.	9 (II)
	Während die statischen Verfahren der Investitionsrechnung zeitliche Unterschiede im Anfall der Kosten und Erlöse nicht berücksichtigen, werden bei den dynamischen Verfahren alle Zahlungen durch Abzinsung auf den Anschaffungszeitpunkt vergleichbar gemacht. Die statische Investitionsrechnung geht davon aus, dass die Kosten und Erlöse während der gesamten Nutzungsdauer unverändert bleiben. Das ist sehr unrealistisch. Die dynamischen Verfahren berücksichtigen, dass sich die jährlichen Ein- und Auszahlungen im Zeitablauf verändern. Für jedes Nutzungsjahr werden die Einzahlungsüberschüsse geschätzt, sodass die dynamischen Verfahren einen längeren Beobachtungszeitraum realitätsnäher erfassen. Zwar weisen die dynamischen Verfahren auch einige Kritikpunkte auf (z.B. beruhen die Daten auf Schätzwerten, die Erlöse sind nicht zwangsläufig dem Investitionsobjekt zuzuordnen, subjektiv festgelegter Kalkulationszinssatz), sind jedoch im Gegensatz zu den statischen Verfahren realitätsnäher, da mehrere Zeitabschnitte in die Betrachtung einbezogen werden und der Zeitfaktor berücksichtigt wird.	3 3 3
	Summe Aufgabe 2	63

Aufgabe 3

	Anforderungen	Punkte
3.1.1	**Beschreiben Sie** anhand von zwei Maßnahmen, wie durch Kapitalfreisetzung Mittel für Investitionen bereitgestellt werden könnten.	6 (I)
	➢ Verkauf nicht betriebsnotwendiger Vermögensgegenstände: Nicht genutzte Gebäude oder Maschinen werden verkauft. ➢ Das Zahlungsziel wird verkürzt: Da Kunden nun früher zahlen müssen, fließen die flüssigen Mittel schneller in das Unternehmen. Die Forderungen nehmen ab, die flüssigen Mittel nehmen zu. ➢ Abbau von Vorräten durch Umstellung auf das Just-in-time-Verfahren. *(Je Maßnahme werden bis zu 3 Punkte vergeben.)*	3 3
3.1.2	**Erläutern Sie** je anhand eines Beispiels, bezogen auf die Aktiv- und Passivseite der Bilanz, wie durch verdeckte Selbstfinanzierung stille Rücklagen gesetzlich erzwungen sein können.	12 (II)
	➢ **Aktivseite:** Ein Grundstück wurde vor 10 Jahren zu Anschaffungskosten von 150.000 € gekauft und hat am Bilanzstichtag (31. 12. 2018) einen Wert von 200.000 €. Dann darf diese Wertsteigerung in der Bilanz nicht ausgewiesen werden. Dadurch entsteht eine stille Reserve, die erst bei Verkauf des Grundstücks sichtbar wird. ➢ **Passivseite:** Eine überhöhte Bildung von Rückstellungen, die in ihrer Höhe gemäß § 253 (1) Satz 2 HGB „nach vernünftiger kaufmännischer Beurteilung" vorzunehmen, d.h. ggf. zu schätzen ist, führt zu einer stillen Rücklage. Da für Rückstellungen Aufwendungen gebildet werden, kann der Gewinn geschmälert werden, ohne dass Liquidität abfließt. *(Je Beispiel werden bis zu 6 Punkte vergeben.)*	6 6

	Anforderungen	Punkte
3.1.3	**Nennen Sie** zwei Vorteile aus der Perspektive des Vorstands der Fifu AG, die eine verdeckte Selbstfinanzierung gegenüber der offenen Selbstfinanzierung hätte.	4 (I)
	➤ Bei stillen Rücklagen sind die entsprechenden gewinnabhängigen Steuern erst bei Auflösung der stillen Reserve, also z. B. bei einem eventuellen späteren Verkauf der Aktiva, zu zahlen. ➤ Den Aktionären wird dadurch ein Teil des Gewinns vorenthalten, ohne dass die Aktionäre dieses merken, da nicht ausgewiesene Gewinne logischerweise nicht als Bilanzgewinn erscheinen und nicht an die Aktionäre ausgeschüttet werden können. ➤ Die Auflösung einer stillen Rücklage in Krisenzeiten kann sogar dazu führen, dass das Unternehmen damit einen eigentlich in dem Geschäftsjahr entstehenden Verlust verschleiern kann. *(Je Vorteil werden bis zu 2 Punkte vergeben.)*	4
3.2.1	**Berechnen Sie (I)** unter Anwendung der Vorschriften aus dem Aktiengesetz (Anlage 3) die Obergrenze der offenen Selbstfinanzierung (minimaler Bilanzgewinn), soweit Vorstand und Aufsichtsrat darüber beschließen.	10 (I)

Ergebnisverwendungsrechnung		Nebenrechnungen	
		10 % des gez. Kapitals	2.650.000 €
		− Kapitalrücklage	180.000 €
		− gesetzliche Rücklage	1.400.000 €
Jahresüberschuss	6.800.000 €	= max. notwendige gesetzl. Rücklage	1.070.000 €
− Verlustvortrag (Vorjahr)	0 €		
= Zwischensumme ❶	6.800.000 €	**Zwischensumme ❶ : 20 = 340.000 €**	
− Einstellung in die gesetzl. Rücklage	340.000 € ←		
= Zwischensumme ❷	6.460.000 €	**Zwischensumme ❷ : 2 = 3.230.000 €**	
− Einstellung in and. Gewinnrückl.	3.230.000 € ←		
= Zwischensumme ❸	3.230.000 €		
+ Gewinnvortrag (altes Jahr)	40.000 €		
= minimaler Bilanzgewinn	3.270.000 €		

Zwischensumme 1	1 Punkt
Zwischensumme 2	4 Punkte
Zwischensumme 3	3 Punkte
Minimaler Bilanzgewinn	2 Punkte
Summe der Punkte	10 Punkte

	Anforderungen	Punkte
3.2.2	**Unterbreiten Sie** der Hauptversammlung der Aktionäre **einen Vorschlag,** in welcher Höhe eine Dividendenausschüttung insgesamt und je 10-€-Aktie möglich ist, ohne die angestrebte Höhe der offenen Selbstfinanzierung in Höhe von 3.885.000 € zu gefährden.	8 (III)
	(Lösung siehe unten)	8

Vorschlag für die Hauptversammlung der Aktionäre

3.885.000 € werden insgesamt für die offene Selbstfinanzierung benötigt:

Jahresüberschuss	6.800.000 €
− Dividende	?
= offene Selbstfinanzierung	3.885.000 €

Demnach können 2.915.000 € an die Aktionäre ausgeschüttet werden, dies entspricht einer Bruttodividende je Aktie in Höhe von 1,10 €.

Berechnung der Dividende je Aktie:

$$\frac{26.500.000\ €}{10\ €/\text{Aktie}} = 2.650.000\ \text{Aktien} \qquad \frac{2.915.000\ €}{2.650.000\ \text{Aktien}} = 1{,}10\ €/\text{Aktie}$$

	Anforderungen	Punkte
3.2.3	Die Hauptversammlung der Aktionäre muss über die Verwendung des Bilanzgewinns entscheiden. Der Vorstand der Fifu AG konnte die Aktionäre davon überzeugen, den zur Finanzierung der Investitionen benötigten Restbetrag von 3.885.000 € durch die Bildung von offenen Rücklagen zu finanzieren. **Berechnen Sie** den Betrag, den die Hauptversammlung der Aktionäre aus dem Bilanzgewinn in die anderen freien Gewinnrücklagen einstellen muss.	**6 (I)**
	355.000 € werden zusätzlich den anderen Gewinnrücklagen zugeführt, es wird eine Bruttodividende je 10-€-Aktie in Höhe von 1,10 € ausgeschüttet (Bilanzgewinn 3.270.000 € – Dividende 2.915.000 € = 355.000 €): Bilanzgewinn 3.270.000 € – weitere Einstellung in andere Gewinnrücklagen 355.000 € – Dividende 2.915.000 € = Gewinnvortrag (neues Jahr) 0 € Damit beträgt die Höhe der offenen Selbstfinanzierung 3.885.000 € (Einstellung in die gesetzliche Rücklage 340.000 € zzgl. Einstellung in die anderen Gewinnrücklagen a) durch den Vorstand/AR 3.230.000 € und b) durch die HV der Aktionäre 355.000 € abzgl. Gewinnvortrag altes Jahr 40.000 €).	**6**
3.2.4	Für die Fifu AG wäre auch eine Kreditfinanzierung infrage gekommen. Allerdings verlangen die Banken bei Kreditvergaben in Unternehmen der Fitnessbranche hohe Sicherheiten.	**16**
	Beschreiben Sie das Zahlungsausfallrisiko und die Zahlungsverzugsdauer in der Fitnessbranche anhand der Informationen aus Anlage 4 und ... Sowohl das Zahlungsausfallrisiko als auch die Zahlungsverzugsdauer liegen in der Fitnessbranche deutlich höher als im gesamtwirtschaftlichen Vergleich. Die Insolvenzquote ist in dieser Branche von 2008 an von 3,19 % auf 2009 mit 3,57 % angestiegen, bis 2012 ist sie auf 3,05 % gesunken. Die Zahlungsverzugsdauer der Fitnessbranche weist starke Veränderungen auf. Während sie im Jahr 2008 bei 15,92 Tagen lag, ist sie 2009 auf 11 Tage gesunken, im Jahr 2010 ist sie wieder angestiegen auf 14 Tage und bis 2012 dann auf 11 Tage gesunken.	**4 (I)**
	... **erläutern Sie** jeweils drei Vor- und Nachteile der offenen Selbstfinanzierung, zu der sich der Vorstand der Fifu AG entschieden hat.	**12 (II)**

offene Selbstfinanzierung (Innenfinanzierung)	
Vorteile	**Nachteile**
➢ Innenfinanzierung ist die sicherste Art der Finanzierung, da das (Eigen-)Kapital im Unternehmen bleibt. ➢ Keine Zins- und Tilgungszahlungen, dadurch wird die Liquidität geschont. ➢ Unabhängigkeit von Gläubigern bleibt bestehen. ➢ Erhöhung der Kreditwürdigkeit, Kreditsicherheiten sind nicht erforderlich. ➢ Keine Verschiebung von Mehrheitsverhältnissen. ➢ Kostenlos (keine Emissionskosten oder Bearbeitungsgebühren).	➢ Unzufriedenheit von Aktionären, die an einer hohen Dividendenausschüttung interessiert sind. ➢ Attraktivität der Aktie sinkt durch Vermeidung einer Dividendenausschüttung. ➢ Keine langfristige Planungssicherheit, da die Höhe u.a. von der Gewinnerzielung abhängig ist. ➢ Ist nicht formfrei, da über die Verwendung des Bilanzgewinns auf der Hauptversammlung der Aktionäre entschieden wird. ➢ Fehlinvestitionen sind möglich, da eine Kontrollinstanz fehlt.

(Je Vor- bzw. Nachteil werden bis zu 2 Punkte vergeben.)

	Summe Aufgabe 3	**62**
	Summe inhaltliche Leistung	**180**

Zur Berechnung der eigenen Arbeitsleistung beachten Sie bitte die Hinweise zur Darstellungsleistung und Notenfindung auf Seite 160f.!

Literaturverzeichnis

Baetge, J./Kirsch, H.-J./Thiele, St.: Bilanzen, 11. Auflage, Düsseldorf 2011

Bitz, M./Schneeloch, D./Wittstock, W.: Der Jahresabschluss, 5., überarbeitete und erweiterte Auflage, München 2011

Blohm, H.; Lüder, K.; Schaefer, Chr.: Investition, 9. überarb. u. aktualis. Auflage, München 2006

Boller, E./Hartmann, G. B.: Volkswirtschaftslehre für das Berufskolleg – Berufliches Gymnasium, 3. Auflage, Rinteln 2015

Bruhn, M.: Marketing, 8. Auflage, Wiesbaden 2007

Buchholz, Rainer: Grundzüge des Jahresabschlusses nach HGB und IFRS, 9., aktualisierte Auflage, München 2016

Coenenberg, A.G./Haller, A./Schultze, W.: Jahresabschluss und Jahresabschlussanalyse, 22. überarb. Auflage, Stuttgart 2012

Drukarczyk, J./Lobe S.: Finanzierung, 11., völlig neu bearb. Auflage, Konstanz und München 2015

Eisele, W./Knobloch, A.P.: Technik des betrieblichen Rechnungswesens, 8. vollst. überarb. u. erw. Auflage, München 2011

Götze, U./Bloech, J.: Investitionsrechnung, Heidelberg 1993

Homburg, Chr./Krohmer, H.: Marketingmanagement, 2., überarb. u. erw. Auflage, Wiesbaden 2006

Huber, Andreas: Marketing, 3. vollständig überarb. Auflage, München 2016

Kotler, Ph./Armstrong, G. u.a.: Grundlagen des Marketing, 5., aktual. Auflage, München 2011

Küting, P., Weber, C. P.: Die Bilanzanalyse, Stuttgart 2015

Meffert, H:: Marketing: Grundlagen marktorientierter Unternehmensführung, 9. überarb. u. erw. Auflage, Wiesbaden 2000

Meffert, H./Burmann, Chr./Kirchgeorg, M.: Marketing Arbeitsbuch, 10., vollst. überarb. u. erw. Auflage, Wiesbaden 2009

Meyer, C.: Bilanzierung nach Handels- und Steuerrecht, NWB-Texte, 24., vollst. überarb. Auflage, Herne 2013

Pechtl, H.: Preispolitik, Stuttgart 2005

Reinecke, S./Janz, S.: Marketingcontrolling, Stuttgart 2007

Rollwage, Nikolaus: Finanzierung, 3., aktualisierte Auflage, Köln: WRW-Verlag, 2004

Schildbach, Th./Homburg, C.: Kosten- und Leistungsrechnung, 10. Auflage, Stuttgart 2009

Scholz, Chr.: Personalmanagement, 4., verbesserte Auflage, München 1994

Siems, F.: Preismanagement, München 2009

Speth, H./Hug, H. u.a.: Betriebswirtschaftslehre mit Rechnungswesen und Controlling für das Berufskolleg, Band 2, 5. Auflage, Rinteln 2016 [zitiert als Speth u.a., Band 2]

Speth, H./Kaier, A. u.a.: Betriebswirtschaft mit Rechnungswesen und Controlling für das Berufskolleg, Band 3, 8. Auflage, Rinteln 2018

Werani, Thomas: Business-to-Business-Marketing: Ein verbesserter Ansatz, Stuttgart 2012

Wöhe, G.: Bilanzierung und Bilanzpolitik, 9. Auflage, München 1997

Wöhe, G.: Einführung in die Allgemeine Betriebswirtschaftslehre, 25. Auflage, München 2013

Wöhe, G./Bilstein, J. u.a.: Grundzüge der Unternehmensfinanzierung, 11., überarbeitete Auflage, München 2013

Stichwortverzeichnis